Uni-Taschenbücher 1985

Eine Arbeitsgemeinschaft der Verlage

Wilhelm Fink Verlag München
Gustav Fischer Verlag Jena und Stuttgart
A. Francke Verlag Tübingen und Basel
Paul Haupt Verlag Bern · Stuttgart · Wien
Hüthig Fachverlage Heidelberg
Leske Verlag + Budrich GmbH Opladen
Lucius & Lucius Verlagsgesellschaft Stuttgart
Mohr Siebeck Tübingen
Quelle & Meyer Verlag · Wiesbaden
Ernst Reinhardt Verlag München und Basel
Schäffer-Poeschel Verlag · Stuttgart
Ferdinand Schöningh Verlag Paderborn · München · Wien · Zürich
Eugen Ulmer Verlag Stuttgart
Vandenhoeck & Ruprecht in Göttingen und Zürich

Christian Jäger

# Gilles Deleuze

Eine Einführung

Wilhelm Fink Verlag · München

Die Deutsche Bibliothek – CIP-Einheitsaufnahme

**Jäger, Christian:**
Gilles Deleuze: eine Einführung / Christian Jäger. – München: Fink, 1997
  (UTB für Wissenschaft: Uni-Taschenbücher; 1985)
  ISBN 3-8252-1985-2 (UTB)
  ISBN 3-7705-3216-3 (Fink)


© 1997 Wilhelm Fink Verlag GmbH & Co. KG
Ohmstraße 5, 80802 München
ISBN 3-7705-3216-3

Das Werk einschließlich aller seiner Teile ist urheberrechtlich geschützt.
Jede Verwertung außerhalb der engen Grenzen des Urheberrechtsgesetzes
ist ohne Zustimmung des Verlages unzulässig und strafbar. Das gilt insbesondere für Vervielfältigungen, Übersetzungen, Mikroverfilmungen und
die Einspeicherung und Verarbeitung in elektronischen Systemen.

Printed in Germany
Einbandgestaltung: Alfred Krugmann, Freiberg am Neckar
Herstellung: Ferdinand Schöningh GmbH, Paderborn

**UTB-Bestellnummer: ISBN 3-8252-1985-2**

# INHALTSVERZEICHNIS

## I. ANFANGEN .................................................................... 7

    I.1 Wege ........................................................................ 7
    I.2 Programmatik Hume? ............................................ 11

## II. ARBEITEN IN DER GESCHICHTE (1962 - 1968) ........... 25

    II.1 Nietzsches genealogischer Materialismus ............... 25
    II.2 Kants Produktionsästhetik ....................................... 33
    II.3 Prousts Semiotik ..................................................... 40
    II.4 Bergsons ontologischer Materialismus ................... 49
    II.5 Spinozas philosophische Praxis .............................. 62
    II.6 Summa summarum ................................................. 69

## III. ARBEITEN AN DER GEGENWART (1969-1980) ........ 83

    III.1 Logik der Ereignisse .............................................. 83
    III.2 Literarische Maschinen ........................................ 106
    III.3 Wunschmaschinen ............................................... 115
    III.4 Klein werden ....................................................... 132
    III.5 Rhizome bauen .................................................... 146
    III.6 Zusammen arbeiten ............................................. 154

## IV. GESCHICHTEN DER WAHRNEHMUNG (1980 -1985) .. 173

    IV.1 Sprache und Stil ................................................... 173
    IV.2 Malen ................................................................... 208
    IV.3 Filmen .................................................................. 219

## V. ENDEN (1986-1993) ........ 244

V.1 Philosophiegeschichte ........ 245
V.2 Philosophie ........ 260
V.3 Wahrnehmung ........ 272
V.4 Nachbemerkung ........ 285

## VI. BIBLIOGRAPHIE ........ 289

VI.1 Primärliteratur ........ 289
VI.2 Sekundärliteratur ........ 298

## PERSONENREGISTER ........ 307

# I. ANFANGEN

## I.1 Wege

»*Wie man sich bettet, so liegt man. Keine(r) kommt, euch das Bett zu machen. Und doch wollen so viele ihr Bett gemacht bekommen. Unsere Sympathie besteht genau darin, daß unsere Sache das nicht ist. Jeder muß seinen Weg gehen.*«[1]

"Deleuze ist ein systematischer Denker, der streng funktionale Konzepte entwickelt hat." Mit einem solchen Satz könnte ein Text von Deleuze beginnen, um damit zugleich eine Richtung vorzugeben, sich abzusetzen und das Eigenständige, mehr noch das Widerständige des Anliegens zu verdeutlichen. Der eigene Weg, das ist der, den man findet, indem man in der Polyphonie der Stimmen die Struktur hört: wiederkehrende Gefüge, Variationen der Ordnung, unter der unruhig gekräuselten Oberfläche die leitmotivischen Problemstellungen.

Die großen und doch abseitigen Philosophen wie Bergson und Nietzsche, Spinoza oder Leibniz; Wissenschaften wie Ethnologie, Geologie und Biologie, Psychoanalyse und Linguistik; Literaten zwischen amerikanischem Realismus des 19. Jahrhunderts und sprachlichen Minimalisten wie Beckett, dazwischen Lewis Carroll, Proust,

---

[1] Dialoge [1977], 61. Zitate aus Schriften Deleuzes werden durch die gegebenenfalls verkürzte Angabe des Titels ohne Autorennamen angegeben, in eckigen Klammern folgt die Jahreszahl der Ersterscheinung, zitiert wird aber - sofern es möglich ist - nach der deutschen Ausg., die dem Titel in der Bibliographie jeweils nachgestellt ist und auf die sich die abschließende Angabe der Seitenzahl bezieht. Jede Modifikation der vorliegenden Übersetzungen - auch eine geringfügige - wird in der jeweiligen Fußnote angemerkt. Falls keine Übersetzung vorliegt, handelt es sich um die Übersetzung des Verf., die Seitenzahl bezeichnet dann die frz. Ausgabe.

Artaud und Kafka; die Malerei vom alten Ägypten bis zu Francis Bacon; der Film von den Anfängen bis in die achtziger Jahre. Vielfältig sind die Gegenstandsbereiche und Materialien, mit denen sich der 1994 verstorbene französische Philosoph Gilles Deleuze auseinandersetzte, von denen er sich anregen ließ und die er in seine Arbeiten einbezog. Nicht minder mannigfaltig sind die von ihm geprägten Begriffe, die teilweise bereits Bestandteile des modischen Theoriediskurses geworden sind: Schizoanalyse und Nomadologie, Kriegs- und Wunschmaschinen, Rhizom und Falte, Deterritorialisierung und Ritornell.

Michel Foucault sagte vor Jahrzehnten, daß dieses Jahrhundert vielleicht eines Tages deleuzianisch heißen werde. Zumindest im deutschen Sprachraum konnte dies bis vor kurzem nur als bittere Ironie verstanden werden. Nachdem Deleuzes Schriften jahrelang wenig Beachtung in der akademischen Landschaft Deutschlands fanden (im romanischsprachigen und anglophonen Ausland hingegen umso mehr), ist nunmehr, seit der Großteil seiner Arbeiten in Übersetzungen vorliegt, ein breites Interesse an diesem Autor zu bemerken. Nicht nur die Fachphilosophen, auch andere Geisteswissenschaftler wie Linguisten und Psychologen, Soziologen und Kunstwissenschaftler, Philologen und Historiker suchen mit Erfolg Anregung für ihre Arbeiten in den Schriften Deleuzes. Zur vertiefenden Auseinandersetzung mit den theoretischen Aussagen bedarf es jedoch eines Überblicks über die Entwicklung des Deleuzeschen Denkens und der jeweiligen Kontexte, auf die es bezogen ist. Diesem Erfordernis wird hier Rechnung getragen.

Eine Einführung in das Denken von Deleuze kann kaum anders verfahren, als eine Richtung vorzuschlagen. Auch hier findet sich eine Vielstimmigkeit, die einerseits aus den kategorialen Modifikationen des Autors, andererseits aus der anschwellenden Zahl von Sekundärliteratur entsteht. Zeitlich und geographisch naheliegende Stimmen beschwören das Werk Deleuzes als nicht zu systematisierende Mannigfaltigkeit, als eine Art Dschungel, in dem das wilde Denken herrscht, dem Unrecht widerfährt, wenn es systematisiert wird. Im anglo- oder frankophonen Raum sind solche Betrachtungsweisen in Bezug auf Deleuze in der Minderzahl. Doch während es dort erste monographische Versuche unternommen haben, das Denken Deleuzes unter ein Signum wie Ereignis, Vielfältigkeit oder - hinsichtlich der ästhetischen Elemente - Sahara zu stellen, soll in dieser Darstellung nicht eine Leitidee herausdestilliert werden, sondern das Denken in seiner eigenartigen Beweglichkeit nachgezeichnet werden. Das Deleuzesche Denken entfaltet sich nicht linear; es gibt verschiedene Problembereiche, die in zeitlich verschiedenen Perioden immer wieder aufgenommen und modifiziert werden. Grundlegende Fragestellungen zielen auf das Werden, die Bewegung oder das Ereignis. Wie kann dies gedacht werden in einer nicht-dialektischen Manier, sondern so, daß die jeweilige Singularität erhalten bleibt? Wie verhält sich das Einzelne, womöglich Einzigartige zu der Gesamtheit, in der es steht, bzw. auf die es bezogen ist? Wie läßt sich Innovation, das Werden des Neuen, denken und wie in Praxis überführen? Welche Politik ist somit möglich? D.h. auch fragen, wie ist Gesellschaft zu denken, damit man adäquat zu handeln vermag.

Unser Gang durch die Schriften Deleuzes beginnt 1952 mit der frühesten Monographie des Autors und umspannt die Hauptwerke der folgenden vier Dekaden bis zur letzten zu Lebzeiten veröffentlichten Schrift 1993. Das Augenmerk richtet sich dabei auf die vorstehend genannten Problematiken, auf die Begriffe und Probleme, die Deleuze späterhin wieder aufgreift. Zugleich wird nach der Politik und Ästhetik gefragt, die in wechselnder Intensität eine Grundproblematik bilden. So wird in chronologischer Folge das Werk durchschritten und werden die zentralen Kategorien und Denkfiguren herausgearbeitet. Auf diese Weise zeigen sich Modifikationen und Veränderungen des Kategoriensystems und der Fragestellungen ebenso, wie die Bedeutung des einzelnen Textes im Kontext des Gesamtwerks kenntlich wird. Darüberhinaus werden die nur geringfügig vorhandenen biographischen Informationen eingearbeitet und es wird gezeigt, wie sich Deleuzes Denken zur jeweils zeitgenössischen Diskussion in den französischen Intellektuellenzirkeln verhält.

Über die Biographie werden wir im Fortgang des Textes, dort wo es relevant erscheint, ein wenig erzählen. Zu Kindheit und Jugend, wofür hier der Ort ist, läßt sich nicht allzuviel sagen: Deleuze wurde am 18. Januar 1925 im 17. Pariser Arrondissement geboren. Sein Vater war Ingenieur, während die Mutter Odette Camaüer keinen Beruf ausübte. Deleuze besaß einen älteren Bruder, der als Mitglied der Résistance verhaftet wurde und bereits auf dem Transport nach Auschwitz starb.

1932 eingeschult lernt Deleuze 1943 auf dem Gymnasium Michel Tournier kennen. Er beginnt sich ernsthaft für Philosophie zu interessieren und nimmt 1944 sein Studium an der Sorbonne auf. Seine bevorzugten Professoren sind Ferdinand Alquié, Jean Hippolyte, George Canguilhem und Maurice de Gandillac. Während des Studiums freundet er sich mit einer Reihe von Männern an, deren Freundschaft er sich auf lange Zeit erhalten wird wie z.B. François Châtelet, Michel Butor u.a. Drei Jahre nach Studienbeginn erhält er das Diplôme d'Etudes Superieures - eine Art Magister im französischen Hochschulsystem - für eine Arbeit über Hume, die er bei Hippolyte und Canguilhem schrieb. Diese erste akademische Arbeit bildet den Hintergund seiner frühesten monographischen Publikationen, denen wir uns im folgenden zu wenden.

Die Methodik, die wir zur Lektüre der Deleuzeschen Schriften heranziehen, bezeichnen wir als *empirische Epistemologie*. Zu ihren Voraussetzungen haben wir andernorts - wenn auch ohne den Begriff zu verwenden - schon Einiges gesagt[1]. Die Verfahrensweise rekurriert auf Leitsätze des Deleuzeschen Denkens wie dem, demzufolge eine Trennung von Theorie und Praxis nicht sinnvoll ist, sondern lediglich die Differenz von theoretischer und praktischer Aktion zu bestimmen ist. Die Empirie der theoretischen Arbeit ergibt sich im Zusammenhang und in der Bewegung der Begrifflichkeiten, der Konzepte, die in einem immer vagen, wenn auch wahrscheinlichen Zusammenhang zur politisch-sozialen Geschichte, zur Geschichte der Produktionsmittel und Produktivkräfte stehen, den zu bestimmen stets neue Anstrengungen erforderlich sind. Der Autor kommt ins Spiel, insofern er der Transmitter und Filter dieser historischen Einflußgrößen ist. Seine Fragestellungen und Verknüpfungen, Querverweise und Absetzungen konstituieren ihn im Beziehungsgeflecht der Zeitgeschichte und ihrer Aneignung der Vorgeschichte. Im Nachvollzug des Binnenzusammenhangs und in der Bestimmung der Rahmenbedingungen ergibt sich die Möglichkeit, eine zum einen spezifische und zum anderen kontextualisierte Erkenntnis der leitenden Problemstellungen und zentralen Denkfiguren zu gewinnen. Solch einen Untersuchungsgegenstand ordnen wir aber der Epistemologie zu. Insofern sich die empirische Epi-

---

[1] Vgl. Jäger, Christian: Michel Foucault. Das Ungedachte denken. München 1994, 9-28.

stemologie mit der theoretischen Praxis befaßt, steht sie methodisch als geisteswissenschaftliche Sonderform innerhalb des umfassenderen Bereichs der Analyse menschlicher Praxis. Wozu Karl Marx sich in der achten These über Feuerbach so äußerte, daß die Analyse der Praktiken in den Kontext eines aufklärerischen Denkens gestellt wurde, in dem wir Deleuze sehen und dem wir selbst zuzuarbeiten bestrebt sind:

> Das gesellschaftliche Leben ist wesentlich *praktisch*. Alle Mysterien, welche die Theorie zum Mystizismus verleiten, finden ihre rationelle Lösung in der menschlichen Praxis und im Begreifen dieser Praxis.[1]

Andere Vorgehensweisen sind natürlich denkbar, wurden in der Lektüre der Deleuzeschen Schriften gegangen und werden gegangen werden. Unser Verfahren bleibt somit ein Vorschlag, den man prüfen mag. Es ist kein gemachtes Bett, da eine Einführung nicht von der Lektüre der Primärtexte entbinden kann und soll, sondern lediglich Hilfe bei der Arbeit sein kann. Es handelt sich auch nicht um den verbindlichen Weg durchs Deleuzesche Werk, das wie das Werk Kafkas vielzuviele Eingänge besitzt, als daß ein Königsweg ins Zentrum eines dezentrierten, polyzentrischen Denkens führen könnte. So bleibt nur eine recht alte Maxime zum Bewegen auf Wegen:

> Segui il tuo corso e lascia dir le genti[2]

## I.2 Programmatik Hume?

Die erste umfangreichere Arbeit, die Deleuze nach seinem Studium kaum siebenundzwanzigjährig vorlegt, ist eine Kooperation. Gemeinsam mit André Cresson publiziert er eine knappe, siebzig Seiten umfassende Darstellung über David Hume. Nun ist das erste Werk eines Autors zwar nicht insofern überzubewerten, als daß dort als Keim an-

---

[1] Marx, Karl: Thesen über Feuerbach [Nach dem von Engels 1888 veröffentlichten Text]. Marx Engels Werke. Bd. 3 Berlin 1983, 535.
[2] Marx, Karl: Das Kapital. Kritik der politischen Ökonomie. Bd. I [1867]. Marx Engels Werke. Bd. 23 Berlin 1984, 17.

gelegt sei, was sich im Laufe der nachfolgenden Jahre nur noch zu entfalten braucht. Doch läßt sich in der Wahl des Gegenstandes eine Affinität ausmachen, ein Interesse an bestimmten Motiven, die während des Studiums dazu führten, daß eben mit diesem Gegenstand eine vertiefende Auseinandersetzung erfolgte. Diese Motive werden nun nicht geradlinig, vom Keim bis zur Vollendung, entwickelt, sondern formieren einen Bereich des Interesses, etablieren ein Feld von Fragen, denen der Autor nachfolgt und auf die er verschiedene Antworten und Beantwortungsmöglichkeiten finden wird.Wenn wir also die Darstellung des Humeschen Lebens und Denkens im nachhinein, vor dem Hintergrund eines durch den Tod Deleuzes abgeschlossenen Werkes lesen, sehen wir in diesem ersten Text vor allem die Hinweise auf Problemstellungen, die eine Fortsetzung erfahren haben, und verkürzen so den Text, gehen nicht dem nach, was eine andere Entwicklung hätte nehmen können.

Bemerkenswert scheint Cresson und Deleuze in ihrer Darstellung der Biographie, daß Hume bereits als junger Mann in einem Maße Geschmack an der Literatur fand, daß sie zur "'beherrschenden Leidenschaft'" seines Lebens und die "'reiche Quelle'"[1] seiner Freuden wurde. Diese Leidenschaft teilt der dargestellte Autor nicht nur mit zumindest einem der darstellenden Autoren, sondern darüberhinaus ist das Interesse an der Literatur nicht nur Privatvergnügen, sondern auch eng verbunden mit der Philosophie:

> Der ausschließliche Ehrgeiz Humes geht darauf, ein berühmter Autor zu sein (...). Das Ziel seines Lebens ist der literarische Ruhm; er redet sich selbst ein, daß dieses Ziel im Gegenzug die Opferung aller anderen Freuden verlangt. In seinem Ungenügen erblickt er leichthändig das Zeichen eines Versprechens und einer Bestimmung. Die Literatur, die er sich wünscht, weil sie wesentlich den Menschen betreffen soll, ist die Philosophie. Er weiß, was er machen will: eine experimentelle Wissenschaft von der menschlichen Natur.[2]

Um etwas über die "menschliche Natur" zu erfahren, muß die Philosophie demnach einen Umweg über die Literatur gehen, die ihr einen experimentellen und in dieser Hinsicht wissenschaftlichen Zugang zur "menschlichen Natur" eröffnet. Diese Denkfigur und ihre Modifikatio-

---

[1] Hume, sa vie ... [1952], 5; Deleuze und Cresson zitieren Hume hier ohne Nachweis.
[2] Hume, sa vie ... [1952], 6.

nen werden im Fortgang der Deleuzeschen Arbeit noch öfter begegnen.

Die Philosophie Humes in ihrer deleuzeschen Rekonstruktion nochmals zu rekonstruieren, scheint ein unnötiges, müßiges Unterfangen, so daß wir uns im folgenden darauf beschränken, jene Passagen von zugestanden hohem Allgemeinheitsgrad aufzuzeigen, die Tendenzen der späteren Arbeiten anbahnen.

In der Auseinandersetzung mit der erkenntnistheoretischen Position Humes wird Deleuze nicht nur auf eine intensivere Kantlektüre verwiesen[1], sondern gerät auch in die Spuren eines vernunftkritischen Denkens. Ausgehend von dem sensualistischen Axiom "nihil est in intellectu quod non prius fuerit in sensu", daß also nichts im Verstand ist, was nicht zuvor in einem Sinn gewesen ist, das gegen Descartes' Annahme von der An- oder Eingeborenheit des Geistes zu lesen ist, kommen die Autoren zur Schlußfolgerung:

> Der Geist/Verstand ist zuerst eine "leere Tafel". Es ist das Treiben der Welt auf ihr, die in ihr das entwickelt, was man dort im Erwachsenenalter zu finden vermag.[2]

Insofern es eine materielle Welt für diese Annahme geben muß, die ihre Wirklichkeit im Wirken auf die tabula rasa erweist, ist jedoch an der cartesianischen Substanzenlehre festgehalten worden, greift nicht ein radikaler Immaterialismus à la Berkeley, dem Sein bedeutete, wahrgenommen zu werden: "esse est percipi". Hume schlägt sich zur Beantwortung der Frage, wie der Verstand beschaffen, wie Erkenntnis möglich ist, weder vollständig auf die eine noch auf die andere Seite, sondern greift auf die neu gewonnenen physikalischen Erkenntnisse Newtons zurück und zerlegt die Erkenntnis in eine Ansammlung von Ideen, die aufgrund von einander anziehenden Kräften Ideenverbindungen bilden, in denen sich die je-bestimmte Erkenntnis ausdrückt. Diese Form von Erkenntnis negiert zum einen das Subjekt als geschlossenes, irgendwie kohärentes und eigenes, zum anderen wird die Vernunft an den Körper und seine Sinnesorgane gebunden und eher als additive Gesamtheit denn als homogene Totalität vorgestellt.

Es ergeben sich von hier aus sowohl eine Systematik, als auch eine Reihe von Fragen. Im Rahmen der Systematik sind zunächst einfache

---

[1] Vgl. Hume, sa vie ... [1952], 15f.
[2] Hume, sa vie ... [1952], 16.

und komplexe Ideen zu unterscheiden. Letztgenannte werden aus erstgenannten nach zu erschließenden Gesetzen zusammengesetzt. Desweiteren sind die Ideen von den Eindrücken, den Impressionen zu unterscheiden, die ihrerseits zu differenzieren sind, in jene sinnlicher Abkunft und diejenigen, die aus der Reflexion stammen. Woher sie selbst kommen, ist nicht zu beantworten - wenn man nicht Annahmen über die möglicherweise außerhalb der Sinne gelegene Materialiät machen will. Die Impressionen verschaffen dem Verstand die einfachen Ideen und unterscheiden sich als sensorische von jenen nur hinsichtlich der Intensität. Die Ideen sind Kopien der Impressionen. Die drei Gesetze, denen folgend sich die Ideen verbinden, heißen: Ähnlichkeit, Kontiguität und Kausalität.

Die Fragen, die diese Systematik aufwirft, lauten: Wie ist Intensität zu bestimmen? Wenn nur die durch die Sinnesorgane empfangenen Eindrücke zählen, wo fangen diese Organe an, wo hören sie auf? Wie entsteht die Vorstellung von einer Wirklichkeit jenseits oder diesseits der Ideen und Impressionen? Auf die letzte Frage verweist das Gesetz der Kausalität, denn in der Annahme der Wirksamkeit einer Ursache birgt sich die Vorstellung einer notwendigen Verbindung von bspw. Feuer und Rauch. Bei Hume wird diese Problematik rigoros aufgelöst: die Gewohnheit, Feuer und Rauch gemeinsam auftreten zu sehen, etabliert die Vorstellung der notwendigen Verknüpftheit beider. Aus der Quantität der Impression erwächst die Idee einer substantiellen Qualität. Diese ist nicht grundsätzlich falsch, denn für das Handeln und Wahrnehmen gelten Wahrscheinlichkeiten, die aber nicht absolut zu setzen sind - worin der Fehler liegt -, sondern nur eine relative Gültigkeit beanspruchen dürfen. Der Ort, an dem die Dinge unauflöslich verknüpft sind, liegt demzufolge in uns, doch wir sind uns nicht darüber im klaren, daß es nicht die Dinge sind, sondern unsere Eindrücke von ihnen, die wir verknüpft haben.

Mit diesen Überlegungen wird ein erkenntnistheoretischer Relativismus eröffnet, der die Ewigkeit des Erkannten, dessen überzeitliche oder emphatische Wahrheit in Frage stellt und stattdessen einen Skeptizismus begründet, der sich immer der Möglichkeit bewußt sein muß, daß der Zusammenhang der Dinge sich gänzlich anders organisiert, als die auf gewohnheitsmäßige Impressionen gegründete Wahrscheinlichkeit es nahelegt - selbst wenn sie unter bestimmten Bedingungen geradezu als Gewißheit zu bezeichnen ist.

Cresson und Deleuze scheint an Hume vor allem der Ausgangspunkt seiner Überlegungen zu faszinieren, den sie mehrfach hervorheben. Als das Problem der Philosophie bestimmen sie das Folgende:

> Wie wird die Imagination eine menschliche Natur? Aus sich selbst heraus sind weder Verstand (esprit) noch Vernunft (raison) Natur; es ist die Imagination, Phantasie, die Sammlung der partikulären Ideen und die Bewegung dieser Ideen. Es sind die Prinzipien der Verbindung und die Qualitäten der Leidenschaft, die sie in Natur umwandeln, den Ideen Rollen, Bindungen und Kräfte geben. Die Prinzipien der Natur affizieren und qualifizieren den Verstand, lassen ihn in den praktischen Grenzen einer Konstanz funktionieren, die er aus sich heraus nicht besitzt.[1]

Das Untersuchungsfeld ist also die menschliche Natur, deren Sein durch das Wahrnehmen bestimmt ist. Die experimentelle Wissenschaft, die sich diesem Problem widmet, erscheint als Philosophie, die sich mit den Mitteln der Literatur und der Naturwissenschaft versieht, um ihren Gegenstand zu erschließen. Die menschliche Natur aber ist einerseits gespalten und andererseits verfügt, sie läßt sich trennen in den Anteil der Natur und der Kultur, in Leidenschaft und Erkenntnis. Und so wie sich diese Anteile separieren lassen, müssen sie zugleich zusammengedacht werden. Für Hume stellt es sich schließlich so dar, daß die sozio-kulturellen Einrichtungen wie selbst die Justiz aus den unmitttelbar gegebenen Sympathien folgten, aus Natur also, und daß derartige Einrichtungen, Institutionen dazu dienten, die Ziele der Natur zu ermöglichen.

> D.h. daß die Justiz ein einziges verstecktes Mittel ist, um die Leidenschaft zu befriedigen, ein notwendiger Umweg. Das Streben (tendance) erfüllt sich nur in der Institution, die Natur gelangt an ihre Ziele nur mit den Mitteln der Kultur.[2]

Wenn sich nun dergestalt Kultur und Natur durchdringen, wird deutlich, wieso für denjenigen, der die menschliche Natur erkennen will, die Geschichte so wichtig ist, denn die Geschichte handelt nach der

---

[1] Hume, sa vie ... [1952], 46.
[2] Hume, sa vie ... [1952], 57. Der abschließende Satz wird fast wörtlich, die vorstehende Aussage inhaltlich übernommen in Empirisme et subjectivité [1953], 33.

gegebenen Prämisse von nichts anderem als der Natur des Menschen, die ihrerseits die Geschichte überhaupt erst möglich macht[1].

Innerhalb der Reflexion der Leidenschaft ergibt sich ein bestimmtes Problem:

> Die Leidenschaft verliert etwas; etwas wenigstens, das sich nicht in der Imagination reflektieren läßt. Das, was sich per definitionem nicht reflektiert, ist die aktuelle Handlung, oder dasjenige, wodurch die Leidenschaft den Verstand/Geist in dieser oder jener Form fixiert. Im Reflektieren der Formen ihrer eigenen Fixierung befreit die Imagination diese, (...)[2]

Die Leidenschaft bleibt als Ereignis also immer im Bereich des Ungedachten, womöglich Undenkbaren, gewinnt auf der anderen Seite in der Reflexion, die der Humeschen Systematik zufolge eben nicht im Verstand geschieht, sondern in der Imagination, verstanden als Vorstellungs- oder Einbildungskraft, aber auch etwas hinzu: sie passioniert die Imagination. Deutlich wird dieser Prozeß vor allem in den Objekten der Kunst[3]. Insofern die Leidenschaft als Natur die Kultur durchdringt in ihren moralischen Apparaten und politischen Institutionen ebenso wie in den Werken der Kunst, trägt sie auch die drei genannten Verbindungsgesetze in jene Bereiche:

> Also finden sich die Kausalität, die Ähnlichkeit und die Kontiguität wieder in den Bestimmungskriterien des Eigentums ebenso wie in den Gesetzen des ästhetischen Werks.[4]

Mit dieser Annahme ist der Grund bereitet für ein Denken der sozialen und ästhetischen Zusammenhänge, das sich wesentlich auf die Beobachtung der innerhalb des Menschen liegenden energetischen Kräfte und ihrer Strukturen stützt. Diese bilden das Movens und Strukturprinzip der gesellschaftlichen Einrichtungen, die ihrerseits, gibt man die grundsätzliche Richtigkeit der vorstehenden Prämisse zu, natürlich ebenso in der Analyse Auskunft geben können über die Beschaffenheit

---

[1] Was bereits in dem Charakter der Sympathie selbst begründet zu sein scheint, denn um als moralisch zu gelten, "darf sie sich nicht auf die Gegenwart beschränken, sondern muß die Zukunft betreffen" (Hume, sa vie ... [1952], 51).
[2] Hume, sa vie ... [1952], 59.
[3] Vgl. Hume, sa vie ... [1952], 61.
[4] Ebd.

der menschlichen Natur im Sinne dessen, was bei Freud dereinst Libido heißen wird.

Bevor wir die Betrachtung dieser frühen Arbeit abschließen, sei noch auf eine augenfällige Passage hingewiesen: Hume kritisiert am theologischen Diskurs seiner Zeit die Vorstellung von der Welt als Maschine, die für die Kleriker wichtig ist, da sie aus dem maschinellen Charakter der Welt die Urheberschaft dieser Welt durch ein intelligentes Wesen ableiten. Hume hält die Analogie von Welt und Maschine für nicht notwendig, sondern für akzidentiell, meint, man könne als Analogon ebenso gut die Zeugung oder die Vegetation wählen. Doch die Kritik holt den Kritiker ein:

> Hume erklärt oft, daß die Prinzipien der Verbindung philosophisch nicht anders als in ihren Effekten studiert werden können, als Naturgesetze; über die Ursachen bleibt der Philosoph schweigsam; der Platz ist frei für Gott...[1]

Will man die Prinzipien der Verbindungen, die Strukturen des Zusammenhangs erkennen oder denken in einer Form, die nicht auf die Transzendenz verweist oder ihr einen Platz offenhält, darf also weder die Welt in Analogie zur Maschine gedacht werden, noch die Maschine zugunsten eines Gott vorbehaltenen Platzes abgeräumt werden, vielmehr muß vielleicht an die Stelle des Deus ex machina, die Maschine - gedacht als kausales Strukturprinzip - treten, die den Weg zur radikalen Immanenz eröffnet.

Nur ein Jahr nach dieser ersten monographischen Arbeit publiziert Deleuze eine zweite Studie, diesmal tatsächlich allein, über die Problematik von "Empirismus und Subjektivität". Schon der Begriff des Empirismus legt nahe, daß es sich nicht um ein völlig neues Feld handelt, das der Autor neuerdings bearbeitet. Noch deutlicher wird der Charakter der Fortsetzung, der Vertiefung allerdings im Untertitel, der die Arbeit bestimmt als einen "Versuch über die menschliche Natur nach Hume". Doch "menschliche Natur" ist ein Überbegriff, der - wie bereits oben zu sehen war - bei Hume in besonderer Weise problematisiert wird:

> Die Frage, die von Hume behandelt wird, ist die folgende: *Wie wird der Geist/Verstand menschliche Natur?*[2]

---

[1] Hume, sa vie ... [1952], 69.

Der Bogen zwischen Verstand und Natur konnte geschlagen werden, weil "das Verstehen nichts anderes war als die Bewegung der Leidenschaft, die gesellschaftlich wird"[1]. Das Beachtenswerte an dieser Stellung des Problems ist die darin gegebene Aufgabe, die Bewegung zu bestimmen. Resümieren wir mit Deleuze den Zusammenhang:

> Die Produktion der Idee durch die Einbildungskraft ist nichts anderes als die Reproduktion des Eindrucks in der Einbildungskraft. Gewiß besitzt sie eine eigene Aktivität, doch diese Aktivität selbst ist ohne Beständigkeit und Einförmigkeit, phantastisch und delirant, ist sie die Bewegung der Ideen, die Gesamtheit ihrer Aktionen und Reaktionen. Als Ort der Ideen ist die Phantasie die Versammlung der getrennten Individuen. Als Verbindung der Ideen ist sie die Bewegung, die das Universum durchquert, die Feuerdrachen hervorbringt, geflügelte Pferde und ungeheure Riesen. Der Grund des Verstandes ist das Delirium oder - was aus einer anderen Perspektive auf dasselbe hinausläuft - der Zufall, die Indifferenz.[2]

Deleuzes Hume-Lektüre antizipiert hier - wenn auch ohne historische Herleitung - ein Stück weit das acht Jahre später publizierte Ergebnis der Studie Michel Foucaults über Wahnsinn und Unvernunft[3].

Die Produktion von Ideen wesentlich als Bewegung aufzufassen, bringt nicht nur das grundsätzlichste Problem mit sich, wie Bewegung zu denken sei, sondern zeitigt eine Reihe von Folgeproblemen, deren erstes sich folgerichtig in dem Spannungsfeld findet, in dem Deleuze das Bewegungsproblem zuerst begegnet: zwischen Einbildungskraft und Idee, oder in Transformation dieser Begriffe, zwischen Natur und Kultur, zwischen aus der Leidenschaft folgendem Streben (tendance) und Institution[4]. Die Beziehungen, die sich zwischen diesen Begriffen herstellen lassen, führen in jedem Fall auf eine Bewegung, die von dem einen zum anderen führt und dabei gewiße Regelhaftigkeiten ausweist. Die anfängliche Unordnung, der Ort des Diffusen, dessen Voraussetzungen unklar oder unklärbar sind, wird in einer Reihe von

---

[2] Empirisme et subjectivité [1953], 2; (alle Zitate nach der zweiten Aufl.: Paris 1973); kursiv im Original.
[1] Ebd.
[2] Empirisme et subjectivité [1953], 3-4.
[3] Foucault, Michel: Folie et déraison. Histoire de la folie à l'âge classique. Paris 1961. Vgl. dazu auch Jäger, Christian: Michel Foucault. Das Ungedachte denken. München 1994, 40-41.
[4] Vgl. Empirisme et subjectivité [1953], 31.

Wandlungen schließlich in eine statische und strukturierte Totalität überführt, in eine blockhafte Organisation, die auf das Ausgangsphänomen zurückwirkt.

Um der Bewegung zwischen den begrifflich benannten Sachverhalten auf die Spur zu kommen, bedarf es des Rekurses auf eine andere, den Begriffen äußerliche Bewegung: die Geschichte. Für Hume ist in Opposition zu den Kontraktualisten, die Gesellschaft durch einmaligen Vertragsschluß begründet denken, Geschichte die "wahre Wissenschaft der menschlichen Motivation", und es handelt sich dabei nicht um Individual- oder Psycho-Geschichte, sondern um Gesellschaftsgeschichte. Fragt man weiter, was in Deleuzes Hume-Lektüre Gesellschaft spezifiziert, erhält man die Antwort: "nicht das Gesetz ist die Essenz der Gesellschaft, sondern die Institution"[1]. In der Institution dehnt sich das individuelle Begehren aus, schafft sich den Raum seiner Verwirklichung.

> Die Ausdehnung und die Reflexion sind identisch, aber sie sind unterschieden. Anders gesagt: zwei Sorten von Regeln unterscheiden sich, streiten miteinander; dennoch haben sie denselben Ursprung, dasselbe Konstitutionsprinzip. (...) Wir teilen die Einheit: die Regel ist zugleich Ausdehnung und Reflexion der Leidenschaft. Die Leidenschaft reflektiert sich. Aber wo? In was? In der Einbildungskraft. (...) Sich reflektierend findet sich die Leidenschaft vor einer Reproduktion ihres vergrößerten Selbst, sieht sich befreit von den Grenzen und Bedingungen ihrer eigenen Aktualität, sie sieht sich also einen ganzen künstlichen Bereich öffnen, die Welt der Kultur, wo sie sich in ein Bild projizieren und sich ohne Grenzen entfalten kann.[2]

Doch auf dem Grund der Einbildungskraft liegt nicht nur die Unterscheidung von Ausdehnung und Reflexion der Leidenschaft: indem die Leidenschaft in der Reflexion aus ihrer Aktualität und von ihrem Objekt gelöst wird, kann sie betrachtet werden hinsichtlich ihres Vermögens oder ihrer Möglichkeit. Nächst der Geschichte öffnet sich damit eine andere wissenschaftliche Disziplin dem Bedenken der menschlichen Natur:

> Die Ästhetik ist die Wissenschaft, die die Dinge und ihre Seinsweisen (êtres) unter dieser Kategorie des Vermögens (pouvoir) oder der Möglichkeit betrachtet.[3]

---

[1] Empirisme et subjectivité [1953], 35.
[2] Empirisme et subjectivité [1953], 48-49.
[3] Empirisme et subjectivité [1953], 49-50.

Neben der Historie als Zugang zur tatsächlich sich formierenden Leidenschaft, zur aktualisierten "menschlichen Natur", die auch die Produkte und Prozesse des Verstandes und der Vernunft umfaßt, findet sich eine methodologisch notwendige Ergänzung in der ästhetischen Disziplin, in welcher Auskunft über die Möglichkeiten der menschlichen Natur, über ihre Virtualität einzuholen ist. Der Bereich der Ästhetik, in dem sich die Phantasie, der Wahn und die anderen Abarten des Verstandes, die Gespenster des Geistes tummeln, wird von Deleuze als notwendiges Territorium philosophischen Denkens erachtet, weil dort die Möglichkeiten des Denkens, das Denkbare im Träumen der Vernunft aufzuzeigen sind[1]. Wer aber spricht? Wer träumt?

> Wir haben gehofft, die Essenz des Empirismus im präzisen Problem der Subjektivität zu finden. Doch zuerst muß man fragen, wie sich diese definiert. Das Subjekt definiert sich durch und als eine Bewegung, als Bewegung der Selbstentwicklung. Das, was sich entwickelt, ist Subjekt. Das ist der einzige Inhalt, den man der Idee der Subjektivität zu geben vermag: die Vermittlung (médiation), der Übergang (transcendance). Doch man wird bemerken, daß die Bewegung der Selbst-Entwicklung oder des Anders-Werdens eine zweifache ist: das Subjekt überschreitet sich, das Subjekt reflektiert sich.[2]

Hume unterscheidet zwischen Schlußfolgerung (inférence) und Erdichtung/Erfindung, zwischen Glauben und Kunstwerk[3]. Die Definition des Subjekts läuft auf zwei Tätigkeiten hinaus, durch die es erschöpfend charakterisiert scheint: zu glauben und zu erfinden. In die-

---

[1] In dieser Wertschätzung der Ästhetik als Überschreitung der Grenzen eines konventionell-eingeschränkten Rationalitätsbegriffes kann sich Deleuze mit einer Reihe französischer Autoren der fünfziger und sechziger Jahre, seien es Blanchot, Bataille und Klossowski, oder die eigentlichen Altersgenossen wie Barthes, Derrida oder Foucault, einig wissen.

[2] Empirisme et subjectivité [1953], 90. Wie aus dem Kontext hervorgeht, ist der Begriff *transcendance* hier nicht im kanonischen Sinn als Tanszendenz zu lesen, sondern rekurriert eher auf die Etymologie, derzufolge transcendere auch und vornehmlich bedeuten kann: "von einem Zustand in einen anderen übergehen".

[3] Die Parallelstellung von Schlußfolgerung und Glauben erklärt sich aus dem grundsätzlichen erkenntnistheoretischen Skeptizismus Humes, der keine emphatische Erkenntnis anerkennt, sondern lediglich Wahrscheinlichkeiten, die ihrerseits keinen größeren Anspruch als den auf Glaubwürdigkeit erheben können.

sen beiden Tätigkeiten erweist sich das Subjekt als synthetisches. Es entspringt der Synthese des Verstandes, insofern dieser die zu glaubenden und zu erfindenden Ideen als Sammlung der partikularen Ideen, die ihrerseits aus den Eindrücken stammen, präsentiert. D.h. andererseits, das der Verstand über-subjektiv ist, und das individuell glaubende oder erfindende Subjekt ein Effekt des Verstandes ist, wobei es zugleich teilhat am Verstand, von dem es einen Anteil transformiert, subjektiviert[1].

Welchen Raum bewohnt also das Subjekt für Deleuze gemäß Hume? Es ist ein eigenartig geschlossenes System, in dem es behaust ist: von einem nicht klärbaren Außen dringen Eindrücke auf die zunächst als leer anzunehmende Tafel, beschreiben sie mit Ideen, denen folgend und sie auswählend sich das Subjekt erstellt, und ein Bild von sich und dem Verstand und dem Außen entwirft, eine Dimension der Zukunft oder Erwartung öffnet, Möglichkeiten entwirft, seine Leidenschaft zu befriedigen, und dabei Kultur stiftet. Diese Kultur gehört ihrerseits wieder zum Außen und funktioniert nach Wahrscheinlichkeiten - selbst wenn der Übergang von der Erwartung zu den Realien, den kulturellen Einrichtungen und Produkten, nicht klar zu bestimmen ist, so daß das Subjekt letztlich an der Grenze der Bestimmbarkeiten verortet wird: einerseits Resultat nicht erschließbarer Praktiken, verfügt es andererseits selbst über eine nicht minder zu erschließende Praxis.

> Wenn das Subjekt sich tatsächlich im Gegebenen konstituiert, gibt es kein anderes Subjekt als das praktische.[2]

Wenn sich Philosophie aber der Frage zu stellen hat, was die "menschliche Natur" ausmacht, dann darf sie nicht fragen, was ist, sondern muß danach fragen, was wir machen[3]; eine Theorie der Praxis werden, deren Hilfsmittel Historie und Ästhetik sind, deren zentrales Problem sich im Denken der Bewegung und der aktuellen Handlung findet. Im zeitgeschichtlichen Kontext läßt sich dies Plädoyer für eine Philosophie der Praxis als Volte gegen Jean Paul Sartre lesen, der nicht nur mit seiner Schrift über *Das Sein und das Nichts*[4] den Ver-

---

[1] Vgl. Empirisme et subjectivité [1953], 108-109.
[2] Empirisme et subjectivité [1953], 117.
[3] Vgl. Empirisme et subjectivité [1953], 152.
[4] Sartre, Jean Paul: L' être et le néant. Paris 1943.

such einer phänomenologischen Ontologie - mit der Zielsetzung zu klären, wie das, was ist, gedacht werden könne - unternahm, sondern in einem auf 1936 zurückdatierenden Aufsatz[1] den Humeschen Empirismus einer Kritik unterzog, indem er die Einbildungskraft und die scheinbar nicht-rationalen Elemente des Verstandes aus dem Bewußtsein aussschloß, um sie als dessen Negation zu werten.

Positioniert sich Deleuze so gegen den Großmeister der französischen Gegenwartsphilosophie, sucht er als junger Autor zugleich auch Verbündete: die vorstehend untersuchte Arbeit erschien in der von Jean Hyppolite, dem neben Alexandre Kojéve wohl bekanntesten Hegelexegeten Frankreichs, begründeten Reihe "Épiméthée" der *Presses Universitaires*, was allein schon eine Auszeichnung darstellte; darüberhinaus widmete Deleuze seinen Text auch dem Reihenbegründer, der zeitweilig sein Lehrer war.

Gleichfalls in einer Reihe erscheint im selben Jahr auch eine Anthologie zur Problematik "Triebe und Institutionen"[2], die Deleuze herausgibt. Seine Auswahl eröffnet die von Georges Canguilhem betreute Reihe "textes et documents philosophiques". Mit Canguilhem und Hyppolite, die er seit dem Studium kennt, hat Deleuze zwei zusehends einflußreicher werdende Philosophen gefunden, die für die Nachkriegsgeneration französischer Philosophen die Rolle der älteren Brüder übernehmen und nicht in die konfliktuelle Vaterposition wie Sartre oder Lacan geraten werden, die eher befördern als rivalisieren. Der Band besteht nach dem Vorwort von Canguilhem zur Begründung der Reihe[3] und einer knappen Einführung Deleuzes in die Problemstellung[4] aus sechsundsechzig Textabschnitten diverser Autoren. Hier kann folglich kaum Inhalt analysiert werden, vielmehr ist dank des Inhaltsverzeichnisses eine Art Lektüreprotokoll Deleuzes erhalten, das zumindest einen Teil seiner Interessensschwerpunkte jener Jahre festhält. Neben diversen Beiträgern aus dem zoo- und biologischen Kontext, finden sich Beiträge von Ethnologen wie Malinowski oder Levi-Strauss, Soziologen wie Comte oder Durkheim, selbst Mythologen wie Eliade oder Bachofen sind vertreten. Die Auswahl der Philosophen zeigt neben den Autoren, mit denen Deleuze sich noch ausführli-

---

[1] Ders.: L'imagination. Paris 1936.
[2] Instincts et institutions [1953].
[3] Instincts et institutions [1953], III-VII.
[4] Instincts et institutions [1953], VIII-XI.

cher beschäftigen wird - Kant, Leibniz, Bergson - auch Schopenhauer und Alain, sowie Vertreter eher politischer Philosophie wie Plechanov oder Saint-Just. Einer der letzten Texte stammt von einem Literaten, aus Balzacs Vorwort zur *Comédie humaine*. Beendet wird die Textsammlung mit einem Text von Marx, was 1953, als die KPF und der Eintritt in dieselbe *das* Thema in Frankreichs Intellektuellenzirkeln sind, nicht sonderlich verwundern kann, sondern eher deutlich macht, daß Deleuze hier Offenheit und Allianzbereitschaft besitzt[1].

Selbstverständlich wählte Deleuze auch einen Text Humes aus, qualifizierten ihn doch genau die Studien über Hume und dessen Empirismus, als Herausgeber dieser Anthologie zu fungieren. Insbesondere in *Empirisme et subjectivité* problematisierte er, wie oben skizziert, den Zusammenhang von Institution und menschlichem Streben (tendance), als einem aus der Leidenschaft folgenden Streben. In anderen Begriffen wird diese Problemstellung wiederkehren.

Zunächst bleibt Deleuze trotz des umfänglichen publikatorischen Auftakts und der Kontakte zu bedeutenden Lehrern weiterhin in der Provinz: erst in Amiens, wo er seit dem Ende seines Studium 1948 als Philosophielehrer am Gymnasium tätig war, um dann 1953 nach Orléans zu wechseln. 1955 kehrt er nach Paris zurück, um für zwei Jahre am dortigen renommierten Gymnasium Louis-Le-Grand Philosophie zu lehren. Er wechselt bereits 1957 auf eine Assistentenstelle an der Sorbonne im Bereich Geschichte der Philosophie. Zwischenzeitlich veröffentlicht Deleuze recht wenig Aufsätze und eine Bergson-Anthologie[2], wobei einer der Beiträge über Bergson allerdings in einer von Merleau-Ponty, dem nächst Sartre bedeutendsten französischen Phänomenologen der fünziger Jahre, verantworteten Anthologie erscheint[3].

Die gelegentlich als rätselhaft angemerkte Publikationslücke erklärt sich recht umstandslos, bedenkt man, daß Deleuze innerhalb von drei

---

[1] Daß diese Offenheit gegenüber marxistischen Positionen auch von diesen Positionen wahrgenommen wurde, erweisen die Beiträge, die er in der Zeitschrift *Arguments* der gleichnamigen Gruppe undogmatischer Marxisten publizieren konnte. (Sens et valeurs. Arguments 15/1959, 20-28. und De Sacher-Masoch au masochisme. Arguments 21/1961, 40-46.)

[2] Bergson: Mémoire et vie. Paris 1957.

[3] Bergson. In Merleau-Ponty, Maurice (ed): *Les philosophes célèbres*. Paris 1956, 292-299.

Jahren zweimal umzieht, innerhalb von fünf Jahren drei verschiedene Stellungen antritt. Darüberhinaus heiratet er 1956 Fanny Grandjouan, mit der er zwei Kinder hat, deren erstes, der Sohn Julien, 1960 geboren wird[1]. Angesichts dieser beruflich und privat ereignisreichen Zeit verwundert es nicht sonderlich, wenn Deleuze wenig zum Schreiben gekommen ist. Es gab allem Anschein nach die Absicht, eine Bergson-Monographie zu verfassen, was sich an den verschiedenen Vorarbeiten erkennen läßt. Durch welchen Einfluß Deleuze veranlaßt worden ist, dies Projekt zunächst ruhen zu lassen und sich einem anderen Thema zuzuwenden, kann hier nicht entschieden werden, doch ist auf eine Reihe möglicher Einflußgrößen hingewiesen worden, die nicht auf eine philosophieinterne Krise verweisen, sondern es gestatten, die geringe Publikationsdichte dieser Jahre durch äußere Einflüße plausibel zu machen. Da wir auf Deleuzes Bergson-Lektüre noch zu sprechen kommen, gehen wir zu dem Buch, mit dem Deleuze in Frankreich seine Reputation begründete.

---

[1] Die Tochter Emilie wird 1964 geboren.

# II. ARBEITEN IN DER GESCHICHTE (1962-1968)

## II.1 Nietzsches genealogischer Materialismus

1962 erscheint *Nietzsche et la philosophie*. Der Text beginnt nicht mit einem Satz sondern mit einer Setzung:

> Das allgemeinste Vorhaben von Nietzsche ist dies: in die Philosophie die Begriffe von Sinn und Wert einzubringen.[1]

Was aber bedeutet es, diese Begriffe in die Philosophie zu bringen? Der Wert führt zu allererst eine Skalierung ein, ein Gefälle der Wertigkeiten, das die Beziehungen der Ähnlichkeit und des Antagonismus außer Kraft setzt, um statt dessen die *Differenz* zum Gegenstand der Reflexion zu machen. Unterscheidungen sind folglich nicht dichotomisch oder kontrastiv oder in Identität aufzuheben, sondern in ihren Nuancen genau zu bestimmen und ins Verhältnis zu setzen. Indem Nietzsche den Sinn einführt, macht er die Voraussetzung, daß die Gegenstände und Sachverhalte Sinn hätten, mit Bedeutung aufgeladen wären. Da die Dinge aber nicht von sich aus Sinn haben, sondern nur durch die Produktion von Bedeutung, gibt es eine *Kraft* - muß eine Kraft angenommen werden-, die sich die Sachen und Sachverhalte angeeignet hat. Deleuze führt Nietzsche also über dessen Begriffe *Sinn* und *Wert* auf die Begriffe *Differenz* und *Kraft* - oder eher noch deren Plural: *Kräfte* und *Differenzen*. Dementsprechend kann die abendländische Philosophie aufgefaßt werden als eine "Symptomatologie oder Semiologie"[2], was ebenso für die Wissenschaften gilt. Werden die Wissenschaften gleichfalls unter diese Axiomatik gestellt, affiziert die Kraft auch die Natur:

---

[1] Nietzsche und die Philosophie [1962], 5.
[2] Nietzsche und die Philosophie [1962], 7.

> Jede Kraft ist Aneignung, Beherrschung, Ausbeutung eines Realitätsquantums. Selbst die Wahrnehmung in ihren verschiedenen Aspekten ist Ausdruck von Kräften, die sich die Natur aneignen. Womit gesagt ist, daß auch die Natur ihre Geschichte hat. Die Geschichte eines Dings besteht ganz allgemein aus der Aufeinanderfolge der Kräfte, die sich seiner bemächtigen, sowie im gleichzeitigen Vorhandensein der Kräfte, die um seine Überwältigung ringen. Ein und dasselbe Phänomen ändert jeweils entsprechend den Kräften, von denen es angeignet wird, seinen Sinn.[1]

Die Kraft erscheint als dreigliedriges Verhältnis: Sie umfaßt die Beherrschung, das Beherrschte und die Distanz dazwischen. Es ergibt sich konsequent fortgedacht das Wirken einer Kraft auf eine Kraft, in die sich das Kraft-Objekt-Verhältnis auflöst. Aus der Distanz folgt nämlich, daß es nur zwischen Sachverhalten derselben Ebene die Möglickeit des Aufeinanderwirkens gibt, und da Dinge von sich aus nicht wirken, wirken Kräfte auf Kräfte. Die Kraft, »die sich auf eine andere Kraft bezieht: Unter diesem Aspekt heißt die Kraft 'Wille'«[2]. Der Wille aber will sich bejahen in der Differenz zum anderen Willen. In diesem Sinne der Bejahung der Differenz ist Nietzsche anti-dialektisch, anti-hegelianisch[3]. Insofern der Wille Affirmation als Genuß der Differenz ist, spricht Deleuze von einem "nietzscheschen Empirismus" und schlägt so den Bogen zurück zu den oben besprochenen Schriften. Offenbar existiert für ihn dort ein Anschluß, der vom konventionellen philosophiegeschichtlichen Verständnis her nichts weniger als selbstverständlich ist, doch da Deleuze sein Empirismus-Verständnis dahingehend modifiziert hat, daß er Pluralismus und Empirismus und Genuß gleichsetzen kann[4], gilt diese Gleichung auch für Nietzsches Willenskonzeption, die sowohl Pluralismus als auch Genuß erfordert und reflexiv ermöglicht. Der Sinn des Daseins entsteht durch Interpretation, und diejenigen, die interpretieren, bieten

---

[1] Nietzsche und die Philosophie [1962], 7-8.
[2] Nietzsche und die Philosophie [1962], 11.
[3] Es ist unklar, wie sehr Deleuzes Verdikt, das er mit Nietzsche gegen die Dialektik ausspricht, auch die marxsche Dialektik, die ja gleichfalls eine Hegelkritik enthält, umfassen soll. Wir gehen vorderhand davon aus, daß die Differenzen der beiden Dialektiken insbesondere im Frankreich jener Jahre nicht sonderlich klar waren, sondern eher durch Hegelexegeten wie Kojéve verwischt wurden, und verstehen dementsprechend die Dialektik-Kritik als auf Hegel bezogene.
[4] Vgl. Nietzsche und die Philosophie [1962], 8 und 14.

Willen und Kraft auf, um einem bestimmten Sachverhalt Sinn und Bedeutung zu geben. Allerdings scheinen zwar mehrere, doch nicht beliebige Möglichkeiten der Bedeutungsproduktion zu existieren:

> Was durch eine bestimmte Kraft sich nicht interpretieren, durch einen bestimmten Willen sich nicht nicht bewerten läßt, *verlangt* nach *einem anderen* Willen, fähig es zu bewerten, und nach *einer anderen* Kraft, fähig es zu interpretieren.[1]

Der Sachverhalt oder das Ding beeinflußen somit ihre Interpretation und Bewertung, verlangen danach und weisen bestimmte Kräfte oder Willen, die demnach ungeeignet oder "unfähig" sein müssen, ab. Dieser determinierende Charakter der Objektseite gerät aus dem Blickfeld Deleuzes/Nietzsches, wenn es in der Auseinandersetzung mit der herakliteischen Position um die Bejahung des Werdens geht. Zweifellos ist dieser die geschichtliche Entwicklung affirmierende Aspekt einer der von Deleuze an Nietzsche am stärksten geschätzten, zumal sich diese Bejahung an die ästhetisierende Betrachtung Heraklits anschließt, daß das Dasein vom Spieltrieb her bestimmt sei, mithin unschuldig und ungerecht. Auch Nietzsches Denken hat spielerische Züge die Deleuze als "dionysisches Spiel", als "Spiel der Bilder" apostrophiert und folgendermaßen kontextualisiert:

> Wir werden (...) sehen, wie Nietzsche die Physik, Energetik und Thermodynamik seiner Zeit begriff. (...) Er nimmt das poetische und philosophische Recht in Anspruch, von Maschinen zu träumen, die mit ihren eigenen Mitteln zu realisieren die Wissenschaft vielleicht eines Tages in der Lage sein wird. So die Maschine zum Bejahen des Zufalls, zum Garkochen des Zufalls, zum Zusammenstellen der Zahl, die den Würfelwurf wiederbringt, die Maschine zur Entfesselung ungeheurer Kräfte unter Einsatz vielzähliger kleiner Anstrengungen, die Maschine zum Spielen mit Sternen, kurz die herakliteische Feuermaschine.[2]

Die Maschine gründet auf poetischem und philosophischem Recht, sie realisiert die Möglichkeiten und den Zufall, ist Potential der Kräfte und Realisierung des Ereignisses: Koordinaten des Maschinischen, die Deleuze in folgenden Schriften ausbauen wird.

---

[1] Nietzsche und die Philosophie [1962], 28; kursiv im Original.
[2] Nietzsche und die Philosophie [1962], 36f.

Ein Denker, der gleichfalls späterhin ausführliche Beachtung finden wird[1], ist Spinoza. Deleuze eröffnet das zweite Hauptkapitel seiner Nietzsche-Studie mit der Bemerkung Spinoza, habe den Wissenschaften und der Philosophie einen neuen Horizont eröffnet:

> Wir wissen noch nicht einmal was ein Körper kann, sagte er; wir reden über das Bewußtsein, über den Geist, plaudern über all das, wissen aber gar nicht, wozu ein Körper fähig ist, welche Kräfte die seinen sind, noch was sie vorbereiten.[2]

Das Unausgeschöpfte, Ungedachte des Körpers, das Spinoza als Problem formuliert, schließt sich kurz mit der nietzscheanischen Bewußtseinskritik, die das Bewußtsein als Epiphänomen an der Oberfläche des Körpers begreift, was jedoch keine fundamentale Abwertung oder Ablehnung bedeutet, sondern lediglich eine Relativierung, denn natürlich ist der Körper ein privilegierter und wertgeschätzter Erkenntnisgegenstand, so daß die akzentuierte Körperlichkeit des Hirns nicht gegen die Vernunft, sondern nur gegen das Vergessen ihres leiblich-materiellen Grundes spricht. Wie aber läßt sich der Körper verstehen? Eigenartigerweise entzieht Deleuze der denkbaren Materialität ihren möglicherweise festen Grund und bringt die Verhältnisse zum Vibrieren.

> Es gibt kein Realitätsquantum, jegliche Realität ist immer schon ein Kraftquantum. Nichts als Kraftquanten in einem wechselseitigen "Spannungsverhältnis". Jede Kraft steht in Beziehung zu anderen, sei es um zu gehorchen, sei es um zu befehlen. Definiert wird ein Körper durch diese Beziehungen zwischen herrschenden und beherrschten Kräften. Jede Beziehung zwischen Kräften erstellt einen Körper, der chemisch, biologisch, sozial, politisch sein kann.[3]

Die Realität erscheint nicht als Ensemble von Materieballungen, sondern als außer Frage gestellt durch die Wandelbarkeit eines Kräftefeldes, das wirklicher ist, insofern es Wirksamkeit denken läßt. In dieser Verschiebung der Frage nach dem Realen und seiner Materialität setzt sich modifiziert der empiristische Skeptizismus fort. Die Kräfte, die am Wirken sind, unterscheiden sich quantitativ, wobei die Quantität die jeweilige Qualität festlegt. Kräfte differieren dementsprechend

---

[1] Vgl. Abschnitt II.5.
[2] Nietzsche und die Philosophie [1962], 45.
[3] Nietzsche und die Philosophie [1962], 45f.

nicht in bezug auf ein vermeintliches Objekt, sondern sind situativ zu interpretieren in ihrem Bezug aufeinander. Maßgeblich sind also die Quantitätsdifferenzen. Die Nietzsche zeitgenössische Physik, sei sie mechanistisch oder thermodynamisch orientiert, ging von der Konstanz der absoluten Energiemenge aus, letztlich von einer Aufhebung der Differenzen in der finalen Summe und beschwört damit - in philosophische Kategorie übersetzt - die Identität der Energie. Gegen das Identitätsdenken postuliert Nietzsche und mit ihm Deleuze das Denken der ewigen Wiederkehr. Dieser Gedanke bedeutet nun nicht, was seine beiden Vokabeln nahelegen: die immergleiche Wiederholung dessen, was ist. Was sich wiederholt, ist vielmehr die Differenz.

> Die ewige Wiederkunft ist nicht das Verharren Ein-und-Desselben, ist weder ein Gleichgewichtszustand noch die Dauer des Identischen. In der ewigen Wiederkunft kehrt nicht Ein-und-Dasselbe zurück, sondern ist die Wiederkunft selbst das Eine, das allein vom Diversen und von dem sich Unterscheidenden ausgesagt wird.[1]

Die ewige Wiederkunft ist aufs engste verbunden mit der Bejahung des Werdens, mehr noch ist es das Sein des Werdens, das wiederkehrt, denn ein Sein kann nach Nietzsche nicht als Nicht-Werdendes - und zugleich Nicht-Vergehendes - gedacht werden. Wie Deleuze klar formuliert:

> Nicht das Sein kehrt wieder, sondern die Wiederkehr selbst macht das Sein aus, insoweit dieses im Werdenden und Vergehenden sich bejaht. Nicht das Eine kehrt wieder, sondern das Wiederkehren selbst ist das Eine, das sich im Verschiedenen oder Vielen bejaht.[2]

Im Zentrum der Problematik steht folglich das Verhältnis von Einem und Vielem, von Ganzem und Teilen, Einheit und Mannigfaltigkeit. Einen nicht zu vernachlässigenden Nebenaspekt bildet die Einschränkung, die die Wiederkehr an die Bejahung knüpft. In dieser Bedingung liegt ein selektives Prinzip, das diejenigen Kräfte, die Werden und Vergehen nicht affirmieren, ausschließt, so daß auch in dieser Hinsicht die Wiederkehr nur die Wiederkehr dessen wäre, was anders - nämlich kraftvoller - wäre als dasjenige, was sich der Wiederkehr versagte, indem es sie nicht bejahte. Insgesamt ändert sich das Ganze

---

[1] Nietzsche und die Philosophie [1962], 53.
[2] Nietzsche und die Philosophie [1962], 55.

und seine Zusammensetzung innerhalb dieser Wiederkehr also ständig.

Deshalb können wir die ewige Wiederkunft nur als Äußerung eines Prinzips begreifen, das den Grund des Verschiedenen und seiner Reproduktion, der Differenz und ihrer Wiederholung darstellt. Nietzsche präsentiert ein solches Prinzip und verzeichnet es als eine der wichtigsten Entdeckungen seiner Philosophie: Er heißt es: *Wille zur Macht*.[1]

Der Wille bezieht sich auf die Kräfte und auf die je-einzelne Kraft: er bestimmt einerseits die Differenz der Quantität der in Beziehung befindlichen Kräfte und damit zugleich und andererseits die Qualität der einzelnen Kraft. Wie Deleuze schreibt, ist er ein differentielles und genetisches Element[2]. Zudem umfaßt er in den Kräften, die durch den Zufall in Beziehung gesetzt wurden, auch den Zufall, impliziert ihn und bejaht ihn.

Die dem Prinzip des Willens zur Macht unterliegenden Kräfte werden terminologisch weiter differenziert: insofern sie auf die Quantitätsdifferenz bezogen werden, ist von einem Herrschaftsverhältnis auszugehen, das die Kräfte in herrschende und beherrschte teilt. Hinsichtlich der unterschiedlichen Qualität werden sie entsprechend aktive oder reaktive Kräfte genannt. Sie partizipieren alle in jeder Hinsicht am Willen zur Macht, der sich selbst begrifflich anders differenziert als die Kräfte: in Bejahung und Verneinung, Wertminderung und Wertschätzung. Diese die Formen des Willens zur Macht qualifizierenden Begriffe richten das Augenmerk auf die ihm wesentliche Tätigkeit des Interpretierens. Jener erwähnte Vorgang der Qualifikation und das genealogische Moment daran beziehen sich auf die Bewertung der Kräfte. Die Bewertung erfordert aber allemal eine Art Maßstab oder eine Skala, auf die Bezug nehmend gewertet wird, und genau dies zu entwerfen und die dementsprechende Verortung der Kräfte obliegt dem Willen zur Macht. Zwischen den Begriffspaaren besteht zwar eine Art verwandtschaftlicher Beziehung doch keinerlei Identität. Bejahung und Aktion stehen einander zwar ebenso nahe wie Reaktion

---

[1] Ebd.; kursiv im Original.
[2] Deleuze sieht in dem Begriff des Willen zur Macht und der Bedeutung desselben in der nietzscheschen Philosophie eine Bezugnahme auf das kritische Projekt Kants, daß dieser allerdings in der Harmonie der Begriffe verraten habe. Mit dem Wissen der Nietzsche-Studien im Hintergrund wird Deleuze wenig später seine Kritik der kantschen Philosophie betreiben.

und Verneinung, doch kann weder das eine als Emanation des anderen betrachtet werden, noch stiftet irgendeine andere Vokabel den zwingenden Zusammenhang zwischen Kräften und Willen, vielmehr entspinnen sich in deren Verhältnis zahlreiche mögliche Geschichten; Genealogien, denen zufolge bspw. aktive Kräfte durchaus nicht dem Willen zur Macht folgen müssen, was wiederum den reaktiven offenzustehen scheint. Innerhalb des Willens zur Macht finden sich so "Aktiv-werden reaktiver Kräfte und Reaktiv-werden aktiver Kräfte"[1].

Der Wille zur Macht in seiner vorstehend skizzierten Form unterläuft das konventionelle Verständnis des Begriffes Willen. Im Gegensatz zu dieser Fassung des Begriffs bezeichnet Willen im Sinne des deleuzianischen Nietzsche nicht ein Begehren, das auf die Kompensation eines Mangels und auf ein Ziel - Besitz der Macht - gerichtet ist, sondern ein wirkendes abstraktes Prinzip, das Macht gibt. Die Macht wird nicht gewollt, sondern will: Sie schafft Werte und Sinn, durchdringt quantifizierend und qualifizierend die Beziehung der Kräfte und produziert im Willen seine Orientierung auf Verneinung oder Bejahung.

In dieser Konzeption erscheint Nietzsche als Denker einer differentiellen, subjektlosen vielleicht am ehesten als konstruktivistisch zu bezeichnenden Geschichtsphilosophie, die keineswegs einen Reigen des Immergleichen zelebriert, sondern Werte schafft und durchsetzt, Veränderungen zwischen Kräftebeziehungen und Wertgefällen denkbar macht. Die Frage, die sich dieser Kurzcharakteristik anschließt, fragt nach dem Ort, den ein so verstandener Nietzsche in der Philosophiegeschichte haben kann.

> Nietzsche ist der Auffassung, daß die Idee der Kritik eins ist mit Philosophie, daß gerade aber Kant diese Idee verfehlt, sie verpfuscht und aufs Spiel gesetzt hat nicht erst in seiner Anwendung, sondern von seinen Prinzipien her.[2]

Die polemischeAuseinandersetzung mit Kant als dem Philosophen, auf den sich Nietzsche demnach am stärksten bezieht, konturiert die eigene Philosophie eben in der Absetzung von der kritisierten. Warum aber Kant? Dessen kritische Philosophie begründet für das neunzehnte

---

[1] Nietzsche und die Philosophie [1962], 79.
[2] Nietzsche und die Philosophie [1962], 96-97.

Jahrhundert eine Bezugsfläche der nachfolgenden kritischen Generation wie Feuerbach oder Hegel, deren Lehren und Schüler wiederum die akademischen Kontexte bestimmen, innerhalb derer sich Nietzsche zeitweilig "unzeitgemäß" bewegte. Die einzige Ausnahme stellt für Nietzsche denn auch der Hegelgegner und Kant-Kritiker Schopenhauer dar. Kant erscheint Nietzsche folgerichtig als Wurzel einer philosophiegeschichtlichen Fehlentwicklung, die er, Nietzsche, zu revidieren sucht. Deleuze gebraucht zur Veranschaulichung die Analogie, daß Kant für Nietzsche die Bedeutung habe wie Hegel für Marx, daß es sich darum handle, "die Kritik erneut auf ihre Füße zu stellen"[1]. Wenn dem so sein sollte, dann erscheint Nietzsche als anti-idealistischer Philosoph, der innerhalb des kritischen Unternehmens den geschichtlich-materiellen Verhältnissen wieder ein Primat einräumt. Gegen die transzendental begründeten Prinzipien setzt Nietzsche die von der Macht bestimmte Genealogie.

Jede Beschäftigung mit Nietzsche bringt nahezu automatisch eine Faszination an dessen Stil mit sich, an der romantischen Dramatisierung des Philosophierens. Eine Romantik und Dramatik, der sich auch Deleuze nicht zu entziehen vermag. Entsprechend klingen die letzten Sätze Deleuzes vor dem eigentlichen Resümee, in denen offensichtlich unter dem Eindruck des Zarathustra-Textes die große Geste stilistisch nachvollzogen wird - geschildert werden die Kräfte der Umwertung:

> Das Tanzen wertet Schweres in Leichtes um, das Lachen Leid in Freude, das Wurfspiel (der Würfel) Niedriges in Hohes. Auf Dionysos aber bezogen bilden Lachen, Tanzen und Spielen die bejahenden Mächte der Reflexion und der Entwicklung. Das Tanzen bejaht das Werden und das Sein des Werdens; das Lachen, die Lachausbrüche bejahen das Viele und das Eine des Vielen; das Spielen endlich bejaht den Zufall und die Notwendigkeit des Zufalls.[2]

Hinter der nietzscheanisierten Diktion verbergen sich jedoch die Problemstellungen, die Deleuze auch weiterhin verfolgen wird, selbst wenn sein Verhältnis zum philosophischen Stil Nietzsches und der Emphase des Auslesedenkens zusehends distanzierter erscheint[3].

---

[1] Nietzsche und die Philosophie [1962], 98.
[2] Nietzsche und die Philosophie [1962], 209.
[3] Vgl. dazu chronologisch die Entwicklung der Nietzsche-Rezeption: Nietzsche. Paris 1965; Conclusions. Sur la volonté de puissance et l'éternel re-

Doch genau der Stil, die Geste des Philosophen war wohl der Ausgangspunkt des Deleuzeschen Interesses. Bernhard Waldenfels beschreibt die Lage der französischen Nietzsche-Rezeption vor dem Erscheinen des Nietzsche-Buches:

> Und aus dem Hintergrund taucht plötzlich ein Name auf, der zwar bei Literaten wie Bataille und Klossowski einen starken Klang hat, der aber von den Philosophen bisher nur zaghaft genannt wurde, nämlich der Name Nietzsches. G. Deleuze, ein Freund Foucaults, brach mit diesem Schweigen als er 1962 sein bekanntes Nietzsche-Buch veröffentlichte.[1]

Deleuze vermittelt nun diesen ihm literarisch vermittelten Nietzsche wiederum an die Philosophie. Seine Lektüre greift zwar den Stil stellenweise auf, gleichzeitig gewinnt sie jedoch neue Denkfiguren und eine Systematik des Zusammenhangs, die es zuläßt, Nietzsche philosophiegeschichtlich und politisch anders zu positionieren, als dies in Frankreich zuvor möglich war, als Nietzsche nur durch Mediatoren wie Jaspers, Löwith oder Heidegger den Rhein überquerte.

## II.2 Kants Produktionsästhetik

Die Vermittlung Heideggers kann auch angenommen werden, wenn wir uns der nächstfolgenden Studie widmen, die den Gegenpart der

---

tour. In Nietzsche, Cahiers de Royaumont, Bd.VI. Paris 1967, 275-287; mit Foucault, Michel: Introduction générale à Nietzsche. In *Œuvres philosophiques complètes*, Bd.V. Paris 1967.; Pensée nomade. In Centre Culturel international de Cerisy-la-Salle (Hg.): *Nietzsche aujourd'hui. 1. Intensités.* Paris 1973, 159-174. ; mit Fanny Deleuze: Préface. Nietzsche et Saint Paul. Lawrence et Jean de Patmos. In D.H.Lawrence: *Apocalypse.* Paris 1978.; Foucault. Paris 1986.

[1] Waldenfels, Bernhard: Phänomenologie in Frankreich. Frankfurt a.M. 1987, 514. In der Tat war Deleuze bereits zu diesem Zeitpunkt mit Foucault bekannt - wenn auch nicht befreundet. Bereits 1952 hatte Deleuze Foucault in Lille kennengelernt bei dem gemeinsamen Freund/Bekannten Bamberger. Doch erst 1962, nach dem Erscheinen des Nietzsche-Buches entwickelt sich die Freundschaft: Foucault, der an der Universität von Clermont-Ferrand arbeitet, schlägt Deleuze zur Besetzung einer vakant werdenden Stellung vor. Deleuze erhält zwar nicht die Stelle, gewinnt jedoch einen Freund.

kritischen Philosophie Nietzsches untersucht: Kants kritische Philosophie[1]. 1952 erschien erstmals die französische Übersetzung der 1929 publizierten Schrift "Kant und das Problem der Metaphysik"[2]. Der heideggersche Text fiel im existentialistisch dominierten Nachkriegsfrankreich auf fruchtbaren Boden und gab der Kant-Diskussion neue Impulse. Diese ein Jahrzehnt zuvor begonnene Auseinandersetzung bildet die Absetzungsfläche und den Hintergrund der deleuzschen Ausführungen.

Für Deleuze ist Kant deswegen von Interesse, weil er einen zweifachen Kampf führt: einerseits gegen den von Deleuze geschätzten Empirismus, andererseits gegen einen dogmatischen Rationalismus, der auch von Deleuze mit Skepsis betrachtet wird[3]; insofern ist Kant für seinen Analytiker zugleich Gegner und Verbündeter[4]. In den ersten Abschnitten der Kant-Studie ergibt sich aus diesem zwiespältigen Bezug jedoch keine gewichtige Problematisierung des kantschen Denkens, das stattdessen sachlich und knapp, geradezu didaktisch vorgestellt wird. Doch zeigt sich in einigen Passagen[5] deutlich eine leitende Fragestellung, die - Deleuze zufolge - die drei Kritiken Kants organisiert: »Gibt es eine obere Form der Lust oder Unlust?« Zunächst erscheint die Frage als zentrales Problem der *Kritik der Urteilskraft*, doch Deleuze liest sie als Kulminationspunkt der Kritiken: »der Sinn dieser Frage selbst setzt die beiden anderen Kritiken voraus.«[6]

---

[1] La philosophie critique de Kant. Paris 1963.
[2] Heidegger, Martin: Kant und das Problem der Metaphysik. Bonn 1929.
[3] Vgl. Kants kritische Philosophie [1963], 19.
[4] Zehn Jahre später wird der Autor in einer berühmt gewordenen Passage sagen: »Mein Buch über Kant ist eine andere Geschichte, ich habe es gern. Ich habe es geschrieben als Buch über einen Feind, von dem ich zu zeigen versuchte, wie er funktioniert, was seine Zahnräder sind (...). Aber vor allem war meine Art mich dieser Epoche zu entziehen, glaube ich, die Geschichte als eine Art Arschfick zu verstehen, oder, was auf dasselbe hinausläuft als unbefleckte Empfängnis. Ich stellte mir vor, hinter den Rücken eines Autors zu gelangen und ihm ein Kind zu machen, das sein eigenes und trotzdem monströs wäre. Es ist sehr wichtig, das es sein eigenes ist, weil es nötig ist, daß der Autor wirklich all das sagt, was ich ihn sagen lasse.« Brief an Michel Cressole [1973], 12.
[5] Vgl. expl. Kants kritische Philosophie [1963], 24, 28 und 29.
[6] Kants kritische Philosophie [1963], 29.

Das "obere Erkenntnisvermögen" der *Kritik der reinen Vernunft* steht also in einem engen und genetisch entwickelbaren Verhältnis zu dem oberen Begehrungsvermögen, das in Frage steht. Welche Vermögen aber existieren in Bezug auf die Erkenntnis? Faßt man Vermögen als Begriff, der einen "spezifischen Ursprung der Vorstellungen" bezeichnet, lassen sich folgende Vermögen den Vorstellungen entsprechend unterscheiden:

> 1. Anschauung (singuläre Vorstellung, die sich unmittelbar auf ein Objekt der Erfahrung bezieht und die ihren Ursprung in der *Sinnlichkeit* hat); 2. Begriff (Vorstellung, die sich mittelbar, über andere Vorstellungen, auf ein Objekt der Erfahrung bezieht und ihren Ursprung im *Verstand* hat); 3. Idee (Begriff, der selbst die Möglichkeit der Erfahrung überschreitet und seinen Ursprung in der *Vernunft* hat).[1]

Es gibt folglich drei Erkenntnisvermögen, die sich durch ihren Bezug auf die Erfahrung voneinander unterscheiden. In dieser Hinsicht liegt für Deleuze auch die Differenz Kants zu Hume. Letztgenannter hatte - wie zu sehen war - das Prinzip der Verknüpfung von Erfahrungen in der menschlichen Natur begründet gesehen; Kant jedoch definiert die Erfahrung, die zu allgemeinen Sätzen oder Regeln führt[2], nicht durch die condition humaine, sondern setzt sie in eine gewiße Abhängigkeit vom Sachverhalt. Der Sachverhalt oder auch das Objekt folgt seiner Natur nach - auch - einem Prinzip, das sich adäquat in den jeweiligen Sätzen ausdrücken läßt. Entscheidend ist in diesem Punkt keineswegs die denkbare Entsprechung von Begriff und Begriffenem, sondern wesentlich ist die Abhängigkeit der Begreifbarkeit von der Einheit, die von Begreifendem (Subjekt) und Zu-Begreifendem (Objekt) im Begriff (transzendentales Subjekt) gebildet wird.

> Dieselben Prinzipien müssen von unseren subjektiven Schritten Rechenschaften geben und ebenso von der Tatsache, daß das Gegebene sich unseren Schritten unterwirft. Ebenso gut könnte man sagen, daß die Subjektivität der Prinzipien keine empirische oder psychologische Subjektivität, sondern eine "transzendentale" Subjektivität ist.[3]

---

[1] Kants kritische Philosophie [1963], 30-31; kursiv im Original.
[2] Man denke an Sätze wie "jeden Morgen geht die Sonne auf" oder "Wasser gefriert bei Temperaturen unter null Grad Celsius".
[3] Kants kritische Philosophie [1963], 40.

Genau diese "transzendentale" Subjektivität zieht aber auch die Grenzlinie zum "dogmatischen Realismus". Nahm diese die Einheit der Ordnung der Ideen und der Ordnung der Dinge an, so war dies nur möglich durch die axiomatische Setzung einer prästabilierten Harmonie, die die Identität absicherte. Die transzendentale Subjektivität bedeutet, Deleuze zufolge, eine kopernikianische Revolution für das Denken der Erkenntnis, da darin Erkenntnis als Unterwerfung, als Kampf gedacht wird. Dem Zu-Erkennenden werden vom Erkennenden die Prinzipien auferlegt, denen zufolge es erkannt werden kann - allerdings nicht ohne vermittelnde Bezugnahme auf das Erkenntnisobjekt und seine Prinzipien. Erkenntnis läßt sich so beschreiben als bewegliche Struktur mit Dominante.

> Die Phänomene sind nicht Schein, aber sie sind auch nicht Produkte unserer Tätigkeit. Sie affizieren uns insofern, als wir passive und rezeptive Subjekte sind. Sie können genau deshalb von uns unterworfen werden, weil sie keine Dinge an sich sind.[1]

Insbesondere in Bezug auf die Objektangemessenheit erweist sich Kants gleichermaßen betitelte Schrift als Kritik der reinen Vernunft, insofern als der transzendentale Gebrauch der Vernunft kritisiert wird, da dieser nämlich den Begriff abgelöst von den Phänomenen und den mit ihnen verknüpften sinnlichen Erfahrungen zu schaffen sucht.

Anders verhält es sich unter den Bedingungen der praktischen Vernunft. Dort erscheint die Notwendigkeit, wenigstens einen Sachverhalt als von der Erfahrung losgelöst und frei zu denken. Das der phänomenalen Erfahrung nicht zugängliche, übersinnliche und freie Noumen aber ist die Vernunft selbst. Anders als die notwendig *an sich* zu denkenden Dinge oder Sachverhalte, die von der praktischen Vernunft als "Noumena" zu denken sind, weil anders ihre Unterwerfung unter den Verstand und damit ihre Erkenntnis nicht zu denken wäre, ist die Vernunft selbst als unbestimmtes Noumen zu denken, das keinen Prinzipien unterworfen ist, sondern im Gegenteil mit der Macht zur Unterwerfung ausgestattet ist. In dieser Hinsicht aber scheint Deleuzes Kant-Lektüre auf seine Nietzsche-Lektüre zurückzuweisen, weil hier wie dort Denken als Wille zur Macht erscheint.

Wieder anders sind die ästhetischen Urteile zu fassen, die in Kants dritter Kritik verhandelt wurden. Die Besonderheit der ästhetischen

---

[1] Kants kritische Philosophie [1963], 42-43.

Urteile besteht darin, daß sie ohne Begriff und subjektiv sind. Subjektivität und begriffliche Unbestimmtheit ergeben sich aus der Abhängigkeit des Urteils vom Empfindungsvermögen. Für die Wahrnehmung der Schönheit eines Gegenstandes ist ein gewißes Lustempfinden verantwortlich, das sich in Sätzen wie "die Rose ist schön" äußert. Es lassen sich keine objektiven Kriterien der Schönheit angeben, selbst wenn die Verallgemeinerbarkeit des subjektiven Urteils unterstellt wird. Damit gerät aber die Lust zum einzigen allgemeinen und notwendigen Kriterium der Ästhetik, wobei jedoch zu beobachten ist, daß es zu Entsprechungen im Empfinden kommt: zu Moden und Trends, Stilepochen und sozial signifikanten Geschmacksrichtungen. Es fragt sich, wie es zu derartigen Häufungen des ästhetischen Lust-Empfindens kommen kann. Der Kant Deleuzes nimmt die Kategorie der Einbildungskraft, die schon aus den Empirismusstudien geläufig ist, und deutet diese als singuläre Reflexionsform: ein Objekt erscheint darin ohne Vermittlung eines Verstandesbegriffs, jedoch ausgestattet mit dem Vermögen des Verstandes. Es handelt sich mithin nicht um unmittelbare Eindrücke, die sich dem Subjekt aufdrängen, sondern um die Anschauungsform, die mit eigener Aktivität fortgesetzt werden kann, anders und knapp gesagt: um Phantasie. Darin kommen aber die Vermögen des Verstandes als unbestimmte und die Einbildungskraft als freie zusammen und bilden einen Gemeinsinn. Dieser zunächst auf der begriffsanalytischen Ebene auszumachende Gemeinsinn, führt als Vermittlung von Wahrnehmung und Überlegung auf die Mitteilbarkeit des ästhetischen Eindrucks. Dort heißt die Artikulation des Schönheitsempfindens aber Artikulation von Geschmack. Die beobachtbare Massierung eines bestimmten Geschmacks zu einer bestimmten Zeit innerhalb einer bestimmten sozialen Gruppe kann nun aber nicht durch politische Machtdispositive erklärt werden - was heutzutage naheliegend erscheint -, denn dem ästhetischen Urteil kommt nach dem vorher Gesagten wesentlich zu, daß es subjektiv und frei ist. Die Übereinstimmung des Geschmacks kann also nicht aus sozialem Zwang resultieren, sondern muß ihr Apriori andernorts haben. Sie muß ihr Apriori natürlich innerhalb der Voraussetzungen der Kantschen Argumentation an einem anderen Ort haben, an einem Ort, den Deleuze als denjenigen der "transzendentalen Genese"[1] bezeichnet. Wie diese

---

[1] Kants kritische Philosophie [1963], 106.

beschaffen ist, zeigt sich in Kants Kategorie des Erhabenen. Das Erhabene führt die Einbildungskraft, ist das, was sich dem Vorstellungsvermögen entzieht. Das Ungenügen resultiert nun aber nicht aus der Einbildungskraft selbst, sondern aus dem Bezug dieser Kraft zur Vernunft, denn es ist die Vernunft, die auf das Ganze drängt, aus der der Zwang folgt, sich die Totalität der Sinnenwelt anzueignen oder einzubilden. Das Erhabene errichtet sich auf dem Grund des Konflikts von Anspruch der Vernunft einerseits und Macht der Einbildungskraft andererseits. Die Differenz beider erzeugt aber eine Überschreitung der Einbildungskraft, die ihre Grenze übertritt, indem sie das Unendliche, das Unbegrenzte in Form des Erhabenen wahrnimmt. In der differentiellen Erzeugung des Erhabenen entsteht so eine Struktur, die außerhalb und oberhalb des Subjekts liegt und darin den Platz bereitet für die Moralität, als dasjenige, was gleichfalls außerhalb und oberhalb des Subjekts liegt, um ihr einen Platz - nun nicht mehr in der Welt der Wahrnehmung, sondern innerhalb des Gemeinwesens - zuzuweisen.

Kant geht davon aus, daß die Natur das Schöne aus sich heraus hervorbringt, und da die Natur von sich aus nicht moralisch bestimmt ist, unterliegt auch das Naturschöne nicht moralischen Bestimmungen. Die Natur schafft in sich selbst moralfreie Schönheit, wenn aber Menschen das Schöne in der Kunst erzeugen, muß unter vorläufiger Absehung von der Frage nach der Moralität die Natur daran Anteil haben. Der Einfachheit halber ließe sich annehmen, daß alle Kunst imitatio sei, die lediglich sucht, das Naturschöne nachzuahmen, da dies jedoch offensichtlich nicht so ist und auch nicht so sein kann, muß Natur auf anderen Wegen in das Kunstschöne gelangen: Ihr Weg geht, Kant zufolge, durch die angeborene Anlage, die sich den Zeitgenossen in Gestalt des Genies offenbart. Die Natur teilt in der Anlage dem Genie die Regeln des Naturschönen mit, dieses jedoch wird definiert als Vermögen ästhetischer Ideen.

> Aber die ästhetische Idee überschreitet jeden Begriff, weil sie eine Anschauung schafft, die anderer Natur ist, als die uns gegebene: eine andere Natur, deren Phänomene wahre geistige Ereignisse wären, und deren Ereignisse des Geistes unmittelbare natürliche Bestimmungen. Sie "veranlaßt zu denken", sie zwingt zum Denken.[1]

---

[1] Kants kritische Philosophie [1963], 117-118.

Die Notwendigkeit des Denkens, die von der Kunst ausgeht, ist ein Gedanke, der Deleuze auch weiterhin interessieren wird. In der Kunst kann das ausgedrückt werden, was sich in der Theorie ebenso wenig wie in der Natur unmittelbar artikuliert. Die Kunst schafft in ihrer Bereitstellung, besser noch Produktion, einer anderen Natur einen imaginativen Raum, der die begriffliche Innovation gestattet. Die Kunst führt mit Notwendigkeit - andernfalls wäre es keine Kunst - zur Möglichkeit, Neues zu denken und steht in innigster Verbindung mit der Lust.

Am Ende der Kantstudie steht in systematischer Entwicklung von ihrem Anfang her ein Plädoyer für die Ästhetik als eine Form der philosophischen Reflexion, die ihre Grenzen durch die Auseinandersetzung mit der Kunst, wo nicht überschreitet, so doch signifikant auszuweiten vermag. Dies wäre gegenüber den Anfängen in der Hume-Rezeption jedoch kein Fortschritt, wäre nicht im systematischen Durchgang durch die drei Kritiken Kants, die Frage nach der Lust leitend gewesen. Auf diese Weise verbinden sich Lust, Denken und Kunst zu einem Komplex.

Sowohl der Bezug auf Kant[1] wie auch eine Wendung hin zur Reflexion des Ästhetischen gehen mit der Bewegung der Philosophie im Frankreich jener Jahre konform; vorbereitet durch Phänomenologen wie Merleau-Ponty oder Sartres Studie "Qu'est-ce que la littérature?" findet eine Auseinandersetzung mit ästhetischen Phänomenen statt, die auch von den jungen Autoren wie bspw. Michel Foucault[2] oder Roland Barthes aufgenommen wird. Das Besondere liegt also weniger in der Thematik als in der hier gestifteten Verknüpfung, in der Lesart

---

[1] Wesentlich etablierter als Nietzsche war in der französischen akademischen Landschaft der Königsberger Kant. Eine Schule des kritizistischen Rationalismus hatte sich in den Zwanziger und Dreißiger Jahren gebildet, der neben dem Moralphilosphen Alain auch der epistemologisch orientierte Léon Brunschvig zugehörte und die starken Einfluß auf die Entwicklung der französischen Philosophie nahm. (Vgl. Waldenfels, Bernhard: Phänomenologie in Frankreich. Frankfurt a.M. 1987, 19f).

[2] Im selben Jahr wie die Kant-Arbeit Deleuzes erscheint Foucaults Monographie über den Schriftsteller Roussel (Foucault, Michel: Raymond Roussel. Paris 1963), die von Deleuze in einem kleinen Artikel lobend besprochen wird, der als erstes schriftliches Zeugnis der Begegnung mit dem Freund gelten kann; vgl. Deleuze, Gilles: Raymond Roussel ou l'horreur du vide. Arts No. 933, 29.08.1963.

der Kantschen Schriften, die gegen die ihnen konventionellerweise zugeschriebenen Bedeutungen gelesen werden. Ermöglicht und befördert wurde die Arbeit von Ferdinand Alquié, dem Deleuze das Buch "in tiefer Anerkennung" widmete, den er bereits während seiner Studienzeit schätzen lernte. Deleuze selbst arbeitete seit 1960 als Forschungsbeauftragter am *Centre national de la recherche scientifique* (CNRS), dem zentralen französischen Forschungsinstitut und Förderungsfonds. Dort fand er offensichtlich die Zeit, die beiden vorstehend dargestellten Bücher auszuarbeiten und das nachfolgende vorzubereiten.

## II.3 Prousts Semiotik

Die These seiner Überlegungen zu Kant, daß die Philosophie zu ihrer Erneuerung der Begegnung mit der Kunst bedürfe, nahm Deleuze immerhin so ernst, daß er 1964 eine zwar knappe, aber wichtige, sich im engeren Sinn mit Literatur befassende Studie veröffentlicht: *Proust und die Zeichen*. Unvermittelt hebt der Text an und setzt - wie im Nietzsche-Buch - bereits auf der ersten Seite eine These, eine These zudem, die dem bis dato geläufigen Proust-Verständnis entgegensteht:

Die Recherche ist auf die Zukunft gerichtet, nicht auf die Vergangenheit.[1]

Mithin geht es weniger, um Gedächtnis oder Erinnerung und ähnliches, sondern steht im Mittelpunkt des Proustschen Hauptwerkes *A la recherche du temps perdu* die Überschreitung des Präsens, das Lernen; dies Lernen "betrifft wesentlich Zeichen"[2].

Die Recherche erweist sich als Erforschung verschiedener Zeichenwelten, die sich in Kreisen organisieren und an verschiedenen Punkten schneiden. Denn die Zeichen sind spezifisch und konstituieren den Stoff dieser oder jener Welt.[3]

---

[1] Proust und die Zeichen [1964], 7.
[2] Proust und die Zeichen [1964], 8.
[3] Ebd.

Die Zeichen, die verstanden werden als Konstituentien der (semiotischen) Realität, sind kontextualisiert. D.h. sie bestimmen eine Welt als mehr oder minder geschlossenes Zeichensystem, das den je-einzelnen signifikanten Einheiten einen funktionalen Ort zuweist, während andererseits diese Einheiten jenes System als Ensemble formieren. Deleuze appliziert hier zwar nicht unmittelbar Semiologien der Entstehungszeit des Textes, wie etwa die Roland Barthes'[1], doch existieren augenfällige strukturelle Affinitäten[2]; Durch diese Vorannahmen erscheint der Raum der Proust-Analyse zunächst als sprachlich und sozial konstruierter. Es gibt bei Proust eine durch Zeichen erstellte Welt des Gesellschaftlichen im engeren Sinne der "guten" Gesellschaft, der Liebe, der sinnlichen Qualitäten. Diesen drei Welten entspricht die Orientierung auf das Soziale, das binär Interpersonale oder das singulär Subjektive, die zu Zeicheneinheiten führt, die entweder leer, trügerisch oder materiell in ihrer Funktion als Bedeutungsträger sind. In dieser Funktion werden sie in der *Recherche* kenntlich, werden präsentiert. Doch die Literarizität des Textes verweist auf eine vierte Zeichenwelt, die verdeutlicht, "daß die materielle Bedeutung nichts ohne eine ideale Essenz ist, die sie verkörpert"[3].

> Der Irrtum besteht in dem Glauben, daß die Hieroglyphen "seulement des objets matériels" repräsentieren würden. (...) Die Welt der Kunst nun ist die höchste Welt der Zeichen; und diese Zeichen als entmaterialisierte, finden ihre Bedeutung in einer idealen Essenz. Von nun an wirkt die offenbarte Welt der Kunst auf alle anderen ein, ....[4]

Das letztgenannte Zeichensystem erweist sich in den zitierten Bestimmungen als sekundäres, das sein Material in den vorstehend angegebenen, anderen drei Zeichenwelten findet, diese durchdringt und der primären Zeichenhaftigkeit zu einer Läuterung, Klärung verhilft, die eine inhärente[5] ideale Essenz aufscheinen läßt: das Zeichen der Welt der Kunst heißt essentielles.

---

[1] Vgl. expl. Barthes, Roland: Elemente der Semiologie. Frankfurt a.M. 1983 [Paris 1964].
[2] So beispielsweise die Ausblendung eines Referenten, wie er im von Saussure überkommenen Zeichenmodell präsent ist.
[3] Proust und die Zeichen [1964], 15.
[4] Ebd.
[5] In bezug auf die Immanenz des durch die Kunst erstellten sekundären Zeichens, das eine Essenz geradezu entbirgt, weicht Deleuze deutlich von dem

Ausgehend von der axiomatischen Zeichenhaftigkeit des Proustschen Textes ergeben sich weitere Folgerungen für die Analyse desselben. Zeichen setzen als teleonome Struktur ihrer Rezeption auf die Wahrheitsfindung. Zeichen sind primär nicht zu genießen, gestatten keine Konsumtion ohne vorherige Entzifferung, Decodierung. Die *Recherche* lesen, heißt also, sich mit der Wahrheit zu befassen, und zwar in bestimmter Weise. Bestimmt, insofern als es keineswegs darum geht, eine adäquate Methode der Zeichenerschließung zu finden oder zu applizieren, die auf text-externe Philosopheme rekurriert, sondern darum, dem Text zu folgen:

> Die Wahrheit hängt von der Begegnung mit etwas ab, was uns zu denken und das Wahre zu suchen zwingt. (...) Eben das Zeichen ist es, das Gegenstand einer Begegnung wird, es ist es, das jene Gewalt auf uns ausübt. Und der Zufall der Begegnung sichert die Notwendigkeit, dessen, was gedacht wird.[1]

Die Kontingenz der Wahrheit, die an den Zu-Fall der Zeichen geknüpft ist, wird als eine genuine Form der literarischen Arbeit behauptet, die genau von dieser Position aus sich in ihrer singulären Gestaltung zu legitimieren vermag[2]. Jedenfalls kann Deleuze dies als eine der selbstreflexiven Aussagen des Textes eruieren, um - im Anschluß an die detaillierte Darlegung (Explikation) der Zeichenwelten und ihrer Implikationen für den Text und seine Theorie - den eigenen Darstellungsmodus hinsichtlich seiner Adäquanz zu befragen[3]. Die Lineari-

---

Modell, das Barthes in den "Mythen des Alltags" entwickelte ab, da die dortigen sekundären Zeichen relativ arbiträr zu fassen sind und eher eine gesellschaftlich-funktionale Okkupation des ersten Zeichens darstellen.

[1] Proust und die Zeichen [1964], 17.

[2] "Ein Werk, das mit der Anstrengung des Willens unternommen wird, ist nichts; in der Literatur kann es uns nur zu jenen Verstandeswahrheiten führen, denen die Signatur der Notwendigkeit fehlt und die immer den Eindruck vermitteln, daß sie auch anders ausgedrückt »hätten sein können«."(Proust und die Zeichen [1964], 20-21).

[3] "Damit geben wir der Entwicklung der Recherche wiederum einen linearen Charakter. In Wirklichkeit erscheint diese Erkenntnis in diesem oder jenem Bereich von Zeichen, wird aber mitunter von Rückschritten in anderen Bereichen begleitet, verschwindet in einer allgemeineren Täuschung, entfernt sich, um anderswo aufzutauchen, immer zerbrechlich, solange die Offenbarung der Kunst das Gesamte noch nicht systematisiert hat." (Proust und die Zeichen [1964], 25).

tät, die Deleuze bei der Explikation dem semiotischen Modell der *Recherche* gibt, die funktionale Verknüpfung diverser Passagen erscheint in ihrer Abweichung von der Verknüpfungsstruktur des Gegenstandes *Auf der Suche nach der verlorenen Zeit* als theoretische Fiktion, mithin wird der prinzipiell eigene Modus des Schreibens über Literatur in der ihm eigenen, *notwendigen* Inadäquanz vorgeführt, wodurch die Problematik der Gegenstandsentsprechung verschoben wird; aufgrund ihrer unhintergehbaren Differenz wird das Postulat selbst fragwürdig. Doch nicht nur diese ontologische Seite der Fragestellung "Adäquanz?" verschiebt die Frage nach ihrem *Wie*? zum *Ist sie möglich und wünschenswert*? Auch die Reflexion auf eine der *Recherche* inhärente Zeitlichkeit, ihre Rhythmik[1], problematisiert die sur-literarischen Zugriffs- und Darstellungsmöglichkeiten.

Derartige Problemstellungen sind zunächt jedoch diejenigen der *Recherche*, und eine der Problemstellungen, die den Deleuzeschen Text über diese textinternen hinausführen, ist sicherlich die Frage nach dem Verhältnis von Bezeichnung und Bedeutung, von Zeichen und Gegenstand. So gibt es einen Objektivismus, der zur Entzifferung der Zeichen, den Gegenstand befragt, zu diesem zurückkehrt, ohne den Eigenwert des Zeichens, seine Bedeutung zu berücksichtigen[2]. Dieser Standpunkt zieht eine gewiße Berechtigung aus der wesentlichen Zwiespältigkeit des Zeichens:

> Jedes Zeichen hat zwei Hälften: es *bezeichnet* einen Gegenstand, es *bedeutet* etwas davon Unterschiedenes.[3]

Abgesehen von der halbseidenen Legitimität der Verabsolutierung einer Hälfte, die die des Genußes, der Objektivität und des Wiedererkennens im Gegensatz zur Wahrheit ist, gibt es eine Plausibilität, die deutlich macht, warum das Verständnis des Zeichens als Bezeichnung naheliegt. Die Präferenz für den Bezug auf den Gegenstand in der Perzeption von Zeichen gründet in der Strukturanalogie verschiedener Praktiken, die eine solche Tendenz bestärken[4]. Letztlich führt dies auf die Analogie von Verstand und Wahrnehmung:

---

[1] Vgl. ebd.
[2] Vgl. Proust und die Zeichen [1964], 25-26.
[3] Proust und die Zeichen [1964], 26; kursiv im Original.
[4] Vgl. Proust und die Zeichen [1964], 27.

Der Verstand hat Geschmack an der Objektivität, wie die Wahrnehmung Geschmack am Objekt hat.[1]

Der Verstand selbst hat nun Tendenzen, die auf andere Kontexte weisen, in diese führen:

> Er treibt uns zum *Gespräch* an, wo wir Gedanken austauschen und mitteilen. Er regt uns zur *Freundschaft* an, die auf der Gemeinsamkeit von Gedanken und Gefühlen begründet ist. Er lädt uns zur *Arbeit* ein, durch die wir selbst dahingelangen werden, neue mitteilbare Gedanken zu entdecken. Er fordert uns zur *Philosophie* auf, das heißt zu einer freiwilligen und vorbedachten Übung des Denkens, durch die es uns gelingt, die Ordnung und und den Inhalt der objektiven Bezeichnungen zu bestimmen.[2]

Diese Mitbringsel des Verstandes werden zwar von Proust in eine Ebene der Präsentation aufgenommen, doch nur zu dem Zweck, sie in der Figuration zu unterlaufen. Dem Gespräch wird die schweigende Interpretation entgegengesetzt, der Freundschaft die Liebe, der Philosophie die Kunst und der Arbeit schließlich das, "was uns Gewalt antut"[3]. Auf dieser Ebene schafft Proust ein imaginäres Projekt, das sich dem ideologischen entgegensetzt, dieses subvertiert, kritisch bearbeitet. Deleuze folgt diesem Projekt ein Stück weit auf seinem Weg aus der Subjekt-Objekt-Dialektik, wobei seine weiterführende Frage darauf zielt, was das Kunstwerk als Kunstwerk konstituiert. Dieser Konstitutionsprozeß kann nicht aus dem genießenden Zugriff des Subjekts auf das bezeichnete Objekt erschlossen werden, was allerdings auch in der Wirklichkeit nicht in der unterstellten Unmittelbarkeit möglich ist.

> Zweifellos läßt sich in Wirklichkeit auch die Erfahrung der Madeleine nicht auf einfache Ideenassoziationen reduzieren; (...) und indem wir die Eigenart eines Kunstwerkes dem Geschmack der Madeleine annähern, berauben wir uns für immer des Mittels, es zu begreifen. Weit davon entfernt uns zu einer *richtigen Interpretation* der Kunst zu führen, macht die subjektive Kompensation aus dem Kunstwerk selbst schließlich ein kleines Kettenglied in unseren Ideenassoziationen:[4]

---

[1] Ebd.; kursiv im Original.
[2] Proust und die Zeichen [1964], 28; kursiv im Original.
[3] Ebd.
[4] Proust und die Zeichen [1964], 33; unsere Hervorhebung; Übersetzung verändert.

Eine der ersten Bestimmungen des Kunstwerks rührt an den Charakter seiner konstitutiven Zeichen: diese sind immateriell[1]. Die Immaterialität der Kunst der Zeichen rührt daher, daß diese auf keinen Gegenstand als bezeichneten verweisen, sondern Träger einer rein spirituellen Bedeutung sind. Die Einheit dieser Zeichen aber nennt Deleuze *Essenz*[2].

> Was ist eine Essenz, wie sie im Kunstwerk offenbart wird? Es ist eine Differenz, die höchste und absolute Differenz. Sie konstituiert das Sein, sie läßt uns das Sein begreifen.[3]

Die Essenz ist eine ontologische und ontische Begrifflichkeit zugleich. Sie erschließt dem Subjekt als artikulierendem die Welt und überschreitet in der Artikulation das Subjekt, da es sich eben als Ausschnitt des Seins und nicht des Subjekts präsentiert, und konstituiert eine Welt. Das Artikulieren faßt Deleuze als Beziehen eines Sehepunktes[4]. Der Sehepunkt ist die Differenz ausgehend von der Subjektivität[5], d.h. die Subjekte sind ihrer Subjektivität dadurch gekennzeichnet, daß sie einen je-unterschiedlichen Sehepunkt auf die Welt beziehen, bzw. immer schon eingenommen haben. Der Sehepunkt ist also die absolute Differenz des Subjektiven, während die Essenz diejenige des Seins ist. Allerdings sind die hier analytisch entfalteten Kategorien, die so komplementär zueinander zu stehen scheinen, tatsächlich als Dominanzverhältnis verschränkt.

> Nicht das Subjekt expliziert die Essenz; eher ist es die Essenz, die sich im Subjekt impliziert, sich verhüllt, sich einrollt. Überdies ist sie, in dem sie sich in sich zusammenrollt, das, was die Subjektivität konstituiert. Nicht die Individuen konstituieren die Welt, sondern die verhüllten Welten, die Essenzen konstituieren die Individuen.[6]

Das Individuum wird zu einem ebensolchen, in dem es in eine der möglichen Welten tritt. Andererseits gibt es diese Welt der Essenz

---

[1] Vgl. Proust und die Zeichen [1964], 35.
[2] Vgl. Proust und die Zeichen [1964], 36.
[3] ebd.
[4] Vgl. Proust und die Zeichen [1964], 37.
[5] "Jedes Subjekt drückt die Welt von einem bestimmten Sehepunkt her aus. Der Sehepunkt ist aber die Differenz selbst, die absolute innere Differenz." (ebd.)
[6] Proust und die Zeichen [1964], 38.

auch nicht ohne ein diese bergendes Subjekt. Das Verhältnis von Subjekt und Essenz ist kompliziert: weder expliziert das Subjekt die Essenz, noch diese jenes, eher impliziert diese sich in jenem, wobei bereits der Gebrauch des Reflexivpronomens im Zusammenhang mit dem Verb *implizieren* nahelegt, daß es nicht nur an der Übersetzung mangelt. Deleuze sucht, diese Situation kategorialer Notwehr zu lösen, indem er auf die Komplikation zu sprechen kommt:

> Gewiße Neoplatoniker bedienten sich eines tiefen Wortes, um den ursprünglichen Zustand zu bezeichnen, der jeder Entwicklung, jeder Entfaltung, jeder »Explikation« vorhergeht: die *Komplikation*, die das Vielfältige im Einen einschließt und das Eine im Vielfältigen affirmiert.[1]

Das Verhältnis von Subjekt und Essenz ist somit als eines der Komplikation zu begreifen. Hatten wir oben darauf verwiesen, daß die Essenz an einen Träger, an ein Individuum gebunden ist, ergibt sich naturgemäß die Frage, was mit der Essenz beim Verlust des Trägers passiert. Ebenso wie dieser *stirbt* sie, es sei denn, sie wird gespeichert, nämlich in die Form eines Kunstwerks gebunden.

Der vorgeführte Gedanke entspricht einer alten Künstlermythologie, die das Nachleben des Autors in seinem Werk gesichert sieht; wie aber kommt man von der Analyse der *Recherche*, ihrer Mach- und Eigenart zu den abstrusen Vorstellungen der Altvorderen? Schlichterdings im Verfolgen der die *Recherche* konstituierenden Gedanken, in denen es ja eben um die Zeit als verlorene und wiederzufindende geht, um die Seele und ihre Ewigkeit, die den Ort ihrer Erfüllung im Kunstwerk haben.

> Dennoch bleibt die Offenbarung der Essenz (jenseits des Objekts und selbst jenseits des Subjekts) einzig dem Bereich der Kunst zugehörig. Wenn sie geschehen soll, dann wird sie dort stattfinden. Weil nämlich die Kunst die Finalität der Welt ist und die unbewußte Bestimmung des Lehrlings.[2]

Deleuze führt hier eine zwar bekannte, aber unvermutet radikale Kunstideologie vor, die die ästhetische Schöpfung zum Endziel des Daseins deklariert, eine Art ästhetischen Existentialismus, der sich um Politik oder soziale Phänomene nur insofern bekümmert, als sie im analytischen Zusammenhang virulent werden. Im Grunde geht es um

---

[1] Proust und die Zeichen [1964], 39.
[2] Proust und die Zeichen [1964], 43.

Selbstverwirklichung, die aber als Entwirklichung im Kunstwerk gefaßt wird. Das Leben, das hier in der Nachfolge der Nietzsche-Lektüre einen gleichermaßen emphatischen begrifflichen Wert besitzt, muß unter das Diktat der Kunst gestellt werden, um *wahres* Leben oder reines Denken zu werden[1].

> Die Zeichen der Kunst explizieren sich durch das reine Denken als Vermögen der Zeichen.[2]

Das Dasein wird im Nachvollzug der Proust-Lektüre entziffert als eine Stufenfolge, die verschiedene Zeichenwelten mit sich trägt, welche schließlich ihr Ziel, ihre Vollendung in den Zeichenwelten der Kunst finden. So etabliert sich ein hierarchisches System, in dem den verschiedenen Zeichentypen nach ihren Wirkungen und Vermögen Plätze angewiesen werden. Bereits diese Form von Systematik erinnert an einen bestimmten Typus von Systemphilosophie, an die Hegelsche nämlich, und in der Tat verweist Deleuze auch indirekt auf diese.

> Von den gesellschaftlichen bis zu den sinnlichen Zeichen wird das Verhältnis des Zeichens zu seiner Bedeutung immer innerlicher. Es zeichnet sich so etwas ab, was die Philosophen "aufsteigende Dialektik" nennen würden. Aber erst auf der höchsten Ebene, der Ebene der Kunst, wird die Essenz enthüllt: als Grund jenes Verhältnisses und seiner Variationen. So können wir von dieser letztendlichen Offenbarung ausgehend, die Stufen wieder hinuntersteigen.[3]

Daß hinter dem erklärten Anti-Hegelianismus des frühen Deleuze die Gefahr lauert, in einer angestrengten Absetzbewegung dem Gegenstand der Kritik wieder zu verfallen, wurde schon früh angemerkt. So hieß es bereits 1972, daß man versucht sei, "die beiden Seiten der Deleuzeschen Praktik zu vereinheitlichen, sie zu reduzieren auf eine Dialektik, die naturgemäß ihr Modell, und zwar das großartigtste, im System Hegels finden"[4] würde. Wie sehr Deleuze dialektisch denkt,

---

[1] Daß eine solche Substitution von Leben und Denken möglich ist, weist bereits darauf hin, daß Deleuze zwar lebensphilosophisch stark beeinflußt ist, sich aber einem aufklärerischen Standpunkt gleichermaßen zuordnen läßt.

[2] Proust und die Zeichen [1964], 47.

[3] Proust und die Zeichen [1964], 73.

[4] Kaleka, Gérard: *Un Hegel philosophiquement barbu. Notes pour un mauvais usage de l'Histoire.* [On serait alors tenté d'unifier les deux faces de la pratique deleuzienne, de les réduire à une dialectique qui trouverait tout na-

und wenn ja, welchen Namen man dieser Dialektik voranstellen sollte, wird auch im folgenden zu fragen sein. An dieser Stelle genügt es zunächst zu konstatieren, daß es einen Deleuze selbst unproblematischen Bezug auf die Hegelsche Dialektik gibt. Andererseits gibt es Indizien für eine andere Dialektik, in der absteigenden Bewegung wie auch im Gebrauch des Terminus *qualitativer Sprung*[1], was beides eher auf Marx denn auf Hegel verweist.

Bedient sich also Deleuze bei der Konstruktion seiner Zeichensystematik einer unentschiedenen Dialektik, so ist bei seiner begrifflichen Fassung dessen, was Denken heißt, die Ablehnung eines idealistischen Standpunktes im Sinne der deutschen Philosophie-Tradition offensichtlich.

> Das Denken ist nichts ohne etwas, das es zu denken zwingt, das dem Denken Gewalt antut. Wichtiger als der Gedanke ist das, »was zu denken gibt«; wichtiger als der Philosoph ist der Dichter.[2]

Doch die deutsche Romantik abzüglich des Idealismus, Versuch einer materialistischen Romantik gar? Auf jeden Fall wird ein Außen reklamiert, das in das Denken dringt, diesem das Reale einflößt, es mit Wirklichkeit durchdringt. Der Dichter, der sich diesem Zwang beugt, hört auf die Wirklichkeit, während der Philosoph gemeinhin im Zuge seiner Unterstellung, daß es um das Wahre gehe, diverse Einschränkungen aufrichtet, die verhindern sollen, daß die Wahrheit verstellt wird. Es werden vom Philosophen so Vorentscheidungen getroffen, die das Denken bahnen, und die ihm in Folge die unmittelbare Begegnung mit der Wirklichkeit erschweren. Notwendigkeit und Zufall als zentrale Attribute des Denkens sind aber Bestimmungen, die sich dem totalisierenden Habitus einer begrifflichen Logik ebenso entgegensetzen, wie der Konstruktion eines Bewußtseins, eines Denkens, das sich aus sich heraus zu begreifen und begründen vermag.

Hat die Beschäftigung mit der Literatur in dieser ersten Proust-Lektüre somit den Sinn, einer gegen die idealistische Schulphilosophie gerichteten Philosophie Argumente zu liefern und im selben Zug anhand einer Textexegese vorzuführen, wie ein solches Gegen-Philoso

---

turellement son modèle, le plus grandiose, dans le système de Hegel.] L'Arc 49, 1972, 39-44 [hier: 39].

[1] Vgl. Proust und die Zeichen [1964], 75.
[2] Proust und die Zeichen [1964], 79.

phieren funktioniert, so ist doch festzustellen, daß hier eine Reihe bekannt anmutender Positionen der Geistesgeschichte vorgeführt wird, die zwar ein in sich eigenartiges Mischungsverhältnis bildet, aber keine kohärente, spezifische Position ausformuliert, sondern lediglich Dominanzen ausbildet, deren Entwicklung zu beobachten bleibt. Dazu wird Deleuze in den nachfolgende Jahren Zeit finden, da er 1964 an die philosophische Fakultät der Universität Lyon geht, wo er bis 1969 als Dozent wirkt. Er wird dort eine liegengelassene Arbeit wieder aufnehmen, der wir uns im folgenden widmen.

## II.4 Bergsons ontologischer Materialismus

Nach lange zurückliegenden Vorarbeiten[1] erscheint 1966 Deleuzes Studie über den Bergsonismus[2]. Eigenartigerweise scheint Deleuze nur einen Bergsonisten zu kennen: den Namenspatron selbst. Warum dann aber einen "Ismus" zum Titel erheben? Eine mögliche Antwort lautet: weil Deleuze den Bergsonismus überhaupt erst stiften will, es ihm darum geht, aus verschiedenen Sätzen und Begriffen Bergsons ein kohärentes Aussagensystem als Methode oder Philosophie zu entwickeln. In der Systematisierung liegt das Ziel dieser Arbeit. Deleuze gibt das Ziel folgendermaßen an:

> Dauer, Gedächtnis und Elan vital sind die Begriffe, die die großen Entwicklungslinien der Philosophie Bergsons bezeichnen. Dieses Buch möchte bestimmen, in welchem Verhältnis sie zueinander stehen, und was mit ihnen geleistet ist.[3]

---

[1] Vgl. den Artikel: Bergson. In Merleau-Ponty, Maurice (ed): *Les philosophes célèbres*. Paris 1956, 292-299. und den Aufsatz aus dem selben Jahr: La conception de la différence chez Bergson. Etudes bergsoniennes IV, 1956 sowie die von Deleuze besorgte Textauswahl und sorgfältige Komposition des Bandes: Bergson: Mémoire et vie. Paris 1957.
[2] Le Bergsonisme. Paris 1966.
[3] Bergson [1966], 23; Der Begriff des Elan vital wird vom Übersetzer nicht mit Lebensschwung, -kraft oder -strom übertragen, sondern als Bergsonscher terminus technicus beibehalten.

Der Schlüssel zum Verständnis der genannten Begriffe führt aber über die Methode Bergsons: die Intuition. Intuition erscheint im konventionellen Sprachgebrauch etwas diffus als ahnungsvolles Erkennen, als eine Art psychischen Erspürens, dessen was richtig oder erforderlich ist. Anders bei Bergson, der die Intuition als eine präzise Möglichkeit des philosophischen Denkens auffaßt, die geradezu der Naturwissenschaft vergleichbare Erkenntnisse ermöglicht. Damit die Methode jedoch derart exakte Ergebnisse hervorbringen kann, bedarf es eines Regelwerks, das die Verfahrensweise beschreibt.

Die erste Regel besagt, daß das Wahrheitskriterium in das Problem selbst hineinverlegt werden muß. D.h. daß es zunächst nicht darum geht, ob eine Problemlösung richtig oder falsch ist, sondern darum, das Problem selbst zu finden und in den Begriffen, in denen es gelöst werden kann, zu stellen. Die Frage, die sich dann aus dieser Verschiebung konsequenterweise ergibt, lautet: Wie ist zu erkennen, ob ein Problem richtig oder falsch gefunden bzw. gestellt ist. Die Antwort gibt tautologischerweise die Intuition, allerdings eine geschulte Intuition, die einerseits Scheinprobleme kennt und andererseits Probleme, die falsch gestellt sind, weil in ihrer Stellung zu Unterscheidendes und zu Unterschiedliches in einen zu engen begrifflichen Zusammenhang gestellt wird[1].

Diese erste Regel weist auf die zweite voraus, die darauf zielt, in den Begriffen der Problemstellung die Naturunterschiede oder die "Äußerungen des Realen" zur Geltung zu kommen lassen. Was sich - auch Bergson zufolge - in der Erfahrung ungeschieden darbietet, ist von Natur aus etwas Verschiedenes, das durch Analyse rückgeführt werden kann auf reine, ungemischte Sachverhalte wie bspw. Zeit und Raum, die der Mensch immer in ihrer Vermischung wahrnimmt, die aber dennoch als etwas vollkommen Unterschiedliches gedacht werden müssen. In diesem Problemfeld wirkt die Intuition als "Methode der Unterteilung"[2].

Die Differenz zwischen Erfahrung und Denken entspricht der Bergsonschen Unterscheidung von Materie und Gedächtnis. Was aber hat die Materie mit der Erfahrung zu tun, wie sind sie vermittelt?

---

[1] Vgl. Bergson [1966], 28-33.
[2] Bergson [1966], 37.

> Die erste Antwort besagt, daß, wenn das Gehirn eine Ansammlung von "Bildern" unter anderen Bildern ist oder wenn es bestimmte Bewegungen gegenüber anderen auszeichnet, es keinen Naturunterschied zwischen dem sogenannten Wahrnehmungsvermögen des Gehirns und den Reflexen des Rückenmarksystems geben kann. Das Gehirn fabriziert also keine Vorstellungen, sondern vervielfältigt nur die Beziehungen zwischen einer empfangenen (...) und einer ausgeführten (...) Bewegung. Es schiebt zwischen beide eine Zone ein, sei es, daß es die empfangene Bewegung ins Unendliche aufsplittert, sei es, daß es sie in eine Mehrzahl von Reaktionen hinein verlängert.[1]

Erfahrung und Materie sind vermittelt in der Wahrnehmung. In der Wahrnehmung gibt sich die materielle Wirklichkeit dem Menschen unmittelbar in der Bewegung preis. Mehr noch will die Unterscheidung Mensch-Wirklichkeit hinsichtlich der Wahrnehmung nichts besagen. Zentral ist genau die Hinsicht, denn neben der Wahrnehmung existiert für Deleuzes Bergson noch ein weiterer Bereich: das Gedächtnis als genuin humane Sphäre. Die für die Wahrnehmung irrelevante Zwischenzone, die im physiologischen Sprachgebrauch als Großhirn zu bezeichnen ist, entfaltet abseits ihrer Wahrnehmungstätigkeit Eigendynamiken. Bergson benennt deren drei: Affektivität, Erinnerung und das Gedächtnis als Kontraktion der Materie. Da leicht vorzustellen ist, was durch die beiden erstgenannten Punkte bezeichnet wird, bleibt nur die dritte Dynamik unklar. Die Form des Gedächtnisses als Kontraktion der Materie ist bestimmt als "Vorgang, der die Qualität auftauchen läßt"[2]. Wie zuvor zu sehen war, kann die Wahrnehmung von der Materie nicht getrennt werden, so daß sich die Kontraktion im Sinne einer Verdichtung, einer Verfestigung auf den Körper, der das Gedächtnis umschließt, ebenso beziehen kann wie auf die wahrgenommene Materialität, die sich unter je-einem Aspekt organisiert: Wärme, Dichte, Farbigkeit, Geschwindigkeit, usw. Nur auf diese Weise werden also die vergleichbaren Eigenschaften der Sachverhalte erkennbar, läßt sich ausmachen, das etwas heiß, fest, grau oder schnell ist.

Die Materie und das Gedächtnis sind so gefaßt einerseits Beispiele für die Methode, andererseits aber - sofern man die Richtigkeit der Darlegungen einräumt - zugleich auch Belege der Notwendigkeit der

---

[1] Ebd.
[2] Bergson [1966], 39.

Methode und Formen eines "kosmologischen"[1] Apriori, aus dem die Methode abzuleiten wäre. Doch die Intuition wird noch durch eine dritte Regel zur Methodologie ausgebaut. Deleuze formuliert sie folgendermaßen:

> Probleme sind vorrangig in bezug auf ihre Abhängigkeit von der Zeit, weniger vom Raum, zu stellen und zu lösen.[2]

Die Begründung dieser Regel folgt aus der spezifischen Fassung der Begriffe *Raum* und *Zeit*. Wie die zweite Regel besagt, geht es darum, die natürlichen Unterschiede in der Begriffen der Problemstellung zu benennen. In bezug auf den Raum lassen sich nur quantitative Unterschiede angeben: Materie nimmt mehr oder weniger Raum ein. Erst die Dauer eines Sachverhaltes macht Qualität im Verhältnis zu anderen und des Sachverhaltes zu sich selbst deutlich. In der Veränderung wird die Differenz zu den Veränderungen anderer Materien ebenso kenntlich, wie aus der Differenz von Anfangs- und Endpunkt des sich verändernden Gegenstandes die Qualität desselben ersichtlich wird. Für eine qualifizierende Erkenntnis sind demnach Differenz und Bewegung entscheidend. Dementsprechend gilt für die Methode der Intuition:

> Die Intuition ist nicht die Dauer selbst, sondern die Bewegung, durch die wir unsere eigene Dauer verlassen und uns anhand unserer Dauer der Existenz anderer Zeitrhythmen unter- oder oberhalb der unseren, vergewissern können: "allein die Methode, von der wir sprechen, ermöglicht uns, über den Idealismus wie auch den Realismus hinauszukommen, die Existenz von Objekten zu behaupten, die uns unter- oder überlegen sein können, wiewohl sie, in gewissem Sinne, in uns sind (...)."[3]

Der Bergsonismus steht jenseits von Idealismus und Realismus, wobei letztgenannter Begriff keineswegs Materialismus meint, sondern den zu Bergsons Zeit verbreiteten Positivismus bezeichnet, so daß die Lehre Bergsons durchaus dem Materialismus zugeordnet werden kann. Es handelt sich allerdings nicht um einen historischen Materialismus,

---

[1] Kosmologie verstanden als Lehre von der Ordnung der Welt, die hier insbesondere auf das Verhältnis des Menschen und seiner Wahrnehmungsmöglichkeiten der Welt bezogen ist.

[2] Bergson [1966], 45; kursiv im Original.

[3] Bergson [1966], 47f.; Deleuze zit. Bergson. (Bergson, Henri: Denken und schöpferisches Werden. Frankfurt a.M. 1985, 207f.)

sondern um einen besonderen Fall, der vorderhand als ontologischer Materialismus[1] bezeichnet werden soll.

Die Zeit ist der dritten Regel zufolge die primäre Bezugsquelle der mit der Problemstellung befaßten Erkenntnis; was aber privilegiert die Zeit in dieser Weise? Wie wird sie selbst gedacht? In die Zeit im Sinne der Bergsonschen Dauer gehen zwei Bestimmungen zugleich ein: zum einen Kontinuität, zum anderen Heterogenität. Hinter diesen Qualitäten steht die philosophiehistorisch reich bedachte Problematik des Einen und des Vielen, des Allgemeinen und Besonderen, des Ganzen und der Teile. Deleuze war auf diese Thematik bereits im Kontext seiner Nietzsche-Lektüre und des Denkens der ewigen Wiederkehr zu sprechen gekommen. Bergsons Intervention nun in dieser konventionellerweise als Polarität gedachten Begriffssphäre besteht in der Unterscheidung zweier Typen von Vielheit[2]. Entwickelt wird einerseits eine qualitative und kontinuierliche Vielheit und andererseits ein Typus numerischer und quantitativer Vielheit.

> Die kontinuierlichen Vielheiten schienen ihm [Bergson] wesentlich der Sphäre der Dauer zugehören. Deshalb war für Bergson Dauer nicht schlechthin unteilbar oder etwas Nicht-Meßbares, sondern vielmehr etwas, das sich nur um den Preis einer Wesensveränderung teilt, und das heißt, etwas nur unter der Bedingung gemessen werden kann, daß das Maßprinzip sich mit jedem Unterteilungsschritt abwandelt.[3]

Dagegen ist die numerische Vielheit diejenige, die keinen Wechsel des Maßes kennt, weil in sie auch kein Naturunterschied eingeht. Per definitionem handelt es sich dabei um homogene Mengen, die in ihre Elemente zerlegbar sind, ohne daß ein qualitativer Wechsel stattfindet. Numerische Vielheiten sind folglich objektivierbar, während kontinuierliche Vielheiten subjektivierend oder individuierend wirken. Der

---

[1] Das ontologische Moment ist jedoch überraschenderweise ein mit Geschichte aufgeladenes, denn "das Vergangene ist die Sphäre reiner Ontologie" (Bergson [1966], 75).

[2] Die Unterscheidung geht auf den Mathematiker Bernhard Riemann (1826 - 1866) zurück, der 1854 das begriffliche Fundament für das moderne mathematische Verständnis der Struktur des Raumes entwickelte, das dann vor allem in der allgemeinen Relativitätstheorie Bedeutung erlangte. Bergson wandelt die begriffliche Differenzierung von diskreten und kontinuierlichen Vielheiten jedoch spezifisch ab (Vgl. Bergson [1966], 55f.).

[3] Bergson [1966], 56.

Sinn dieser Unterscheidung besteht in der Abwendung dialektischer Negativität. Der Naturunterschied, der aus der qualitativen Vielheit zu gewinnen ist, bestimmt im Allgemeinen der Dauer eine Singularität, ohne einer Negation zu bedürfen. Die Bestimmung bejaht vielmehr die andere Singularität in der Differenz, insofern sie das konkrete Sein eines Sachverhaltes artikuliert. Die konkrete Existenz positiv zu bestimmen und nicht in Abstraktionen auf der Grundlage dialektischer Negation zu verfallen[1], so ließe sich eine Haupttendenz des Bergsonschen Denkens in bezug auf die philosophische Tradition beschreiben, an deren Formulierung bereits kenntlich wird, weswegen Bergson von Deleuze so geschätzt wird, daß Deleuze immer wieder auf ihn zurückkommt.

Sprachen wir eben vom Allgemeinen der Dauer, so ist angesichts der behaupteten Konkretion sogleich zu fragen, wie diese Dauer beschaffen, wie sie zu denken ist. Allgemeinheit meint die umfassende Vergangenheit allen Geschehens: das Vergangene gilt selbst noch für die unmittelbare Gegenwart[2], die eben nie unmittelbar ist, sondern sich immer nur als Kontraktion einer Vielheit von Bewegungen mitteilt. Das Gedächtnis scheint konstituiv nachzeitig zu sein, während die Materie - und damit die Wahrnehmung - in stetige Bewegung zerfällt, doch da nur der Vergangenheit das Unmittelbare attribuiert werden kann, muß auch die Wahrnehmung der Bewegung als Kontraktion vorgestelltwerden, und auf diese Weise gleichen sich Erinnerung (Gedächtnis) und Wahrnehmung (Materie) einander an. Sie gehen ein in eine "universelle und apersonale Zeit"[3]. Diese Verschränkung des Denkens in Vielheiten mit einer monistischen Begrifflichkeit von Zeit stellt innerhalb des Bergsonschen Schaffens eine Änderung dar, die Deleuze zurückführt auf die Auseinandersetzung mit der Wissenschaft, im besonderen der Einsteinschen Relativitätstheorie[4], mit der sich Bergson 1922 in dem Aufsatz *durée et simultanéité* auseinandersetzte.

---

[1] Vgl. ausführlich Bergson [1966], 64f.
[2] »Wenn die Vergangenheit mit ihrer eigenen Gegenwart, mit sich auf den unterschiedlichen Kontraktionsebenen koexistiert, müssen wir anerkennen, daß die Gegenwart selbst lediglich die am höchsten kontrahierte Form der Materie ist.« (Bergson [1966], 96).
[3] Bergson [1966], 102.
[4] Vgl. Bergson [1966], 102f. und 109.

Für diese Phase der Arbeit Deleuzes in und mit der Philosophiegeschichte läßt sich auf methodologischer Ebene die Tendenz ausmachen, Modifikationen des philosophischen Aussagensystems durch den Einbruch wissenschaftlicher Paradigmen, die eine Diskussion erfordern, zu erklären: Hume und Newton, Nietzsche und die Thermodynamik, Bergson und die Relativitätstheorie - aber Proust und Hegel. Die Philosophie ändert oder erneuert sich durch die Begegnung mit der Nicht-Philosophie.

Die Einbeziehung ein- und derselben Zeit in das Gedankengebäude stellt jedoch keinen Bruch mit früheren Ausführungen dar, die dadurch ungültig würden, sondern führt zur Vollendung des Bergsonschen Denkens, insofern es die Denkmöglichkeiten arrondiert und der zuletzt eingeführte universelle Zeittypus eben mit der Dauer zusammenfällt, die aber genau qualitative Vielheit ist. Veranschaulichend ließe sich - ohne absolute argumentative Kongruenz mit den Ausführungen Deleuzes - sagen: das Allgemeine der konkreten Vielheiten besteht in der Vielheit, die Vielheit selbst aber ist nicht viele, sondern Eins. Die Einheit der Vielheit folgt aus dem oben demonstrierten Satz vom je-eigenen Maß, das eine qualitative Vielheit besitze, der selbstverständlich auch für die Vielheit als Allgemeines gilt. Anders betrachtet und auf die Zeit zurückgreifend läßt sich sagen, daß es nur eine Zeit gibt, die die Gesamtheit singulärer Zeiten umfaßt und die von genau diesen gebildet wird. Diese umfassende oder universelle Zeit ist unteilbar, denn würde eine konkrete Dauer entfernt oder hinzugefügt werden, wäre es eine andere Zeit. Als Gesamtheit der Zeiten ist sie Eins und es gibt nichts außerhalb oder vor ihr. In der universellen Zeit, sind alle differenten Zeiten gleichzeitig, d.h. daß sie nachwievor unterschiedliche Zeiten sind, dies aber zur oder präziser gesagt: in der gleichen Zeit, die sie bilden[1].

Eine völlig andere kategoriale Bewegung läßt sich beobachten, wenn wir mit Deleuze fragen:

> Worauf will Bergson hinaus, wenn er vom *Elan vital* redet? Beim Elan vital handelt es sich um eine in der Aktualisierung begriffene Virtualität, um ein in der Differenzierung begriffenes Einfaches, um eine in der Aufspaltung be-

---

[1] Die Vermutung liegt nahe, daß das kategoriale Register hier umschlägt, und die universelle Zeit einen *Zeitraum* bildet.

griffene Virtualität: Der Weg, den das Leben einschlägt, ist die "Zerlegung und Zweiteilung", die "Dichotomienbildung".[1]

Der Elan vital stellt ein energetisches Prinzip dar, eine Antriebsquelle, die in der Entwicklung des Lebens den nicht-kausalen und nicht-teleologischen Motor spielt. Um zu erklären, wieso überhaupt Entwicklung oder Bewegung stattfindet und diese nicht an der Trägheit der Materie wiederum zunichte wird, bedarf es eines ständigen Kraftspenders, der die Dinge ungerichtet vorantreibt. Der Elan vital erfüllt diese Funktion, jedoch aus einer Virtualität heraus: seine Existenz muß angenommen werden, ohne daß sie als Konkretes abzulesen wäre. Konkreter wahrnehmbar sind jedoch Wirkungen oder in Bergsonscher Terminologie "Aktualisierungen".

Wenn es nun aber heißt, daß bezüglich dieser Aktualisierungen das "Leben" den Weg der Zweiteilung einschlage, fragt sich doch, was damit bezeichnet werden soll. Dualistisch organisiert sich bei Bergson mancherlei: Gegenwart und Vergangenheit, Materie und Gedächtnis, Wahrnehmung und Erinnerung, Quantitaive und qualitative Vielheit. Diese Dualismen, die die Tendenz natürlicher Unterschiede beschreiben, werden gemeinhin wieder gelöst in einer Figur, die als virtuelle dem Dualismus unterliegt wie Zeit, Dauer oder eben Elan vital. In Konvergenz mit diesen Modellen der Naturunterschiede weist die Erkenntnismethode Bergsons zwei Dualismen auf:

> Beim ersten Typus liegt ein reflexiver Dualismus vor, der *auf die Zerlegung einer unsauberen Verquickung zurückgeht*: Er bildet das erste Moment der Methode. Beim zweiten Typus haben wir den genetischen Dualismus, *der von der Ausdifferenzierung eines Einfachen und Reinen herkommt*: Er bildet das letzte Moment der Methode, die auf dieser neuen Ebene zum Ausgangspunkt zurückfindet.[2]

Die Methode der Intuition, die wir eingangs skizzierten, faltet sich aus dem Erkannten zurück auf das Erkennen, das sich hierin legitimiert findet[3]. Die Dualismen des Erkennens erschließen nicht nur die Realität, sondern leiten sich aus ihr ab. Folgerichtig handelt es sich auch bei ihnen um Aktualisierungen der Virtualität. Wie aber ist die Verbindung zwischen Virtuellem und Aktuellem beschaffen? Sind die Ak-

---

[1] Bergson [1966], 119; kursiv im Original.
[2] Bergson [1966], 121; kursiv im Original.
[3] Vgl. dazu auch die den Text beschließende Passage Bergson [1966], 141f.

tualisierungen als Realisation des virtuell Angelegten zu verstehen? Handelt es sich um die partielle Umsetzung eines umfassenden Reiches der Möglichkeit? Beide Alternativen werden von Deleuze zurückgewiesen. Die Virtualität differenziert sich in den Aktualisierungen, d.h. sie verändert sich und zwar nicht nur dem grundsätzlichen Status nach - aus unwirklich wird wirklich - sondern etwas anderes entsteht. Hilfreich ist vielleicht die Vorstellung einer gestaltlosen Energie, die Gestaltungen aus sich heraustreibt, und jede Gestaltung unterscheidet sich nicht nur von der anderen, sondern auch von der diffusen Kraft, die sie produziert hat. Die Verbindung von Virtuellem und Aktuellem läßt sich somit in den Begriffen *Differenzierung* und *Produktion* fassen. Neues kann aufgrund dieser beiden Bestimmungen geschehen, die in ihren Konkretionen - also in ihrem Wirken mit einer bestimmten Materie in einer bestimmten Umwelt - einem Funktionalismus unterliegen:

> Die Beschaffenheit eines Auges beispielsweise ist vor allem die Lösung eines Lichtproblems.[1]

Auch hier bezeugt die Biologie die Richtigkeit der Methode, da sie kongruent verfährt und der ersten Regel der Intuition als Methode folgt: Probleme richtig zu stellen.

In den weiteren Ausführungen zum Elan vital präsentiert sich eine Denkfigur, die stark an den späterhin für Deleuze wichtigen Leibniz und seine Monadologie gemahnt:

> Das Leben als *Bewegung* wird in der materiellen *Form*, die es hervorbringt, sich selbst fremd; indem es sich aktualisiert und differenziert, verliert es den "Kontakt mit seinem übrigen Bestand". Jede Art ist insofern ein Innehalten der Bewegung; daß das Lebendige sich selbst dreht und *sich schließt*. Anders kann es gar nicht sein, denn das Ganze ist nur virtuell, teilt sich im Vollzug und kann seine aktuellen Teile, die einander äußerlich bleiben nicht zusammenbringen: Das Ganze ist niemals *gegeben*. Und im Aktuellen herrscht ein unerbittlicher Pluralismus, es gibt so viele Welten wie Lebewesen, sie alle sind über sich selbst "geschlossen".[2]

Wichtig wird die zitierte Passage nicht nur wegen des Bezuges zu Leibniz: Die Denkfigur der fundamentalen Bewegung, deren Stillstände die materiellen Fakten erzeugen, zieht sich durch das gesamte

---

[1] Bergson [1966], 128.
[2] Bergson [1966], 130; kursiv im Original.

Œuvre Deleuzes. Einzuschränken ist hier allerdings der Definitionsbereich, da er lediglich Lebewesen umfaßt und innerhalb der biologischen Sphäre gibt es noch eine Ausnahme:

> Allein der Mensch (...) vermag alle Ebenen, alle Abspannungs- und Kontraktionsgrade, die im virtuellen Ganzen koexistieren, wiederaufzusuchen, gerade als ob er zu jedem Wahnsinn fähig wäre und sich zur Bühne machen könnte, auf der all das nach und nach zur Darstellung kommen kann, was in der Natur sich in jeweils anderen Gattungen verkörpern muß. Bis in seine Träume hinein stößt er noch auf die Materie und geht mit ihr um. (...) Der Mensch (...) verfolgt eine offene Richtung, die ein ihrerseits offenes Ganzes auszudrücken vermag. Wärend die anderen Richtungen [Lebewesen/CJ] sich abschließen, sich in sich drehen, während ihnen jeweils nur ein bestimmter "Plan" der Natur entspricht, ist der Mensch imstande, die Pläne durcheinanderzubringen, seine eigenen Anlagen und Beschränktheiten zu überschreiten und der natura naturans Ausdruck zu geben.[1]

Die Existenz des Menschen läßt sich von daher im Zusammenhang einer Ethik denken, die den Maßstab ihrer Bewertungen und Postulate aus der Adäquanz des Verhaltens in bezug auf den Elan vital gewinnt. Das Handeln, das dem Elan vital am ehesten Ausdruck zu geben vermag, ist dadurch mehr legitimiert als eines das sich tendentiell eher dem abschließenden Dasein der anderen Lebewesen annähert. Bestimmt sind die Menschen somit, sich zu den Verhältnissen zu verhalten, und sie so zu gestalten, daß eine reiche Vielzahl an Verhaltensmöglichkeiten zur Verfügung steht.

Deleuze zieht diese moralische Konsquenzen nicht explizit, doch verweist er auf diese ethischen Implikationen und macht ein Spannungsfeld aus, an dessen einem Pol die individuell-egoistische Intelligenz liegt und am anderen die Gesellschaft. Diese "interzerebrale Zwischenzone"[2] bereitet den Platz für die Emotion, genauer: die schöpferische Emotion. Sie ist schöpferisch, insofern sie die sozialen Schranken überwindet und sich gleichfalls nicht im individualistischen Diskurs einrichtet.

Positiv und zugleich ein wenig diffus wird die schöpferische Emotion bestimmt als "kosmisches Gedächtnis, das in einem Zug alle Ebenen aktualisiert und den Menschen über die Grenzen seiner natürlichen Verfaßtheit und über die Ebene, der er verhaftet ist, hinaushebt,

---

[1] Bergson [1966], 133f.
[2] Bergson [1966], 137.

das ihn zum Schöpfer macht"[1]. Eine konkretere Vorstellung ist zu gewinnen, wenn Deleuze wiederum auf die schon im Kantbuch thematisch gewordene Genie-Ästhetik, die in der Proust-Studie teilweise angeeignet wurde, zu sprechen kommt. Denn das kosmische Gedächtnis findet den ihm gemäßen Artikulationsort bei den großen Begabungen. Es ist das Fortsetzungsgespräch der Geistesgößen auf den Spitzen der Zeiten. Diejenigen, die zur Kultur lediglich rezipierend oder nur geringfügig schöpferisch beitrage, partizipieren auch daran, insofern sich ihnen Wünsche und Gedanken mitteilen, ohne daß sie allerdings selbst gestalteten.

> Und in jeder Seele hinterläßt es [das kosmische Gedächtnis/CJ] spurenhaft den Entwurf einer *offenen* Gesellschaft, einer Gesellschaft von schöpferischen Menschen, in der über die Kettenglieder von Schülern, Zuschauenden und Zuhörenden, ein Genie an das nächste anknüpft.[2]

Bei aller Zweifelhaftigkeit der Position, läßt sich doch zweierlei zu Deleuzes Gunsten bedenken. Erstens mag man sich ernsthaft fragen, ob in der bisherigen Geschichte kultureller Produktion nicht der Großteil von Ver- und Übermittlung derselben genauso funktionierte - was natürlich kein Grund wäre, den Tatbestand durch kritiklose Theoretisierung zu affirmieren. Zweitens scheint ein kritisches, auf Sozialisierung orientiertes Moment bereits angelegt zu sein in dem traumhaften Entwurf einer Gesellschaft von schöpferischen Menschen.

Abschließend ist am deleuzeschen Bergsonismus zu beobachten, daß bestimmte ontologische Fragestellungen, wie die nach Gedächtnis und Materie, Vielheiten und Einheit, Zeit und Dauer auf komplexe Weise beschrieben werden, und selbst die eingangs von uns angezeigte Absicht, den Bergsonismus als kohärentes Aussagensystem zu begründen, gelingt insofern, als in den letzten Sätzen der Zusammenhang der Zentralkategorien Bergsons belegt werden kann, durch die Methode zu erschließen ist und gleichzeitig die Methode begründet. Doch das deleuzesche Grundthema Bewegung, Werden, Innovation oder Produktion vermag innerhalb dieser Systematik nicht in befriedigender Weise als Problem gestellt zu werden - wie die allzu knappen Ausführungen zur schöpferischen Emotion, die ein gleichsam aufgesetztes Ende der Studie bilden, belegen. Dieses Ungenügen weist auf

---

[1] Bergson [1966], 139f.
[2] Bergson [1966], 140; kursiv im Original.

einen stärker zu bedenkenden Problemhorizont, der grob in drei Begriffen als Gefüge zu umreißen ist: Subjekt - Kunst - Gesellschaft.

Diesem Problem widmet sich Deleuze denn auch in der nächstfolgenden Schrift. Er publiziert 1967 seine *Présentation de Sacher-Masoch*. Leopold von Sacher-Masoch galt zu jener Zeit - wie wohl heute noch - lediglich als ein gestörter Adliger des ausgehenden 19. Jahrhunderts, von dem eine sexuelle Perversion ihren Namen hat; daß er darüber hinaus zu seinen Lebzeiten ein anerkannter und viel gelesener Autor gewesen ist, war und ist nahezu vergessen, nachdem sein Name aus der Literaturgeschichte in die Psychopathologie eingegangen ist. Das Problemfeld läßt sich also wiederum in die Triade von Subjekt (Masoch), Kunst (dessen Romane) und Gesellschaft (Habsburger Monarchie des ausgehenden 19. Jahrhunderts) spannen.

Weswegen beschäftigt sich Deleuze jedoch mit diesem Autor? Der Anlaß liegt in der engen Verbindung, die zwischen Masochismus und Sadismus behauptet wird.

> Es kommt vor, daß Bücher über den Sadismus erscheinen, die eine gänzliche Unkenntnis des Sadeschen Werkes verraten. Aber das wird immer seltener; die Kenntnis Sades vertieft sich, und die literarische Reflexion über Sade kommt der klinischen über den Sadismus bestens zustatten, so bleibt die Unkenntnis seines Werkes [gemeint ist das Sacher-Masochs / CJ] selbst in den besten Büchern über den Sadismus erstaunlich.[1]

Damit ist ein Programm formuliert: das konstatierte Defizit soll beiseite geschafft, ausgeräumt werden; die Unkenntnis Masochs ist gerade im Kontrast zu Sade so frappant geworden, daß Deleuze sich berufen fühlt. In den ausgehenden fünfziger und den sechziger Jahren beschäftigt sich eine Vielzahl von Autoren mit Sade[2], der zu einer der expo-

---

[1] Sacher-Masoch und der Masochismus [1967], 168.
[2] Um einige Beispiele zu nennen, die als Indizien ausreichen mögen: Bataille, Georges 1957:*L' Érotisme*; Lacan, Jacques 1963: *Kant avec Sade*; Barthes, Roland 1967: *L'arbre du crime*; Ders. 1971: *Sade Fourier Loyola*; Foucault, Michel 1963: *Préface à la transgression*; Sonderheft der Zeitschrift Tel Quel (28) *La pensée de Sade* [1967] mit Beiträgen von Philippe Sollers, Michel Tort, Pierre Klossowski u.a.. Zu erwähnen wäre auch noch die Bezugnahme Horkheimer/Adornos in der *Dialektik der Aufklärung* auf de Sade, bedauerlicherweise fand diese Studie in Frankreich seinerzeit jedoch keine Beachtung.

nierten und exzentrischen Leitfiguren des Bedenkens der Moderne wird. Vor diesem Hintergrund formiert sich eine zweite Triade: Subjekt (Masochist), Kunst (Darstellung pathologischen Verhaltens) und Gesellschaft (Theoretiker der sechziger und fünfziger Jahre). Innerhalb dieses Spannungsfeldes operiert Deleuze in seiner Présentation und benennt seinen Untersuchungsraum wie folgt: "die (literarische) Kritik und die (medizinische) Klinik"[1].

> Die klinischen Merkmale des Sadismus und des Masochismus sind nicht zu trennen von den literarischen Werten Sades und Masochs. Und statt sich einer Dialektik zu überlassen, die nur rasch die Gegensätze vereinigt, sollten eine Kritik und eine Klinik angestrebt werden, welche die wirklich differentiellen Mechanismen ebenso klar wie die künstlerische Originalität aufweisen.[2]

Die mit dem Bergsonismus aufgeworfene Problemstellung wird nochmals vertiefend aufgegriffen, jedoch in einer Weise, die immer noch nicht erfolgversprechend ist. Deleuze wird auf die Literatur noch häufiger eingehen und sich bis zur letzten umfangreicheren Publikation[3] damit befassen. Die Studie zu Sacher-Masoch ist daher vorwiegend für eine detaillierte Rekonstruktion des Deleuzeschen Denkens der Zusammenhänge von Literatur und Psychologie interessant. In unserer Darstellung kann sie nur den Platz eines Bindeglieds einnehmen: Die Arbeit an der Literatur lag nach dem Essay zu Proust und dem Ende des Bergsonismus-Entwurfs nahe, sie führt in ihrer genauen Untersuchung der Ausdrucksformen Masochs und in Verbindung mit den vordergründigen methodischen Reflexionen des Bergsonismus auf den zweiten Teil der Doktoratshesen Deleuzes.

## II.5 Spinozas philosophische Praxis

Aus der Klinik in die Praxis, von der Literatur zum *Problem des Ausdrucks in der Philosophie*: Nach der Masoch-Studie arbeitet Deleuze

---

[1] Sacher-Masoch und der Masochismus [1967], 169.
[2] Sacher-Masoch und der Masochismus [1967], 169-170.
[3] Die signifikanterweise sechsundzwanzig Jahre nach dieser Arbeit im Titel die Problematik aufgreift: *Critique et Clinique*. Paris 1993.

an seiner akademischen Karriere, und wie es scheint, schreibt er zuerst seine thèse complémentaire[1]. Als solche legt Deleuze *Spinoza et le problème de l'expression*[2] vor. Wie schon der zweite Teil des Titels verrät, geht es mit dieser wiederum philosophiehistorisch orientierten Untersuchung um das *Problem des Ausdrucks in der Philosophie*. Erstmals erscheint die Problematik bei Spinoza, wo sie sich als theologisches Verhältnis ausgedrückt findet:

> Gott drückt sich durch sich selbst aus, noch "bevor" er sich in seinen Werken ausdrückt: Gott drückt sich aus, indem er durch sich die *natura naturans* konstituiert, bevor er sich ausdrückt, in dem er in sich die *natura naturata* hervorbringt.[3]

In einer anderen, nicht-theologischen Diktion läßt sich die aufscheinende Differenz artikulieren als Unterschied zwischen einer Produktionsenergie und den Produkten. Die Schwierigkeit besteht darin, daß beide Terme ein Drittes ausdrücken sollen. Die Reformulierung verdeutlicht, daß diesem Dritten kein Platz mehr zukommt - außerhalb der Identitätsbeziehung: Gott ist in beiden Formen der natura und nur insofern von ihnen unterschieden, als er beide umfaßt[4].

Spinoza entwickelt für die Ausdrucksproblematik eine Terminologie weiter, die von Descartes geprägt wurde, mit dem Spinoza sich in erster Linie auseinandersetzt[5] - und damit Deleuze im Streit gegen den in Frankreich einflußreichen Cartesianismus munitioniert. Was Spinoza für Deleuze darüber hinaus bedeutet, ergibt sich aus inhaltlich-methodischen Affinitäten[6]. So kritisiert Spinoza, die auf Zeichen und

---

[1] In Frankreich sind zwei schriftliche Arbeiten einzureichen und öffentlich zu verteidigen, will man die Qualifikation erlangen, als Professor berufen werden zu können. Die ungefähr der bundesdeutschen Habilitation entsprechende Prüfung heißt doctorat d'Etat oder doctorat de 3e cycle. Außer der thèse principale bedarf es noch einer thèse complémentaire.
[2] Paris 1968.
[3] Spinoza und das Problem [1968], 18; kursiv im Original.
[4] »Das Ausgedrückte existiert nicht außerhalb seiner Ausdrücke, jeder Ausdruck ist wie die Existenz des Ausgedrückten.« Spinoza und das Problem [1968], 40.
[5] Vgl. expl. Spinoza und das Problem [1968], 60
[6] Pierre Macherey wies darauf hin, daß Deleuze durch die Beschäftigung mit Bergson auf Spinoza verwiesen worden sein könnte (Macherey, Pierre: In Spinoza denken. In Balke/Vogl 1996, 56). In Bergsons Aufsatz von 1912

Sprache ausgerichteten Philosophien, da ihnen eine historische Methode fehle[1]; desweiteren erkennt Deleuze in Spinozas Philosophie "eine Philosophie der reinen Bejahung"[2], die ihre Begriffe eben nicht durch Oppositionsbildung oder Negation gewinnt, sondern das Differente jeweils singulär positiv zu bestimmen sucht.

> Darüber hinaus hört mit Spinoza die formale Unterscheidung auf, ein Minimum der realen Unterscheidung zu sein, sie wird zur ganzen realen Unterscheidung und gibt dieser einen exklusiven Status.[3]

Darin artikuliert sich ein konstruktivistischer Aspekt, insofern das Erkennen, als theoretische Praxis, mit dem Erkannten, als dem objektiven Realen, gleichgesetzt wird. Die Frage nach der Realität und der Adäquanz der philosophischen Erkenntnis mit derselben, läßt sich damit zurückwenden auf die Erkenntnis selbst, das kann aber heißen auf ihre Artikulation. Die bei dieser Problemstellung in Frage stehenden zentralen Kategorien lauten zum einen Substanz, verstanden als materiale, weder räumlich, noch zeitlich zu denkende Grund-Form, zweitens Modus, wodurch eine bestimmte Seinsweise (einer Substanz) bezeichnet wird[4], und schließlich das Attribut, das die Essenz, die spezifische Natur sowohl der Substanzen als auch der Modi bezeichnet und zugleich, im Akt der Bezeichnung schafft[5]. Für die Koinzidenz von Erkennen und Erkanntem muß folgerichtig in erster Linie die Funktion des Attributs untersucht werden.

Erkennen und Erkanntes des Realen vermitteln sich in einer Hinsicht grundsätzlicher Gleichheit:

> Der Verstand hat nicht mehr Vermögen zu erkennen, als seine Gegenstände zu existieren und tätig zu sein; das Vermögen zu denken und zu erkennen kann nicht größer sein als ein korrelierendes Vermögen notwendig zu existieren.[6]

---

"Die philosophische Intuition" wird die Intuition am Beispiel Spinozas verhandelt. Wie wir oben darlegten, bildet aber gerade die Frage nach der Intuition als Methode die zentrale Fragestellung der Bergson-Studie.

[1] Vgl. Spinoza und das Problem [1968], 51.
[2] Spinoza und das Problem [1968], 55.
[3] Spinoza und das Problem [1968], 59.
[4] Die Substanz Sauerstoff kann bspw. gasförmig oder flüssig sein.
[5] Vgl. bspw. Spinoza und das Problem [1968], 72.
[6] Spinoza und das Problem [1968], 78.

Folgerichtig gilt auch von den Modi und den Substanzen, daß ihre Essenz oder Natur Vermögen ist[1]. Dieses Vermögen besteht darin, affiziert sein zu können. Während die Modi sowohl mit passiven, wie auch mit aktiven Affektionen ausgestattet sind, weisen die Substanzen lediglich aktive Affektionen aus. Nach der Vielfalt von Affektionen bestimmt sich die Quantität an Realem: je vielfältigere Möglichkeiten zu wirken oder bewirkt zu werden, desto realer sind Substanz oder Modus. Da die Vielfältigkeit der Affektionen das jeweilige Vermögen qualifiziert, kann das Vermögen mit dem Realitätsgehalt identifiziert werden.

Das Attribut, das die Essenz der Modi und Substanzen ausdrückte, drückt daher die Vermögen aus. Was aber sind die Attribute in einem konkreteren Sinn?

> Jedes Attribut ist ein Verb, ein erster unendlicher Satz, ein mit bestimmtem Sinn begabter Ausdruck.[2]

Der Satz ist zunächst unendlich, weil das Verb im Infinitiv steht: die Wirkungsform der Substanz ist auf der essentiellen Ebene nicht abzuschließen. Eine Bestimmung erfährt das Attribut oder Verb aber durch die Angabe des Modus. Ein zweiter Satz, der die Essenz des Attributes artikuliert, errichtet sich so auf dem ersten, die Substanz ausdrückenden Satz. Unter der gegebenen Bedingung der Artikulation wohnt der Sprache also eine Produktionslogik inne: Von der diffusen ungestalteten Materie (Substanz) ausgehend konturiert sich eine Bewegungsform (Attribut), die eine konkrete Vielheit von Differenzierungen erzeugt (Modi).

Die artikulationsinterne Notwendigkeit der Produktion korreliert mit dem Aspekt der Produktion des Realen in der Artikulation, dem auf der anderen Seite die Adäquanz der im Realen stattfindenden Produktion in Rechnung zu stellen ist. Die Produktion ist mithin kongruent, und es gilt sowohl, daß das Atttribut ein produktives Sein - das besser als Werden zu bestimmen wäre - bezeichnet, wie es zugleich eines hervorbringt. Nichtsdestotrotz gibt es die Unterscheidung von Gegenstand und Idee, der zwei verschiedene Vermögen zugrunde liegen: "das Vermögen zu existieren und tätig zu sein und das Vermögen

---

[1] Vgl. Spinoza und das Problem [1968], 84f.
[2] Spinoza und das Problem [1968],93; vgl. auch zuvor 41.

zu denken und zu erkennen"[1]. Von Vermögen zu Vermögen besteht je nach dem Aspekt, unter dem es betrachtet wird, ein Verhältnis der Einschließung. So ist das Vermögen zu denken dem Vermögen zu existieren zu subsumieren, insofern das Attribut Denken, darin seine Voraussetzung findet, andererseits ist es nur dem Attribut Denken gegeben, als Bedingung des Vermögens zu denken - und d.h. alles zu denken -, zu fungieren. Das Attribut Denken ist somit eine formale Existenz wie auch eine Bedingung eines umfassenden Vermögens. Idee und Gegenstand sind durch das Attribut Denken verknüpft, doch, wie oben ausgeführt, existiert eine weitere Relation zwischen Idee und Gegenstand, die als Adäquanz bezeichnet wurde. Was aber bedeutet diese für die Wahrheit eines Ausdrucks maßgebliche Größe? Die Angemessenheit der Idee an den Gegenstand impliziert keineswegs eine Übereinstimmung, denn wie wäre in Erfahrung zu bringen, ob Gegenstand und Idee kongruent sind? Vielmehr gibt es eine nicht zu passierende Grenze zwischen Denken und Sein, eine offenzuhaltende Differenz. Deleuzes/Spinozas Kriterium liegt in der Ursächlichkeit:

> Einzig die adäquate Idee läßt uns, als ausdrückende Idee, durch die Ursache erkennen und d.h. die Natur des Dings erkennen.[2]

Die wahre Idee erhält ihren Wahrheitswert folglich durch die Angabe der ihr eigenen Ursachen und insofern nicht durch den Gegenstand, der nicht notwendig die Ursache der Idee ist, eher noch ist umgekehrt richtig, daß eine Idee "niemals den Gegenstand, den sie vorstellt, zur Ursache"[3] hat. Betrachten wir eine Kugel, so bestünde eine mögliche Definition darin zu sagen, es handele sich um die vollständige, räumliche Drehung eines Kreises um seinen Mittelpunkt.

> Insofern die Definition eines Dings die Wirkursache oder die Genese des Definierten ausdrückt, drückt die Idee des Dings selbst ihre eigene Ursache aus; so haben wir aus der Idee etwas Adäquates gemacht.[4]

Wie Beispiel und Zitat verdeutlichen, gibt die Idee zunächst weniger Auskunft über den Gegenstand als über das Vermögen zu denken. Die sich konsequenterweise anschließende Frage lautet: Woher kommt

---

[1] Spinoza und das Problem [1968], 111.
[2] Spinoza und das Problem [1968], 119.
[3] Spinoza und das Problem [1968], 125.
[4] Spinoza und das Problem [1968], 120f.

dem Denken die wahre genetische Wirkursache? Die Antwort bleibt vage, denn die Wahrheit der Idee und ihrer Ursachenangabe ergibt sich aus der Verkettung der Ideen, also der in Relation stehenden Ideen, die bereits als wahr angenommene Ursachen beinhalten. Der spinozistische Wahrheitsbegriff erscheint in dieser Hinsicht von Skepsis getragen und relativistisch. In der Tat bildet denn auch die Wahrheitskonzeption eine der Pforten, durch die Deleuze unmittelbaren Zugang zu Spinoza fand, sieht er sie doch im Lichte seiner Erfahrung:

> Für die Rationalisten sind Wahrheit und Freiheit vor allem Rechte; sie fragen sich, warum wir ihrer verlustig gehen können. Aus diesem Grund hat der Rationalismus in der adamitischen Tradition, die das Bild eines freien und vernunftbegabten Adam zum Prinzip erhebt, ein seiner Problemstellung besonders gut entsprechendes Thema gefunden. In empiristischer Perspektive wird alles umgekehrt: erstaunlich ist hier vielmehr, daß die Menschen gelegentlich das Wahre begreifen, sich gelegentlich untereinander verstehen und von dem befreien, was sie fesselt. Schon an der Heftigkeit, mit der Spinoza sich der adamitischen Tradition entgegenstellt, kann man seine empiristische Grundidee erkennen, die Freiheit und Wahrheit als zuletzt sich einstellende Hervorbringungen begreift. Es gehört zu den Paradoxien Spinozas (...), daß er die konkreten Kräfte des Empirismus aufnimmt, nur um sie in den Dienst eines neuen Rationalismus zu stellen, der zu den strengsten gehört, die jemals konzipiert wurden.[1]

Von den ersten Schriften an erscheint *Empirismus* als Deleuzesche Leitvokabel, die sich je nach dem Problemfeld - durch einen Autorennamen markiert -, auf das sie bezogen wird, wandelt. Empirismus gilt Deleuze als Richtungsweiser und Ehrentitel, der sobald er verliehen wird, Sympathie zu und mit einem Denker oder Denken bezeugt.

Die Richtung, der sich augenscheinlich auch Deleuze zu diesem Zeitpunkt angehörig fühlt, läßt sich beschreiben als einerseits skeptisch gegenüber der Erfaßbarkeit des Realen, andererseits jedoch offen für die Möglichkeit einer solchen Erfassung. Seine Philosophie ist gegen die zu schematisch-abstrakt anmutenden Denkfiguren des Hegelianismus, Platonismus und Cartesianismus gerichtet und setzt statt dessen auf eine positiv-singuläre Bestimmbarkeit und eine rigide Systematik des begrifflichen Zusammenhangs, in dem bestimmte Notwendigkeiten und Zwänge existieren. Die Erkenntnishaltung kann folglich empiristisch genannt werden, während sich die Form rationa-

---

[1] Spinoza und das Problem [1968], 133.

listisch im Deleuzeschen Sinne darbietet. Wie sich schon in der Auseinandersetzung mit der Bergsonschen Methode und bei den Ausführungen über die Gründe, sich mit Sacher-Masoch zu beschäftigen, andeutet, erhält das Denken Deleuzes eine zusehends autoreflexive Wendung. Innerhalb dieser Wendung läßt sich Deleuze außer in dem Spannungsfeld von Empirismus und Rationalismus auch noch einem anderen Pol zuordnen, an dem er selbst Leibniz und Spinoza ausmacht und dessen Formulierung bereits einen programmatischen Charakter besitzt:

> Die Kraft einer Philosophie mißt sich an den Begriffen, die sie erschafft oder deren Sinn sie erneuert, und die den Dingen und den Handlungen einen neuen Zuschnitt verpassen. Manchmal werden diese Begriffe von der Zeit erfordert, aufgeladen mit einem kollektiven Sinn, der dem Verlangen einer Epoche entspricht, und durch mehrere Autoren zugleich entdeckt, erschaffen oder wiedererschaffen.. So verhält es sich bei Spinoza und Leibniz mit dem Begriff des Ausdrucks. (...) Er impliziert eine Wiederentdeckung der Natur und ihres Vermögens, eine Wiedererschaffung der Logik und der Ontologie: einen neuen "Materialismus" und einen neuen "Formalismus".[1]

Daß die Aufgabe der Philosophie darin bestehe, Begriffe - besser: Konzepte - zu schaffen, wird Deleuze auch zwanzig Jahre später, dann aber mit dringlichem Unterton, behaupten[2]. Offensichtlich gehört auch diese Funktionsbestimmung in den Kontext einer Philosophie, die sich - wenn auch durch Anführungszeichen eingeschränkt - sowohl als materialistisch wie auch als formalistisch versteht. Formalismus verweist auf eine Diskussion innerhalb der Ästhetik, in der von marxistischer Seite insbesondere avantgardistischen Künstlern Formalismus vorgeworfen wurde, da diese nicht den Klassenstandpunkt der Arbeiterklasse reflektierten, sondern sich am ästhetischen Bedürfnis des Bildunsgbürgertums orientierten. Eine solche Kritik läßt sich auch am Proust-Essay üben, doch begegnet Deleuze hier solch möglichen Einwänden, indem er die Denker dem Kollektiv unterstellt, sie einem epochalen Verlangen unterwirft und sich das Individuum folglich nicht wie zuvor als über dem Kollektiven stehendes Genie begreifen kann, sondern eher als dessen Aufschreibesystem zu verstehen ist[3].

---

[1] Spinoza und das Problem [1968], 285.
[2] Vgl. Ders./ Guattari, Félix : Qu' est-ce que la philosophie? Paris 1991.
[3] Auch dieser Gedanke wird später aufgegriffen und ausgearbeitet werden. Vgl. Ders./ Guattari, Félix: Kafka - Pour une littérature mineure. Paris 1975.

Der Bezug auf einen marxistischen Diskurs im Rahmen der Spinoza-Lektüre ist keineswegs zufällig, war doch für die französische marxistische Theorie Spinoza, durch die Vermittlung des Materialisten Plechanows bereits vor der Untersuchung Deleuzes wichtig und ist es danach in vielleicht stärkerem Maß geblieben[1]. Was aber bedeutet die Arbeit an und in Spinoza für Deleuze?

Wie die Arbeiten über die Literaten, die um die Mitte der sechziger Jahre entstehen, zeigen, schenkt Deleuze der Sprache eine zusehends größere Aufmerksamkeit. In seiner Spinoza-Arbeit beschäftigt er sich dann erstmalig mit der philosophischen Terminologie und ihrer Theoretisierung der Sprache. Dieses Thema wird er in den Folgejahren ebenso vertiefen, wie den bei Spinoza als Gegenstand prominenten "Körper". Natürlich ist das Denken des Körperlichen schon durch Bergson und Nietzsche gebahnt, die Frage aber "Was kann ein Körper?" stellt sich erst mit Spinoza in dieser Zentralität[2]. Diesen in den Vordergrund rückenden Thematiken gesellen sich auch andere Denker und Denkfiguren zu: Fast an der Seite Spinozas steht im Rahmen des Anti-Cartesianismus Leibniz, den Deleuze zwar schon in *Instincts et Institutions* herangezogen hatte, der aber erst sehr viel später in einer Monographie ausführliche Behandlung erfährt[3]. Die Thematik des Mannigfaltigen und seiner möglichen Einheit ist als eines der Grundprobleme des Deleuzeschen Philosophierens bereits benannt worden, und die Kategorien der Pli-kationen oder Faltungen erschienen bereits in der Proustuntersuchung, doch werden diese Thematik und die Begriffe der Implikation, Explikation und Komplikation in der Spinoza-Studie erstmals zusammengebracht[4] - Vertiefung erfährt dieser Zusammenhang erst in der erwähnten Leibnizstudie.

Deleuze kommt immer wieder auf Spinoza zurück: eine Art Spinoza-Lesebuch[5] - dem Bergson-Auswahlband[6] und mehr noch dem

---

[1] Vgl. Althusser, Louis: Montesqieu. La politique et l'histoire. Paris 1959. Moreau, Pierre-François: Spinoza. Paris 1965. Macherey, Pierre: Hegel ou Spinoza. Paris 1979. Balibar, Etienne : Spinoza et la politique. Paris 1985. Hervorzuheben ist die Arbeit Antonio Negris *L'anomalie sauvage* (Paris 1982), zu der Deleuze und Macherey Vorworte schrieben.

[2] Vgl. Spinoza und das Problem [1968], 191-205.

[3] Le pli. Leibniz et le baroque. Paris 1988.

[4] Vgl. insbesondere Spinoza und das Problem [1968], 156f. und 188f.

[5] Spinoza. Paris 1970.

Nietzsche-Lesebuch[1] vergleichbar - wird über zehn Jahre später nochmals in überarbeiteter Form veröffentlicht[2], dann mit dem Zusatztitel *Praktische Philosophie* versehen, selbst noch in der letzten Publikation findet sich ein Aufsatz zu Spinozas *Ethik*[3], und bereits 1968 deutet sich an, daß es mit Spinoza darum geht, eine handlungsorientierte Philosophie zu treiben. Denn Spinoza zufolge "gibt es drei fundamentale Bestimmungen - *Sein, Erkennen und Tätigsein oder Hervorbringen*"[4].

## II.6 Summa summarum

> Ein philosophisches Buch muß einesteils eine ganz besondere Sorte von Kriminalroman sein, anderenteils eine Art *science fiction*.[5]

In *Differenz und Wiederholung* begegnen sich möglicherweise Literatur und Philosophie, wenn Deleuze dieses Postulat auch für seinen eigenen Text gelten läßt. Fragen wir, um eine Antwort zu finden, wie die literarischen Begriffe gemeint sind. Im philosophischen Kriminalroman werden die Begriffe/Konzepte zu Detektiven, die sich "mit einem gewissen Aktionsradius einschalten müssen, um einen lokalen Sachverhalt zu lösen"[6]. Nach einigen weiteren Indizien dieser detektivischen Konzepte, verrät Deleuze, daß es sich um ein Geheimnis handle:

> Dies ist das Geheimnis des Empirismus. Der Empirismus ist keineswegs eine Reaktion gegen die Begriffe oder ein bloßer Appell an die gelebte Erfahrung. Er bewerkstelligt vielmehr die verrücktesten Begriffsschöpfungen, die man je gesehen oder gehört hat.[7]

---

[6] Bergson: Mémoire et vie. Paris 1957. (Textauswahl und Anordnung von Deleuze)
[1] Nietzsche. Paris 1965
[2] Spinoza - Philosophie Pratique. Paris 1981.
[3] Spinoza et les trois "Ethiques". in Critque et Clinique [1993], 172-187.
[4] Spinoza und das Problem [1968], 285; kursiv im Original.
[5] Differenz und Wiederholung [1969], 13.
[6] Ebd.
[7] Ebd.

Noch einmal wird die Bedeutung des Begriffs verschoben oder präzisiert, und nach der Spinoza-Studie scheint es noch einmal folgerichtig, daß Empirismus zwischen Literatur und Philosophie steht, wie dies in persona schon von Hume vorgeführt wurde, und ebenso konsequent dient Philosophieren der Produktion von Konzepten. Die zweite literarische Gattung, der sich philosophische Texte annähern sollen, eröffnet als *science fiction* eine zeitliche Dimension, die Deleuze als unzeitgemäß beschreibt, das heißt nicht einer Vergangenheit zugewandt, gegen die Gegenwart gerichtet und auf eine kommende Zeit hin orientiert[1]. Doch *science fiction* meint auch - und zwar mit einer gewissen Zwangsläufigkeit - über das zu schreiben, was man noch nicht weiß, jedenfalls noch nicht genau. Das Zukünftige zu denken, bedeutet dementsprechend, auf der Grenze von Wissen und Nicht-Wissen zu denken, die einerseits trennt und andererseits "*das eine ins andere übergehen läßt*"[2].

Die eigentliche Habilitationsschrift ist weniger philosophie-historisch als problemsystematisch ausgerichtet: Deleuze handelt, wie der Titel schon deutlich sagt, von den Begriffen Differenz und Wiederholung. Zur Klärung der beiden Kategorien wird eine tour de force unternommen. Der Weg, den Deleuze in diesem Text beschreitet, kann hier nicht in all seinem Reichtum, seinen Abschweifungen und Einlassungen nachgezeichnet werden. Es geht durch die Linguistik, die Psychiatrie und Psychoanalyse, durch Mathematik und Literatur. Die philosophische Erörterung kreist um Positionen, die durch die Namen Platon, Leibniz, Descartes, Nietzsche, Bergson, Kant, Hegel, Heidegger, Kierkegaard und Aristoteles bezeichnet werden können. Die Sympathieverteilungen liegen über den Namen, wie sie mittlerweile schon bekannt sind. Es gibt den Anti-Cartesianismus, ebenso wie Anti-Hegelianismus und Anti-Platonisms, zwischendrin stehen Kant und Aristoteles, Kierkegaard und Heidegger, positiv werden Nietzsche, Bergson und Leibniz bedacht.

Im Denken der Wiederholung stellt sich das Problem für Deleuze in dem Versuch, diese über Repräsentation und begriffliche Identität zu denken. Die begriffliche Identität basiert auf der Negation von Differenzen: Sachverhalte gleichen sich nur in bestimmten Hinsichten und

---

[1] Vgl. ebd.
[2] Differenz und Wiederholung [1969], 14; kursiv im Original.

weichen ansonsten voneinander ab, so daß es scheint, als müsse die Wiederholung unbegrifflich im Außen von statten gehen. Denn die Wiederholung kann auch nicht auf ein Innen, auf die Essenz bezogen sein, denn diese erstellt sich in der begrifflichen Differenz außerhalb von Raum und Zeit, innerhalb derer sich aber die Wiederholung ereignet. Da Raum und Zeit die äußerlichen Objekte jedoch individuieren, läßt sich dort gleichfalls keine Wiederholung annehmen. Deleuze gelangt also zu der Frage. »Ja oder nein, gibt es Wiederholungen?«[1]. Das Problem ist zu beantworten durch die Bestimmung der Differenz, die in der vorhergehenden Überlegung das Denken der Wiederholung verhinderte. Gemeinhin dient die Differenz dazu, die Identität eines Sachverhalts in Absetzung von einem anderen anzuzeigen. In dieses Denken eingespannt unterwirft sich die Differenz der Repräsentation, insofern es darum geht, einen Begriff zu stiften, der eine kohärente Vorstellung umschließt, die andere Inhalte ausschließt. Auf diese Weise wird die Differenz eingereiht in die Denkfiguren des repräsentativen Denkens, also der "*Identität* des Begriffs, dem *Gegensatz* der Prädikate, der *Analogie* des Urteils und der *Ähnlichkeit* der Wahrnehmung"[2]. Als reflexive Begrifflichkeit unterscheidet sich die Differenz jedoch erheblich von ihrem eigenen und realen Begriff, der essentiell katastrophisch ist, da die Differenz "Kontinuitätsbrüche in der Reihe von Ähnlichkeiten, (...) unüberschreitbare Verwerfungen zwischen analogen Strukturen"[3] markiert. Chaos: Wildheit und Unordnung bergen sich mithin im Differenzbegriff, der nur im Rahmen des Repräsentationsdenkens domestiziert scheint, der jedoch weiterhin ein Unruhepotential, einen kritischen Punkt möglicher Innovation oder Revolution darstellt, wenn er diesem Denken entbunden wird. Dieses produktive Potential beabsichtigt Deleuze wiederzugewinnen, nicht zuletzt weil die Differenz verspricht, an einigen Punkten, um die sein Denken bereits in den früheren Schriften kreiste, Hilfestellung zu leisten: gegen die Dialektik als Gegensatzdenken, ebenso wie gegen die Negation und gleichzeitig für die Präzisierung vorgängiger Themen wie Kampf und positive Singularität.

---

[1] Differenz und Wiederholung [1969], 45.
[2] Differenz und Wiederholung [1969], 58; kursiv im Original.
[3] Ebd.

Es gibt eine falsche Tiefe des Kampfes, unter dem Kampf aber den Spielraum der Differenzen. Das Negative ist das Bild der Differenz, allerdings ihr flachgedrücktes und verkehrtes Bild, wie die Kerze im Ochsenauge - im Auge des Dialektikers, der von einem nichtigen Kampf träumt.[1]

Der Traum ist deshalb ein Traum, weil der Dialektiker die "ursprüngliche, intensive" und "reale" Tiefe der Differenz verkennt, und sich stattdessen eben an den Oberflächenbildern orientiert, die die Wirklichkeit nur in reduktionistischer Verkürzung wiedergeben aufhält. In den Phänomenologien werden immer ein paar falsche Abstraktionen eingeführt, wie das hegelsche Hier und Jetzt, die als Universalia falsche Abstraktionen anbieten, die für Deleuze dazu führen, daß er lediglich eine "Epiphänomenologie"[2] darin erblicken kann. Ohnehin zählt die Phänomenologie wenig, zählt eher noch die Ontologie, selbst wenn sie sich auf einen Satz verdichten läßt: »Das Sein ist univok.«[3] D.h. es spricht mit nur einer Stimme, allerdings nur auf der grundsätzlichsten Ebene des Essentiellen, denn damit ist nicht gesagt, daß die eine Stimme immer richtig zu vernehmen ist, noch daß die je-besonderen Sachverhalte nicht unterschiedliche Stimmen besäßen, sondern die Behauptung ist deshalb möglich, weil die Einstimmigkeit darin besteht, daß alles Seiende sein Sein aussagt - und nicht etwa ein Nicht-Sein.

Geschichtsphilosophisch relativiert sich die Ablehnung der Negation in der nietzscheanischen Denkfigur der ewigen Wiederkunft, in deren Zentrum Deleuze die Differenz ausmacht. Wie erinnerlich führte er bereits im Nietzsche-Buch aus, daß die Wiederkehr keineswegs für das Selbe gilt, sondern für Differenzierung sorgt. Alles Negative, Verneinende, was sich nicht bejaht, wird ausgeschlossen aus der Wiederkehr. In dieser Hinsicht affirmiert auch noch die Differenz die Negation, allerdings diejenige, die sie vorfindet und nicht die aus ihr heraus produzierte. Die Wiederkehr selbst hat eine ungelenke Denkgestalt angenommen im Begriff der Re-Präsentation. Was sich da angeblich wieder präsentiert, leugnet in diesem Gestus seine Geschichtlichkeit und d.h. den Wahrheitsanspruch, den es innerhalb der bestimmten Kräfteverhältnisse mit einem gleichermaßen bestimmbaren Kraftaufwand artikuliert. Das, was wiederkehrt, formuliert sich als Wiederkeh-

---

[1] Differenz und Wiederholung [1969], 77.
[2] Vgl. Differenz und Wiederholung [1969], 79.
[3] Differenz und Wiederholung [1969], 58.

rendes schon als geschichtlich bestätigt; es ist nicht mehr zu hinterfragen, da es sich vermeintlich schon einmal durchgesetzt hat. Deleuze plädiert dafür, die Hierarchie, die darin behauptet wird, zugunsten eines offenen und beweglichen Feldes von Differenzen außer Kraft zu setzen[1].

Das Plädoyer gilt selbst noch für das ICH. Deleuze, der - wie sich bspw. anhand der Sacher-Masoch-Studie zeigen läßt - noch innerhalb des psychoanalytischen Theoriefeldes dachte, selbst wenn er nicht dem Credo der französischen Psychoanalyse-Theoretiker "Zurück zu Freud" und dessen kanonischen Schriften folgte, geht in seiner Auflösung des ICH entschieden weiter, als es in der klassischen Dreiteilung der Bewußtseinsebenen der Fall ist.

> Die Ichs sind larvenhafte Subjekte; die Welt der passiven Synthesen konstituiert das System des Ichs unter näher zu bestimmenden Bedingungen, allerdings das System des aufgelösten Ichs. Es gibt Ich, sobald irgendwo eine flüchtige Betrachtung entsteht, sobald irgendwo eine Kontraktionsmaschine arbeitet, die für einen Augenblick der Wiederholung eine Differenz zu entlocken vermag.[2]

Das Subjekt erscheint als Verstreuung, als disparate Produktion an singulären Punkten, an denen aus dem Heteronomen der passiven Synthesen sich für einen kurzen Augenblick eine Verdichtung bildet, die den Namen ICH verdient. Bemerkenswert ist zudem, daß Deleuze die Ich-Konstituion bereits hier in Verbindung mit einer Maschine thematisiert und so einen Zusammenhang herstellt, der auf den *Anti-Ödipus* vorausweist. Die Notwendigkeit, Subjektivität als "System des aufgelösten Ichs" zu denken, ergibt sich auch aus den Möglichkeitsbedingungen der Subjektivierung in der Zeit. Drei Zeitformen sind zu unterscheiden: Erstens jener Moment des Ereignisses, in dem die Zeit - symbolhaft verdichtet - das Vorher und Nachher präsentiert; es handelt sich dabei vorzugsweise um katastrophische Augenblicke, um Zäsuren, die einen gleichmäßigen Strom der Zeit, der diese nicht kenntlich werden läßt, konturieren, indem er unterbrochen wird und umgelenkt wird. Die zweite Zeitform ist eng verknüpft mit der ersten und beschreibt die subjektive Komponente des Ereignisses, das in seiner

---

[1] Vgl. Differenz und Wiederholung [1969], 83f.
[2] Differenz und Wiederholung [1969], 110.

Bildhaftigkeit als Apriori erscheint, als '"zu groß für mich"'[1] und damit in der Vergangenheit liegend.

> Was die dritte Zeit angeht, die die Zukunft offenbart - so bedeutet sie, daß das Ereignis, die Tat eine geheime Kohärenz besitzen, die die des Ichs ausschließt (...): Das Ich hat sich dem Ungleichen an sich angeglichen. Auf diese Weise entsprechen einander das gemäß der Ordnung der Zeit gespaltene Ego und das gemäß der Reihe geteilte Ich und finden einen gemeinsamen Ausweg: im Mann ohne Namen, ohne Familie, ohne Eigenschaften, ohne Ich oder Ego ...[2]

Damit ein Handeln zustande kommt, muß das Subjekt eine Metamorphose vollziehen, sich des Ereignisses bemächtigen, indem es von seiner Subjektivität absieht und sich als Werden projiziert und dem Ereignis unterstellt. Angesichts dieser Subjekt-Konzeption verwundert es nicht, daß die erkenntnistheoretischen Konsequenzen, die gezogen werden, zwar auch an Freud orientiert sind, doch auch in der Frage, wie Erkenntnis des Subjektiven gewonnen werden kann, einen Schritt weitergehen:

> Um den Preis ihrer Leiden erforschen die Neuropathen, die Psychopathen vielleicht jenen letzten ursprünglichen Untergrund, wobei die einen danach fragen, *wie sich das Problem verschieben*, die anderen, *wo sich die Frage stellen läßt*. (...) Nicht was sie sagen oder denken, sondern ihr Leben ist exemplarisch und überschreitet sie. Sie lassen, jene Transzendenz, jenes höchst ungewöhnliche Spiel von Wahrem und Falschem erkennen, wie es sich nicht mehr auf der Ebene von Antworten und Lösungen, sondern in den Problemen selbst, in den Fragen selbst ergibt, d.h. unter Bedingungen, unter denen das Falsche zum Modus der Erforschung des Wahren, zum eigentlichen Raum seiner wesenhaften Verkleidungen oder seiner grundlegenden Verschiebung wird: Das *Pseudos* ist hier zum Pathos des Wahren geworden.[3]

Mit Emphase werden scheinbar die Seitenwege, die seit Freud die via regia ins Unbewußte bedeuteten, als Möglichkeiten beschrieben, vom Pathologischen her das Normale zu erkennen. Doch Deleuze interessiert an dieser Stelle das Normale als eine Durchschnittsgröße nicht. Die pathologischen Symptome sind nicht von Relevanz, insofern sie das Kranke vom Gesunden absetzen, sondern weil in diesen Verhal-

---

[1] Differenz und Wiederholung [1969], 123.
[2] Ebd.
[3] Differenz und Wiederholung [1969], 144; kursiv im Original.

tensformen interne Differenzen walten, ein Prinzip der fortschreitenden Differenzierung auszumachen ist, das für das Subjekt Leiden bedeutet und unter den gegebenen Bedingung des identifikatorischen Zwanges falsch und verfälscht ist, jedoch in seiner Falschheit die Funktionsweise des psychischen Apparates illustriert. Deleuze insistiert also auf der Differenz, die - sei sie auch noch so klein gegenüber einer noch so großen Menge an Ähnlichkeiten - den entscheidenden Faktor darstellt. Im Spiel der Differenzen zeigen die pathologischen Lebensweisen denn auch nicht ex negativo das wahre oder richtige oder normale Leben, sondern verweisen auf die Unmöglichkeit der Bestimmbarkeit - jedenfalls nach Maßstäben der Erkenntnis, in Kategorien der Wahrheit. Möglich ist allenfalls die Produktion von Ähnlichkeit, die Anmaßung von Identität[1].

Im nachgezeichneten Gedankengang wiederholt sich ein denkerischer Gestus, der bei Deleuze oftmals zu finden ist: Das Denken wird aus seiner Sicherheit gerissen, das scheinbar Selbstverständliche verliert sich in einem Untergrund der Irritation und wird erst nach und nach wieder gegründet, in der genealogischen Reflexion auf das Chaos, aus dem es sich mit Anstrengung und als produktive Arbeit erheben kann. Für die Richtigkeit des Denkens, das ordnend in den diffusen Anfangsgrund schneidet, spricht die Notwendigkeit, die ihm innewohnt, der Zwang, den es ausübt und dem es folgt. Eine Unterscheidung zweier Denkformen greift hier Platz: das eine ist arg- und harmlos, läßt den Denkenden unbehelligt und bleibt darin unproduktiv, während das andere in seiner Notwendigkeit produktiv wird und einen höheren Anspruch auf Richtigkeit erheben kann[2]. Es geht für Deleuze mithin um das Bild des Denkens, das dieses in Form der Philosophie von sich entworfen hat, bzw. um die Konstitution des Denkens und seiner Leitfunktionen.

Historisch stellt sich das Problem erstmals gravierend und folgenschwer bei Platon; er unterschied zunächst Urbild und Abbild, die alte Höhlengeschichte, die damit jedoch nicht zuende ist, denn vor allem lag Platon daran, Abbild und Trugbild zu unterscheiden. Der Bezug auf das Urbild stellt die Differenz unter das Gesetz der Repräsentation. Die moralische Selektion setzt ein: das gut repräsentierende Abbild

---

[1] Vgl. Differenz und Wiederholung [1969], 159.
[2] Vgl. bspw. Differenz und Wiederholung [1969], 177 und 181.

und das schlecht repräsentierende, ja verzerrende, entstellende - mithin böse - Trugbild. Das Verschiedene, Andere und Fremde, kurzum: das Differente, verschwindet in einer Werteskala, die der Begegnung mit dem Neuen, dem Differenten keinen Platz mehr läßt außer dem 'draußen vor der Tür'[1]. Von Platon ausgehend entwickeln die Philosophen ein komplexes System von "Hierarchien einer repräsentativen Theologie"[2], gegen das Deleuze auf verschiedenen Angriffsebenen Alternativen zu entwickeln sucht.

Die erste Ebene ist die des Bildes, das sich das Denken philosophiegeschichtlich von sich selbst entworfen hat: Das Subjekt, das denkt, ist identisch mit dem Subjekt, das sich als denkend denkt; verdichtet findet es sich in der cartesischen Formel *cogito ergo sum*. Die Identität des Subjektes garantiert die Identität der Begriffe. Deleuze dagegen bezeichnet einen Riß, der sich durch das Ego und damit durch das Denken zieht: die *Genitalität*[3]. Das Denken motiviert sich in dieser genitalen Perspektive, wie schon angegeben, vom Ungedachten, vom Unbewußten und Ungewußten her, soll heißen: Denken ist Zeugung, Produktion und Konstruktion auf unsicheren Grund, über einer abgründigen Tiefe, die das Denken in einem Akt der Anspannung aller Kräfte überspannen muß.

Nun soll allerdings auch nicht das eine Bild des zahmen und zahnlosen Denkens durch die romantische Vorstellung eines wilden und wahnsinnigen Denkens abgelöst werden. Im Bilderstreit will Deleuze nicht andere Bilder, sondern das "bildlose Denken"[4]. Er fordert eine Revolution:

> Die Theorie des Denkens ist wie die Malerei, sie bedarf jener Revolution, die die Wendung von der Repräsentation zur abstrakten Kunst bewerkstelligt - was den Gegenstand der Theorie des bildlosen Denkens ausmacht.[5]

Es geht folglich um eine Wende in der Philosophie, wie es heißt um eine "Wiedergeburt der Ontologie«[6], die den Bildern entkommt, indem sie sich mit der Stellung von Problemen befaßt und dies in einer

---

[1] Vgl. Differenz und Wiederholung [1969], 332-333.
[2] Differenz und Wiederholung [1969], 333.
[3] Vgl. Differenz und Wiederholung [1969], 215.
[4] Ebd.
[5] Differenz und Wiederholung [1969], 345.
[6] Differenz und Wiederholung [1969], 247.

Weise vornimmt, daß das Reale nicht metaphorisch sondern tatsächlich in die durch die Stellung geschaffene Öffnung drängt.

> Das rührt daher, daß dieser Komplex nicht länger als Ausdruck einer provisorischen und subjektiven Verfassung in der Repräsentation des Wissens betrachtet wurde, sondern zur Intentionalität des Seins schlechthin oder zur einzigen Instanz wurde, der das Sein strenggenommen antwortet, ohne daß dadurch die Frage aufgehoben oder überholt würde, da ja im Gegenteil sie allein über eine Öffnung verfügt, die koextensiv zu dem ist, was ihr antworten soll und ihr nur antworten kann, indem es sie aufrechterhält, von neuem stellt und wiederholt.[1]

Eine der Bedingungen dieser modernen Ontologie besteht darin, eine Virtualität zu behaupten, die nicht dem Realen gegenübersteht, sondern der Aktualität. Das Virtuelle ist dann integraler Bestandteil der Wirklichkeit, oder wie Deleuze postuliert:

> Das Virtuelle muß selber als ein strikt dem Realobjekt zugehöriger Teil definiert werden - als ob das Objekt einen seiner Teile im Virtuellen hätte und darin wie in einer objektiven Dimension eingelassen wäre.[2]

In diesen Ausführungen dürfte deutlich werden, daß Deleuze im Gegensatz zu Derrida[3] die Differenz (und die Wiederholung) nicht aus kategorie-impliziten Aporien zu bestimmen sucht, sondern seine Kritik über das Potential der Materialität läuft, dem sich das philosophiegeschichtliche Begriffsdenken nicht weit genug angenähert habe. Während er also einerseits mit diesem Buch und den darin erfolgten Angriffen zu den Initiatoren des Phänomens "Postmoderne" oder "Post-Strukturalismus" zu rechnen ist, ist die eigenartige Qualität der Arbeit Deleuzes, der in Differenz zu Denkern wie Derrida oder Baudrillard auf einem Materialismus, den wir mit Einschränkung als "ontologischen" charakterisieren können, insistiert, überhaupt noch nicht beschrieben.

Den beiden Dimensionen des Virtuellen und Aktuellen entsprechen zwei Bewegungen der Differenz: Differenzierung und Differentiation. Die Differentiation bezieht sich dabei auf den virtuellen Part eines Realobjekts, während die Differenzierung auf die aktualisierte Singularität bezogen ist. Differentiation und Differenzierung bilden den

---

[1] Differenz und Wiederholung [1969], 247f.
[2] Differenz und Wiederholung [1969], 264
[3] Derrida, Jacques: L' écriture et la différence. Paris 1967.

Grund der Individuierung. Betrachtet man die beiden Formen der Differenzbildung als ungleiche Hälften, so läßt sich behaupten, daß es die Individuation ist, "die die Schachtelung der beiden großen unähnlichen Hälften gewährleistet"[1]

Die zweite Ebene, auf der Deleuze seine Attacke gegen die "repräsentative Theologie" führt, handelt vom Denken des Sinnlichen. Zwar wird das Sein des Sinnlichen in Differenzen gedacht: in qualitativen und extensiven Differenzen, wie weicher oder härter, weniger oder mehr[2], doch taugen diese konträren Qualitäten als Differenzbestimmungen? Indem sie das sinnlich Verschiedene unter das Register der Ähnlichkeit stellen, also Qualitäten vergleichen und so angleichen, erweisen sie sich als untauglich. Mit Deleuze gilt es, das Differente auf das Differente zu beziehen, die Intensität als Sein des Sinnlichen zu begreifen[3]. Die Intensität ist paradox bestimmt: insofern sie nur durch Qualitäten und Ausdehnungen verdeckt stattfindet, ist sie nur entfremdet und im Prozeß ihrer Tilgung wahrzunehmen, ist sie das Unsinnliche, das nicht empfunden werden kann. Andererseits kann nur sie empfunden werden und zwar vor jeder Qualität oder Ausdehnung. Intensität ist das namenlose Aufblitzen einer Empfindung, "die das Gedächtnis wachrüttelt und das Denken erzwingt"[4]. Vielleicht erscheint uns die Intensität als Sein des Sinnlichen in der Frage "Was war das?".

Die "Idee" ist der Begriff, der der dritten Ebene ihren Namen gibt. Die Idee ist Deleuze zufolge gekennzeichnet als "Gestellt"-Sein eines Problems[5]. Die philosophische Tradition hingegen von Platon bis Hegel[6] begreift die Idee als von Problemen gereinigte und sucht die Probleme beispielsweise in Form des Widerspruchs zu fassen, um sie daraufhin dialektisch aufheben zu können. Auf diese Weise werden die im Gestellt-Sein des Problems aufgegebenen Mannigfaltigkeiten

---

[1] Differenz und Wiederholung [1969], 349.
[2] Vgl. Differenz und Wiederholung [1969], 299.
[3] Vgl. Differenz und Wiederholung [1969], 334.
[4] Differenz und Wiederholung [1969], 300.
[5] Vgl. Differenz und Wiederholung [1969], 334.
[6] Diese Dimensionierung führt dann dazu, daß als nicht repräsentative Ideen einerseits gedanken der Atomisten zählen, andererseits die nachhegelianischen Gedanken eines Geoffroy St. Hilaire ebenso zu den nicht-repräsentativen, differentiellen Ideen rechnen wie Marx in der Lektüre Althussers; vgl. Differenz und Wiederholung [1969], 235-239.

reduziert auf ihr Nicht-Sein - und eine weitere Reduktion scheint kaum denkbar. Diese Auffassung der Idee hat weitreichende Konsequenzen bis hin zur Geschichtsphilosophie:

> Die Geschichte verläuft nicht über die Negation der Negation, sondern über die Entscheidung der Probleme und die Bejahung der Differenzen.[1]

Den Abstraktionen dialektischen Philosophierens wird eine handlungsorientierte Konkretion entgegengestellt. Die Entscheidung der Probleme ist hier nicht im Sinne Heideggers zu verstehen, sondern als unmittelbar praktisches Angehen eines Sachverhaltes. Worauf Deleuze mit seiner interventionistischen Philosophie politisch hinaus will, wird deutlich, wenn er die Funktion des Widerspruchs kritisiert:

> Der Widerspruch ist nicht die Waffe des Proletariats, sondern eher die Art, wie sich die Bourgeoisie verteidigt und bewahrt,...[2]

In *Differenz und Wiederholung* geht es mithin auch darum, diese Verteidigung zu verunmöglichen und dem Proletariat eine Waffe zu geben. Immerhin ist die Arbeit 1969 erschienen und die Arbeit daran ist offensichtlich nicht unbeeindruckt geblieben von den Diskussionen im Umfeld des Pariser Mai '68. Allerdings dürfte zugleich deutlich sein, daß es sich nicht um eine von der Polemik dominierte Arbeit handelt, sondern auch um eine Thése pincipale, die bestimmten akademischen Anforderungen genügen will und so ein hohes Niveau an Abstraktion und Komplikation bewahrt, ebenso wie sie in reichem Maße Referenzen auf die philosophischen Größen ausweist.

Deleuze fährt also mit einer gewißen Systematik fort, seine Kritik am repräsentativen und damit implizit bourgeoisen Denkformen zu üben. Das Sein ist die vierte Ebene, denn das philosophisch aufgefaßte Sein präsentiert die Identität eines unbestimmten Begriffs. Zur Bestimmung des Seins werden Seinsgattungen und Kategorien herangezogen, die die Identität zu verbürgen, bzw. zu erstellen haben. Diese Kategorien, wie groß und klein, sind fixierte Differenzen, die Abstraktionen des Singulären darstellen: es gibt weder groß noch klein,

---

[1] Differenz und Wiederholung [1969], 336.
[2] Ebd. Michel Foucault wird in seiner Kritik der Dialektik und ihrer politischen Implikate, denselben Vorwurf erheben; vgl. Foucault, Michel: Vom Licht des Krieges zur Geburt der Geschichte (Vorlesungen vom 21. und 28.Januar 1976 am Collège de France) West-Berlin 1986.

nur punktuelle Ausmaße. Um die individuelle Identität bestimmen zu können, werden also die verstreuten Differenzen in verallgemeinerte Form gebracht und so ihres individuierenden Charakters beraubt[1].

Wenn auf diese Weise die vier Illusionen der Repräsentation kritisiert worden sind, kann gefragt werden, welchen Typus von Rationalität - denn daß es um einen solchen und nicht um das Irrationale geht, steht außer Frage - Deleuze stattdessen privilegiert sehen möchte. Die knappe Antwort lautet: eine mannigfaltige.

> Auf welchem Untergrund aber entsteht nun diese mannigfaltige ratio und treibt sie ihr Spiel, aus welcher Lotterie neuen Typs erhält sie ihre singularitäten und ihre Verteilungen, die auf all das, was wir gerade gesehen haben, nicht reduzierbar sind? Kurz, *die ratio sufficiens, der Grund [fondement], ist auf seltsame Weise gekrümmt*. Auf der einen Seite neigt er sich dem von ihm Begründeten zu, den Formen der Repräsentation. Auf der anderen Seite aber biegt und taucht er in einen Ungrund *[sans fond]* ein, in ein Jenseits des Grunds, das allen Formen widersteht und sich nicht repräsentieren läßt. Wenn die Differenz die Braut, Ariadne, ist, so gerät sie von Theseus an Dinoysos, vom begründenden Prinzip zum universalen "Zu-Grunde-Gehen" *[effondrement]*. Denn Begründen heißt das Unbestimmte bestimmen.[2]

Mit der mythischen Erzählung verwoben, die Foucault zum Ausgangspunkt seiner fulminanten Besprechung des Werkes machen wird[3], wird ein subversives Denken skizziert, das sich der Vernunft jedoch nicht begeben, sondern sie verstärken und vervielfachen will.

Die Kritik am bisherigen Denken und mehr noch Nicht-Denken der Differenz dehnt sich ähnlich auch auf das Denken der Wiederholung aus, so daß nur kurz die Konzeption eines anderen, neuen Wiederholungsbegriffs vorgestellt sei:

---

[1] Vgl. Differenz und Wiederholung [1969], 337.
[2] Differenz und Wiederholung [1969], 343; kursiv im Original; vgl. auch am a.a.O. 125. Auch über zwanzig Jahre später wird Deleuze noch eine der Aufgaben der Philosophie darin sehen, das Unbestimmte zu bestimmen, bzw. - wie es dann heißen wird - das Chaos zu trassieren; Vgl. Ders./ Guattari, Félix: Qu' est-ce que la philosophie? Paris 1991.
[3] Vgl. Foucault, Michel:Theatrum philosophicum. Critique 282/1970, 885-908.

Die Wiederholung ist nicht mehr eine Wiederholung von sukzessiven Elementen oder Teilen, sondern von Totalitäten, die auf verschiedenen Ebenen oder in verschiedenen Graden koexistieren.[1]

Zwischen diesen Graden und Ebenen liegt die Differenz zwischen zwei Wiederholungen: "zwischen der oberflächlichen Wiederholung von identischen und augenblicklichen äußeren Elementen, (...), und der tiefen Wiederholung von inneren Totalitäten einer stets variablen Vergangenheit, ..."[2]. Die äußere, analytisch-präsentische Wiederholung ist jenes momentane Handeln, das nicht zu denken ist ohne jene tiefere, komplex-historische Wiederholung, die die sozialen und geschichtlichen Möglichkeitsbedingungen der Handlung erinnert: jedes Handeln ist eine soziale Praxis[3]. Die beiden Formen der Wiederholung sind zwei Seiten einer Medaille, die die Differenz in sich trägt, sie umfaßt. Für das Denken aber liegt der bedeutsame Schwerpunkt auf der Differenz, diese bildet seinen zwingenden Ausgangspunkt.

Die leere Form der Zeit ist es, die die Differenz im Denken einführt und konstituiert, von der aus es denkt, als Differenz von Unbestimmtem und Bestimmung. Sie ist es, die auf beiden Seiten ihrer selbst ein durch die abstrakte Linie gespaltenes Ego und ein passives Ich aufteilt, das aus einem von ihm betrachteten Ungrund hervorgegangen ist. Sie ist es, die Denken im Denken erzeugt, denn das Denken denkt nur mittels der Differenz, im Umkreis jenes Punktes des Zu-Grunde-Gehens. Die Differenz oder die Form des Bestimmbaren ist es, die das Denken in Gang bringt, d.h. die ganze Maschine des Unbestimmten und der Bestimmung.[4]

---

[1] Differenz und Wiederholung [1969], 357.
[2] Differenz und Wiederholung [1969], 357.
[3] Deleuze sagt es wenige Jahre später im Gespräch mit Foucault in aller Deutlichkeit: "Pour nous l'intellectuel théoricien a cessé d'être un sujet, une conscience représentante ou représentative. Ceux qui agissent et qui luttent ont cessé d'être représentés, fût-ce par un parti, un syndicat qui s'arrogeraient à leur tour le droit d'être leur conscience. Qui parle et qui agit? c'est toujours une multiplicité, même dans la personne qui parle ou qui agit. Nous sommes tous des groupuscules. Il n'y a plus de représentation, il n'y a que de l'action, de l'action de théorie, de l'action de pratique dans de rapports de relais ou de réseaux." Ders./ Foucault, Michel: Les intellectuels et le pouvoir. In L'Arc 49/1972, 3-10; hier 4.
[4] Differenz und Wiederholung [1969], 344f. Vgl. zum Problem des Zusammenhangs von Zeitform und Denken in *Differenz und Wiederholung*: Paradis, Bruno: Le Futur et l'épreuve de la pensée. Lendemains 53/1989, 26-29.

Abschließend sei auf die zu Beginn dieses Abschnitts gestellten Fragen zurückgekommen: ist *Differenz und Wiederholung* ein (philosophischer) Kriminalroman oder (philosophische) science fiction? Detektivisch ist vielleicht die Art wie in der Geschichte des Denkens den Kategorien ebenso wie den Motiven ihrer Bildung nachgespürt wurde. Deleuze hat eine Vielzahl von Spuren verfolgt, ein Netz gezogen und Indizien gesammelt. Gegen die Täter wird jedoch nicht vorgegangen. Die Konsequenz, die gezogen wird, ist die (vorläufige) Verabschiedung der Philosophiegeschichte, die im weiteren Schaffen Deleuzes nicht mehr die Dominanz besitzen wird, die sie bis 1969 besaß. Insofern stellt *Differenz und Wiederholung* auch eine Art Bilanz der vorausgegangenen Arbeit dar, ohne deren Kenntnis der Text im übrigen erhebliche Verständnisschwierigkeiten bereitet. Da Deleuze sich jedoch nicht mit einer Abrechnung begnügte, ist auch das Zukünftige, der science-fiction-Aspekt enthalten.

# III. Arbeiten an der Gegenwart (1969-1980)

## III.1 Logik der Ereignisse

*The men, who own the city, make more sense than we do.*
*Gang of 4*

Noch im Jahr seiner Habilitation erhält Deleuze eine Professur. Er liest fortan an der Reformuniversität Paris VIII (Vincennes; später in Saint-Denis). Die Universität stellt eine der wenigen handfesten Folgen der Unruhen des Mai 1968 dar, insofern versucht wurde, eine andere Form der Lehre und Forschung zu entwickeln, in deren Vordergrund vor allem die Interdisziplinarität steht[1]. Er arbeitet dort unter anderem mit Lyotard und Foucault[2], dem Historiker Châtelet und dem Linguisten Gobard. Diese Zusammenarbeiten und Bekanntschaften ebenso wie die Beschäftigung an einem der politisiertesten Orte der französischen Hochschullandschaft werden starken Einfluß auf Deleuzes weiteres Schaffen üben.

In einem wahrhaften Publikationsfuror legt Deleuze 1969 nach seinen umfangreichen Thesen *Differenz und Wiederholung* und *Spinoza oder das Problem des Ausdrucks in der Philosophie* die *Logique du sens* vor. In dieser Arbeit ist noch relativ wenig von den politischen Gehalten zu spüren, die beim Erscheinen auf der Tagesordnung stehen. Die Betrachtung konzentriert sich einerseits weitgehend auf Positionen der stoischen Philosophie und andererseits, was zentral ist, auf das Werk des Dichters Lewis Carroll und des körperlich kongruenten Mathematikers Charles Lutwidge Dodgson. Im Zuge seiner Ausein-

---

[1] Vgl. dazu auch: En quoi la philosophie peut servir à des mathématiciens, ou même à des musiciens - même et surtout quand elle ne parle pas de musique ou des mathématiques. In *Vincennes ou le dèsir d'apprendre*. Paris 1979
[2] Allerdings nur kurze Zeit, denn Foucault wird 1970 ans Collège de France berufen.

andersetzung greift Deleuze auf die bereits in der Sacher-Masoch-Studie entwickelte Problemfassung zurück.

> Die innige Verbindung von Sprache und Unbewußtem ist schon auf so vielfache Weise geknüpft und gefeiert worden, daß nach ihrer Besonderheit gerade bei Lewis Carroll zu suchen bleibt, danach wodurch sie wieder erneut zustande kommt, und was diese enge Verbindung gerade bei ihm und dank seiner vollzogen hat.[1]

Von diesem Punkt der besonders gestalteten Verbindung von Sprache und Unbewußtem aus geht es um das allgemeinste Problem einer Klärung des Sinns, was ihn macht, konstituiert oder produziert. Für diese Klärung bedarf es der - methodisch gesehen - problematischen Scheidung von Unbewußtem und Sprache, deren Durchdringung ja gerade allenthalben festzustellen ist. Die Trennung ist erforderlich, damit ein relativ reiner, deutlich konturierter Gegenstandsbereich gewonnen werden kann, der überhaupt erst Analysierbarkeit gewährleistet.

Wie aber die Sprache von ihren unbewußten Implikaten läutern, wenn gar nicht klar ist, welchen Bereich das Unbewußte besetzt hält? Dann: Wie das Unbewußte destillieren ohne das Medium der Sprache, in dem es sich entweder äußert, oder in dem der Analytiker die Symptomatologie des Analysanden zu fassen sucht? Die Problemstellung ist keineswegs neu: so suchte Freud in der Sprache des Traumes und in dem Gebaren der Nervenkranken, also in extremis, die via regia in jenes innere Afrika zu finden. Doch diese Kolonialisten-Route blieb immer nur die zweitbeste Lösung und alle Forschung versprach sich die Verifikation ihrer Ergebnisse in der Biophysik des Hirns und der Nerven. Jedenfalls blieb dies der Horizont solcher Seelensucher, bis sich schließlich eine Position herausbildete, die wir exemplarisch mit dem Namen Lacan bezeichnen wollen, dessen Arbeitsvoraussetzung war, daß das Unbewußte wie eine Sprache strukturiert sei. Demzufolge mußte man sich weniger um Enzyme, Synapsen oder Neuronen kümmern, sondern eher um Linguistik. In jedem Fall verschob sich die Fluchtlinie der Wissenschaft von der Hirnrinde auf die Zunge, in die Sprache hinein, deren Eindeutigkeit zwar schon länger fragwürdig war, die nun jedoch befragt wurde, welche Auskunft sie über das Unbewußte und sein Funktionieren geben könnte. Daß man solche Fragen nicht stellen konnte, ohne die Beschaffenheit der Fragen oder eher

---

[1] Logik des Sinns [1969], 13.

noch ihres Mediums zu reflektieren, verdeutlicht die die Grenze von Sprache und Unbewußtem auslotende Rede Lacans. Deleuze nun nimmt diese Vorgeschichte ernst, wendet sich aber zusehends von der auf die talking cure setzenden Psychoanalyse ab und der Schrift zu. Er untersucht Texte, genauer literarische Texte und reflektiert auch den Bereich der Ununterscheidbarkeit, indem er seine Untersuchung folgendermaßen deklariert:

> dieses Buch ist der Versuch eines logischen und psychoanalytischen Romans.[1]

Mit dieser Zielangabe wird deutlich an die Einleitung von *Differenz und Wiederholung* und ihre Bestimmung des philosophischen Textes im Romanhaften angeknüpft. Welche Geschichte erzählt Deleuze hier? Alice[2] verliert ihren Namen und damit ihre persönliche Identität. Der Eigenname beglaubigt das bestimmte Sein von "Alice". Diese spezielle Verknüpfung von Psychologie und Sprache gründet auf einem bestimmten Wissenstypus:

> Dieses Wissen verkörpert sich in allgemeinen Namen, die Stillstände und Ruhepunkte bezeichnen, in Substantiven Adjektiven, zu denen der eigene Name eine beständige Beziehung wahrt. (...) Wenn jedoch die Substantive und Adjektive sich zu verflüssigen beginnen, wenn die Namen der Stillstände und Ruhepunkte von den Verben des reinen Werdens mitgerissen werden und in die Sprache der Ereignisse hinübergleiten, verlieren, das Ich, die Welt und Gott jede Identität.[3]

Die Trennlinie verläuft zwischen einem Wissen als Erkanntem, das als Stillgestelltes keine Weiterungen zuläßt, Stagnation und Beschränkung mitsichbringt, und andererseits der Erkenntnis als Prozeß, der sich ins Neue bewegt und dieses produktiv zu erschließen vermag und dabei destruktiv altbewährte Gewißheiten zerstört. Erkanntes und Erkennen manifestieren sich in der Dominanz unterschiedlicher Wortformen: das dem Ereignis nahe Verb verweist auf ein selbst bewegliches Denken des Bewegten - wie erinnerlich privilegierte Deleuze auch in der Spinoza-Arbeit das Verb.

---

[1] Logik des Sinns [1969], 14.
[2] Die titelgebende Alice, in der klassischen Erzählung Lewis Carrolls: Alice in Wonderland [1865].
[3] Logik des Sinns [1969], 17-18.

Verschiedene Fragen tauchen auf: Was bedeutet hier *Ereignis*? Was ist ein Verb reinen Werdens? Diese Fragen klären sich, wenn man sich ein wenig auf die Deleuzesche Ontologie einläßt:

> Alle Körper sind füreinander, wechselseitig Ursachen (...). Sie sind Ursachen bestimmter Dinge ganz andere Natur. Diese *Wirkungen* sind nicht Körper sondern im eigentlichen Sinn "Unkörperliche". Es handelt sich nicht um physische Qualitäten oder Eigenschaften, sondern um logische oder dialektische Attribute. Es handelt sich nicht um Dinge oder Dingzustände, sondern um Ereignisse. Man kann nicht sagen, daß sie existieren, sondern eher, daß sie subsistieren oder insistieren, da sie über kein Mindestmaß an Sein verfügen, das all dem zukommt, was kein Ding, was nicht-existierende Entität ist. Es handelt sich nicht um Substantive oder Adjektive, sondern um Verben.[1]

Ein Ereignis ereignet sich zwischen Dingen, eine Aktion oder Reaktion, die selbst unkörperlich ist. Sobald es sich in Körperlichkeit manifestiert, ist es beendet, ging die Produktion in ein Produkt über. Die Rede vom Ereignis muß sich also, sofern sie adäquat sein will, in diesem Zwischenraum situieren und das Passieren verzeichnen, ohne vom Produkt, dem Ende des Ereignisses, auszugehen. Die Rede erfolgt jedoch nicht nur in einem räumlichen Dazwischen sondern auch in einer Zwischenzeit, die dadurch gekennzeichnet ist, daß das Ereignis einerseits in seiner Gegenwärtigkeit nicht zu fassen ist, sondern sich einer Bestimmung innerhalb derselben entzieht, andererseits aber als gegenwärtigendes, die Dimensionen der Vergangenheit und Zukunft umfaßt (wie ein Verb). Was die Vergangenheit anbelangt, scheint der Gedanke unmittelbar einsichtig, da das Sich-Ereignende natürlich auf dem Vorangegangenen gründet und dieses auch modifiziert, bereichert oder umwertet, löscht oder rettet. Die Zukunft jedoch ist nur als näherungsweise bestimmte in der Gegenwart zu denken; ein Potential scheint anwesend zu sein, dessen Optionen das Werden als solches erhalten, hierin wiederholt sich die Struktur von Aktualem und Virtuellem wie sie in *Differenz und Wiederholung* beschrieben wurde.

Die Struktur, die das beschriebene Dazwischen in sich trägt, ist die des Infinitivs[2]. In dieser Verbform läßt sich Auskunft finden, über die Beschaffenheit der Welt als menschlicher, die sich nicht nur durch die, sondern auch in der Sprache erkennen läßt. Diese Position, die Deleu-

---

[1] Logik des Sinns [1969], 19.
[2] Vgl. ebd.

ze mit mehreren Strukturalisten teilt, spitzt er jedoch weiter zu. Illustriert wird diese Zuspitzung an dem bei Linguisten so beliebten Beispiel des Baumes. Die Bestimmung der Blattfärbung als grün ist der Akt der Wahrnehmung und bereitet keine weiteren Probleme, da es um das Konstatieren eines Erkannten geht. Problematisch hingegen ist ein Satz wie *Der Baum beginnt zu grünen*.

> Grün bezeichnet eine Qualität eine Mischung von Dingen, eine Baum und Luft Mischung, in der ein Chlorophyll mit allen Teilen des Blattes koexistiert. Zu grünen beginnen hingegen ist keine Qualität im Ding, sondern ein Attribut, das über das Ding gesagt wird und nicht außerhalb des Satzes existiert, der es in seiner Bezeichnung des Dings ausdrückt.[1]

Ereignisse existieren nur im Satz, und da es ein wenig weiter heißt, "das Ereignis nämlich, das ist der Sinn selbst"[2], kann auch in Bezug auf den Sinn gesagt werden, das er nicht außerhalb des Satzes bestehe. Wenn nun im Satz Erkanntes sein kann, das auch außerhalb des Satzes ist, so kann der Sinn nicht mehr im Erkannten, sondern nur im Ereignis liegen. Die Logik des Sinns liegt mithin in dem Bereich, der über den Dingen liegt, nicht mit ihnen zusammenfällt, sondern eine Oberfläche über ihnen formiert. Dieser Oberfläche gilt die textuelle Arbeit der literarischen Texte Lewis Carrolls, wenn man Deleuze bis hierhin folgen mag.

Die Arbeit am Sinn kann betrachtet werden als eine Arbeit am und mit dem Ausdruck, während der Nicht-Sinn in der Bezeichnung liegt, "die Bezeichnung von Dingen und das Ausdrücken von Sinn"[3]. Es geht in den literarischen Texten, die nicht auf die Dinge orientieren, somit um den Sinn. Von diesem wurden abgesehen davon, daß er Ereignis ist, bis her nur ungenügende Bestimmungen geboten. Wie überhaupt den Sinn erschließen? Ist er vielleicht gar nicht erschließbar?

> Wenn ich etwas bezeichne, unterstelle ich stets, daß der Sinn bereits erfaßt, vorhanden ist. Wie Bergson sagt, gehen wir nicht von den Lauten zu den Bildern und von den Bildern zum Sinn: Wir lassen uns "auf Anhieb" im

---

[1] Logik des Sinns [1969], 40-41.
[2] Logik des Sinns [1969], 41.
[3] Logik des Sinns [1969], 45.

> Sinn nieder. (...) Der Sinn ist immer vorausgesetzt sobald ich zu reden beginne; ohne diese Voraussetzung könnte ich gar nicht beginnen.[1]

Der Sinn als fundamentales Apriori alles subjektiven Redens artikuliert sich nur als nachträglicher: die Voraussetzung einer Aussage kann zwar nicht in diese selbst hineingenommen werden, doch ist es möglich, sie in einem Folgesatz nachzusagen, dessen Voraussetzungen dann aber erst in einem dritten zur Sprache kämen, etc. Das Apriori des Sinnes oder Ausdrucks führt auf der Seite seiner Beschreibung oder der Bezeichnung in ein unendliches Aposteriori. Diese Figur der unendlichen Fortsetzbarkeit ist für das Denken und die Ermöglichung des Werdens oder des Ereignisses oder des Sinns eminent wichtig, da mit diesem Denkmuster ein Raum unbeschränkter Sprachwucherung eröffnet wird. Nachdem Deleuze anhand einer Passage aus *Alice hinter den Spiegeln*[2] erläutert hat, wie diese Problematik in den Text einbezogen wird, destilliert er ein Minimalpaar, das aus zwei Elementen bestehend unbeschränkt fortsetzbar ist.

> Der Name, der irgend etwas bezeichnet, und der Name, der den Sinn dieses ersten Namens bezeichnet. Die Regression mittels zweier Glieder ist die Minimalbedingung der unbegrenzten Wucherung.[3]

Mit diesen Bestimmungen nähern wir uns allmählich einer Antwort auf die oben gestellte Frage nach dem Verb des reinen Werdens. Insofern der Satz immer zwiespältig ist, eine Bezeichnungs- und Bedeutungsfunktion ebenso aufweist, wie eine vorausgesetzte Sinnebene, die nicht artikuliert wird, aber gemeinhin in einem Folgesatz benennbar wäre, ergeben sich weitere Zerfällungsmöglichkeiten des sprachlich Realen. So gibt es in der Sprache die Möglichkeit der unmöglichen Objekte, woraus sich dann die folgende dreigliedrige Ordnung des sprachlichen Realen ergibt:

> Wenn wir zwei Arten von Sein unterscheiden, das Sein des Wirklichen als Stoff für die Bezeichnungen und das Sein des Möglichen als Form der Bedeutungen, haben wir noch dieses Außersein hinzuzufügen, das ein dem Wirklichen, dem Möglichen *und dem Unmöglichen* gemeinsames Minimum definiert. Denn das Widerspruchsprinzip findet auf das Mögliche und das

---

[1] Logik des Sinns [1969], 48.
[2] So der Titel der deutschen Übersetzung von Lewis Carroll: Through the looking-glass [1887].
[3] Logik des Sinns [1969], 50.

Wirkliche, *nicht* aber auf das Unmögliche Anwendung: Alles Unmögliche ist ein Außer-Existierendes, auf dieses Minimum reduziertes und insistiert als solches im Satz.[1]

Mit dem Unmöglichen eröffnet die Sprache einen Raum, der sich den Ordnungsrastern der vorgängigen Bereiche entzieht, bestimmte Dualitäten werden in Formeln wie der *runden Ecke* oder dem *perpetuum mobile* aufgehoben und bleiben dort aufgegeben, denn sie sind nicht Unsinn sondern als Absurdes Ereignisse, die keinem Dingzustand zuzuordnen sind und insofern als rein gelten können. Die eingebrachte Rede von Reinheit heißt nun nicht, daß Ereignisse des Möglichen oder Wirklichen unrein seien, daß ein höherer Realitätsgehalt schmutzig wäre, es soll lediglich ein analytischer Zustand unbedingter Geschiedenheit bezeichnet werden.

Lewis Carroll führt in die Literatur einen Typus von Wörtern ein, der Serialisierungen mit starker Verzweigung ermöglicht: die Schachtelwörter.

> Tatsächlich sind die Schachtelwörter ihrerseits esoterische Wörter neuen Typs: Zunächst werden sie definiert, indem man sagt, daß sie mehrere Wörter zusammenziehen und mehrere Bedeutungen umgreifen ("grommelig" = grimmig + grollend). Das ganze Problem besteht aber darin, wann die Schachtelwörter zu notwendigen werden.[2]

Eingeführt wird so das schon früher bei Deleuze begegnende Kriterium der Notwendigkeit, des sprachlich Zwanghaften. Zwanghaft an dem Ausdruck *grommelig* ist nun auf den ersten Anschein nichts, doch durch den Kontext, in den ihn Carroll stellt, wird deutlich, daß es in diesem Wort nicht nur um die Kontraktion der Befindlichkeiten grimmig und grollend geht, sondern um eine Konstellation, in der die Gewichtung der Gemütszustände völlig ausgewogen ist, so daß keinem der beiden auf sprachlicher Ebene eine Prävalenz zukommen kann. Die Rede kann sich nicht angemessen als Abfolge artikulieren, weder grimmig-und-grollend noch grollend-und-grimmig würden adäquat die Gleichgewichtigkeit ausdrücken, wodurch der Ausdruck *grommelig* zu einem notwendigen wird. Voraussetzung dieser Notwendigkeit, ist allerdings die bestreitbare Anahme, daß der sprachli-

---

[1] Logik des Sinns [1969], 56; kursiv im Original.
[2] Logik des Sinns [1969], 66.

che Ausdruck dem Bezeichneten oder mehr noch dem Zu-Bezeichnenden Folge leisten müsse. Thema ist unter dieser Voraussetzung mithin nicht das Unmögliche, auch nicht der zweifelhafte Status des Wirklichen, sondern das Einwirkende: ein drängendes Moment, das auf seine sprachliche Einsetzung dringt. Ausgehend von einem Ausdrucksbegehren leuchtet die Notwendigkeit des Ausdrucks *grommelig* dann unschwer ein. Was aber bedeutet dessen Einsetzung für das in ihm Kontrahierte? Die Konjunktion "und" kann gemeinhin gelesen werden wie eine mathematische Addition, für die das Kommutativ-Gesetz gilt, das besagt, daß die einzelnen Faktoren eines Terms ausgetauscht werden können. Die Einführung eines Namens für den Term - was in der Mathematik in der Summe als Auflösung der Addition geschieht - rückbedeutet den Term als in sich differenziertes Gebilde, das zudem noch in Differenz zu der Summe steht. Das Gleichheitszeichen markiert keineswegs die Identität der zwei Seiten einer Gleichung, sondern nur ihre Differenz, die lediglich im Falle der Tautologie (a + b = a + b)[1] aufgehoben wäre. Ein Ausdruck wie *grommelig* löst sich nun von der mathematischen Logik, indem er jedes Identitätsverhältnis außer dem tautologischen bestreitet: a + b ist etwas anderes als b + a, und beides ist nicht dasselbe wie c. Die Funktion, die ein derartiges, notwendiges Schachtelwort ausübt, wird bezeichnet als *disjunktive Synthese*[2]; *Synthese*, da zwei Worte verschmolzen werden; *disjunktiv*, weil diese nach ihrer Synthese in stärkerem Maße geschieden sind als zuvor. Die disjunktive Synthese gestattet es offenbar, Probleme auf eine Art und Weise zu stellen, wie sie vordem nicht stellbar waren. Ihre Verzweigungen führen in ein ungewißes Territorium, das aber das des Ereignisses ist, denn der "Modus des Ereignisses ist das Problematische"[3]. Das Ereignis ist nicht selbst problematisch, sondern bestimmt die Bedingungen einer Problemstellung. Diese Bedingungen geben sich in den durch das Ereignis verstreuten singulären Punkten. Diese Punkte ihrerseits folgen aus Serialisierungen, wie sie durch die dis-

---

[1] Philosophisch gesehen gilt die Identität selbst noch für die Tautologie nicht, denn das Gleichheitszeichen übersetzt als "ist gleich", behauptet bereits die Möglichkeit der Differenz. Von dem Selbstidentischen ist die Aussage nicht zu machen, von dem Differierenden gleichfalls nicht.

[2] Vgl. Logik des Sinns [1969], 70 sowie den späterenText mit Guattari, Félix: La synthése disjonctive. In L' Arc 43/1970 (Klossowski).

[3] Logik des Sinns [1969], 78.

junktive Synthese ausgelöst werden. Die Stellung des Problems impliziert allerdings noch nicht die Beantwortung desselben, vielmehr erfordert es - wie in der Bergson-Studie zu sehen war - zu derselben die richtige Frage. Auch die Frage wird wie die Problemstellung determiniert: "aber durch einen *Zufallspunkt*"[1]. Dieser Zufallspunkt ist der Konvergenzpunkt von Denken und Kunstwerk, privilegierter Ort der Philosophie und der Literatur (und anderen darstellenden Künsten).

> Denn *den ganzen Zufall bejahen, aus dem Zufall ein Objekt der Bejahung machen* kann nur das Denken. Und wenn man dieses Spiel anders als im Denken zu spielen versucht, ereignet sich nichts; und wenn man ein anderes Ergebnis als das Kunstwerk hervorzubringen versucht, entsteht nichts. Es ist also ein dem Denken und der Kunst vorbehaltenes Spiel, in dem es nur noch zu Siegen für diejenigen kommt, die zu spielen, das heißt den Zufall zu bejahen und zu verzweigen wußten, anstatt ihn zu teilen, *um ihn zu* beherrschen, *zu* wetten, *zu* gewinnen. Dieses Spiel, das nur im Denken abläuft und zu keinem anderen Ergebnis als dem Kunstwerk führt, ist zugleich dasjenige, wodurch das Denken und die Kunst wirkliche sind und die Wirklichkeit, die Moralität und die Ökonomie der Welt stören.[2]

Die Produktion von Kunstwerken wird gedacht als gesteuert durch ein Denken, das den Zufall bejaht. Der Zufallspunkt war aber auch der Ort der Frage, folglich geht das Kunstwerk von der Frage aus und stellt anstelle einer Antwort die Probleme neu. Die Frage, was die Frage ist, stellt sich nur bedingt, da die Frage in einem leeren Feld erscheint, das durch das Problemfeld eingegrenzt wird[3]. Sobald die Frage formuliert wird, ist dieses Feld besetzt, und die Frage wird hinausgesetzt in ein anderes Problemfeld, das seinerseits wiederum einen Zufallspunkt auf einem leeren Feld aufscheinen läßt, mithin eine neue Frage, wodurch sich eine Progression von Problemstellungen und Fragen ad infinitum ergibt. Diese abstrakte Serialität setzt, wie gezeigt, Lewis Carroll in der Literatur konkret um. Wie aber positioniert sich in diesem Kontext das Denken Deleuzes? Der Verdacht liegt nahe, daß es sich ebenso dem Zufall überläßt, Fragen stellt, Bedingungen des Problems formuliert, usw., und darin ein Kunstwerk entstehen läßt oder lassen will, den programmatischen "logischen und psychoanalyti-

---

[1] Logik des Sinns [1969], 80; kursiv im Original.
[2] Logik des Sinns [1969], 85; kursiv im Original.
[3] Vgl. Logik des Sinns [1969], 81.

schen Roman" eben. Was aber - um nun unsererseits eine Frage erscheinen zu lassen - ist der Sinn eines solchen Unterfangens?

> »Die Autoren, die man neuerdings Strukturalisten zu nennen pflegt, stimmen vielleicht nur in einem einzigen Punkt überein, doch dieser Punkt ist das Entscheidende: der Sinn keineswegs als Schein, sondern als Oberflächen und Stellungseffekt, erzeugt durch die Zirkulation des leeren Feldes in den Serien der Struktur (...). Die Struktur ist wirklich eine Maschine zur Produktion unkörperlichen Sinns.«[1]

Die Produktion von unkörperlichem Sinn läßt sich reformulieren als die Herstellung von Ereignissen, als Ermöglichung des Werdens. Dieses Werden ist keineswegs selbstzweckhaft, insofern als ihm keine weiteren Bestimmungen als ausschließliches Werden, reine Bewegung oder ähnliches zugewiesen werden würden, vielmehr geht diese Produktion vom Revolutionär aus, der "in jenem Abstand lebt, der den technischen Fortschritt und die gesellschaftliche Totalität trennt, in den er seinen Traum von der permanenten Revolution einschreibt"[2]. Zwar distanziert sich Deleuze mit der Wendung vom Traum ein wenig von der anklingenden trotzkistischen Position, nichtsdestotrotz läßt sich abseits einer unmittelbaren Identifizierung mit dem Trotzkismus, doch eine deutliche Sympathie für diesen Ansatz wahrnehmen, insofern die philosophischen und ästhetischen Funktionen zu einem Gefüge organisiert worden sind, das in diesen Bereichen die permanente Revolution ermöglichen soll. Wenn die permanente Revolution, das nicht-finale Ziel des Deleuzeschen Denkens ist, wird auch deutlich, warum es im konventionellen Verständnis sinnvoll ist, Ereignisse oder Sinn zu produzieren. Die sich immer perpetuierende Revolution gibt als in sich a-teleologische Teleologie natürlich die Notwendigkeit vor, mit der Werden zu ermöglichen ist, damit der Traum wahr werde.

> Der Sinn ist niemals Prinzip, er ist hergestellt. Er ist nicht zu entdecken, wiederherzustellen oder neu zu verwenden, er ist durch neue Maschinerien zu produzieren.[3]

Diese Maschinerien zu entwerfen, wird sich Deleuze vor allem in seiner Zusammenarbeit mit Félix Guattari bemühen. Zuvor aber sieht er sich in die Pflicht genommen:

---

[1] Logik des Sinns [1969], 97.
[2] Logik des Sinns [1969], 72.
[3] Logik des Sinns [1969], 99.

den Sinn zu produzieren. Darin besteht heute die Aufgabe.¹

Nachdem so generell die Aufgabe als gestellt festgestellt worden ist, ohne daß man wüßte von wem oder wodurch, ist eines der Probleme, die sich zunächst stellen, da sie sich der Sinnproduktion entgegenstellen, das des Unsinns, wie er in der Logik vorgeführt wird: als sinnlose Banalität. Deleuze meint, daß der Unsinn eine exaktere Würdigung verdiene, zumal er als Abziehbild nicht zu kritisieren wäre:

> Es handelt sich um ein Problem der Klinik, das heißt des Hinübergleitens von einer Organisation in eine andere, oder der progressiven und schöpferischen Gestaltung einer Desorganisation. Und es handelt sich überdies auch um ein Problem der Kritik, das heißt der Bestimmung differentieller Ebenen, auf denen der Unsinn seine Gestalt, das Schachtelwort seine Natur, die ganze Sprache ihre Dimension ändert.²

Wie in der Sacher-Masoch-Studie erscheint auch hier der begriffliche Zusammenhang von Kritik und Klinik. In diesen Bereichen und mehr noch in ihrem Zusammenhang scheint ein Un-Sinn von produktiver Qualität lokalisiert zu sein, dessen Potential Deleuze zu erschöpfen trachtet. Bemerkenswert ist, daß Deleuze im Verfolgen dieses Zusammenhangs auf einen Kronzeugen stößt, der für den *Anti-Ödipus* von zentraler Bedeutung – jedenfalls was dessen Entstehung anbelangt – zu sein scheint, nämlich auf Antonin Artaud. Artaud steht in seinem Schreiben und Leben zwischen Klink und Kritik und erscheint damit als Wegbereiter der Auseinandersetzung mit der Schizophrenie. Die Schizophrenie im Deleuzeschen Verständnis ist ihrerseits ein Phänomen, das sich genau in dem Gefälle von Körperlichkeit und Unkörperlichkeit, Sinn und Unsinn, Ereignis und Dingzustand zu situieren scheint, dort wo die Spalte ihren Tiefpunkt besitzt.

> Die erste schizophrene Evidenz besteht darin, daß die Oberfläche zersprungen ist. Zwischen den Dingen und den Sätzen gibt es keine Grenze mehr, weil es ja keine Oberfläche der Körper mehr gibt. (...) Folglich ist der ganze Körper nur noch Tiefe und reißt alle Dinge mit sich in diese klaffende Untiefe, die eine grundlegende Involution darstellt. Alles ist Körper und körperlich. Alles ist Mischung von Körpern und im Körper, Verschachtelung, Penetration.³

---

[1] Logik des Sinns [1969], 100.
[2] Logik des Sinns [1969], 111.
[3] Logik des Sinns [1969], 115.

Diese radikale Körperlichkeit des Schizophrenen hebt den Sinn als Oberflächeneffekt auf. Artaud und die Schizophrenie stehen gegen Carroll und die Serialisierung der Ereignisse, so daß das Wort nicht länger als Ausdruck eines Attributs von Dingzuständen begriffen werden kann, "seine Bruchstücke vermischen sich mit unerträglichen Stimmqualitäten, brechen in den Körper ein, in dem sie dann eine Mischung eingehen, einen neuen Dingzustand bilden"[1]. Die schizophrene Sprachbearbeitung führt heraus aus der Sprache als Erzeuger von Sinn, Bereiter von Problemfeldern, Produzent unkörperlicher Ereignisse, stattdessen begründet sie auf den Fragmenten des Sprachmaterials ein neues Reales, eine Dinglichkeit im Übergang oder im Werden. Der Ausgangspunkt dieses Produktionsprozeß scheint der *organlose Körper* zu sein. Der organlose Körper kommt aus den Texten Artauds:

> "Kein Mund Keine Zunge Keine Zähne Kein Kehlkopf Keine Speiseröhre Kein Magen Keinen Bauch Keinen Anus Ich werde den Menschen der ich bin wiederherstellen." (Der organlose Körper besteht nur aus Knochen und Blut.)[2]

Die Möglichkeit der Produktion des Neuen ersteht vor dem Hintergrund eines absoluten Nullzustandes, was die Funktionen anbelangt. Der organlose Körper ist schlicht Materie vor aller funktionalen Organisation und das heißt mit einer Vielzahl von Entfaltungsmöglichkeiten begabt. Gegen den unkörperlichen Sinn, wie er sich bei Carroll findet, und der sich als Oberfläche ausbreitet, formuliert Artaud einen körperlichen Infra- oder Untersinn[3]. Artaud auf diese Weise gegen Carroll zu setzen, liegt nicht zuletzt deswegen nahe, weil Artaud sich mit einer Übersetzung der Humpty-Dumpty-Passage aus Carrolls *Through the looking-glass* befaßte. Im Zuge dieser Übersetzung überschreitet Artaud die textuelle Leistung des Originals mit seinen Schachtelwörtern und daraus sich ergebenden Serialisierungen, in dem er eine Art zweiter Sprache (er-)findet.

> Diese zweite Sprache, dieses Aktionsvorgehen, wird praktisch durch seine konsonantischen, gutturalen und aspirierten Überladungen, seine Apostrophen und seine inneren Akzente, seine Atem- und Betonungstechnik, durch seine Modulation bestimmt, die alle Silben- oder sogar buchstäblichen Be-

---

[1] Logik des Sinns [1969], 116-117.
[2] Logik des Sinns [1969], 117 (Anm. 2).
[3] Vgl. Logik des Sinns [1969], 120.

deutungen ersetzt. Es geht darum, aus dem Wort eine Aktion zu machen, indem man es unzerlegbar macht, jeder Zersetzung entzieht: *Sprache ohne Artikulation*.[1]

Artikulation verstanden als Bezugnahme auf ein differentielles Signifikantensystem, das mit dem Signifikanten zugleich den Sinn zuweist. Gegen ein solches Signifikantensystem gilt es mit Artaud und seiner literarisierten Schizophrenie offenbar, die Lücken dieses Systems aufzusuchen, um so aus der Tiefe heraus das Ungewiße, den Unter-Sinn auszusprechen.

Doch die Gegeneinandersetzung von Artaud und Carroll trägt nicht weit, da sie auf unterschiedliche Ebenen bezogen arbeiten, und worum es für Deleuze in dieser Arbeit vor allem geht, ist die Erschließung der Logik des Sinns, für welches Unterfangen er sich an Carroll hält.

Daß der Sinn eine Oberfläche ausbildete, hing damit zusammen, daß die Wörter und die Dinge nicht zusammenfallen, sondern jene "über" diesen liegen, in einer Distanz dazu. So weit das erste analytische Niveau, welches sich aber argumentationslogisch rechtfertigt durch die Wahrnehmung des Zusammenfalls; nur weil eine Konvention von dem inneren Zusammenhang der Dinge und Worte ausgeht, kann es zur Klärung dieses Wahrnehmungs- oder mehr noch Vorstellungszusammenhangs sinnvoll sein, von einer grundsätzlichen Trennung auszugehen. Schließlich heißt es jedoch, auf diesen Vorstellungshorizont zurückzukommen, die Frage zu stellen, wie das Problem zu einem solchen werden kann. Die Annahme eines Zusammenhangs von Wörtern und Dingen gründet in einer Doppelstruktur des Sinns.

> Die Verdoppelung ist die Kontinuität der Vorder- und der Rückseite, die Kunst der Errichtung dieser Kontinuität in einer Art und Weise, daß sich der Sinn auf der Oberfläche auf beide Seiten gleichzeitig verteilt, als Ausgedrücktes, das in den Sätzen subsistiert, und als Ereignis, das den Körperzuständen widerfährt.[2]

Diese Verdoppelung als Charakter des Sinns enthüllt sich aber erst in dem Phänomen des Humors oder mehr noch des perversen Humors; dieser ist nicht zweideutig, sondern zweiseitig, er spielt nicht mit den Bedeutungen, sondern er verschlingt sie. Eines der von Deleuze ange-

---

[1] Logik des Sinns [1969], 118; kursiv im Original.
[2] Logik des Sinns [1969], 161.

führten Beispiele, ist die Anekdote von Platon und Diogenes[1]: Auf Platons Bestimmung des Menschen als federlosen Zweibeiners, wirft ihm Diogenes einen gerupften Hahn vor die Füße. Sprache ohne Artikulation oder Verschlingen von Bedeutung, die zwei Seiten des Sinns wie sie oben bestimmt wurden: *Ausgedrücktes, das in den Sätzen subsistiert, und als Ereignis, das den Körperzuständen widerfährt.* Der Sinn vernichtet die Bedeutung und verschiebt das Problemfeld, stellt das Problem neu. Der Humor als perverser stellt den Zusammenhang zwischen den Dingen und den Wörtern her, zeigt den Sinn als zweiseitigen, er nimmt die Wörter ernst und zerstört so die Bedeutung. Daß der Sinn so evident zwei Seiten hat, wirft die Frage nach jener Grenze auf, an der die eine Seite in die andere umschlägt. Deleuze sucht, diese im Begriff "Äone"[2] zu fassen. Die Äone ist im wesentlichen in Differenz zum Chronos bestimmt:

> Während Chronos die Aktion der Körper und die Schaffung körperlicher Qualitäten ausdrückte, ist Äon der Ort unkörperlicher Ereignisse und der von den Qualitäten verschiedenen Attribute. Während Chronos von den Körpern nicht zu trennen war, die ihn als Ursachen und Materien ausfüllten, wird Äon von Wirkungen bevölkert, die ihn heimsuchen, ohne ihn je auszufüllen. Während Chronos begrenzt und unendlich war, ist Äon unbegrenzt wie die Zukunft und die Vergangenheit, jedoch endlich wie der Augenblick. Während Chronos von der Zirkularität und den Unfällen dieser Zirkularität als Stockungen oder Überstürzungen (...) nicht zu trennen war, spannt sich Äon als gerade Linie aus, die in beide Richtungen grenzenlos ist. Stets bereits vergangen und ewig noch bevorstehend ist Äon die ewige Wahrheit der Zeit: reine, leere Zeitform, die sich von ihrem gegenwärtigen körperlichen Inhalt freigemacht (...) hat.[3]

Schon in der Bestimmung als Gerade, als Linie wird die Grenzfunktion der Äone deutlich: weder Fläche noch Punkt, bezeichnet sie jenen Bereich zwischen zwei Flächen, an dem sie aneinandergrenzen, sich in

---

[1] Vgl. Logik des Sinns [1969], 170.
[2] Der Übersetzer der deutschen Ausgabe, Bernhard Dieckmann, verwendet eigenartigerweise *Äon*, und sucht ganz offenbar, es zu vermeiden, einen Artikel beizufügen, so daß erst nach längerem Suchen auszumachen war, daß er den Ausdruck für ein Maskulinum hält, wobei der Gebrauch dieses Genus ein Wort formt, das es so im Deutschen nicht gibt; da hier die Besonderheit gegenüber *Äone* nicht einleuchtet, verwenden wir in der eigenen Darstellung die konventionelle Form.
[3] Logik des Sinns [1969], 207.

Differenz zueinander absetzen, und damit als Flächen ihre Eigenheit, ihre Wahrnehmbarkeit erhalten. Was im Bereich geometrischer Fläche gut denkbar ist, kompliziert sich beim Transfer dieser Denkfigur in die Dimension der Zeitlichkeit. Die Äone funktioniert wie eine Denkaufgabe; denkt man sie analog zum oben gegebenen Beispiel der Linie, bezeichnet sie den Zwischenraum zweier Chronizitäten: etwa Feudalismus und Antike, aber auch Barock und Rokoko oder Nacht und Morgen oder vor und nach dem Einschalten des Lichts. Die Äone steht mithin nicht nur zwischen zwei Zeiträumen, sondern geht auch durch alle Zeiten auf einmal, ist die Kategorie der Passage oder des Ereignisses, jener Moment, den man untersuchen muß, wenn man fragt, was ist passiert, wo ist das eine zum anderen geworden oder wann wird das eine zum anderen. Beginnt man die Untersuchung beispielsweise des Übergangs von Antike in Feudalismus zerfällt sehr schnell die Kohärenz der zeitlichen Kategorien, werden Diversifikationen und Modifikationen erforderlich, die den geschichtlichen Raum zwar genauer beschreiben, aber die modellhaften Dominanzstrukturen und ihr Erklärungspotential aufheben. Es ergeben sich neue Epochenmuster, die aber das Problem nur verschieben, und wieder die vorstehenden Fragen aufwerfen, die insgesamt dem Ereignis gelten, dieses umschreiben. Die Äone ist die in die Zeitlichkeit übertragene Kategorie *Ereignis*, deren Übersetzung in einen enger gefaßten Problemkreis.

> Als Milieu der Oberflächeneffekte oder der Ereignisse kommt es also Äon zu, zwischen den Dingen und den Sätzen eine Grenze zu ziehen: Er zieht diese Grenze mit seiner ganzen geraden Linie, ohne die die Töne sich auf die Körper beziehen würden, die Sätze ihrerseits gar nicht »möglich« wären. Die Sprache wird ermöglicht durch die Grenze, die sie von den Dingen, den Körpern und nicht minder von den Sprechenden trennt.[1]

Die Äone bildet eine Kategorie, die einerseits sehr konkret ist, insofern sie ständig im Handeln impliziert ist, andererseits sehr abstrakt, da sie nie wahrnehmbar wird, obgleich ständig anwesend. Es wird eine ontische Dimension konkreter Abwesenheit beschrieben, die sich auf verwirrende Weise auch in der Sprache wiederfindet, die ja auf der Abwesenheit des im Sprechen Benannten beruht. Paradoxerweise zeigt sich ein Zusammenfallen von Sprache und ontologischer Struktur im Behaupten ihrer Differenz: der Weltzugang der Menschen, ihre Wahr-

---

[1] Logik des Sinns [1969], 208.

nehmungsmöglichkeiten oder auch ihre Ästhetik fallen zwar in bezug auf ein Reales auseinander, kongruieren jedoch im Rekurs auf die Möglichkeitsbedingungen als die Position des Menschen im Sein.

> Die Philosophie fällt mit der Ontologie zusammen, die Ontologie aber mit der Univozität des Seins (...). Univozität des Seins heißt nicht, daß es ein einziges und selbes Sein gäbe: Alles Seiende ist im Gegenteil und vielfach different, immer von einer disjunktiven Synthese hergestellt, es ist selbst disjunkt und divergent, *membra disjuncta*. Die Univozität des Seins bedeutet, daß das Sein Stimme ist, daß es sich sagt und sich in einem einzigen und selben "Sinn" all dessen sagt, von dem es sich sagt.[1]

Der Monolog des univoken Sein bedarf keiner weiteren Erläuterung, da er nicht anders gefaßt ist als zuvor[2]. Die einzige Nuancierung, die kenntlich wird, besteht darin, daß das univoke Sein "mit dem positiven Gebrauch der disjunktiven Synthese zusammen[fällt], mit der höchsten Bejahung: (...) Bejahung des Zufalls in einem Mal"[3].

Dieser Zugang zu Sinn und Ereignis vereinseitigt nun aber keineswegs die Doppelstruktur des Seins, vielmehr eröffnet sie sowohl Chronos als auch Äone, sowohl Dingen wie Wörtern, Erkennendem und Erkanntem den Eingang in die Ästhetik einer menschlichen Welt. Das Einfalltor ist, wie bereits mehrfach angedeutet, die Sprache, die insbesondere im Verb den Zugang zum Wirklichen stiftet und zwar nicht, weil das Verb Handeln repräsentieren würde:

> Denn es stimmt nicht, daß das Verb eine Aktion repräsentiert; es drückt ein Ereignis aus, und das ist etwas ganz anderes.[4]

Die repräsentative Funktion wird zugunsten einer expressiven, oder besser: artikulierenden verabschiedet, und an die Stelle der Dimension von Abbildung oder Wiedergabe tritt eine der Konstruktion oder Produktion und Präsentation. Produktion und Präsentation aber beschreiben die beiden Pole des Verbs, das sich einerseits auf Chronos bezieht, und in diesem Bezug Dingzustände bezeichnet, Wirkliches und Mögliches präsentiert, andererseits aber gibt es vor den Konjugationen den Infinitiv, der innerhalb des Sprachsystems der Platzhalter der Äone ist,

---

[1] Logik des Sinns [1969], 223; kursiv im Original.
[2] Vgl. Differenz und Wiederholung [1969], 58 und die entsprechenden Ausführungen im vorstehenden Abschnitt.
[3] Logik des Sinns [1969], 223-224.
[4] Logik des Sinns [1969], 229.

und die Produktion gestattet. Daß es innerhalb der Sprache diese Möglichkeit der Produktion gibt, ist die Möglichkeitsbedingung der Poesie; die Poesie erscheint als Tochter des Infinitivs.

> Das Verb ist die Univozität der Sprache in Form eines unbestimmten Infinitivs ohne Person, ohne Gegenwart, ohne Stimmenvielfalt. Also die Poesie selbst. Indem es in der Sprache alle Ereignisse in einem ausdrückt, drückt das infinitive Verb das Ereignis der Sprache, die Sprache selbst als ein einziges Ereignis aus, das sich nun mit dem vermischt, was es ermöglicht.[1]

Das Verb als Infinitiv fällt mit der Univozität der Sprache zusammen, diese aber mit der Poesie. Es gibt anscheinend zwei Reihen: Philosophie, Ontologie und Univozität des Seins zum einen, zum anderen Poesie, Infinitiv und Univozität der Sprache. Wesentlich am Sein war seine Stimme, daß es sich aussprach, wesentlich an der Sprache war, daß es ein sprachinternes Sein gab. Es handelt sich um eine Parallele von Innen und Außen, allerdings um eine Parallele im gekrümmten Raum, um Parallelen, die paradoxerweise Konvergenzpunkte haben, die sich wechselseitig bedingen und damit auch den Grund ihrer Erkenntnis: letztlich wird man davon ausgehen müssen, daß es sich um je bi-univoke Gebilde handelt, da weder die Sprache ohne das Sein, noch umgekehrt zu denken sind.

Besaßen so das Sein und die Sprache je-univoke Stimmen, so finden sich bei Deleuze im Fortgang der Darstellung einige Überlegungen zur Stimme, bevor sie als artikulative Funktion eines systemischen Zusammenhangs univok wird. Zentraler Ausgangspunkt ist das Kind, das sich in einer Sprache vorfindet, ohne die Sprache als solche zu begreifen. Sein Name wird genannt, Anordnungen werden gegeben, Emotionen artikuliert, ohne daß das Kind etwas anderes als die Modulationen einer Stimme wahrnehmen würde.

> Doch die Stimme präsentiert so die Dimensionen einer organisierten Sprache, ohne noch das Organisationsprinzip greifbar zu machen, dem zufolge sie selbst eine Sprache wäre. Deshalb bleiben wir außerhalb des Sinns und weit von ihm entfernt, diesmal in einem Vor-Sinn, Prä-sens der Höhen.[2]

Die Stimme gibt bloß eine Ahnung von Sprache, ist noch ohne Bezeichnung, schafft keinen Sinn, ist die Erwartung der Sprache. Gehen

---

[1] Logik des Sinns [1969], 230.
[2] Logik des Sinns [1969], 240.

wir von einem solchen Verständnis der Stimme aus, wie affiziert dies dann die obigen Ausführungen über die "Univozität des Seins, das Stimme ist"?

Die Stimme des Seins wäre dann eine solche, die ein Sprachsystem nahelegt, ohne es darzulegen, ein undeutliches Gemurmel als Verheißung einer klaren Artikulation. Gleichzeitig ist sie jedoch auch nicht mehr jenes lacansche Rauschen des Realen, das völlig unzugänglich sich dem kategorialen Zugriff entzöge. So verstanden, bestätigt die Reformulierung, dessen was Stimme bedeutet, die obige Vermutung über den notwendigen Zusammehang von Sein und Sprache, oder, pointiert gesprochen, von Philosophie und Poesie.

So wie die Stimme ein Vor-Sinn oder auch ein Vor-Bild der Sprache war, gibt es auch andere Bilder von Ereignissen und Aktionen, von Personen oder Dingzuständen, die den Heranwachsenden begegnen. Es gibt einerseits nach innen projizierte Partialobjekte, die als Trugbilder behauptet werden, wie der säugende Busen als Zerstörung der ganzen Mutter und Auflösung des eigenen Körpers, andererseits aber nach außen auf die Oberfläche projizierte echte Bilder wie der Daumen, an dem gelutscht wird an Stelle des Busens, an dem gesaugt wird. Deleuze arbeitet augenscheinlich immer noch an einem reformatorischen Projekt der Psychoanalyse, das er jedoch schon wenig später aufgeben wird.

Doch zurück zu den Bildern. Im Rahmen der Psychoanalyse erstellt das Kind ein Bild des Vaters und ein Bild der Mutter, die es zu versöhnen trachtet. Es entwickelt zeitgleich mit der Etablierung einer Wahrnehmung der eigenen Oberfläche ein intentionales Handeln, das auf die Wiederherstellung der parentalen Oberflächen gerichtet ist, die es vordem in Form von Partialobjekten als zerstörte angeeignet hatte. Die Heilung, Schließung dieser Oberflächen geht auf in einem *Aktionsbild*[1].

> Die gewollte Aktion ist zum einen wirklich ein Aktionsbild, eine projizierte Aktion; und wir sprechen dabei nicht von einem psychologischen Projekt des Willens, sondern von dem, was es ermöglicht, das heißt einem mit den physischen Oberflächen verbundenen Projektionsmechanismus. (...) Andererseits jedoch ist die tatsächlich ausgeführte Aktion nicht länger eine festge-

---

[1] Dieser Begriff wird in den späteren Studien zum Kino erneut aufgeggriffen; Vgl. Kino 1 [1983] und Kino 2 [1985], sowie die Darstellung in Abschnitt IV.3.

legte Aktion, die sich der anderen entgegensetzte, und auch keine Passion, die die Nachwirkung der projizierten Aktion wäre. Sie ist etwas, was eintritt, was auf seine Weise das repräsentiert, was eintreten kann (...): Ereignis, reines Ereignis (...).[1]

Das Aktionsbild hat, wie nach den bisherigen Beobachtungen der Begriffsfassung bei Deleuze zu erwarten stand, zwei Seiten: zum einen jene der Projektion aufs Konkrete, Veranschaulichung des Wunsches, zum anderen jene der nachholenden Projektion der ausgeführten Aktion. Bei letztgenannter Seite ist der Modus der Zeitlichkeit von erheblicher Bedeutung; meint Deleuze tatsächlich die Abbildung eines wirklichen Geschehens, oder geht es um die antizipierte Einschreibung eines Geschehens, das noch nicht stattgefunden hat? Letztgenannte Annahme wird durch das gegebene Beispiel des ödipalen Konfliktes bestärkt, in welchem die Lösungsmöglichkeiten Inzest, Kastration und Mord nur bedingt als reale zu begreifen sind. Festzuhalten bleibt die Doppelung, die das Aktionsbild in sich trägt, insofern es als intentionaler Handlungsentwurf den positiven Wunsch ebenso in sich trägt, wie das Phantasma seines Scheiterns in der Zerstörung. Die Kategorie Aktionsbild ist keineswegs auf den Handlungsplan zu reduzieren.

Sie erfaßt im Gegenteil die Gesamtheit jeder möglichen Aktion und teilt sie in zwei, projiziert sie auf zwei Leinwände und bestimmt jede Seite entsprechend den notwendigen Anforderungen jeder Leinwand: einerseits das ganze Bild der Aktion auf einer physischen Oberfläche, auf der die Aktion selbst als gewollt erscheint und sich in den Formen der Wiedergutmachung und der Anrufung als determiniert erweist; andererseits das ganze Ergebnis der Aktion auf einer metaphysischen Oberfläche, auf der die Aktion selbst als produziert und ungewollt, in den Formen des Mordes und der Kastration determinierte erscheint. Der berühmte Mechanismus der "Verleugnung" (...) mit seiner ganzen Bedeutung für die Bildung des Denkens muß also als Ausdruck des Übergangs von einer Oberfläche zur anderen interpretiert werden.[2]

Bereits bei der Bestimmung der zweiten Seite des Aktionsbildes lag es nahe, den Begriff des Phantasmas zu benutzen, um die angesprochene Wirklichkeitsdimension zu fassen. Deleuze kommt im folgenden denn auch tatsächlich auf dieses und seinen Realitätsgrad zu sprechen:

---

[1] Logik des Sinns [1969], 255-256.
[2] Logik des Sinns [1969], 256; kursiv im Original.

Das Phantasma wird zunächst ebenso bestimmt wie das Aktionsbild:

> Es [das Phantasma /CJ] stellt weder eine Aktion noch eine Passion dar, sondern das Resultat von Aktion und Passion, das heißt ein reines Ereignis.[1]

Zu fragen, ob dieses Ereignis wirklich oder eingebildet sei, hieße die Frage verkehrt zu stellen. Das Ereignis situiert sich in seinem Realtiätsgehalt in einem anderen Spannungsfeld, nämlich "zwischen dem Ereignis als solchem und dem körperlichen Dingzustand, der es hervorruft oder in dem es sich verwirklicht"[2]. Das Ereignis erscheint mithin als von einem realen Grund aus bewirkter oder auf diesen wirkender Effekt. Es ist das, was passiert außerhalb der körperlichen Manifestationen, zwischen diesen. Unter diesen Voraussetzungen kann Deleuze zu der zunächst abstrus anmutenden Behauptung gelangen, daß "die Psychoanalyse die Wissenschaft der Ereignisse überhaupt"[3] sei. In diesem Lichte wird dann der Psychoanalyse innerhalb ihrer Systematik die Berechtigung eingeräumt, ständig auf Ödipus als Kernkomplex zu verweisen. Der Ödipus-Komplex erscheint als zentraler kategorialer Zusammenhang der Psychoanalyse, was sich bekanntermaßen in den *Anti-Ödipus* fortsetzt, doch ändert sich dann die Bewertung des mit Ödipus verbundenen Sachverhalts und auch der Sachverhalt selbst. Zum Zeitpunkt der *Logik des Sinns* schreibt sich deutlich eine Bewunderung für die theoretische Funktionalität des Ödipus in den Text hinein: Ödipus erscheint deshalb legitimiert, weil er ein uranfängliches Ereignis beschreibt, daß in Absehung der Variationen alle folgenden Ereignisse in sich schließt und so eine Kategorie von hoher Effizienz ausbildet. Die Perspektive wird sich von dieser distanzierten Sicht auf das systeminterne Leistungsvermögen der Konstruktion Ödipus hin zur Beurteilung der durch diese Konstruktion erzeugten Effekte, die den theoretischen Rahmen überschreiten, konzentrieren.

Das Phantasma besitzt, die für diese Phase im Schaffen Deleuzes charakteristische Doppelstruktur: es steht an der Grenzlinie des Seins und der Sprache; es repräsentiert einerseits das Ereignis als "noema-

---

[1] Logik des Sinns [1969], 259.
[2] Ebd.
[3] Logik des Sinns [1969], 260.

tisches Attribut"[1], das heißt auf einem Niveau der Unkörperlichkeit, des Ungegenständlichen.

> Doch das Phantasma repräsentiert auch den anderen nicht weniger wesentlichen Aspekt dem zufolge das Ereignis das Ausdrückbare eines Satzes ist (...). Das bedeutet aber nicht, daß das Phantasma gesagt oder bedeutet wird; das Ereignis weist genauso viele Differenzen zu den es ausdrückenden Sätzen wie zum Dingzustand auf, dem es zustößt.[2]

Gibt es somit keinerlei Identität, weder mit dem Sein noch mit der Sprache, so gibt es doch nach beiden Seiten hin eine Abhängigkeitsbeziehung. Das Phantasma ersteht nur in zumindest möglichen Sätzen und innerhalb der Sätze ergibt es sich in besonderer Weise im infiniten Verb zu erkennen. Das Verb im Infinitiv ist anscheinend der Königsweg zur Logik des Sinns als einer Logik des Ereignisses, die zentrale Schaltstelle, an der sich auf den ersten Blick stark unterschiedliche Begrifflichkeiten wie Äone oder Phantasma in ihrem Wesen preisgeben.

Der Infinitiv umfaßt einerseits jenes Moment der Bewegung, des Geschehens, das den Verben grundsätzlich eignet, andererseits ist er hinreichend unbestimmt, um dem Kommenden als Unabschließbarem einen Platz zu bereiten. Das Verb korreliert nicht zufällig mit den politischen Vorgaben und Vorlieben, die oben dargelegt wurden. Gibt es einen Trotzkismus der Grammatik, den man freilegen muß, um mit der Logik des Sinns das Ereignis zu ermöglichen?

> Auf analoge Weise haben wir zu zeigen versucht, daß das Verb vom reinen Infinitiv, offen, über einer Frage als solcher, zu einem Indikativ Präsens verlief, geschlossen über einer Bezeichnung des Dingzustandes oder der besonderen Lösung: der eine öffnet und entfaltet das Band des Satzes, der andere schließt es, und zwischen den beiden alle möglichen Aktiv- und Passivformen, Modalisierungen, Temporalisierungen, Personalisierungen, mit den jedem Fall eigenen Transformationen entsprechend eines allgemeinen grammatikalischen "Perspektivismus".[3]

Übersetzen wir die Konstruktion weiterhin auf eine politische Ebene, so gibt es einen utopischen Horizont und eine konkrete Handlungsnotwendigkeit als Pole, die ein Spannungsfeld aufmachen, in dem eine

---

[1] Logik des Sinns [1969], 264.
[2] Ebd.
[3] Logik des Sinns [1969], 266.

Vielzahl von Modifkationen und Diversifikationen Platz hat. Diverse Strategien, Lektüren des Vergangenen und Entwürfe des Kommenden scheinen möglich, für deren jeweilige Richtigkeit keine Kriterien anzugeben sind.

> Das Phantasma ist der Konstitutionsprozeß des Unkörperlichen, die Maschine, um ein wenig Denken zu gewinnen, an den Rändern des Risses eine Potentialdifferenz neu zu verteilen, um das zerebrale Feld zu polarisieren.[1]

Es geht um den kognitiven Fortschritt, das Anwachsen des Denkbaren und Gedachten. Die noch diffus maschinelle Konzeption des Phantasmas führt dieses aus dem Bereich des Irrationalen, dem Suhlen in den Abgründen des Unbewußten, hin zu einer aufklärerischen Position, die mehr W/wissen will - eher noch das dazuführende Ereignis -, und sich sinnvollerweise in diesem Anliegen auf den Bereich des Nichtwissens stützt, auf diesen bezieht. Wäre die Programmatik des Textes zu bestimmen als eine reformulierte Aufklärung, die sich ihres immer vorausgesetzten Ungrundes bewußt ist und auf diesen reflektiert, um ihn immer mehr zu verringern, ohne ihn jedoch auszuschließen? Der Text spricht dafür:

> Alles ereignet sich zwischen diesem Mund und diesem Gehirn. Nur der Sieg des Gehirns, wenn er sich einstellt, befreit den Mund zum Sprechen, befreit ihn von ausgeschiedener Nahrung und zurückgezogenen Stimmen und füttert ihn dies eine Mal mit möglichen Worten.[2]

Der Konflikt, dem der Aufklärer Deleuze sich gegenübersieht, ist nicht mehr der zwischen Vernunft und Leidenschaft, viel konkreter sind die Antagonisten die Körperorgane, Hirn und Mund. Es handelt sich bei diesen Ausdrücken keineswegs um Synekdochen oder Metaphern im herkömmlichen Sinn, weder steht der Mund für sinnliche Begierde noch das Gehirn für eine irgendwie reinere Ratio. Die Begriffe sind zuallererst genau diese körperlichen Organe, die aber in ihren Funktionszusammenhängen zu bedenken sind.

Deleuze folgte der Genese des Sprechvermögens von den Anfängen im Geräusch über die Stimme als Vor-Gabe der Sprache bis zur Entfaltung derselben, doch auch nach der Entfaltung künden Spuren von jener anfänglichen Reorganisation des Mundes, der aus seinem domi-

---

[1] Logik des Sinns [1969], 271.
[2] Logik des Sinns [1969], 274-275.

nanten Funktionszusammenhang des Verschlingens, Essens und seiner psychologischen Implikationen herausgerissen wird, um via Sprache eine Harmonie zu errichten, die er vordem zerstört hatte[1]. Der Punkt, an dem der Konflikt sowohl auftaucht, als auch aufgehoben wird, ist innerhalb der Sprache das Verb. Auch im Verb verschwinden die Dinge, lösen sich auf, sind abwesend, unkörperlich, stattdessen erscheint eine Oberfläche, die die Distanz zu den Dingen markiert und auf der das Denken spielt, wenn wir das Denken begreifen als einen Effekt der Modifikationen und Konjugationen des Verbs und seiner Verkettungen.

Die *Logik des Sinns* scheint so weniger ein Roman zu sein, sondern ein Versuch, eine politische Ontologie des Ereignisses zu denken. Deleuze zieht damit Konsequenzen aus *Differenz und Wiederholung* und den vorhergehenden Schriften zu Sprache und Literatur, die eindrucksvoll zusammengeführt werden. Selbst wenn eine Trennlinie, zwischen den beiden 1969 erschienen Texten schwer zu ziehen ist, läßt sich doch in der *Logik des Sinns* eine größere Eigenständigkeit und Freiheit - von akademischen Konventionen - ausmachen. Nicht zuletzt spricht für die Annahme, daß mit diesem Buch eine neue Werkphase eingeleitet wird, die Häufigkeit, mit der Deleuze auf die vorstehend angesprochenen Problemstellungen zurückkommen wird.

---

[1] Bei dieser Konstruktion der Sprachgeschichte gibt es eine offensichtliche Analogie zum Freudianischen Instanzen-Modell: Ist dem Geräusch ein Anus-Mund zugeordnet, der aus der Tiefe kommt, respektive in dieselbe reißt, so ist die Stimme eine der Höhe, eine, die von oben kommt, also Stimme des Vaters oder Gesetzes oder eben Über-Ich. Treibt man die Analogiebildung fort, bleibt schließlich der Sprache als ausgebildeter nur noch der Ort des Ich, steht das Verb für Handlungsfähigkeit. Man muß allerdings nicht bis auf Freud zurückgehen, um ein mögliches Vorbild oder Gerüst der Kategorienbildung zu finden, auf das sich Deleuze hier bezieht: Dem Lacanschen Realen entspricht das Geräusch, der imaginären Ordnung die Stimme, der symbolischen Ordnung schließlich die Sprache. Allerdings sind diese Analogien so allgemein gehalten und grob, daß sie keinerlei sonderlichen Erklärungsanspruch haben, doch immerhin die bemerkenswerte Nähe des Deleuzeschen Denkens zu dem psychoanalytischen auszuweisen vermögen.

## III.2 Literarische Maschinen

*Don't tell me you don't know the difference,*
*Between a lover and a fighter*
*With my pen and my electric typewriter*
*Even in a perfect world where everyone is equal*
*I 'd still own the filmrights and be working on the*
*sequel*
*Everyday, everyday, everyday I write the book.*
Elvis Costello

Sechs Jahre nach der ersten Auseinandersetzung mit Prousts *Recherche* kommt 1970 eine wesentlich erweiterte Ausgabe des Textes heraus. Das Buch zerfällt in zwei gleichgewichtige Teile, deren erster und älterer *Die Zeichen* überschrieben ist, während der hinzugekommene zweite den Titel *Die literarische Maschine* trägt. Deleuze verwirft seine frühen eklektizistischen Ausführungen nicht, überarbeitet sie nicht einmal, doch grenzt er in einer Vorbemerkung zur dritten Auflage des Buches, dessen Bedeutung weitgehend ein:

> Der erste Teil dieses Buches handelt von der Aussendung und Interpretation von Zeichen, wie sie sich "A la recherche du temps perdu" darstellen.[1]

Die innerhalb des Textes weit ausholenden Überlegungen werden so relativiert, in die Werkimmanenz verbannt, daß die vormals defizitäre Kohärenz und Klarheit des Gedankenzusammenhangs, nun voll zu Lasten Prousts geht. Für den neu geschriebenen zweiten Teil ist ein solches Ausweichmanöver nicht mehr möglich, da es an selber Stelle von diesem heißt: er »bearbeitet (...) die Produktion und Vervielfältigung der Zeichen selbst unter dem Gesichtspunkt der Komposition der "Recherche"«[2]. Die *Recherche* ist ein Mittel zum Zweck, ihre Komposition wird analysiert, um auf dieser Grundlage allgemeinere Aussagen zum genannten Problemzusammenhang machen zu können.

---
[1] Proust und die Zeichen, 5.
[2] Ebd.

Gerade das Sein der Wahrheit ist es, was uns zwingt, sie dort zu suchen, wo sie wohnt, im Implizierten oder Komplizierten und nicht in den klaren Bildern und offenen Ideen des Verstandes.[1]

Deleuze folgt drei Protagonisten der *Recherche*, die seines Erachtens das Scheitern des Logos vorführen, insofern jede dieser Gestalten ihren "Wert nur durch [...] Vertrautheit mit stummen, fragmentarischen und subkutanen Zeichen"[2] findet. Entziffert wird eine textimmanente Gegenbewegung, die der diskursiven Konstitution eines universellen Logos - wie er in der Nachfolge Platons zu denken ist - eine Fluchtbewegung entgegenhält, welche als die "Welt der Zeichen" benannt wird.

> Die Welt der Zeichen setzt sich dem Logos unter fünf Gesichtspunkten entgegen, zugleich durch die Gestalt der Teile, die sie in der Welt auseinanderschneiden; durch das Wesen des Gesetzes, das sie enthüllen; durch den Gebrauch der Vermögen, die sie erregen; durch den Typus von Einheit, der aus ihnen entspringt; und durch die Struktur der Sprache, die sie übersetzt und interpretiert. Unter all diesen Gesichtspunkten - Teile, Gesetz, Gebrauch, Einheit, Stil - müssen Zeichen und Logos, Pathos und Logos gegenübergestellt und einander entgegengesetzt werden.[3]

Eine eigenartige Entsprechung, die zwischen Zeichen und Pathos als Kontrahenten des Logos aufscheint. Die Proustsche Welt der Zeichen hängt allerdings Deleuze zufolge gerade wesentlich mit der subjektiven Aufnahme von Wahrnehmungseinheiten zusammen. Es gibt ebenso wie in *Differenz und Wiederholung* kein Erinnern als Wiederholung einer ursprünglichen Erfahrung, die den Garanten ihrer Stabilität in der Idee hat, sondern jede Wahrnehmung schließt an eine "Kette subjektiver Interpretationen"[4] an, die den unvermittelten Zugang zur Welt verstellt. Die verstellte Wahrnehmung der Welt drängt auf die Einnahme eines *höheren Sehepunktes*[5] oder auch den Ort der *Essenz*.

> Eine nicht irgendwohin zurückführbare Perspektive, die zugleich die Geburt der Welt bezeichnet und den ursprünglichen Charakter einer Welt. In diesem Sinn konstituiert und rekonstituiert das Kunstwerk immer den Beginn der Welt, bildet aber zugleich eine spezifische, von allen anderen differente

---

[1] Proust und die Zeichen [1970], 86
[2] Proust und die Zeichen [1970], 87
[3] Ebd.
[4] Proust und die Zeichen [1970], 88.
[5] Vgl. Proust und die Zeichen [1970], 88-89.

Welt und hüllt eine Landschaft oder immaterielle Orte ein, die gänzlich unterschieden von dem Ort sind, wo wir es erfaßt haben.[1]

Die Situation der unfreien, proustschen Erinnerung beschwört selbst das Kunstwerk als Einnahme des Sehepunktes herauf, wobei jener Sehepunkt das Individuum als Agenten der Erinnerung in zwei Richtungen überschreitet. Zum einen insofern es eine Welt konstituiert, in der dem Individuum eine lediglich konnektive Funktion zukommt, da sich in seinen Seelenzuständen Wahrnehmung und Interpretation zusammenfügen, und zum anderen, weil sich in diesem Weltentwurf, oder besser gesagt: aus ihm heraus, die Möglichkeit der Individuation ergibt. Der Weg, der vom Impressionismus des Untertanen-Subjekts zur individuierenden Produktion von Kunstwerken führt, affiziert den Status der in der Welt möglichen Objektivität in gravierender Art und Weise:

> Die Welt ist zu Krümeln und Chaos geworden. Gerade weil die Erinnerung von den subjektiven Assoziationen hin zu einer originären Perspektive verläuft, kann Objektivität nur noch im Kunstwerk sein: sie existiert [...] einzig in der formalen Bedeutungsstruktur des Werks, das ist im Stil.[2]

Der Stil transformiert die Erfahrung in eine Produkion - eine Formulierung, eine Gestaltung -, die insofern sie über sich hinausweist und weitere *Stilisierungen* erlaubt[3], als Möglichkeitsgrund weiterer Möglichkeiten begriffen werden kann. Die Möglichkeit der Weiterung, des Sich-Fortsetzens scheint die Objektivität des Kunstwerks zu begründen, da in diesem Wirken die Verbindung zu den Bewegungen des Realen erstellt wird, und andererseits der Stil als Ausbreitung eines Formen-Gefüges objektivierbar ist.

> Einzig die formale Struktur des Kunstwerks wird imstande sein, das von ihm benutzte fragmentarische Material zu entziffern, ohne äußeren Bezug, ohne ein allegorisches oder analogisches Gitter.[4]

---

[1] Proust und die Zeichen [1970], 89.
[2] Ebd.
[3] "Es geht nicht mehr darum zu sagen: schaffen ist denken, sondern: denken ist schaffen, und ist vor allem den Akt des Denkens im Denken schaffen." Proust und die Zeichen [1970], 90.
[4] Ebd.

Mit diesem Postulat der werkimmanenten Objektivität richtet Deleuze eine Faltung ein, die sich auf seinen eigenen Text zurückbiegt. Die lineare Interpretation, die ihren Ausgangspunkt bei der Organisation von Kommunikationssituationen und -verhältnissen genommen hatte, kam in Absetzung von Platons Ideen- und Logoslehre zu einer Welt der Zeichen und des Pathos, die in ihrem defizitären Charakter in Richtung auf das Kunstwerk zu überschreiten ist, um dort nach dem Verlust der Ordnungen des Logos eine Objektivität zu begründen, die nichts anderes ist als die (philosophische) Ausschreibung einer Stilistik. Was aber tut Deleuze anderes, als die formale Struktur, den Stil, der *Recherche* zum Reden zu bringen? Auf diese Weise sucht er ganz offenbar, seine Erkenntnisposition als *höheren Sehepunkt* zu konstituieren, um darin die Objektivität seiner Schrift zu behaupten.

> In Wahrheit gibt es eine Tätigkeit, ein reines Interpretieren, reines Auswählen, das kein Subjekt noch Objekt mehr hat, wählt es doch den Interpreten nicht minder aus als das zu interpretierende Ding, das Zeichen und das Ich, das es entziffert.[1]

Der Vorgang der Interpretation richtet mithin den nicht-kommunizierenden, eher gefügten Zusammenhang der Zeichen ebenso ein wie die Bestimmtheit des Zusammenhangs, der einen Erzähler formiert. Insofern das Interpretieren auf diese Weise einerseits die Distanzen, die Momente der Nicht-Kommunikation intensiviert und andererseits ihre nicht-gleichgültigen Relationen stiftet, ohne sie einem Ganzen zu subsumieren, kann man legitimerweise davon sprechen, daß die Interpretation "keine andere Einheit als die Transversale"[2] habe. Die Transversale ist somit eine Dimension und zugleich eine Art "Produktionseinheit", oder verkürzt gesagt, eine aktive oder produktive Dimension.

> Inkommensurabilität und Nicht-Kommunikation sind Distanzen, Distanzen jedoch, die eins ins andere stecken oder eins und das andere als solche zu Nachbarn machen. Und die Zeit bedeutet nichts anderes: dies System von

---

[1] Ebd.
[2] Ebd.; Transversalen kommunizieren nicht untereinander, aber stellen Fügungen bestimmter Vielfalten dar, die zwar noch keine Einheit stiften, jedoch Reihen oder Serien koordinieren. Die Transversale erschließt eine Position, die nicht Differenzen totalisiert, sondern als Gemeinsames die Differenzen affirmiert.

nichträumlichen Distanzen, diese Distanz, die der Kontiguität selbst oder dem Inhalt zu eigen ist, *Distanzen ohne Intervalle*.[1]

Die Transversale begründet das Verfahren der Interpretation, das den Indifferenzpunkt von Analytik und Literatur markierte. Sie wird nun auf eine reale Dimension zurückgefaltet, die gleichzeitig den Gegenstand des literarischen Textes ausmacht. Aus der Literatur wird eine notwendig literarische Methodik erschlossen, die aus der Literatur den ontologischen Grund ihrer Möglichkeit entwickelt, auf den sie zurückfällt. Deleuzes Studie zu Proust kann in ihrer Auto-Reflexivität gar nicht anders verfahren, als eine Transversale zu bilden, da ihr dies von der Literarizität, dem Sujet und der sich aus beiden ergebenden, zu applizierenden Methodik des Proustschen Textes abverlangt wird. Deleuze konstruiert seine Argumentation in dieser Hinsicht mit einer starken Neigung zur diffizilen Selbstbegründung - was u. E. mit einem ausgeprägtem Absicherungsbedürfnis zu erklären ist.

Unterstellen wir, daß diese Absicherung funktioniert, stellt sich mit einiger Zwangsläufigkeit die Frage, wieso sie funktionieren kann. Die erste mögliche Antwort kann man recht schlicht fassen: weil es Deleuze darum geht, Literatur zu denken. Es geht also nicht darum, sich einzuempfinden oder mit Literatur zu denken. Das hieße, zur Lösung einer gegebenen Problemstellung, die nicht durch Literatur vorgegeben ist, literarische Texte heranzuziehen. Literatur dient folglich nicht der Bestätigung außerliterarischer Theorie, sondern es geht im konkreten Fall um "Prousts Theorie"[2], wobei der Name des Autors nicht so entscheidend ist wie die *Recherche*. Deleuze positioniert sich als Agent der Proustschen Schrift, deren Struktur, textuelle Organisationsweisen und Problemstellungen er nur noch aufzusuchen und auszuschreiben hat. Und daß es sich um die Schrift und nicht die Vita des Autors handelt, führt er selbst aus, wenn er schreibt, "daß das Leben für das Werk oder die Theorie gar nichts beibringt, denn Werk und Theorie sind mit dem geheimen Leben durch ein tieferes Band verknüpft, als das aller Biographien sein könnte"[3]. Es reicht, "sich an das zu halten,

---

[1] Proust und die Zeichen [1970], 104; kursiv im Original.
[2] Proust und die Zeichen [1970], 107.
[3] Proust und die Zeichen [1970], 110.

was Proust in seinem großen Exposé von Sodom und Gomorrha expliziert"[1].

Die Positionierung der Autoren Proust und Deleuze hängt aufs engste zusammen mit einem bestimmten Verständnis dessen, was ein Kunstwerk ist und sein kann:

> Und die Recherche ist nicht nur ein Instrument, sie ist eine Maschine. Das moderne Kunstwerk ist alles, was man will, dies und das und das auch noch, es ist sogar seine Eigenheit, alles zu sein was man will, eine Überdeterminierung in all dem, was man will, zu haben, sobald es *läuft*: das moderne Kunstwerk ist eine Maschine und funktioniert in solcher Weise.[2]

Wohlgemerkt öffnet Deleuze das Kunstwerk nicht einer universalen Beliebigkeit, sondern bindet die Möglichkeit der Vielfältigkeit an ein Kriterium zurück. Entscheidendste Bestimmung: daß es läuft, daß es funktioniert.

> Alles, was man will, vorausgesetzt, man bringt das Gesamte zum Funktionieren [...]. Dem Logos, dessen Sinn im Ganzen, dem er angehört, entdeckt werden muß, setzt sich der Anti-Logos entgegen, eine Maschine und Maschinerie, deren Sinn (alles, was du willst) allein vom Funktionieren abhängt, das Funktionieren aber von den voneinander abgelösten Stücken. Das moderne Kunstwerk hat kein Sinnproblem, es hat einzig ein Problem des Gebrauchs.[3]

Das Funktionieren ist in Abhängigkeit gesetzt von "voneinander abgelösten Stücken", die ganz offenbar den Grund des zu konstituierenden Funktionszusammenhangs und das Material seiner Produktion bilden. Was auf der Ebene logischer Struktur klar auszumachen ist, bleibt hinsichtlich seiner Konkretion, gelinde gesagt, dunkel. Diese Dunkelheit ist aber im Modell der Wahrheitsproduktion, um die es hier geht, keineswegs akzidentiell oder gar Resultat unzureichenden Bedenkens, sondern selbst ein funktionales Element, das die Produktion überhaupt erst in Gang setzt.

> Selbst der Akt des Denkens muß im Denken produziert werden. Jede Produktion geht vom Eindruck aus, weil allein er den Zufall der Begegnung und die Notwendigkeit der Wirkung in sich vereint als Gewalt, der er uns un-

---

[1] Ebd.
[2] Proust und die Zeichen [1970], 116; kursiv im Original.
[3] Proust und die Zeichen [1970], 117.

terwirft. Jede Produktion also geht von einem Zeichen aus und setzt die Tiefe und Dunkelheit des Unwillkürlichen voraus.[1]

Das Unwillkürliche eröffnet eine Dimension der Transzendenz, einen Raum vor der ersten Wahrnehmbarkeit, die mit dem Zeichen aufscheint, den die Ratio gefälligst zu meiden hat, wenn sie denn weiterhin als solche firmieren möchte.

Aber zurück zur Literatur: Ist aus dem ungeordneten und aller Wahrscheinlichkeit nach nicht zu ordnenden Grund des Unwillkürlichen das Zeichen aufgetaucht, geschieht alles mit einiger Zwangsläufigkeit, und die bereits bezweifelte Beliebigkeit wird zurückgenommen zugunsten eines rigorosen Determinismus.

> In jedem Fall konstituiert das unter dem Zwang des Zeichens gewählte Vermögen das Interpretieren; und das Interpretieren produziert die Bedeutung, das Gesetz oder die Essenz je nach dem Einzelfall, jedenfalls immer ein Produkt.[2]

Das Produkt seinerseits führt nun in der Verbindung mit seinem *spirituellen Äquivalent*[3] - also einem adäquaten *Begriff*, einem *Konzept* - zur Begründung eines Produktionsprozeßes. Deleuze nimmt konsequenterweise seine Ausführungen ernst und begreift sein Vorgehen als durch die *Recherche* gesteuertes:

> Dennoch *zwingen* uns die Bestimmung der Stoffe und die Bewegung des Textes, drei Ränge zu unterscheiden.[4]

Der in der Schrift liegende Zwang aber war der dunkle Grund, der dem Verstand die Möglichkeit des Neuen gab. Was aber ist das konzeptuell Neue bei Proust, wie läßt sich der durch seine Literatur ermöglichte Zugewinn charakterisieren? Knapp gesagt: Das Kunstwerk produziert als funktionierende Maschine das Reale. Das Reale kann dabei auch eine literarisierte Madeleine sein, eine Wahrnehmung, die keinem Subjekt je so zur Verfügung war und die auch die objektive Beobachtung hinter sich läßt, insofern sie eine Signifkation schafft, die weder den objektiven noch den subjektiven Zugangsmöglichkeiten zu subsumieren ist, sondern im Verbinden diese bricht und überschreitet

---

[1] Proust und die Zeichen [1970], 117-118.
[2] Proust und die Zeichen [1970], 118.
[3] Vgl. ebd.
[4] Proust und die Zeichen [1970], 118; unsere Hervorhebung.

bis hin zur Madeleine der *Recherche*. Diese doppelte Überschreitung, die auf zwei gegebene Aspekte rekurriert, bezeichnet Deleuze als *Resonanz*, die jedoch nicht nur wirkt, sondern auch selbst produziert werden kann[1]. Welche Konsequenz haben nun die Resonanz-Effekte und die Resonanz als Effekt in bezug auf das Kunstwerk?

> Am Ende aber wird sichtbar, was die Kunst der Natur hinzuzufügen in der Lage ist: sie produziert selbst Resonanzen, weil der *Stil* zwei beliebige Gegenstände wiederklingen läßt und aus ihnen ein »kostbares Bild« ableitet und so die *determinierenden Bedingungen eines unbewußten natürlichen Produkts durch die freien Bedingungen eines künstlerischen Produkts ersetzt*. Von nun an erscheint die Kunst als das, was sie ist, als letztendliches Ziel des Lebens, welches das Leben selbst nicht verwirklichen kann; (...) Das gesamte Interesse verschiebt sich also von den privilegierten natürlichen Augenblicken auf die literarische Maschine, die fähig ist sie zu produzieren oder zu reproduzieren, sie zu vervielfachen: das Buch.[2]

Doch selbst wenn am Ende das Buch steht, so ist dies nur deswegen interessant, weil es Reales produziert. Die Immanenz ist deshalb möglich und total, weil es kein Außen mehr gibt, kein Außen des Buches und kein anderes über das sinnvoll zu sprechen wäre, wenn sinnvoll sprechen heißt, etwas Reales zu produzieren.

An solchen Denkbewegungen wird der Konstruktivismus[3] Deleuzes deutlich, der die Signifikation als Gestaltungsmöglichkeit auf dem Grund einer umfassend nur vermittelt wahrzunehmenden Welt begreift, die allerdings nicht so sehr von aller Materialität verlassen ist, daß sie nicht in ihrer natürlichen Sphäre unfrei sein könnte.

Produzierte das Buch, wie zu sehen war, aus sich heraus das Reale, so ist es selbst auch reales Produkt.

> Die gesamte Recherche setzt bei der Produktion des Buches drei Arten von Maschinen ein: *Maschinen für Partialobjekte (Triebe), Maschinen für Resonanz (Eros), Maschinen für erzwungene Bewegung (Thanatos)*. Eine jede

---

[1] Vgl. Proust und die Zeichen [1970], 123.
[2] Proust und die Zeichen [1970], 123f.; kursiv im Original.
[3] Der Begriff meint hier nicht die Theorie wie sie neuerdings um die Delfin-Gruppe (Siegfried J. Schmidt u.a.) Gestalt gewonnen hat, sondern den eher traditionell kunsthistorischen, der sich mit dem Zusammenhang von ästhetischer und sozialer Praxis in prospektiver Hinsicht befaßt, der sich zudem als kollektiv produziert und auf Kollektive zielend begriff.

produziert Wahrheiten, da es der Wahrheit zugehört produziert zu sein und als ein Effekt der Zeit produziert zu sein.[1]

Die aus dem Werk abgeleiteten, in diesem arbeitenden, sich herausstellenden drei Maschinen werfen die Frage auf, wie diese kooperieren, ob sie überhaupt zusammen funktonieren: kurz die Frage nach dem Stil.

Wird der Stil gemeinhin betrachtet als eine bestimmte Organisation des (sprachlichen) Materials, das eine spezifische Einheit, eine Kohärenz stiftet, so verzichtet Deleuze ganz auf eine derartige Konzeption, dessen was Stil heißen mag.

> Das Wesentliche ist, daß die Teile der Recherche zerstückelt, fragmentiert bleiben, *ohne daß ihnen irgend etwas fehlt*: Teile, für immer partial, von der Zeit mitgeführt, geöffnete Schachteln und geschlossene Gefäße, ohne ein Ganzes zu bilden oder eines vorauszusetzen, ohne Mangel in dieser Aufteilung, und von vornherein sich jeder organischen Einheit verweigernd, die jemand hier einführen wollen könnte.[2]

Damit verschieben sich die Frage nach dem Stil und die Problemstellung des Verhältnisses von Einheit und Vielfalt:

> Das ganze Problem liegt also in der Frage, worauf die formale Struktur beruht und auf welche Weise sie den Teilen und dem Stil eine Einheit gibt, welche diese ohne sie nicht hätten.[3]

Nicht der Stil stiftet Einheit, sondern dessen Einheit wird überhaupt erst gestiftet und stellt sich dar als eine partikulare, nicht-dominante Einheit, die neben einer Reihe möglicher anderer Einheiten stehen kann. Heißt die Stifterfigur nun *Formale Struktur*, so gilt es noch am gegebenen Beispiel, diese zu bestimmen, was nicht weiter schwerfällt, da jene Dimension, die bereits die Einheit des Interpretierens stiftete[4], auch die formale Struktur ausmacht, und so klar auf die Kongruenz von Interpretation und Kunstwerkstruktur als adäquatem Modus der Textlektüre setzt: die Transversalität[5]. Öffnet Deleuze folglich der

---

[1] Proust und die Zeichen [1970], 127; kursiv im Original.
[2] Proust und die Zeichen [1970], 129.
[3] Proust und die Zeichen [1970], 134.
[4] Vgl. Proust und die Zeichen [1970], 100-104.
[5] Deleuze wird diesen Terminus dann im *Anti-Ödipus* wieder aufgreifen, nicht ohne auf seine Genese im Kontext der Proust-Lektüre zu verweisen

Strukturinterpretation Haus und Hof, Tor und Tür? Zwar gibt es - auch in den vorhergehenden Schriften - genügend Anzeichen, daß Deleuze in den ausgehenden sechziger jahren zumindest einigen Strukturalisten wie Althusser, Lacan und Barthes nahegestanden hat, doch ebenso gibt es Indizien, daß er auf eine Überschreitung im Maschinischen, im Ereignis drängt. Offensichtlich erkennt er einen Schematismus, eine Statik im strukturalistischen Denken, die ebenso ablehnenswert wie die hegelsche Dialektik nicht zu seinen Intentionen paßt. Worauf diese sich richten, wird mit aller Deutlichkeit in dem Buch kenntlich, das ihm und Félix Guattari Weltruhm verleihen wird.

## III.3 Wunschmaschinen

*A candy-coloured clown, they call the sandman, tiptoes to*
*my room every night,*
*Just to sprinkle stardust and to whisper: go to sleep,*
*everything is alright.*
Roy Orbison

Vier Jahre nach der Studentenrevolte und nachdem sie sich kennenlernten, zwei Jahre nach Erscheinen der zweiten Auflage der Proust-Studie und dem ersten gemeinsamen Text[1] publizieren Deleuze und Guattari den *Anti-Ödipus*, wie der Untertitel verheißt eine Untersuchung zum Verhältnis von Schizophrenie und Kapitalismus. Trotz des provokanten Titels, der eine spezialisierte Untersuchung vermuten läßt, wird das Buch nicht nur in Frankreich, auch in Italien, schnell von einem Kultwerk zu einem Grundlagentext neuen politischen Den-

---

(vgl. Anti-Ödipus [1972], 54-55); andererseits verweist Deleuze hier bereits auf Guattaris Entwicklung des Begriffs im Kontext psychoanalytischer Untersuchungen (vgl. Proust und die Zeichen [1970], 134 Anm.8).

[1] Mit Guattari, Félix: La synthése disjonctive. In L' Arc 43/1970 (Klossowski).

kens. Dies liegt nicht zuletzt daran, daß das Buch auf eine seinerzeit aktuelle Debatte Antwort zu geben scheint. In einer Vielzahl von Gruppen und anderen politischen Öffenlichkeiten wird nach dem Verhältnis von Psychoanalyse und Marxismus gefragt. Das Verhältnis von Individuum und Gesellschaft und damit die Möglichkeiten politischer Praxis stehen auf der Tagesordnung derjenigen, die auf Revolution oder wenigstens die Veränderung des gesellschaftlichen Systems sannen - ein Unterfangen, das sich länger hinzuziehen schien, als es 1968 zuerst den Anschein erweckt hatte. Louis Althusser hatte schon früher den Marxismus auf die lacansche Psychoanalyse hin geöffnet[1], doch erst der Mai 68 und dessen Nachwirkungen aktualisierten die Problematik für ein breiteres Publikum. Der *Anti-Ödipus* antwortet nun scheinbar genau auf die Frage nach dem Freudomarxismus, seiner Möglichkeit bzw. Unmöglichkeit. Er wirkt auf die relativ umfangreiche anti-psychiatrische Bewegung, auf die unorthodoxe Linke, aber nur wenig auf die akademische Diskussion[2]. Letzteres lag scheinbar keineswegs in der Absicht der Autoren, da diese vielmehr darauf setzten, daß es sich bei diesem Text um Pop-Philosophie[3] handle, die von Minderjährigen zu lesen sei, die damit machen könnten, was ihnen beliebt. Nehmen wir es als kokett anti-akademische Volte, der die Stilistik des Buches zwar zu entsprechen sucht, doch die Systematik widerspricht. Zudem handelt es sich, wie später Foucault[4] deutlich herausstellt, um einen Angriff auf die strukturalistischen Lesarten der Ethnologie und Linguistik und im Titel unübersehbar der Psychoana-

---

[1] Althusser, Louis: Freud und Lacan. [EA 1965] West-Berlin 1976. Sympathisierend nimmt Bezug darauf: Tort, Michel: Die Psychoanalyse im historischen Materialismus [EA 1970]. West-Berlin 1976. Vom Standpunkt marxistischer Orthodoxie wird der althussersche Ansatz kritisiert bei Sève, Lucien: Marxisme et théorie de la personnalité. Paris 1972.

[2] Hier insbesondere auf die psychoanalytische Debatte. Um ein Beispiel anzugeben: Chasseguet-Smirgel, Janine (ed.): Les chemins de l Anti-Œdipe. Toulouse 1974.

[3] Vgl. dazu Bolz, Norbert: Pop-Philosophie. In Heinz o.J., 183-193 und Jäger, Christian: Wörterflucht oder Die kategoriale Not der Literaturwissenschaft angesichts der Literatur der achtziger Jahre. Internationales Jahrbuch für Germanistik 1/1995, 85-100.

[4] Vgl. die Vorrede zur amerikanischen Übertragung des Anti-Ödipus [1977] dt.: Foucault, Michel: Der "Anti-Ödipus"- Eine Einführung in eine neue Lebenskunst. In Ders.: Dispositive der Macht. West-Berlin 1978, 225-230.

lyse. Das Unbewußte wird aus den behaglichen Kellerräumen der Psychoanalyse[1] herausgeführt ans Licht, in die Fabrik, in die alltägliche Produktion.

> Das Es ... Überall sind es Maschinen, im wahrsten Sinne des Wortes: Maschinen von Maschinen, mit ihren Kupplungen und Schaltungen. (...) Was eintritt sind Maschineneffekte, nicht Wirkungen von Metaphern.[2]

Die Maschineneffekte, die der Wirkung von Metaphern entgegengesetzt werden, spielen zwar einerseits auf die Bedeutung des Metaphernbegriffs in der strukturalistischen Reformulierung der Psychoanalyse an, aber andererseits wird auch ein Konnex erstellt zur vorgängigen Erweiterung der Proust-Studie. Die dort entwickelte Konzeption der literarischen Maschine wird bereits in den einleitenden Abschnitten des *Anti-Ödipus* ausgedehnt auf den Bereich, in dem das Unbewußte sich als wirkendes erweist, d.h. in dem es wahrnehmbar ist, in seinem "Bezug zur Außenwelt"[3]. Als Illustration des theoretischen Verlagerungsvorganges dient die Entgegensetzung des auf die Couch gestreckten Analysanden mit dem durchs Gebirge schreitenden Lenz Büchners. Von der Beobachtung ausgehend, daß diese literarisierte Gestalt "die Natur nicht als Natur, sondern als Produktionsprozeß"[4] erlebt, wird der analytische Grund bereitet, der undifferenzierte Nullzustand, von dem aus sich die Differenzierungen der theoretischen Praxis verstehen lassen.

> Nicht Mensch noch Natur sind mehr vorhanden, sondern einzig Prozesse, die das eine im anderen erzeugen und die Maschinen aneinanderkoppeln. Überall Maschinen, das umfassende Gattungsleben. Ich und Nicht- Ich, Innen und Außen wollen nichts mehr besagen.[5]

Die universelle maschinelle Produktion beschreibt die Realität als Erfahrungsgehalt einer idealen Schizophrenie, die weniger etwas mit der Wirklichkeit des "künstlichen Schizophrenen, jener als Entität erzeugten autistisierten Jammergestalt, die man in den Anstalten zu se-

---

[1] Freud benutzt mehrfach zur Veranschaulichung des psychischen Apparates die Hausmetapher, innerhalb derer dem Unbewußten das Untergeschoß zugeordnet wird.
[2] Anti-Ödipus [1972], 7.
[3] Ebd.
[4] Anti-Ödipus [1972], 8.
[5] Ebd.

hen bekommt"[1], zu tun hat, als mit einer Schizophrenie, die sich als Effekt von Literatur verstehen läßt: Die Beispiele kommen von Büchner und Beckett, von Artaud und Lawrence.

Die erste Differenz, die in den axiomatischen Nullzustand eingeführt wird, ist die "binäre" Regularität der Wunschmaschinen. Diese sind immer mindestens zwei Maschinen: "eine den Strom erzeugende Maschine und jene ihr angeschlossene (...) eine Stromentnahme ausführende Maschine"[2], deren jede in bezug auf eine weitere den jeweils anderen Part innerhalb des bipolaren Verhältnisses einnehmen kann. Diese Form der binären Verkoppelung wird bezeichnet als *produktive* oder *konnektive* Synthese, die dem Modus "Produktion der Produktion"[3] vorbehalten ist. Um die Bewegung der Wunschmaschinen auf der Ebene dieser Verkopplung zu veranschaulichen:

> Fruchtblase und Nierensteine; Haar- und Speichelstrom, Ströme von Sperma, Schweiß, Urin, von Partialobjekten geschaffen, von anderen immer wieder abgetrennt, die neue Ströme erschaffen, die neuerlich von weiteren Partialobjekten abgeschnitten werden.[4]

Dies Vokabular, das sich einer Inspiration durch einen Text Henry Millers verdankt[5], schreibt den literarisch erzeugten Effekt der universalen Fließbewegung und ihrer Affirmation dem theoretischen Text ein, vermischt sich mit dem Schreiben Deleuze/Guattaris. Allerdings läuft der Prozeß der Produktion von Produktion nicht so ungebrochen, wie sich das im Motiv des universalen Fließens darstellen mag, schließlich werden Produkte erstellt, die ein weiteres Produzieren überhaupt erst ermöglichen[6]. Daß der Fortgang der Produktion ermöglicht wird, stellt eine erste ernstzunehmende Irritation für den Körper dar:

---

[1] Anti-Ödipus [1972], 11.
[2] Ebd.
[3] Dieser wird wie folgt beschrieben: "Unaufhörlich bewirkt der Wunsch die Verkopplung der stetigen Ströme mit den wesentlich fragmentarischen und fragmentierten Partialobjekten. Der Wunsch läßt fließen, fließt und trennt." (Anti-Ödipus [1972], 11).
[4] Anti-Ödipus [1972], 12.
[5] Vgl. Miller, Henry: Wendekreis des Krebses. 1962, 298f.
[6] Vgl. Anti-Ödipus [1972], 13.

Man könnte meinen, die Energieströme wären noch zu sehr miteinander verbunden, die Partialobjekte noch zu organisch. Vielmehr reines Fließen in freiem stetigen Zustand, ohne Einschnitt, gerade dabei auf einem vollen Körper zu gleiten. Die Wunschmaschinen erschaffen uns einen Organismus, doch innerhalb dieser seiner Produktion leidet der Körper darunter, auf solche Weise organisiert zu werden, keine andere oder überhaupt eine Organisation zu besitzen. Als drittes Stadium ein unbegreifliches Stillhalten inmitten des Prozesses selbst.[1]

Was für ein Körper leidet da und aus welchen Gründen, wo hat er seinen Grund? Zunächst ist er bestimmt als "organloser voller Körper"[2], von dem es heißt, daß "Antonin Artaud ihn überall dort, wo er ohne Form und Gestalt vorhanden war, aufgedeckt"[3] habe. Er leidet darunter Organe zu erhalten, fixiert, in die Prozesse, die man gemeinhin *Leben* nennt, eingebunden zu werden und kann von daher auch *Todestrieb*[4] geheißen werden. Der organlose Körper ist ein Element der Anti-Produktion, das der Produktion eingegliedert ist, ja, sogar in seiner bestimmten Gestalt innerhalb derselben produziert wird. Die vorwiegend negativen Bestimmungen des organlosen vollen Körpers[5] lassen lediglich den Schluß zu, daß er als "bilderlose[r] Körper"[6] eine unorganisierte Materialität bezeichnet, die nur als Effekt, nämlich Anhaltung des Produktionsprozesses, wahrzunehmen und zu denken ist.

Der organlose volle Körper ruht auf einem basalen, konfliktuellen Modell auf:

Den Organmaschinen setzt der organlose Körper seine glatte, straffe und opake Oberfläche entgegen, den verbundenen, vereinigten und wieder abgeschnittenen Strömen sein undifferenziertes amorphes Fließen.[7]

Unversehens ist der organlose Körper an jenen anfänglichen Nullzustand getreten, besetzt das theoretische Territorium des Wunsches und

---

[1] Anti-Ödipus [1972], 14.
[2] Ebd.
[3] Ebd.
[4] Vgl. ebd.
[5] "Er [der organlose Körper/ C.J.] ist gewiß nicht Zeuge eines ursprünglichen Nichts, noch weniger Überbleibsel einer verlorengegangenen Totalität. Vor allem ist er keine Projektion; hat weder mit dem eigenen Körper noch mit dem Körperbild etwas zu tun." (Anti-Ödipus [1972], 15).
[6] Ebd.
[7] Ebd.

verschiebt dessen Bewegung in eine sekundäre Position. Hier entspricht der Duktus der Theoriebildung wiederum dem bezeichneten Phänomen:

> Wir glauben, daß die sogenannte Urverdrängung keine andere Bedeutung hat: daß sie nicht "Gegenbesetzung" meint, sondern jenes Abstoßen der Wunschmaschinen durch den organlosen Körper.[1]

Konzediert man den entwicklungslogischen Status des Wunsches, wie er oben skizziert wurde, als primäres Movens, so ergibt sich im Zuge seiner Prozessualität ein erstes Moment von ereignishafter Historizität: die stetig auf Produktion drängende Maschinerie des Wunsches scheitert an der paradoxalen, trägen Flüchtigkeit der Materialität, auf deren Organisation sie orientiert. Aus "dem für den organlosen Körper unerträglich gewordenen Verhältnis zu den Wunschmaschinen"[2] transformiert sich die paranoische Maschine. Die paranoische Maschine stellt eine deformierte Wunschmaschine dar. Sie ist eine Maschine, die aus dem Verhältnis von organlosem Körper und Wunschproduktion entsteht, das aus der Perspektive der Wunschmaschine gestört ist.

Wie aber ist das Verhältnis von Wunschmaschinen und organlosem Körper genauer als als gestörtes oder unerträgliches zu fassen?

> Der organlose Körper senkt sich auf die Wunschproduktion, zieht sie an sich und bemächtigt sich ihrer. (...) Der organlose Körper, unproduktiv, unverzehrbar, dient dem gesamten Produktionsprozeß des Wunsches als Aufzeichnungsfläche, so daß die Wunschmaschinen ihm in der objekiv-scheinhaften Bewegung, die diese zu ihm in Beziehung setzt, zu entspringen scheinen.[3]

Offenbar gibt es ein Verhältnis zweiseitiger Aktivität: der *corps sans organes* okkupiert die Wunschproduktion, während diese sich dem organlosen Körper einschreibt. Die Einschreibung verkehrt die Frage des Anfangs: die Abschöpfung des produzierten Mehrwerts führt zur Kapitalakkumulation, und keineswegs produziert das Kapital den Mehrwert. Allerdings schafft es ab einem bestimmten historischen Zeitpunkt die Möglichkeiten der Akkumulation des Mehrwerts und der Optimierung seiner Abschöpfung. Es ist eine objektiv-scheinhafte Bewegung, die das Kapital vollzieht, wenn es sich auf den Produkti-

---

[1] Ebd.
[2] Anti-Ödipus [1972], 16.
[3] Anti-Ödipus [1972], 18.

onsprozeß herabläßt. Flüstern die paranoischen Maschinen, die auf dieser vorerst nur illustrativ zu verstehenden Ebene[1] Sozialisten heißen können, auch immer "es braucht kein Kapital zur Mehrwertproduktion", so verkennen sie den objektiven Aspekt der scheinhaften Bewegung, die zwar über die Geschichte und deren Möglichkeiten lügt, aber das Recht der Gegenwart auf ihrer Seite hat: der paranoischen Maschine steht die Wundermaschine bspw. des Warenfetischs gegenüber.

Was widerfährt den Wunschmaschinen oder Arbeitskräften, wenn ihr Produktionsprozeß der Regie des Kapitals oder des organlosen Körpers unterstellt wird?

Die Produktion der Produktion gerät zur Produktion von Distribution oder Aufzeichnung. War die Ordnung der Produktion durch konnektive Synthesen nach dem Schema "und ... und dann ... und dann" gekennzeichnet, so findet beim Übergang zur Ordnung der Distribution eine signifikante Verschiebung statt:

> An die Stelle des "und dann" tritt das schizophrene "sei es ... sei es": welche zwei Organe auch immer betrachtet werden mögen, stets müssen sie auf dem organlosen Körper so aneinandergefügt sein, daß alle zwischen ihnen sich einstellenden disjunktiven Synthesen auf der gleitenden Oberfläche auf dasselbe hinauslaufen. Während das "... oder aber" Entscheidungsmöglichkeiten zwischen unvertauschbaren Begriffen kennzeichnen will, bezeichnet das "sei es" das System möglicher Permutationen zwischen Differenzen, die im Akt des Gleitens und des sich Veränderns stets auf dasselbe hinauslaufen.[2]

Unschwer hinter dieser Diktion ein Stück der alten Logik des Tauschwerts zu sehen, die alle Differenzen, die dem Gebrauchswert eignen, negiert zugunsten seiner Marktfähigkeit, d.i. Verkäuflichkeit, die auf der Kommensurabilität der Produkte als Wertträger gründet.

Der Produktion der Distribution oder Aufzeichnung folgt fast naturgemäß und aus derselben die Produktion der Konsumtion, die aufs engste verknüpft ist mit einem an dieser Stelle zunächst nicht erwarteten Phänomen.

---

[1] Natürlich handelt es sich nicht ausschließlich um eine, womöglich gar unmotivierte Illustration: "So wahr ist es, daß der Schizo politische Ökonomie treibt, und daß die Sexualität Sache der Ökonomie ist" (Ebd.).
[2] Anti-Ödipus [1972], 19.

> Dies, weil auf der Einschreibefläche sich etwas ausmachen läßt, dem der Status eines *Subjekts* zukommt. Ein seltsames Subjekt ist es, bar jeder festen Identität, fortwährend auf dem organlosen Körper an der Seite der Wunschmaschinen herumirrend, definiert durch das, woran es am Produkt teilhat, überall als Gratifikation ein Werden oder eine Verwandlung erhaltend, aus Zuständen geboren, die es konsumiert, und einem jeden Zustand zurückgegeben.[1]

Mit der Einführung des Subjektes in die theoretische Konstruktion geht unmittelbar seine Zurücknahme einher: das erscheinende Subjekt ist ein Rest, überschüssiges Resultat der von den Wunschmaschinen ihren Ausgang nehmenden Produktionsprozesse, das durch eine implizite Mehrwertproduktion immer weiter getrieben wird. Ist es einerseits an bestimmte Zustände in seinem Status als Subjekt geknüpft, so erhält es doch in diesen energetische Quanten, die es an andere Zustände weiterweisen, respektive an diese anschlußfähig machen: das Subjekt Deleuze/Guattaris ist singulär und seriell. Strukturell erscheint seine Einführung notwendig, aufgrund der Abfolge von paranoischer und Wundermaschine: die gleichzeitig laufende Anziehung und Abstoßung verlangt nach einer Organisationsform, die ihr Verhältnis - wo nicht aufzuheben - so doch zumindest funktional zu regeln, in der Lage ist. Das durch den organlosen Körper als Instanz der Anti-Produktion, bzw. als Usurpator, gestörte Verhältnis zwischen diesem und den Wunschmaschinen verlangt zu seiner Klärung die Einführung eines neuen Maschinentyps, verlangt nach dem »Begriff der "zölibatären Maschine"«[2]. Diese Maschine ermöglicht oder erstellt neue Verbindungen zwischen Wunschmaschinen und organlosem Körper "zum Zwecke einer neuen Menschheit oder eines glorreichen Organismus"[3].

> Beide Äußerungen, daß das Subjekt neben den Wunschmaschinen als Rest erzeugt wird, und daß es sich selbst mit dieser dritten produktiven Synthese und der residualen Versöhnung, die es herbeiführt, vermischt, laufen auf dasselbe hinaus: auf die konjunktive Konsumtionssynthese unter der Verwunderung und Entzückung zum Ausdruck bringenden Form des "Das war also das!".[4]

---

[1] Anti-Ödipus [1972], 24; kursiv im Original.
[2] Anti-Ödipus [1972], 25.
[3] Ebd.
[4] Ebd.

Mit diesem dritten Maschinentypus ist in der Entwicklungslogik des Kategoriengeflechts, seiner immanenten Systematik folgend, ein vorläufiger Endpunkt erreicht, der es gestattet, das Dargestellte Revue passieren zu lassen und es als solche zusammenzufassen.

Ausgehend von der primären ungestört laufenden Arbeit der Wunschmaschinen fängt die analytische Arbeit an und endet die uranfängliche Suppe mit dem Auftreten des organlosen Körpers, der realistischer Weise empirisch immer schon da ist. Mit seinem Auftreten wird aber auch ein eigenartiger Dreitakt in Gang gesetzt, den wir nicht nur aufgrund der scheinbar notwendigen Versöhnungsarbeit, die die zölibatäre Maschine zu leisten hat, versucht sind, mit dem von Deleuze perhorreszierten Begriff *Dialektik* zu belegen. Ein Blick auf die Statik oder Statistik der kategorialen Entwicklung mag dies belegen:

| ***Produktionsform*** | ***Syntheseform*** | | ***Maschinentypus (Verhältnis)*** |
|---|---|---|---|
| Produktion | konnektiv | paranoisch | Abstoßung |
| Distribution | disjunktiv | Wunder | Anziehung |
| Konsumtion | konjunktiv | zölibatär | Intensität |

***Energieform*** *Formel*

| | |
|---|---|
| Libido | und ... und dann |
| Numen | sei es ... sei es |
| Voluptas | Das war also das! |

Trotz dieser geradezu aufdringlich sich als dialektisch nahelegenden Gestaltung heißt es:

> Die Wunschproduktion stellt ein linear binäres System dar. Der organlose Körper fügt sich als dritter Terminus in diese Serien ein, ohne aber deren Charakter 2,1,2,1, ... zu durchbrechen. Hartnäckig verweigert sich die Serie einer Übertragung in die spezifisch ternäre und trianguläre Figur von Ödipus. Als Anti-Produktion geschaffen, tritt der organlose Körper nur auf, um jeden Versuch einer Triangulation, die eine elterliche Produktion verheißt, abzuwehren.[1]

---

[1] Anti-Ödipus [1972], 22.

Ist Ödipus undialektisch, oder Dialektik anti-ödipal, oder - wie formvollendet als drittes zu fragen ist -, ist die Dreigliedrigkeit des kategorialen Aufbaus kein Indiz einer dialektischen Organisation des kategorialen Zusammenhangs? Die Frage nach der Dialektik stellen, heißt die Frage nach dem Kapitalismus, respektive dem Kapital und seiner von Karl Marx - wie man sich vielleicht erinnert - dargestellten Entwicklungslogik stellen[1]. Wie steht es im *Anti-Ödipus* mit dem Kapitalismus (und der Schizophrenie)?

> In Wahrheit *ist die gesellschaftliche Produktion allein die Wunschproduktion selbst unter bestimmten Bedingungen*. Wir erklären, daß das gesellschaftliche Feld unmittelbar vom Wunsch durchlaufen wird, daß es dessen historisch bestimmtes Produkt ist und daß die Libido zur Besetzung der Produktivkräfte und Produktionsverhältnisse keiner Vermittlung noch Sublimation, keiner psychischen Operation noch Transformation bedarf. *Es gibt nur den Wunsch und das Gesellschaftliche, nichts sonst.*[2]

Diese Universalisierung der Wunschproduktion führt bis hin zur Angleichung des Wesens/der Natur[3] von Wunsch- und technisch-gesellschaftlichen Maschinen, zwischen denen "keine Wesensdifferenz"[4] besteht, jedoch eine Differenz "gemäß Größenverhältnissen"[5]. Inner-

---

[1] Ausnahmsweise sei hier vor- und auf ein Interview zurückgegriffen, in welchem Deleuze sagt: "Je crois que Félix Guattari et moi, nous sommes restés marxistes, de deux manières différentes peut-être, mais tous les deux. C'est-que nous ne croyons pas à une philosophie politique qui ne serait pas centrée sur l'analyse du capitalisme et de ses développements. Ce qui nous intéresse le plus chez Marx, c'est l'analyse du capitalisme comme système immanent qui ne cesse de repousser ses propres limites, et qui les retrouvent toujours à une échelle agrandie, parce que la limite, c'est le Capital lui-même". (Deleuze im Interview mit Toni Negri in "Futur antérieur", 1/1990. zitiert nach Deleuze, Gilles: "Pourparlers", Paris 1990, 232.) Beachtenswert scheint, daß dies Interview im Frühjahr 1990, also nach dem Fall der Berliner Mauer und angesichts des deutlich sichtbaren Niedergangs der Sowjetunion und anderer nunmehr ehemaliger Ostblock-Staaten, geführt wurde.

[2] Anti-Ödipus [1972], 39.

[3] Da es im Französischen keinen Ausdruck gibt, der dem deutschen "Wesen" entspricht, das stark auf die mystische und idealistische Tradition verweist, geben wir korrespondierende Begriffe an, die dem französischen Bedeutungskomplex von Worten wie *essence*, *nature* oder gar *êtres*, die oft durch "Wesen" übersetzt werden, näherkommen.

[4] Anti-Ödipus [1972], 41; kursiv im Original.

[5] Ebd.; kursiv im Original.

oder unterhalb des Wesens lassen sich zwischen den Funktionen, die nicht das Wesen/die Natur der Maschinen ausmachen, sehr wohl Unterschiede feststellen: Führt die technische Maschine als *konstantes Kapital* kontinuierlich einen Teil ihres Werts der Produktion zu, bis zu ihrem schließlichen Verschleiß, so laufen die Wunschmaschinen nur als gestörte, die dem Produkt nicht einen Wert, sondern ein Produzieren hinzufügen. Sie verhindern geradezu ein Produktwerden und eine Wertanreicherung, sondern lassen die Produktion dazu tendieren, niemals anzuhalten.

Die zweite Unterscheidung betrifft das Verhältnis zur Anti-Produktion: Sie wird von den Wunschmaschinen selbst erstellt, als Ruhemoment der unaufhörlichen Produktion, wohingegen die technischen Maschinen, insofern sie nicht als konstantes Kapital, sondern als sozialhistorisch bedingte Werkzeuge begriffen werden, äußerlichen Bedingungen ihrer Reproduktion unterliegen, die sie dysfunktional werden lassen, um auf diese Weise die Anti-Produktion einführen. In engem Zusammenhang damit steht die dritte Differenz, die den Bezug zum organlosen Körper zum Anlaß nimmt, wiederum auf die Universalität der Wunschmaschinen zu verweisen:

> Die Wunschmaschinen sind gesellschaftlich und technisch in einem. Gerade in diesem Sinn bildet die Wunschproduktion den Ort einer Urverdrängung, so wie die gesellschaftliche Produktion den Ort der Repression, und vollzieht sich auch zwischen dieser und jener etwas, das der im "eigentlichen Sinne" sekundären Verdrängung gleicht: alles hängt hier von der Situation des organlosen Körpers oder seines Äquivalents ab, davon, ob er innerliches Resultat oder äußerliche Bedingung ist (...).[1]

Das Äquivalent des organlosen Körpers in der gesellschaftlichen Sphäre heißt "Sozius", doch es handelt sich nicht nur um eine Äquivalenz, sondern um eine Genese.

> Denn der organlose Körper ist nicht zuerst sich selbst in einem Ursprung gegeben, und wird dann in die verschiedenen Arten des Sozius projiziert, so als stünde gleichsam an der Basis der gesellschaftlichen Produktion ein großer Paranoiker, der Häuptling der Urhorde. Die Gesellschaftsmaschine (Sozius) kann sein: der Körper der Erde, der Körper des Despoten, der Körper des Geldes. Sie stellt niemals eine Projektion des organlosen Körpers dar. Vielmehr ist dieser der äußerste Rest eines deterritorialisierten Sozius.[2]

---

[1] Anti-Ödipus [1972], 43.
[2] Ebd.

Der organlose Körper erweist sich an dieser Stelle als erste Form einer sozialen Einflußgröße, die, wie oben dargelegt, die Wunschmaschinen und ihre Produktion affiziert, nachdem sie derselben entwachsen ist. Fragwürdig wird jedoch, wie der Sozius zu deterritorialisieren ist, und was das überhaupt ist: Deterritorialisierung? Da es sich bei diesem Begriff sicherlich um einen der für das Verständnis des *Anti-Ödipus* und der nachfolgenden Werke Deleuze/Guattaris zentralen Begriffe handelt, sei diesem eine ausführliche Darlegung gewidmet, zumal er auf den Begriff des Kapitalismus führt, der entwickelt werden soll.

War der Sozius durch alle historischen Formationen mit der Regulation und Kanalisierung der Wunschmaschinen befaßt, verändert sich seine Qualität mit dem Kapitalismus wesentlich, bzw. führt eine der wesentlichen Änderungen seiner Qualitäten zum Kapitalismus:

> Tatsächlich entsteht er [der Kapitalismus /CJ] aus dem Zusammentreffen zweier Arten von Strömen: den decodierten Produktionsströmen in Form des Geld-Kapitals und den decodierten Arbeitsströmen in Form des "freien Arbeiters". Daher ist die kapitalistische Maschine, im Gegensatz zu den vorhergehenden Gesellschaftsmaschinen, unfähig, einen Code bereitzustellen, der das gesamte gesellschaftliche Feld umfaßt. Statt des Code hat sie im Geld eine Axiomatik abstrakter Quantitäten gesetzt, die die Deterritorialisierung immer weiter vorantreibt, endlich einer Decodierungsschwelle zu, an der der Sozius sich zugunsten eines organlosen Körpers auflöst, womit die Wunschströme in ein deterritorialisiertes Feld, das des organlosen Körpers, befreit sind.[1]

Zunächst heißt das, daß die Wunschmaschinen nie frei von Anti-Produktion oder dem organlosen Körper sind: die Ursuppe gab es nie und wird es nie geben - außerhalb der theoretischen Konstruktion. Statt dessen kann es in der Überschreitung der kapitalistischen Deterritorialisierungsgeschwindigkeit einen Zustand der reinen Wunschproduktion, der aber alle oben entfalteten Ebenen, Formeln und Produktionsweisen umfaßt und dazu notwendig des organlosen Körpers bedarf, geben.

Desweiteren fragt sich, wie der analytische Erstzustand des organlosen Körpers aus dem Sozius gewonnen werden kann? Anders gefragt: gab es Wunschmaschinen außerhalb einer wie auch immer zu fassenden Sozialität? Hängt der *Anti-Ödipus* am Humanum als politikon zoon?

---

[1] Anti-Ödipus [1972], 44.

Die *Wunsch*maschine ist als wünschende etwas Humanität qualifizierendes und ist in ihrer Absetzung vom Bedürfnis (besoin) das Spezifikum der menschlichen Psyche. Insofern der Mensch nun aber außerdem wesentlich gesellschaftliches Wesen ist, sich gesellschaftliche und Wunschproduktion durchdringen, kann von einer permanenten faktischen Gleichzeitigkeit ausgegangen werden, wobei ein analytisches Primat der Wunschproduktion mit analytischer Notwendigkeit einzuräumen ist, da ohne diese keine menschliche Geschichte geworden wäre. Sind in diesem weiteren Bezugsrahmen, der auf die Geschichte und nicht nur die erste Klärung des Funktionszusammenhanges der Wunschproduktion geht, die Größen, die sich begegnen, der Sozius und die Wunschmaschine, so ist für alle dem Kapitalismus vorgängigen Gesellschaftsformationen davon auszugehen, daß der Sozius stets von der Wunschproduktion deterritorialisiert wird, bzw. diese daraufhin wirkt, und so als Rudiment des Sozius den organlosen Körper erzeugt, der seinerseits integraler Bestandteil der Wunschproduktion ist, die jedoch bisher nicht die nicht minder stetige und gleichzeitige Wiedererrichtung des Sozius, der so nicht zum Verschwinden kommt, verhindern konnte. Die Fragestellung erinnert an die gute, alte, ob Henne oder Ei zuerst gewesen sei; in diesem wie in jenem Fall läßt sich historisch klar sagen, daß es Eier bzw. Sozii vor den Hennen, respektive Wunschmaschinen gegeben habe: einerseits bei Reptilien, andererseits bei Vögeln. Strenger gefaßt, kann man aber von den Eiern als Hühnereiern, bzw. dem Sozius als spezifisch humanem nur dann reden, wenn die Existenz des Qualifikators vorausgesetzt werden kann. Es bleibt bei der Gleichzeitigkeit zweier Elemente, deren eines vorzeitig ist, während das andere die primäre Qualifikation erlaubt[1].

Der Einfachheit halber kehren wir zum Kapitalismus zurück.

Die Decodierung der Ströme sowie die Deterritorialisierung des Sozius bilden so die wesentliche Tendenz des Kapitalismus. Unaufhaltsam nähert er sich seiner im eigentlichen Sinne schizophrenen Grenze. Unter Aufbietung aller Kräfte versucht er den Schizo als Subjekt der decodierten Ströme auf

---

[1] Oder wie es Deleuze/Guattari ausdrücken: "Die Schizophrenie ist so die Wunschproduktion als Grenze der gesellschaftlichen Produktion. Folglich stehen die Wunschproduktion und ihre Ordnungsdifferenz zur gesellschaftlichen Produktion am Ende und nicht am Anfang. Von einer zur anderen besteht nur Werden, das Werden der Realität." (Anti-Ödipus [1972], 46).

dem organlosen Körper zu erzeugen - kapitalistischer als jeder Kapitalist, proletarischer als jeder Proletarier.[1]

Das schizophrene Subjekt, das in der Fluchtlinie des Kapitalismus als Produktionsweise liegt, wäre demnach eines, das es vermöchte, aus den Strömen des Geldes und der - dem Kapital - frei verfügbaren Arbeitskraft herauszutreten, um zu sagen, "das war also ich". Dieser Prozeß birgt eine strukturelle Unmöglichkeit: wie aus einem als potentiell infinit gedachten Prozeß heraustreten, um eine Position affirmativer Identifikation zu beziehen. Eben darin liegt das Schizogene, Bewußtseinsspaltende des Prozesses und nicht im Gegensatz von Kapital als strömendem und Arbeit. Der Kapitalismus produziert seiner Struktur nach ein instabiles Subjekt, das sich in seinen Subjektivierungen in einer nur vorläufigen, defizitären Nachträglichkeit einrichten kann: Ich war also das, werde aber notwendig gleich etwas anders werden, da ich bereits mit der Feststellung, daß ich das war, das, was ich war, nämlich infinites Strömen, verfehlt habe. Dieser Unhintergehbarkeit seiner immanenten Schizophrenie begegnet der Kapitalismus mit einer Gegenbewegung, einem Moment von Anti-Produktion.

> Denn der Kapitalismus hört nicht auf seine Entwicklungstendenz zu durchkreuzen und zu hemmen, wie gleichermaßen sich in sie zu stürzen und zu beschleunigen; er hört nicht auf seine Grenze wegzustoßen und sich ihr zu nähern. Alle Arten residualer oder künstlicher, imaginärer oder symbolischer Territorialitäten richtet der Kapitalismus ein, wenn er nicht alle restauriert, um auf ihnen, mehr schlecht als recht, die von den abstrakten Quantitäten abgeleiteten Personen neuerlich zu codieren und abzustempeln. Alles passiert wieder Revue: die Staaten, die Vaterländer, die Familien.[2]

Jener letzt beschriebene Vorgang heißt als der Deterritorialisierung komplementäre Bewegung *Reterritorialisierung*. Er erhält den Kapitalismus in seiner krisenhaften Funktionalität.

> Marx nannte als eine der dem tendenziellen Fall der Profitrate entgegenwirkenden Ursachen das Anwachsen der absoluten Masse des Mehrwerts. (...) Je weiter die kapitalistische Maschine die Ströme deterritorialisiert, decodiert und axiomatisiert, um derart Mehrwert zu entreißen, desto gewaltsamer reterritorialisieren die ihr angeschlossenen bürokratischen und Poli-

---

[1] Anti-Ödipus [1972], 44-45.
[2] Anti-Ödipus [1972], 45.

zeiapparate und absorbieren gleichzeitig einen wachsenden Teil des Mehrwerts.[1]

Der Mehrwert, dessen Akkumulation das Movens des Kapitalismus ausmacht, kann nicht vollständig erschlossen, optimiert werden, da sich die Tendenz zu seiner Freisetzung mit der notwendigen Einführung der subjektivierenden Anti-Produktion kreuzt. Der Kapitalismus hat einerseits eine originäre, ihm eigene und ihn qualifizierende Tendenz (Deterritorialisierung) und eine notwendige die als Konzession an die Geschichtlichkeit seines Werdens geknüpft ist (Reterritorialisierung). Die Schlacke der Geschichte in der Affirmation der dem Kapitalismus eigenen Bewegungsform abzustreifen, hieße, der Geschichte als Prozeß den Raum des Neuen zu eröffnen. Ein Widerschein der selbst schon wieder tradierten Denkfigur leuchtet auf, derzufolge der Kapitalismus die Möglichkeiten seiner Überwindung bereits in sich trage.

Die dem Kapitalismus inhärenten Bewegungen implizieren eine Schizoïsierung und drängen auf diese. Auf der Ebene der gesellschaftlichen Produktion und ihrer Reproduktion existiert somit ein lediglich binär und darin hierarchisch und beweglich organisiertes System, das in Anlehnung an Deleuze vielleicht als "bi-univokes" bezeichnet werden kann. Diese Produktionsform steht im strukturellen Gegensatz zur Ordnung der Wunschmaschinen, deren Produktion und Reproduktion über drei verschieden Systeme von Einschnitten und in diesen läuft:

1. Einschnitte von Entnahmen
2. Einschnitte von Abtrennungen
3. Einschnitte des Rests oder des Rückstandes

Natürlich handelt es sich in dieser Systematisierung um einen Rekurs auf die drei verschiedenen Formen von Produktion - also Produktion, Aufzeichnung und Konsumtion.

Das erste System meint nichts anderes als die fundamentalen, Wunschmaschinen konstituierenden Schnitte in einen kontinuierlichen Strom, die *hylè*. Doch ist es so einfach doch nicht, denn zunächst ist nur der Schnitt als Stromentnahme sichtbar, wahrnehmbar, wie auch die Fortsetzung als Ankoppelung einer zweiten Maschine, der die erste stromentnehmende ihrerseits Strom liefert, faktische Evidenz besitzt. Wie dann aber von jener Kontinuiät des Materiestroms sprechen? Wo-

---

[1] Ebd.

her kommt uns ein "unendlicher Strom eines immensen Schweineschenkels"[1]?

> Tatsächlich bezeichnet die *hylè die in der Idee gegebene* reine Kontinuität der Materie. (...) Der Einschnitt statt im Gegensatz zur Kontinuität zu stehen, bedingt sie, impliziert oder definiert das, was er abtrennt, als *ideelle* Kontinuität.[2]

Jene erste Systematik konstituiert einen analytischen Niveauunterschied, der neben einer faktisch-empirischen Beschreibungsebene die Notwendigkeit einer ideell-notwendigen plausibel macht, da bestimmte Phänomene, auf ihren Möglichkeitsgrund hin befragt, es nur gestatten, *im Rahmen einer Konstruktion* Antwort zu geben, die zwar ihre Determinanten im Realen hat, aber selbst dort nicht aufzuzeigen ist, so daß jede Vertuschung ihrer angeleiteten Ideenhaftigkeit unangemessen scheint: Bejahung der Idealität, wo sie unvermeidbar ist.

Die Einschnitte von Abtrennungen können begriffen werden, als die Regulationen, als Codes, die alle möglichen Entnahmen oder Ankopplungen bestimmen. Die Regulierungen sind keineswegs als einheitliche, vereinheitlichende zu denken, sondern sind vielfältig kontextuell abhängige Variablen, die als bestimmende sich je neu bestimmen; es gibt bis zum Ereignis immer noch Optionen.

> Soll man sich mit dem, was man ißt, ersticken oder nicht, soll man die Luft hinunterwürgen, mit dem Mund scheißen? (...) Der Code ist weniger einer Sprache ähnlich denn einem Jargon, einem offenen und polyvoken Gebilde.[3]

Der Jargon wird begriffen als fragmentierte, partikulare Signifikantenkette, die sich nicht differentiell Signifikaten zuordnet, sondern einen Bereich möglicher Signifikanzen umschreibt oder umspricht, die sich je-singulär einstellen, ohne damit andere innerhalb des Möglichkeits- oder Jargonbereiches liegende Singularitäten auszuschließen[4]. Doch diese Wirklichkeit des Jargons als wirkendem läßt sich lediglich dank

---

[1] Anti-Ödipus [1972], 47.
[2] Ebd.; unsere Hervorhebung.
[3] Anti-Ödipus [1972], 49.
[4] "Die jenen Ketten eigenen Disjunktionen implizieren noch keineswegs Ausschließungen, diese können erst durch das Spiel von Verbots- und Repressionsagenten auftreten, die den Träger determinieren und ein spezifisches und persönliches Subjekt fixieren." (Anti-Ödipus [1972], 50).

der subversiven Arbeit des Schizos erschließen, denn im gesellschaftlichen Jetzt- und Normalzustand existieren nur die "sozialen Codes, in denen ein despotischer Signifikant alle Ketten niederwalzt, sie linearisiert und bijektiv macht, schließlich sich der Bausteine als fester Elemente einer imperialen Chinesischen Mauer bedient"[1]. Die Schizophrenie unterläuft diese Despotie des Signifikanten und führt die Wunschproduktion wieder in die Codes ein.

Der dritte Teil dieser Systematik von Einschnitten handelt von denjenigen des Restes[2]. Der Rest aber ist das, was aus dem eigentlichen Prozeß der Wunschproduktion heraustritt, das, was in den vorgängig beschriebenen Systematiken nicht aufgeht und so eine zusätzliche Ebene eröffnet, die im Abseits der Wunschmaschine, an ihrem Rand, liegt, ohne sie jedoch zu verlassen. Was in der Produktion nicht aufgeht, verzehrt sich in der Etablierung eines residualen Subjekts als Reflex des vorgängigen Prozeßes: das Übriggebliebene kündet von dem ihm Vorhergehenden. Der Reflex ist nicht als abbildende Widerspiegelung aufzufassen, sondern als Einrichtung einer sekundären Zeitlichkeit, die den Raum der Reflexion als - zunächst einmal - Nach-Denken eröffnet. Daß ein Ereignis nur dann Gegenstand einer Reflexion und Anlaß einer Subjektivierung sein kann, wenn es ein Relikt gibt, ein Zeugnis, scheint so unmittelbar evident, daß die Darstellung der Systematik der Wunschmaschinen mit einem ein Resümee resümierenden Satz beschlossen sei:

> Produzieren heißt entnehmen, abtrennen, "zurückbleiben", und darin: die realen Operationen des Wunsches ausführen.[3]

Anhand dieser Systematisierung der Wunschproduktion wird deren Differenz hinsichtlich der immanenten Strukturprinzipien von Bewegung zu denen des Kapitalismus deutlich. Der sich wechselseitig relativierenden Divergenz von De- und Reterritorialisierung stehen multiplikative Einschnittstrukturen gegenüber, die das Reale in angemessener Vielfältigkeit mit dem Wunsch verknüpfen, während die den Kapitalismus spezifizierende Doppelbewegung, einerseits den Wunsch als befreiten kanalisiert (Arbeit und/oder Geld), und ihn andererseits an das Reale als bestimmtes, nicht mehr verfügbares fesselt.

---

[1] Anti-Ödipus [1972], 51.
[2] Vgl. Anti-Ödipus [1972], 52-53.
[3] Anti-Ödipus [1972], 53.

Politisch setzen Deleuze/Guattari auf eine Fluchtlinie, auf eine Deterritorialisierung, die den Kapitalismus vereinseitigt, die keine Reterritorialisierung mehr zuläßt. Die ausschließliche Deterritorialisierung ist allerdings nicht als lineare Beschleunigung zu denken, sondern als eine Freisetzung von Entscheidungs-, Handlungs- und Wahrnehmungsmöglichkeiten, die multipliziert werden in wachsenden Strukturen der Vernetzung; für solche Strukturen haben die Autoren den Begriff des Rhizoms geprägt, von dem im nächsten Abschnitt zu sprechen sein wird.

## III.4 Klein werden

*A woman made a man / A man he made house*
*And when they lay together / Little creatures all*
*came out*
*Well I' ve seen sex and I think it's alright*
*It makes those little creatures come to life*
*We are creatures, creatures of love*
*Talking Heads*

Der *Anti-Ödipus* war zu einem Bestseller geworden, eine Vielzahl von wissenschaftlichen und populären Zeitschriften, selbst Tageszeitungen hatten dessen Errscheinen mit einer Rezension oder gleich mehreren Besprechungen gewürdigt. Das Buch erlebte in rascher Folge Nachauflagen und Übersetzungen[1]. In der ersten Monographie zu Deleuze[2] wird ihm ein Jahr nach Erscheinen des Bandes unter anderem vorgeworfen, er sei ein Star geworden.

Drei Jahre nach ihrer Studie über Kapitalismus und Schizophrenie treten Deleuze/Guattari mit einem vor diesem Hintergrund zunächst

---

[1] Trotz des publikatorischen Erfolges muß man im nachhinein wohl feststellen, daß das Buch mehr gekauft als gelesen wurde.
[2] Vgl. Cressole, Michel: Deleuze. Paris 1973

überraschenden Opusculum hervor[1]: 1975 erscheint *Kafka. Pour une littérature mineure*[2]. Selbst wenn Kafka als einer der meistgelesenen und angesehensten deutschsprachigen Schriftsteller in Frankreich gelten kann, verwundert es doch, daß nach einem seinem Anspruch so umfassenden Werk wie dem *Anti-Ödipus* ein Rückzug in die Gefilde der Ästhetik statthat, der sich scheinbar nicht nur auf einen Autor beschränkt, sondern auch noch eine *kleine* Form von Literatur avisiert.

Die Fragen, die sich an diese Beobachtungen vor der Lektüre des Buches knüpfen können, sind grundsätzlichster Art. Was soll das? Wohin kann das führen? Ist es eine Strategie? Was hat die Literatur, präziser noch Kafka, mit dem Kapitalismus oder gar noch der Schizophrenie zu tun? Warum überhaupt sollte man für eine kleine - oder um ein präziser erscheinendes Kunstwort einzuführen - für eine minoritäre Literatur sein?

Derartige Fragen stellen sich Deleuze/Guattari gerade nicht, viel schlichter beginnen sie ihre Kafka-Untersuchung mit der folgenden:

Wie findet man Zugang zu Kafkas Werk?[3]

Die Antwort beschränkt sich darauf, relativistisch zu konstatieren, daß es sich bei diesem Werk um ein Rhizom, einen Bau handle, der eine Vielzahl von möglichen Eingängen aufweise, so daß es gleichgültig sei, welchen man wähle[4]. Trotz dieser augenscheinlichen Gleichwertigkeit der rhizomatischen Struktur, handelt es sich doch um kein orientierungsloses Bewegen innerhalb eines Textkorpus, sondern die Beliebigkeit des Eingangs führt zu Direktiven den Aufbau, die Struktur des Korpus betreffend.

Wir müssen (...) darauf achten, wohin er uns führt, über welche Verzweigungen und durch welche Gänge wir von einem Punkt zum nächsten gelangen, wie die Karte des Rhizoms aussieht und wie sie sich ändert, sobald man anderswo einsteigt.[5]

---

[1] Allerdings gibt es bereits zwei Jahre vor Erscheinen des Buches einen Verweis auf die Arbeit daran: mit Guattari, Félix: Le nouvel arpenteur. Intensités et blocs d' ènfance dans "Le Château". Critique 318 /1973, 1046-1054.
[2] Paris 1975.
[3] Kafka. Für eine kleine Literatur [1975], 7.
[4] Vgl. ebd.
[5] Ebd.

Erste Unterscheidung zwischen dem Rhizom und seiner Karte, einer Karte, die verschiedene Projektionspunkte kennt; mithin wird eine Meta-Ebene eingeführt, ein Grund der Reflexion, von dem aus ein virtuelles Abbild des Rhizoms zu erstellen ist und der als solcher mit zu reflektieren ist, da die Abbildproduktion von diesem mitbestimmt wird. Um die Produktion solcher Karten geht es Deleuze/Guattari offensichtlich, da sie sich in der Vorannahme, der axiomatischen Setzung des Rhizoms gegen einen bestimmten Feind wenden.

> Das Prinzip der vielen Eingänge behindert ja nur das Eindringen des Feindes, des Signifikanten; es verwirrt nur jene, die ein Werk zu "deuten" versuchen, das in Wahrheit nur experimentell erprobt sein will.[1]

Die Kartographie eines Textes wird seiner experimentellen Erprobung gleichgesetzt, womit eine befremdliche Engführung von reflexiver Abbildung und eingreifender Tätigkeit induziert ist. Um sich mit dieser Befremdlichkeit vertraut zu machen, mag es hilfreich sein, sich auf das Verfahren der Arbeit am literarischen Text, das Deleuze/ Guattari in Anschlag bringen, genauer einzulassen.

Sie wählen ihren Einstieg bei einem konventionellerweise als motivliches Gefüge bezeichneten Komplex: "Porträt oder Foto und gesenkter, niedergedrückter Kopf"[2]. Dies Gefüge erscheint in verschiedenen der Erzählungen und Romane Kafkas und ist dergestalt als Eingang legitimiert. Das Gefüge selbst zerfällt analytisch in eine Inhaltsform (gesenkter Kopf) und eine Ausdrucksform (Porträt oder Foto). Es korreliert mit einem anderen Gefüge - erhobener Kopf und musikalischer Klang - das entsprechend sich auflöst in Inhalts- und Ausdrucksform[3]. Diese duale Ordnung, die auch noch an die Begrifflichkeiten des Anti-Ödipus gekoppelt wird[4], wird den Autoren in ihrer Nähe zur strukturalen Literaturbeschreibung selbst suspekt und veranlaßt sie zu einer expliziten Distanzierung von diesem möglichen Verdacht.

---

[1] Ebd.
[2] Ebd.
[3] Vgl. Kafka. Für eine kleine Literatur [1975], 8-9.
[4] So steht das erste Gefüge für den Komplex "blockierter Wunsch, unterdrückt oder unterdrückend, (...) Territorialität oder Reterritorialisierung", während der zweite sich folgender Bestimmungen erfreuen darf: "sich erhebender, aufbrechender Wunsch, der sich neuen Verbindungen auftut, (...) Deterritorialisierung" (Kafka. Für eine kleine Literatur [1975], 9 und 10).

> Es geht uns gewiß nicht um interpretierende Deutung nach dem Muster: Dies bedeutet jenes. Und wir suchen schon gar nicht nach einer "Struktur" mit formalen Oppositionen und säuberlich herausgeschälten Signifikanten: Es wäre nicht schwer, binäre Beziehungen und bijektive Relationen zu konstruieren (...) - aber es wäre stupide, solange man nicht erkennt, wohin und wodurch das System *sich bewegt*, wie es *wird* und welches Element die Rolle der Heterogenität spielt, des Körpers, der das Ganze schließlich auseinanderjagt, der die symbolische Struktur ebenso sprengt wie die hermeneutische Deutung, die laienhafte Ideenassoziation und den imaginären Archetyp.[1]

Deleuze/Guattari markieren damit deutlich genug ihre Gegnerschaft zu strukturalistischen, psychoanalytischen und hermeneutischen Methoden - für sich und in ihren Mischformen - der Literaturwissenschaft. Sie negieren jede in einer Tiefenschicht geborgene Bedeutung, die es zu bergen gelte; gegen die als Tauchen nach einem Schatz zu begreifenden Verfahren setzen sie ihr Glaubensbekenntnis:

> Wir glauben nur an eine *Politik* Kafkas, die weder imaginär noch symbolisch ist. Wir glauben nur an eine oder mehrere *Maschinen* Kafkas, die weder Strukturen noch Phantasien sind. Wir glauben nur, daß Kafka *Experimente* protokolliert, daß er *nur Erfahrungen* berichtet, ohne sie zu deuten, ohne ihrer Bedeutung nachzugehen (...).[2]

Der oben erwähnte experimentelle Umgang des Literaturwissenschaftlers mit dem literarischen Text folgt dessen Vorgaben. Wiederum stellt sich eine zumindest beanspruchte Kongruenz oder eher noch Konvergenz zwischen Text und Bearbeitungsform her, die letztere legitimieren soll.

Doch wie verhält es sich mit den Maschinen Kafkas? Orientierten die Maschinen bei ihrer Einführung in *Proust und die Zeichen* noch wesentlich auf Produktion und waren, was ihre Binnenstruktur betrifft, unterbestimmt, so wurde dies in den ausufernden Differenzierungen des *Anti-Ödipus* mehr als wettgemacht; doch finden sich dort keinerlei Verknüpfungen des Maschinen-Konzeptes mit Inhalt/Ausdruck-Relationen. In diese Konstellation geht das Verlangen (desir) oder der Wunsch ein und zwar in einer Art und Weise, das er für sich stehen kann. Diese Art und Weise als Modus der Wunschpräsentation erschließt sich aber nur im Ausdruck.

---

[1] Kafka. Für eine kleine Literatur [1975], 12; kursiv im Original.
[2] Ebd.; kursiv im Original.

Allein der Ausdruck erschließt das *Verfahren*.[1]

Um nun den Ausdruck und damit das Verfahren zu bestimmen, rekurrieren Deleuze/Guattari auf Kafkas Ausführungen zur *kleinen Literatur*, doch geht es nicht um eine genaue Rekonstruktion des Kafkaschen Gedankengangs, sondern wird dieser zum Anlaß genommen, ein von diesem unterschiedenes Konzept einer minoritären Literatur zu entwickeln. Dieses wird, nachdem als Axiom gesetzt wurde, daß es sich bei den Produzenten einer minoritären Literatur um Mitglieder einer Minderheit handelt, die sich einer großen Sprache bedient, zunächst durch drei Merkmale bestimmt.

Erstes Merkmal ist ein "starker Deterritorialisierungskoeffzient, der ihre Sprache erfaßt"[2]. Ihre Sprache, meint die der Minderheit, die sich durch die Sprache der Majorität verunsichert sieht. In welcher Sprache sich als Marginalisierter artikulieren, ohne die Marginalisation fortzuschreiben? Diese Fragestellung motiviert den Gebrauch der majoritären Sprache, die in bestimmter Weise bearbeitet wird, um einerseits der Notwendigkeit der Artikulation Rechnung zu tragen und andererseits der Reduktion auf den Minderheitenstatus zu entkommen, sich darin nicht einzurichten und die Heteronomie zu bestätigen. Diese Problemstellung führt zum zweiten Merkmal dieser Literaturen:

In ihnen ist alles politisch.[3]

Die Bestimmung wird von Deleuze/Guattari durch die reduzierte Territorialität, die den Minderheiten zur Verfügung steht, gestellt wurde, begründet. In dem engen Rahmen der nahezu ortlosen Minorität lassen sich die Begebenheiten nicht auf ein Individuum zurückführen, sondern verweisen immer auf den Kontext, in dem sie entstanden sind und der aufgrund seines wesentlichen Minderheitenstatus immer vom Machtgefälle, von Hegemonie und Repression kündet. Jede Situierung eines Sachverhaltes kann im Rahmen der minoritären Literatur nicht als akzidentielles Moment der Aussprache eines exemplarischen universellen Individuums verstanden werden - Wilhelm Meister als Erzählung der Entwicklung *des* Bürgers lesen -, sondern seine Exem-

---

[1] Kafka. Für eine kleine Literatur [1975], 24; kursiv im Original.
[2] Ebd.
[3] Kafka. Für eine kleine Literatur [1975], 25.

plarität bezieht sich auf die politische Konstellation, weniger auf den Bourgeois und seine Psyche als auf den Citoyen und seine Politologie. Was auf dieser Ebene für das erzählte Aussagen gilt, gilt auf der Ebene der Autorenaussage gleichermaßen. Das dritte Merkmal minoritärer Literaturen ist, daß in ihnen "alles kollektiven Wert"[1] gewinnt. Die Aussagen entfalten eine direkt politische Wirkung, sei es in einem aktuell positionierenden Bezug, der sich der gegenwärtigen Situation annimmt, oder im Sinne der antizipatorischen Formulierung einer möglichen kommenden Politik. Die Ähnlichkeit des zweiten und dritten Merkmals ist keine zufällige: Bezieht sich das zweite auf ein Subjekt des Ausgesagten, so gilt das dritte Kriterium für die Subjekte der Aussage. Die Gleichheit, die nahezu für diese Bestimmungen behauptet werden kann, ist eine taktische, die daraufhin angelegt ist, die alte strukturalistische Unterscheidung zwischen sujet d'enoncé und sujet d'enonciation aufzuheben, respektive ihre Gültigkeit für die minoritären Literaturen in Abrede zu stellen. Die in der analytischen Entfaltung noch mit gemachte Unterscheidung eines Subjekts des Ausgesagten und eines Subjekts des Aussagens wird inhaltlich zurückgenommen:

> Es gibt kein Subjekt, *es gibt nur kollektive Aussageverkettungen* - und die Literatur bringt diese Verkettungen zum Ausdruck (...).[2]

Die Charakteristik der kleinen Literatur ist jedoch nicht die Systematik einer literarischen Sonderform, wie der Pragerdeutschen Literatur, sondern orientiert auf das weitere Feld der Möglichkeitsbedingungen von dissidenten Literaturen in großen oder majoren Literaturen überhaupt. Was als Problem auf dem Spiel steht, ist mit der Frage nach den Möglichkeiten einer revolutionären Literatur auch die Frage nach der Revolution in der Literatur, nach dem literarisch Neuen. Dieses Neue ergibt sich Deleuze/Guattari zufolge auf zwei Wegen, die beide Deterritorialisierung heißen. Als Beispiel für den ersten gilt ihnen der literarischen Prager Symbolismus à la Meyrink[3], aber auch und gleichermaßen James Joyce. Joyces literarische Strategie vollzieht zwar einerseits am gegebenen Sprachmaterial eine inflationäre Sinnproduktion und bricht

---

[1] Ebd.
[2] Kafka. Für eine kleine Literatur [1975], 26; kursiv im Original.
[3] Vgl. expl. Meyrink, Gustav: Das grüne Gesicht. [1917] Leipzig, Weimar 1986

so dessen statuarische Codierung, insgesamt muß jedoch ein geradezu lexikalisches Wissen reaktualisiert werden, um die produzierte Bedeutung erschließen zu können. Mit letztgenanntem Prozeß wird jedoch nichts Neues geschaffen oder ermöglicht, sondern ein historischer Status bewahrt und perpetuiert[1]. Gegen diese Form der Deterritorialisierung stehen Kafka und Beckett, die "dem symbolischen oder bedeutungsschwangeren oder bloß signifikanten Gebrauch der Sprache einen rein intensiven Sprachgebrauch entgegenstellen; zu einem perfekten und nicht-geformten, intensiv-materialen Ausdruck gelangen"[2]. Unmittelbar schließt sich die Frage an: Was ist ein intensiver Sprachgebrauch? ein intensiv- materialer Ausdruck? Knapp gesagt, handelt es sich dabei um ein Aussagen, das für sich und nichts sonst steht. Die Deduktion der Aussagenintensität greift zurück auf die Genealogie des Sprechens, an deren Anfang die Zunge als Organ der Sinnlichkeit steht; im Kontext der Nahrungsaufnahme ist das Schmecken, Nahrungspüren ihre"ursprüngliche Totalität"[3].

> Sobald sie nicht mehr Organ eines Sinnes ist, wird sie zum Instrument *des* Sinns. Der Sinn beherrscht als "primärer" Sinn die Zuweisung von Designation an Töne (die Sache oder den Sachverhalt, den das Wort designiert) sowie als übertragener Sinn die Zuweisung von Bildern und Metaphern (die anderen Sachen, auf die das Wort unter gewissen Bedingungen angewandt weden kann).[4]

Die Deterritorialisierung der Zunge - nicht mehr essen, stattdessen sprechen - wird von einer Reterritorialisierung gefolgt, nicht irgendetwas, sondern Sinn sprechen. Die Intensivierung kann nun keineswegs als sinnloses Lallen begriffen werden, auch nicht als rein musikalische Lautmalerei, eher handelt es sich dabei - zumindest projektiv und de facto wohl eher approximativ - um ein Sprache sprechen, mit Worten nicht den Sinn aussagen, sondern Wörtlichkeit präsentieren. Diese Wörtlichkeit hat nun nicht überhaupt keinen Signifikanten oder kein

---

[1] Zweifellos läßt sich diese Behauptung für Joyces *Ulysses* aufrechterhalten, doch ist mit *Finnegans Wake*, den Joyce als Gesang verstand, unter Umständen eine Grenze solchen Schreibens erreicht worden, an der ein Umschlag stattfindet, und die Inflation der sinnhaften Allusionen sich in der Währung des Neuen auszahlt.

[2] Kafka. Für eine kleine Literatur [1975], 28.

[3] Kafka. Für eine kleine Literatur [1975], 29.

[4] Kafka. Für eine kleine Literatur [1975], 30; kursiv im Original.

Signifikat oder keinen Referenten, die konstitutive Differenz besteht vielmehr in der wortimmanenten Geschichtlichkeit: der intensive Ausdruck ist insofern nicht reiner Signifikant, also sinnleerer materialer Zeichenträger, als er innerhalb einer bedeutungstragenden Systematik konstituiert wird und immer die Spuren einer Grammatik an sich hat. Er ist nicht Signifikat, da er keine etablierte Bedeutung auf- oder abruft, sondern eine neue schafft, eine Bedeutung erstellt, die so noch nicht dagewesen ist. Folgerichtig gibt es auch keinen Referenten als einen realen Gegenstand der konventionellerweise durch diesen Ausdruck bezeichnet wird, doch gibt es idealerweise im Realen einen Möglichkeitsgrund, der die Heraufkunft des wörtlich Indizierten gestattet. Der intensiv-materiale Ausdruck ist ein wesentlich konstruktiver, produktiver, der in seiner Unerschlossenheit den Gradmesser seiner Intensität hat. Diese Unerschlossenheit meint nun nicht Verschlossenheit, sondern im Gegenteil eine primäre Offenheit gegenüber den möglichen Gehalten, die experimentell hinsichtlich ihrer Funktionalität zu erproben sind. Die erforderliche Erprobung aber führt immer wieder auf diesen Ausdruck in seiner Wörtlichkeit zurück, bzw. erstellt neue Zusammenhänge innerhalb der theoretischen Aktion und darüber hinaus: der Ausdruck ist intensiv-material. Die Deterritorialisierung der Sprache, das Verlassen ihrer fixen Topoi, weniger semantisch als syntaktisch, führt in eine Wüste, an den Ort, an dem der Neubeginn am Ende aller Möglichkeiten auftaucht.

> Ein Ausweg für die Sprache, für die Musik, für das Schreiben. Was man gemeinhin Pop nennt - Popmusik, Popphilosophie, Popliteratur: *Wörterflucht*. Vielsprachigkeit in der eigenen Sprache verwenden, von der eigenen Sprache kleinen, minderen oder intensiven Gebrauch machen, das Unterdrückte in der Sprache dem Unterdrückenden in der Sprache entgegenstellen, die Orte der Nichtkultur, der sprachlichen Unterentwicklung finden, die Regionen der sprachlichen Dritten Welt, durch die eine Sprache entkommt, eine Verkettung sich schließt.[1]

Mag die Diktion, in der ein Ethos des Sprachgebrauchs formuliert wird, auch vom anti-imperialistischen Impetus der mittsiebziger Jahre getragen sein, so läßt sich doch trotz der metaphorischen Überhöhung

---

[1] Kafka. Für eine kleine Literatur [1975], 38-39; kursiv im Original und im französischen Text deutsch.

der politischen Implikate das subversive Potential einer minoritären Literatur vorstellen.

Wie treibt Kafka Politik? Wohin führen seine Deterritorialisierungen? Wieso heißt es von den Romanen, daß ihre "Demontage der Verkettungen die gesellschaftlichen Vorstellungen viel nachhaltiger auseinandersprengt, als eine »Kritik« es je könnte, wo eine Deterritorialisierung der Welt betrieben wird, die aus sich selber politisch ist"[1]? Wie immer bieten sich zu Klärung solcher Fragen zwei Taktiken an: Unterscheidungen treffen und Kategorien stiften.

> Kafkas Schreiben hat zwei Funktionen: Transskription in Verkettungen und Demontage dieser Verkettungen. Beides gehört zusammen. Wir werden also versuchen, quer durch sein Werk die ineinander verschachtelten Instanzen zu unterscheiden: zunächst die *Maschinen-Indizien*, dann die *abstrakten Maschinen* und schließlich die *maschinellen Verkettungen* oder Aggregate.[2]

Maschinen über Maschinen im Dreischritt begrifflicher Differenzierung. Der Status des Indizes ist der des Anzeigens des noch nicht Gegebenen aber immerhin Möglichen. In den Maschinen-Indizien kündigt sich die erwartbare maschinelle Verkettung an oder eine Maschine in statu nascendi, die bereits funktioniert, ohne daß allerdings ihr Plan anzugeben wäre. Der Plan der Maschine kann aber als abstrakte Maschine bezeichnet werden. Er erscheint "vollständig montiert und ohne Indizien voran zu schicken"[3], weist jedoch das Manko auf, das auf dieser Ebene nichts funktioniert. Die abstrakten Maschinen sind als Text sozusagen Modelle möglicher textueller Ausführungen, denen aber die konkretisierenden Elemente fehlen, während andererseits die Indizien erzählerische Elemente sind, denen eine Kohärenz, eine Fügung fehlt, letztlich ein "Sinn"; sie funktionieren zwar, allerdings nur wie eine Maschine im Leerlauf funktioniert, ohne in einen operativen, produktiven Prozeß eingebunden zu sein. Derartige Partikel funktionalen Erzählens finden sich bei Kafka vor allem in den kurzen Erzählungen, die den Grund ihrer Kürze zum Teil in den gezeigten Defiziten haben.

Bleiben die maschinellen Verkettungen, die sich vorzüglich in den Romanen ausprägen, und die, wie nicht anders zu erwarten war, die

---

[1] Kafka. Für eine kleine Literatur [1975], 65.
[2] Ebd.
[3] Kafka. Für eine kleine Literatur [1975], 66.

vorgängigen Faktoren kombinieren, verketten. Bei der Bestimmung dieser Verkettung wird die Doppelbedeutung des Begriffs der abstrakten Maschine deutlich, denn wenn sie in bezug auf das Erzählen das Modell seiner Möglichkeiten bildet, so ist sie auch der inhaltliche Vorwurf, die Idee als Anlaß des Erzählens, das Imago eines Ausschnittes der sozialen Realität. In der abstrakten Maschine erscheint eine Ebene ideologischer Präsentation, die mittels der literarischen Figuration *demontiert* wird. Die maschinelle Verkettung "erhält ihren Wert nur dadurch, daß sie die Maschine und ihre Vorstellung demontiert"[1].

> Eine solche Methode aktiver Zersetzung operiert nicht mit einer Kritik, die selber noch Teil der Vorstellung; sie besteht vielmehr darin eine in der Gesellschaft bereits vorhandene Bewegung in die Zukunft zu verlängern und zu beschleunigen.[2]

Wie im *Anti-Ödipus* wird die noch auf den Status quo und seine Reformierbarkeit setzende Kritik verabschiedet zugunsten einer Affirmation von Tendenzen des Bestehenden, die auf dessen Aufhebung, Überwindung orientieren. Diese Bestrebungen führen Deleuze/Guattari zur Darlegung ihrer Sicht der Geschichtsbewegung und im Verbund damit zu einer Reformulierung der anstehenden Aufgaben:

> Da die Weltgeschichte eben nicht eine "ewige Wiederkehr" ist, sondern durch das ständige Nachdrängen neuer und immer härterer Segmente bestimmt wird, muß man die Geschwindigkeit dieser Segmentierung, das Tempo der Segmentproduktion beschleunigen, die segmentierten Serien verlängern und zuspitzen. Da die kollektiven und sozialen Maschinen bereits eine massive Deterritorialisierung des Menschen bewirken, gilt es, diesen Weg weiterzugehen bis zu einer absoluten, molekularen Deterritorialisierung.[3]

Diese Aufgabe stellt sich zumindest in dem historischen Kontext, in dem sich Kafkas Schreiben situiert - jedenfalls was die massive Deterritorialisierung, die von den sozialen und kollektiven Maschinen ausgeht, betrifft[4]. Angesichts einer Unübersichtlichkeit, Unentscheidbar-

---

[1] Kafka. Für eine kleine Literatur [1975], 67.
[2] Ebd.
[3] Kafka. Für eine kleine Literatur [1975]; 81.
[4] Deleuze/Guattari bestimmen diese Situation so: "Amerika ist dabei seinen Kapitalismus zu verhärten und zu verschärfen. Der Zerfall des habsburgischen Reiches und der Wiederaufstieg Deutschlands bereiten den Boden für

keit des politischen Feldes "bleibt einem nur eine Literaturmaschine, die imstande ist, die Zuspitzung vorwegzunehmen, die »bösen Mächte« zu überholen, ehe sie vollends hereingebrochen sind - Amerikanismus, Faschismus, Bürokratie"[1]. Die Literatur treibt ihre Politik in der bestimmten Form nur in Abhängigkeit von sozialhistorischen Bestimmungen, die eine Not, die zu wenden ist, schaffen, auf die die Literatur antwortet, sich rückbezieht. Bei dieser Bezugnahme reproduziert sie die Indifferenz der Ausgangssituation, eröffnet aber zugleich mögliche Auswege, Fluchtlinien. Die Fluchtlinien sind zu kartographieren - auch im Werk Kafkas. Rekurrierend auf Tagebuchaufzeichnungen Kafkas wird ein Konnex zu einer Poetologie des Autors hergestellt, der es dann gestattet, die inhärente Architektonik zur Textgestalt selbst in Bezug zu setzen: Die Karte zeigt den Aufbau der Kafkaschen Texte, liefert ein adäquates Modell zu deren Strukturbeschreibung und darin zugleich zu einer der wesentlichen Thematiken des Kafkaschen Schreibens: Die Kindheitsblöcke, die an die Stelle der Kindheitserinnerungen treten. Während die Erinnerungen oftmals auf die Eltern bezogen sind, ödipal organisiert mit reterritorialisierenden Effekten, sind die Kindheitsblöcke Zonen intensiven Erlebens, deterritorialisierend in ihren Effekten.

Kafka führt in die Literatur einen universellen Maschinen-Typus ein, der sich nicht auf rein technische Apparaturen festlegt, sondern gesellschaftliche Ensembles als Maschinengefüge faßt. Das aber heißt, daß der Begriff der Maschine weniger festgefügte Einheiten diverser Elemente meint, die einem Gesetz gehorchten, sondern eher die Organisation des Zusammenhangs über diverse Verbindungen, die Wandlungen gestatten, Prozesse in Gang setzen, funktionieren. Die Verbindungen aber stiftet der Wunsch.

Denn die Maschine ist Verlangen: nicht als Wunsch *nach* Maschinen, sondern weil das Verlangen immerfort Maschinen in der Maschine bildet (...).

---

den Faschismus, die Russische Revolution produziert in raschem Tempo eine neue, unerhörte Bürokratie, einen neuen Prozeß im laufenden *Procedere*, während »der Antisemitismus die Arbeiterklasse ergreift« usw." (Kafka. Für eine kleine Literatur [1975], 81-82).

[1] Kafka. Für eine kleine Literatur [1975], 82.

Es sind die Verbindungen, die im Verlangen Maschinen bilden, all jene Konnexionen, denen die Demontage folgt.[1]

Jene Maschinen, die eindeutig Werkzeugcharakter besitzen, also als technische Apparate zu fassen sind, beruhen auf der Einbindung in bestimmte soziale Ensembles, die als maschinelle zu begreifen und Voraussetzung ihrer Möglichkeit sind. Die maschinelle Verkettung ist a priori auch gesellschaftlich bestimmt. Ihre gesellschaftliche Bestimmtheit führt nun dazu, daß ihre Beschreibung und Schilderung, ihre sprachliche Gestaltung als Aussagenverkettung gleichermaßen kollektiven Charakter trägt.

> Das ist das Wesentliche bei Kafka: Maschine, Aussage und Verlangen sind Teile ein und derselben Verkettung, die dem Roman seine unermüdliche Antriebskraft und zugleich seinen unerschöpflichen Gegenstand gibt.[2]

Trotz des scheinbaren Aufgehens in der Verkettung behalten die drei Faktoren, Maschine, Verlangen und Aussage einen Eigenwert, der kenntlich wird in den Leitfragen: *Wann kann man sagen, daß eine Aussage neu ist?* und *Wann kann man sagen, daß eine neue Verkettung entsteht?* Neben der markierten Differenz von Verkettung und Aussage weisen die beiden Fragen auf das Neue, auf das Kommende, die Zukunft als Dimension der Literatur. Schreibt Kafka nun Science-Fiction[3]? Offensichtlich nicht im Sinne des literarischen Genres. Der Schlüssel zu jener Zeitdimension liegt in der Annahme, daß die individuelle literarische Äußerung eines Autors "nur als Ausdruck einer nationalen, politischen und sozialen Gemeinschaft, auch und gerade dann, wenn deren objektive Bedingungen außerhalb der literarischen Aussageproduktion noch nicht gegeben sind"[4], zu verstehen ist. Der literarische Text antizipiert mithin in seinen Beschreibungen die genannten objektiven Bedingungen. Der Autor Kafka ist verkettet mit einer virtuell-realen Gemeinschaft, die je nachdem Kapitalismus, Faschismus oder Stalinismus heißen mag. Diese Verkettung kann folgerichtig nur dann funktional sein, wenn die Gemeinschaft tatsächlich

---

[1] Kafka. Für eine kleine Literatur [1975], 113; kursiv im Original.
[2] Kafka. Für eine kleine Literatur [1975], 114.
[3] Wie erinnerlich stellte sich die Frage nach dem Zusammenhang von Science-Fiction und Philosophie schon zu Beginn von *Differenz und Wiederholung*. Vgl. Differenz und Wiederholung [1969], 13.
[4] Kafka. Für eine kleine Literatur [1975], 115-116.

virtuell-real ist, in die Gegenwart des Autors drängt, dort immateriell anwesend ist. Diese Verkettung nun produziert keine Aussagen, sondern ist selbst logischerweise nur auf einer Aussagenebene zu konstituieren und zu konstatieren. So beantworten sich die Fragen nach der neuen Aussage und der neuen Verkettung mit dem Konnex von Künstler-Autor und künftiger Gesellschaft zugleich.

Die Verkettung impliziert zwei Seiten: einerseits beschreibt sie eine existierende Situation, ein Machtgefüge mitsamt seinen Repressionen und Widerständen.

> Andererseits muß man jedoch sagen, daß eine Verkettung auch *Deterritorialisierungsspitzen* hat, oder was auf dasselbe hinausläuft, daß sie stets auch eine *Fluchtlinie* aufweist, über die sie selber verläuft und ihre Äußerungen oder sich auflösenden Ausdrücke ebenso »abschwirren« läßt wie ihre sich deformierenden oder verwandelnden Inhalte. Oder was ebenfalls auf dasselbe hinausläuft: Die Verkettung durchdringt oder erstreckt sich über einen *unbegrenzten Immanenzplan*, das die Segmente zerfließen läßt und das Verlangen von all seinen Konkretionen und Abstraktionen befreit oder zumindest aktiv gegen sie kämpft, um sie aufzulösen.[1]

Drei Termini, die zu beschreiben suchen, was als *Möglichkeitshorizont* in anderer Diktion zu fassen ist. Die Sprache eröffnet diesen, indem die Selbstreferentialität der Verkettung sich auf verschiedenen Gebieten überschreitet. Die Auflösungstendenzen der Verkettung nehmen kategoriale Gestalt an in einer revidierten Fassung des Begriffes *abstrakte Maschine*. Wurde diese vordem noch gefaßt als organisierendes Modell der Textstruktur, wobei sie bereits in jener Fassung zwei Aspekte in sich trug, so ist dieser Maschinentypus, der in Absetzung vom ersten transzendenten als immanent bestimmt wird, dadurch gekennzeichnet, daß er kein Erzählmodell mehr entwirft, sondern den analytischen Maßstab ausbildet.

> Die abstrakte Maschine *mißt* nun den Existenzmodus und die Realitätskonsistenz der Verkettungen nach dem Maß ihrer erwiesenen Fähigkeit, die eigenen Segmente zu zerstören, [...]. Die abstrakte Maschine in diesem Sinn ist das unbegrenzte Gesellschaftsfeld, aber sie ist auch der Körper des Verlangens, und sie ist auch das kontinuierliche Kafkasche Werk; sie ist all das

---

[1] Kafka. Für eine kleine Literatur [1975], 119; kursiv im Original. Die Übersetzung des Begriffes *plan d' immanence* wurde von *Immanenzfeld* in *Immanenzplan* geändert.

worauf die Intensitäten produziert werden und woran sich die Verbindungen und Ambivalenzen festmachen.[1]

Die Immanenz ist zeitlich entgrenzt, oder präziser gesagt, auf jene Zeitspanne hin geöffnet, die durch den realen gesellschaftlichen Präsens und das darin situierte literarische Werk, wie auch die in diesem erstellte Verbindung zur virtuell-realen Gesellschaft bezogen ist. Dieses Spannungsfeld, das zu dem noch vom unzeitgemäßen Wunsch durchzogen ist, bildet jenen Maßstab aus, der taugt die literarische Maschine in ihren Verkettungen zu quantifizieren. Damit zugleich gesagt ist, daß die Kriterien der Literaturbewertung nur aus dem durch sie eröffneten Zeitraum gewonnen werden können. Die Methodik faltet sich auf ihren Gegenstand zurück.

Wer Kafkas Werk quantifizieren wollte, der müßte mit diesen vier Kriterien zur Messung intensiver Quantitäten operieren und zugleich alle entsprechenden Intensitäten produzieren [...]. Genau das aber ist es, was er [Kafka] getan hat, genau das ist sein kontinuierliches Werk.[2]

Ist ein solches Verfahren zwar bezogen auf die Nähe zum literarischen Gegenstand durchaus legitim, bleibt bei jener oben beschriebenen Entwicklung von Evaluationskriterien weiterhin das heuristische Problem offen, woher die Bestimmungen eines Gesellschaftsfeldes oder des Verlangens zu gewinnen wären. Hinter den Begründungen lauert die Frage der Definitionsmacht. Die Karte, die Deleuze/Guattari erprobend von Kafkas Werk erstellt haben, funktioniert zwar, doch sie funktioniert zunächst für Deleuze/Guattari: ihre Konzepte zu denken, ist die Voraussetzung des Funktionierens; sie entwickeln ihre Konzepte weiter, werben im Grenzbereich von Literatur und Philosophie für ihre Begriffswelt. Fraglich bleibt immer, was wie für wen funktioniert.

Die letzte Frage beantworten Deleuze/Guattari selbst, wenn sie sich auf die Minderheit und ihr revolutionäres Potential beziehen; das Wie zu klären, wurden auf den vorstehenden Seiten reichlich Anstrengungen unternommen, so bleibt noch die Frage nach dem genauen Gegenstandsbereich, nach dem Was. Abgesehen von der empfehlenswer-

---

[1] Kafka. Für eine kleine Literatur [1975], 120; kursiv im Original.
[2] Kafka. Für eine kleine Literatur [1975], 122.

ten Notwendigkeit, sich dem Rhizom-Text zuzuwenden, bleibt das Postulat bestehen:

> Auch hier sind die Begriffe genau zu fassen.[1]

## III.5 Rhizome bauen

> *"Bau mir ein Haus*
> *Bau mir ein Haus*
> *ein Haus aus den Knochen von*
>                          *Cary Grant"*
> *Foyer Des Arts*

Der Text, der späterhin das opus magnum Deleuze/Guattaris *Tausend Plateaus* eröffnen wird, und dessen Titel zum populären Begriff geworden ist, erscheint nur ein Jahr nach der Kafka-Studie: *Rhizom*. Einerseits wird der Text bestimmt durch die Anknüpfung, die bereits der Titel zur Eingangspassage des Kafka-Buches herstellt, andererseits ist er konzipiert als Einleitung des erst 1980 veröffentlichten *Mille Plateaux*, der in gewisser, noch zu bestimmender Weise den *Anti-Ödipus* fortsetzen sollte. Auf den ersten Seiten von *Rhizom* distanzieren sich die Autoren jedoch von ihrer Autorschaft und dem Rückbezug auf die erste Analyse von Kapitalismus und Schizophrenie, um daraufhin zu dekretieren:

> Ein Buch hat weder Objekt noch Subjekt, es ist aus den verschiedensten Materialien gemacht, aus ganz unterschiedlichen Daten und Geschwindigkeiten.[2]

---

[1] Kafka. Für eine kleine Literatur [1975], 117. Dies Zitat all jenen ins Stammbuch, die meinten, Deleuze/Guattari zielten mit ihren Schriften gegen das abendländische Begriffsdenken und schlügen sich auf die Seite eines a-kategorialen Irrationalismus.
[2] Rhizom [1976], 6.

Diese Daten und Geschwindigkeiten gilt es zu messen, d.h. jenseits von aller Inhaltlichkeit und Bedeutung sich daran zu orientieren, wie der Gehalt beschaffen und in seinem Zusammenhang organisiert ist.

> Es gibt keinen Unterschied zwischen dem, wovon ein Buch handelt, und der Art, wie es gemacht ist. Ein Buch hat also kein Objekt mehr.[1]

Voraussetzung einer solchen Analytik des Maßes ist die Annahme, daß ein Buch wie eine maschinelle Verkettung funktioniert, also unterschiedliche Bewegungsformen und ähnliches aufweist[2]. Die maschinelle Verkettung, die als Typus im Werk Kafkas auszumachen war, verknüpfte noch gesellschaftlich-technische Maschinen, Wunschmaschinen und kollektive Aussageverkettungen. Maschine, Wunsch und Aussage bildeten in den Verkettungen eine Einheit, die im gegebenen Kontext nicht mehr so interessiert. Auffällig an der maschinellen Verkettung scheint nun ihr polemischer Charakter: sie richtet sich gegen die Schichten und gegen einen organlosen Körper, "der fortwährend den Organismus schwächt, der asignifikante Teilchen, reine Intensitäten strömen und zirkulieren läßt; der die Subjekte auf sich zieht, denen er nur einen Namen als Spur einer Intensität läßt"[3]. Zwar hatten wir bereits im Abschnitt über die Wunschmaschinen versucht darzustellen, was ein organloser Körper sein könnte, doch muß an dieser Stelle, die Frage in ihrer Besonderheit gestellt werden, was dankenswerterweise die Autoren selbst tun:

> Was ist der organlose Körper eines Buches?[4]

In Erinnerung der Bestimmung des organlosen Körpers als eines deterritorialisierten Sozius, wie sie im *Anti-Ödipus* gegeben wurde, löst sich die Frage nach demjenigen des Buches leicht auf in die implizier-

---

[1] Rhizom [1976], 7.
[2] "Wie überall, so gibt es auch in einem Buch Linien der Artikulation oder Segmentierung, Schichten und Territorialitäten; aber auch Fluchtlinien, Bewegungen der Deterritorialisierung und Entschichtung. Entsprechend diesen Linien gibt es Fließgeschwindigkeiten, mit denen Phänomene relativer Verzögerung und Zähigkeit oder im Gegenteil, der Überstürzung und des Abbruchs einhergehen. [...] Beide zusammen, die Linien und die meßbaren Geschwindigkeiten, bilden eine *maschinelle Verkettung*." (Rhizom [1976], 6; Hervorhebung im Original).
[3] Rhizom [1976], 6.
[4] ebd.

ten Rudimente des gesellschaftlichen Feldes: jene Bestandteile des sozialen Kontextes, die in das Buch dringen und die andererseits von ihm artikuliert werden, bilden den organlosen Körper.

Die Einführung neuer Begrifflichkeiten, die erst in späteren Zusammmenhängen in ihrer Funktionalität kenntlich werden, läßt die Sprache Kapriolen schlagen: der organlose Körper des Buches konvergiert auf einem Konsistenzplan[1], und dort sind auszumachen "die Deleometer, die Stratometer, die CsO-Einheiten[2] des spezifischen Gewichts und der Konvergenz"[3]. Die Verwendung eines geologischen und physikalischen Vokabulars verweist bereits auf die Transformation, die dem Schreiben als Praxis widerfährt:

> Schreiben hat nichts mit Bedeuten zu tun, sondern mit Landvermessen und Kartographieren, auch des gelobten Landes.[4]

Karten entwerfen, wie diejenige der Kafka-Studie, zu ihr zurückkehren, indem die Merkmale des Rhizoms bestimmt werden. Das erste Charakteristikum desselben heißt Konnexion. Dieser Charakterzug entspricht der konnektiven Produktionssynthese der Wunschmaschinen. Die Heterogenität ist als zweites Prinzip notwendige Folgerung aus dem ersten: Wenn alle Verknüpfungen möglich sind, heißt das auch, daß alles verknüpft werden kann.

> Jeder beliebige Punkt eines Rhizoms kann und muß mit jedem anderen verbunden werden.[5]

Diese vor-aristotelische Indifferenz der Bezugsmöglichkeiten reicht bis zur Aufhebung des "radikalen Einschnitt[s] zwischen den Zeichensystemen und ihren Objekten"[6]. Gegen diesen Einschnitt in seiner Fundamentalität der grundlegend ist für das abendländische Denken der Sprache, behaupten Deleuze/Guattari:

---

[1] Hier und im folgenden bevorzugen wir den 1977 gebrauchten *Konsistenzplan* für *plan de consistence* gegenüber der bisweilen gebräuchlichen Übersetzung als *Konsistenzebene*.
[2] Anmerkung der Übersetzer: Stratometer: Gerät zur Messung von Schichten; Deleometer: Gerät zur Messung von Zerstörung; CsO: Corps sans Organes (organloser Körper).
[3] Rhizom [1976], 7-8.
[4] Rhizom [1976], 8.
[5] Rhizom [1976], 11.
[6] Rhizom [1976], 12

Die kollektiven Aussageverkettungen funktionieren tatsächlich unmittelbar in den maschinellen Verkettungen.[1]

Die reichliche Verfügbarkeit von Verbindungen leitet über zum dritten Prinzip des Rhizoms, dem der Vielheit. Die Vielheit ist ein Terminus, der nicht eine Quantität, eine bestimmbare Menge wie das Viele bezeichnet, sondern der dazu dient, eine wesentliche Eigenart, einen substantiellen Faktor, zu artikulieren. Diesen Faktor gilt es zu berücksichtigen. Am Kleistschen Denken des Marionettenspiels[2] wird dies verdeutlicht.

Als Rhizom oder Vielheit verweisen die Fäden der Marionette nicht auf den angeblich einheitlichen Willen eines Künstlers oder Marionettenspielers, sondern auf die Vielheit seiner Nervenfasern.[3]

Für die rhizomatische Vielheit zählt mithin nicht ein Gefüge von Punkten, sondern ein aus heterogenen Elementen und ihren Verknüpfungen gewonnenes "Gespinst" von Linien. Ist das Rhizom ein wuchernder Teppich? Nehmen wir lieber an, der in unserer Darstellung bisher ebenso wie im Original obskur gebliebene Konsistenzplan sei ein Teppich, ein geschmackloser hochfloriger Flokati, wie er circa 1976 en vogue war. Im Rahmen einer solchen Analogie ist vorstellbar, daß durch jeden Konnex einer Faser dieses Gewebes sich die angenäherte Zweidimensionalität dieses Plan verändert, so wie sich auch durch jede nachfolgende Verknüpfung die Raum-Zeit-Verhältnisse ändern. Läuft die Veränderung aber über die Verknüpfung, ist die Determination der Vielheit jenseits des Konsistenzplans durch das Außen evident. Die Vielheit als reale und zugleich abstrakte Vielheit kann keinen Konsistenzplan bilden: eine sich ständig dimensional verändernde Vielheit läßt sich als solche nicht vom Menschen wahr-nehmen. Wahrnehmbar ist nur ein konkretes, multiples Ensemble, ein Flokati eben, die Aufnahme einer realen Vielheit. Dieser Plan der der Wahr-Nehmung und Gestaltung zugänglichen Vielheit ist derjenige der Konsistenz: das Raster möglicher, mehrdimensionaler Verknüpfungen, die aber nicht realisiert, sondern lediglich in ihrer Möglichkeit entzifferbar sind. Insofern gilt auch, daß der Konsistenzplan "das Au-

---

[1] Ebd.; Hervorhebungen im Original.
[2] Vgl. Kleist, Heinrich von: Über das Marionettentheater. In *Werke und Briefe in vier Bänden*. Bd. III, 473-480; Frankfurt a.M. 1986.
[3] Rhizom [1976], 13.

ßen aller Vielheiten"[1] ist, da nicht eine sich real ereignende Vielheit erscheint, sondern lediglich ihre Karte. Daß es sich bei einer solchen Karte, um eine "flache Karte"[2] handelt, erweist sich in ihrem asignifikanten und nichtsubjektiven Charakter. Das Reale oder das Rhizom oder die Vielheit ist weder signifikant noch subjektiv, und jede anders organisierte Karte verfehlt das Reale und seine Möglichkeiten, entspricht anstelle dessen der Reproduktion sozial-historischer Einschränkungen der humanen Signifikationspraxis durch Machtgefüge.

Das vierte Prinzip des Rhizoms ist das des *asignifikanten Bruchs*[3]. Dieser Term teilt Mehreres zugleich mit: Es gibt glatte, ungestörte Zusammenhänge, die signifikant gebrochen werden können. Derartige Existenzformen waren in der Darstellung bisher ausgeschlossen worden, werden jedoch nunmehr einbezogen, denn natürlich ist die Wirklichkeit sozial-historisch und sozial-politisch signifiziert, sind signifikante Einheiten und ebenso signifikante Brüche derselben eingerichtet. Wie aber sind asignifikante Brüche zu denken? nur im Wechselspiel verschiedener Bewegungen, oder genauer, zweier, bereits bekannter Bewegungen: der De- und der Reterritorialisierung. Eines der Beispiele, die zur Erläuterung des asignifikanten Bruchs angeführt werden, gilt dem Verhältnis von Wespe und Orchidee. Dies läßt sich normalerweise in Kategorien der Nachahmung, der imitatio oder mimesis, beschreiben. Deleuze/Guattari plädieren und argumentieren hier aber für die Annahme einer wechselseitigen Bezugnahme, die für beide Seiten eine qualitative Veränderung impliziert, ein Werden ermöglicht.

> Keine Spur von Nachahmung mehr, sondern Einfangen von Code, Mehrwert an Code, Vermehrung von Wertigkeit, wirkliches Werden, Wespe-Werden der Orchidee, Orchidee-Werden der Wespe; jedes Werden sichert die Deterritorialisierung des einen und die Reterritorialisierung des anderen Terms; das eine und das andere Werden verketten sich und lösen sich gemäß einer Zirkulation der Intensitäten ab, die die Deterritorialisierung immer weiter treibt.[4]

Verstärkt wird mit dieser Annahme die Differenz in dem genannten Verhältnis, zwar gibt es die Bezugnahmen aufeinander, doch nicht in

---

[1] Rhizom [1976], 15.
[2] Ebd.
[3] Vgl. Rhizom [1976] 16 ff..
[4] Rhizom [1976], 17.

der Einseitigkeit der Abbildungsrelation, die einen realen Referenten und ein Imago unterstellt. Vielmehr separieren sich die Terme und treiben ihre Entwicklung voneinander inspiriert, aber eigenständig weiter, sie entwerfen sich als reale Bilder und bestätigen die Funktionalität ihrer Abbildung. Das Verhältnis von Wespe und Orchidee funktioniert. Die begrifflich so gefaßte Relation bestimmt auch das Verhältnis von Buch und Welt.

> Das Buch ist nicht Bild der Welt, wie uns ein eingewurzelter Glaube weismachen will. Es 'macht Rhizom' mit der Welt; es gibt eine aparallele Evolution von Buch und Welt: das Buch bewirkt die Deterritorialisierung der Welt, die Welt jedoch eine Reterritorialisierung des Buches, das sich seinerseits selbst in die Welt deterritorialisiert (wenn es dazu in der Lage ist).[1]

Was heißt das in eine andere Terminologie übertragen? Evident und damit nachvollziehbar ist die behauptete Deterritorialisierung der Welt im Buch, denn fraglos muß nach den vorherigehden Ausführungen zu Proust und Kafka davon ausgegangen werden, daß der Ist-Zustand der Welt als wahrgenommener überschritten, und damit seiner präsentischen Wahrnehmungsform der Boden entzogen wird. Wie vollzieht sich nun die Reterritorialisierung des Buches durch die Welt? Angesichts einer solch kapitalen, um nicht zu sagen *globalen*, Begrifflichkeit wie *Welt* ist der Zugriff derselben auf das Buch, dessen Eingemeindung oder Einverleibung in dieselbe nur schwer *nicht* zu denken. Das Buch geht in die Welt ein, die mit diesem Buch nicht mehr dieselbe wie vorher ist, sondern um genau jenes reicher, die andererseits aber dieses Buch relativiert: es in Bibliotheken einstellt, auf den Markt bringt, seine Aussagen und Leistungen der Abwägung im Vergleich mit vorgängigen Texten und Aussagen aussetzt: der als Komet angetretene Textkorpus ist bestenfalls ein Pixel auf jenem Monitor, der die kulturellen Aussagen anzeigt. Von hier aus wird verständlich, wie sich das Buch in die Welt zu deterritorialisieren vermag: Der Pixel infiziert die anderen Partien des Bildschirms, modifiziert das Bild bis hin zur Modfikation der Struktur seines Aufbaus.

Die als Charakteristika fünf und sechs gezählten Prinzipien Kartographie und Dekalkomonie[2] treten gemeinsam auf. Aufgrund eines ein

---

[1] Rhizom [1976], 19.
[2] Der Ausdruck bezeichnet einer Anmerkung der Übersetzer zufolge ein Abziehbild.

wenig paradoxal anmutenden Verhältnisses beider scheint dies inhaltlich auch gerechtfertigt. Die Karte wird zunächst von der Kopie abgegrenzt. Im Gegensatz zu dieser reproduziert sie nicht, sondern konstruiert.

> Sie trägt zur Konnexion der Felder bei, zur Freisetzung der organlosen Körper, zu ihrer maximalen Ausbreitung auf einem Konsi stenzplan.[1]

Mit anderen Worten eröffnet die Karte innerhalb der Wahrnehmungswirklichkeit ein Maximum an Wahrnehmungsmöglichkeiten, damit an Gestaltungsgelegenheiten, zeigt die Interventionspunkte des sozialen Feldes. Die Karte steht mithin der Variation offen, um Variabilität zu gestatten, doch heißt es gegen diese Bestimmungen: *"man muß die Kopie immer auf die Karte zurückübertragen"*[2]. Was so befremdlich scheinen mag, die Verknüpfung des Definierten mit seinem ex negativo, relativiert sich in Anbetracht der Neu-Definition dessen, was Kopie heißen kann.

> Die Kopie reproduziert nur sich selbst, wenn sie glaubt etwas anderes zu reproduzieren.[3]

Die Kopie ist entgegen ihrer ex negativo-Funktion nicht wesentlich abbildend oder imitierend. Die Kopie ist immer schon eine Selektion innerhalb eines Ausschnittes und damit einhergehend die Konstitution eines Originals. Allerdings stellt die Selektion gemessen an der Vorlage, die den Grund der Kopienproduktion bot - vielleicht eine Karte -, eine Reduktion dar; Feinheiten und Möglichkeiten verlieren sich in "die Sackgassen und Sperren, die Ansätze zu Achsen und Punkte der Strukturierung"[4]. Gegen diesen Reduktionismus kann die Verbindung der Kopie mit einer Karte ein wirkungsvolles Heilmittel darstellen. Das Remedium Karte zeigt in ihrem Bezug auf die Kopie die realen Verstellungen, die Barrieren, die aufzuheben oder zu umgehen sind. So gesehen gehören für ein Funktionieren des Rhizoms Karte und Kopie zusammen.

Woraufhin funktioniert aber das Rhizom, wie ist es, nachdem es in seine sechs Merkmale zerfällt wurde, wieder als Zusammenhang zu

---

[1] Rhizom [1976], 21.
[2] Rhizom [1976], 23.
[3] Ebd.
[4] Ebd.

denken? Wie Karte und Kopie so gehören auch das Rhizom und sein Gegenbild, der Baum, zusammen: "beide Modi des Kalküls und beide Regulationstypen"[1] lassen sich bei denselben Sachverhalten finden. In Rhizomen lassen sich Bäume entdecken, Bäume können in Rhizome ausschlagen. Trotz dieser realen Verschränkung von Baum und Rhizom, die beide sowohl Strategeme des Realitätszugangs bezeichnen wie auch tatsächliche Strukturen, besteht ein eklatanter Wesensunterschied:

> Für die Aussagen und Wünsche geht es nie darum, das Unbewußte zu reduzieren, zu interpretieren oder nach einem Baumschema signifikant zu machen. Es geht darum, *Unbewußtes zu produzieren* und mit ihm neue Aussagen, andere Wünsche: das Rhizom ist gerade diese Produktion des Unbewußten.[2]

*Rhizom* erscheint als Terminus, der den Zugewinn beschreibt, den Deleuze/Guattari mit ihrem Schreiben, Denken, Rhizomatisieren erstreben. Zentralkategorie einer selbstreflexiven Theorie der Welterkenntnis zum Zwecke ihrer Veränderung. Von daher motivieren sich auch die diversen Gleichungen, denen die Rhizomatik als Grundwissenschaft und Praxis voransteht. Zusammengefaßt ist die Rhizomatik = Schizoanalyse = Stratoanalyse = Pragmatik = Mikropolitik = Nomadologie = Popanalyse. Auf diese Weise werden die verschiedenen Spektren von Wirklichkeit, auf denen Deleuze/Guattari zu intervenieren streben, gebündelt. Es ist schon länger kein Geheimnis mehr, daß die in Gleichungen behauptete Identität in sich die Differenz trägt[3], die genau es jeweils im Zusammenhang in ihrer Funktionalität zu bestimmen gilt, so ist auch die Einleitung, die der Rhizom-Text darstellen wird, der letzte Meta-Plan der *Tausend Plateaus*. Das Rhizom strebt letztlich auf einen bestimmten Effekt hin, dessen Umsetzungsversuch die *Plateaus* sein werden:

> Es gibt keine Dreiteilung mehr zwischen einem Feld der Realität: der Welt, einem Feld der Repräsentation: dem Buch und einem Feld der Subjektivität: dem Autor. Eine Verkettung stellt Verbindungen zwischen Vielheiten aus

---

[1] Rhizom [1976], 29.
[2] Ebd.; hervorhebung im Original.
[3] A = B heißt eben nicht A = A, sondern bestenfalls A =A', und selten sind die horizontalen Balken der Gleichheit wichtiger, als die zart und vertikal indizierte Differenz.

allen diesen Ordnungen her, so daß ein Buch weder im folgenden Buch eine Fortsetzung findet, noch die Welt zum Objekt oder einen oder mehrere Autoren als Subjekt hat. Kurzum, wir glauben, daß die Schrift nie genug auf ein Außen bezogen werden kann. Das Außen kennt kein Bild, keine Bedeutung und keine Subjektivität. Das Buch als Verkettung mit dem Außen gegen das Bilderbuch der Welt. Ein Rhizombuch, das nicht mehr dichotomisch, zentriert oder gebündelt ist. Niemals Wurzeln schlagen,...[1]

## III.6 Zusammen arbeiten

*Gibst du mir Steine, geb ich dir Sand*
*Gibst du mir Wasser, rühr ich den Kalk*
*Wir bauen eine neue Stadt*
      *Palais Schaumburg*

Nach der Zusammenarbeit mit Guattari, die für Deleuze anscheinend eine besonders produktive Arbeitsform darstellte, unternimmt er den Versuch, dieses kooperative Vorgehen in anderen Konstellationen mit anderen Personen zu wiederholen. Ein erstes Protokoll solch experimenteller Koproduktion stellen die sogenannten *Dialoge* dar, die er mit Claire Parnet führte. Die Aufzeichnungen, die unter diesem Titel publiziert wurden, zerfallen in vier verschiedene Themenfelder oder Kapitel, die jeweils in zwei Teilen behandelt werden. Während das erste Thema am Ende der Teile noch jeweils die Initialen des Autors, bzw. der Autorin, angibt, läßt sich beim zweiten Kapitel nur durch stilistische und inhaltliche Indizien erschließen, das der zweite Teil von Deleuze verfaßt sein muß, das dritte Kapitel scheint in beiden Teilen aus Beiträgen beider Autoren montiert und das vierte schließlich gemeinsam formuliert zu sein. Auf diese Weise protokolliert der Text einen Prozeß der Desubjektivierung der Autoren, die als einzelne, inhaltlich und stilistisch gesonderte Autoren immer mehr verschwinden. So zeigt sich nicht nur im Titel, sondern auch im Präsentationsgestus eine Bezugnahme auf Hume, dessen *Dialogues concerning*

---

[1] Rhizom [1976], 36-37.

*natural religion*[1] sich der doppelten Fiktion eines antiken Schülers, der Gespräche seines Lehrers aufzeichnet, bedient. Lediglich in einer Anmerkung durchbricht Hume die Fiktion des Protokolls und präsentiert ansonsten die Positionen in ausgewogener Balance, ist als Denker/Dichter nicht mehr zu identifizieren.

Im zweiten Kapitel nehmen sich die Autoren vor, die Überlegenheit der amerikanischen Literatur darzulegen, was nicht nur ganz generell in Westeuropas Intellektuellenkreisen eher als Offensive, denn als Offerte wahrgenommen worden sein dürfte, sondern in besonderem Maße in Frankreich, das sich über Rabelais, Racine, Moliére, Balzac, Flaubert, Zola, Valery, Robbe-Grillet und andere einer fünfhundertjährigen Literaturgeschichte versichert weiß und auf deren Vortrefflichkeit insistiert, selbst auf die Gefahr hin, in ihrer Abwehr eines vermeintlichen Kulturimperialismus in national(istisch)e Selbstgefälligkeit zu verfallen. Unter solchen Vorzeichen beginnt die Darlegung der Überlegenheit mit einer Volte gegen die Franzosen, bzw. eine bestimmte ideologische Konstante ihres Denkens, die auch die literarische Produktion affiziert:

> Die Fluchtlinie ist eine *Deterritorialisierung*. Die Franzosen sind in dieser Hinsicht kleine Ignoranten. Natürlich fliehen sie wie die anderen auch; doch meinen sie, das bedeute, der Welt den Rücken zu kehren, eine Art Mystik oder Kunst, oder aber, es sei etwas Feiges, da man so sich aller Engagements und Verantwortlichkeiten entziehe. Tatsächlich heißt fliehen keinesegs auf Taten verzichten - nichts Aktiveres als eine Flucht![2]

Die amerikanische Literatur handelt in ihren zentralen Texten nun genau von dieser Fluchtlinie, nimmt sie in sich auf, setzt sie stilistisch oder inhaltlich um. Was liegt näher, als diese innerliterarische Tendenz ins Verhältnis zur Geographie zu setzen? Was war und ist den Europäern auffälliger und imponierender als die für ihre Verhältnisse unermeßliche Weite des Landes? Was erzählen die Geschichten und Geschichtsbücher anderes von Nordamerika als die sukzessive Inbesitznahme dieses Landes durch die Einwanderer? Fing nicht alles an, sich zum Schlechten zu wenden, als die Grenze durch die Pioniere aus dem Osten und dann dem Westen so weit vorgeschoben worden war,

---

[1] London 1779.
[2] Dialoge [1977], 45; kursiv im Original.

daß sie sich auflöste oder nach innen kehrte? An dieser Stelle weicht Deleuze der thematischen Vorgabe aus, oder läßt sich emphatisch auf sie ein, indem er selbst eine Fluchtlinie zieht und, statt von der Überlegenheit der amerikanischen Literatur zu sprechen, es vorzieht, über seine bisherigen Arbeiten zu sprechen. Da er in dieser Selbstbefragung auch den Konnex von Philosophie und Literatur berührt, werden wir ihm ein Stück weit folgen. Warum also schrieb Deleuze seiner Ansicht nach über den Empirismus?[1]

> Weil der Empirismus dem englischen Roman gleicht. Es handelt sich weder darum einen philosophischen Roman zu schreiben, noch darum einem Roman Philosophie einzuflößen. Vielmehr darum, Philosophie als Romancier zu treiben, Romancier in der Philosophie zu sein.[2]

Weiterhin besteht der in *Différence et répétition* und *Logique du sens* artikulierte Anspruch fort, wird rückprojiziert auf den Anfang der Produktion. Führte sein erster überhaupt publizierter Aufsatz *Du Christ à la bourgeoisie*[3], war die übernächste Publikation ein Vorwort zu einer Neu-Edition von Diderots *Nonne*[4], so daß schon von den ersten Aufsätzen an eine enge Beziehung zwischen eher philosophisch, vordergründig theoretischen und eher kritischen Arbeiten zur Literatur besteht, die wir vorstehend nachzuzeichnen suchten.

Was den anglophonen Raum und die dortige Philosophie für Deleuze interessant werden läßt und die Nähe zur Literatur ausmacht, ist die Abweichung vom SEIN als einer Grundfrage der Philosophiegeschichte. Gegen das EST findet sich dort eine Privilegierung der Konjunktionen und insbesondere des UND, des ET, was im Französischen homonym ist. Das Denken, das sich eher auf das UND stützt, ist ein wesentlich relationales Denken, das sich nicht zentriert, keine Hierarchien ausformuliert, sondern Möglichkeiten durchspielt und erstellt, eine Form von rhizomatischem Denken. Das SEIN führt auf die Identifikation, die Festschreibung dessen, was ist. Dagegen wird formuliert und postuliert:

---

[1] Wie sehr den frühen Schriften am Empirismus gelegen war, haben wir in I.2 und dem zweiten Hauptabschnitt dargelegt.
[2] Dialoge [1977], 61; wobei ja auch Hume - wie vorstehend erwähnt - in seinen *Dialogues* Philosophie wie ein Romancier betrieb.
[3] In Espace 1946, 93-106.
[4] Préface à Diderot *La religieuse*. Paris 1947, VII-XX.

*Mit* ET denken statt EST, *für* EST denken[1]

Was anmutet, als würden lediglich bestimmte Grundfiguren des Denkens bestimmten Kulturen zugewiesen und so Stereotypen oder Clichés ausgebildet, findet im folgenden eine politisch-historische Motivation[2]. Im Zentrum der Entgegensetzung von *est* und *et* steht die Möglichkeit der Verkettung, die sich mit der Konjunktion verbindet. Die Verkettung war in der Kafka-Studie bestimmt worden als einerseits Aussagenverkettung und andererseits maschinelle Verkettung, die in sich und zueinander durch den Wunsch, das Verlangen oder das Begehren verkettet wurden. War die Darlegung der Verkettung anhand der Kafka-Lektüren jedoch eng auf diesen Gegenstand bezogen und gestattete nur mühsam einen erhellenden Analogieschluß auf andere Bereiche, wird in den *Dialogen* mit Hilfe des Beispieles MENSCH-PFERD-STEIGBÜGEL eine anschauliche Übertragbarkeit gewährleistet.

Die Erfindung des Steigbügels wird gemeinhin als Einführung einer neuen Kriegstechnologie gesehen, welche eine andere Organisation von Kräften ermöglicht (eingelegte Lanze), und bestimmte militärische Folgen zeitigt (stärkere und steifere Rüstungen), die in bestimmter Weise den Körper affizieren (Unbeweglichkeit des Ritters zu Fuß, andere Muskeln sind auszubilden). Gegen dieses Modell der von irgendwo herkommenden, sich durchsetzenden technischen Innovation bietet Deleuze eine Umkehr der Perspektive auf.

> Die Werkzeuge setzen immer eine Maschine voraus - und diese ist allemal primär eine Gesellschaftsmaschine und erst sekundär eine technische Maschine[3]. Immer ist es die Gesellschaftsmaschine, die die zu verwendenden technischen Elemente auswählt und festlegt. Ein Werkzeug bleibt randständig oder kaum genutzt, solange keine Gesellschaftsmaschine oder kollektive Verkettung existiert, die es in ihr "Phylum" zu integrieren vermag.[4]

---

[1] Dialoge [1977], 64; kursiv im Original.
[2] »Das ist eine hegemoniale Sprache, imperialistische Sprache, umso anfälliger allerdings für die unterschwellige Arbeit der sie von allen Seiten aushöhlenden Sondersprachen und Dialekte durch die ihr ein eigentümliches Spiel von weitläufiger Korruption und Abwandlung aufgezwungen wird.« Dialoge [1977], 65.
[3] Hierzu die Darlegung der Differenz von technischen und Wunschmaschinen im *Anti-Ödipus*, 41-43.
[4] Dialoge [1977], 77.

So banal diese Überlegung anmuten mag, so einleuchtend und wichtig ist sie. Keine technische Innovation gelangt zum Durchbruch, sofern sie nicht funktional in das Bestehende, in das gesellschaftliche System integriert werden kann - unbenommen, daß sie dieses daraufhin möglicherweise modifziert. Fultons Dampfmaschine war für den kontinental operierenden Napoleon sinnlos, da sie sich in die existierenden militärischen Transportmittel nur bedingt einfügen ließ.

> Im Fall des Steigbügels ist es die Landschenkung, für den Beschenkten mit der Pflicht verknüpft, auf Wunsch des Schenkers diesem mit seinem Pferd zu Diensten stehen, die der neuen Reiterei zum Durchbruch verhilft und das Werkzeug in die komplexe Verkettung einfängt: Feudalwesen.[1]

Im Feudalismus gibt es eine Position, die der Steigbügel zu besetzen vermag, einen Ort, der im gesellschaftlichen Funktionszusammenhang offensteht und der mit Begehren aufgeladen ist. Daß eine Leerstelle für das technisch Neue vorhanden ist, folgt aus einem Verlangen nach diesem, das zwar nicht als vorhergehend und mithin Mangel zu denken ist, sondern als gleichzeitig, wobei der Wunsch die Verknüpfung mit dem politischen Gefüge organisiert, das Instrument, der Apparat, die Innovation wird durch ihn eingebunden. Es gibt fraglos ein feudalistisches Begehren, das die Verkettung des Feudalsystems durchzieht und die Verknüpfungen organisiert.

Um auf die Ausgangsfrage zurückzukommen, so lassen sich im gegebenen Kontext zwei Seiten der Verkettung ausmachen: "zum einen *Sachverhalte*, Körperzustände (...), zum anderen *Aussagen*, Aussagensysteme: Die Zeichen organisieren sich neu, neue Formulierungen tauchen auf, ein neuer Stil für neue Gesten tritt hervor (die den Ritter individualisierenden Wappenzeichen, die Eidesformeln, das System der Erklärungen bis hin zu den »Liebeserklärungen«)"[2].

Die Verkettungen von Aussagen und Sachverhalten sind derart innig, so unauflösbar miteinander verflochten, daß die tradierten Unterscheidungen, wie Basis und Überbau, nichts mehr zu sagen haben. Der Innovationsprozeß läuft in beiden Bereichen gleichzeitig und im ständigen Zusammenhang; diese Bereiche sind differente Aspekte ein und derselben Formalisierung, Ausdrucksformalisierung und Inhaltsformalisierung. Daß der Zusammenhang von technischer Erneuerung

---

[1] Ebd.
[2] Ebd.; kursiv im Original.

und gesellschaftlicher Veränderung in zwei Facetten von Formalisierung verläuft, indiziert die Negation subjektiver oder individueller Anteile, die als solche zuzuordnen und zu identifizieren wären. Der politische Wandel erscheint als einer der die Individuen via Formalisierungen des Handelns hinsichtlich ihrer subjektiven Handlungsfähigkeit ausblendet – womit nicht gesagt ist, daß es außerhalb des politischen Bereiches, der von Deleuze allerdings als sehr umfassend gedacht wird, nicht möglicherweise Subjektivität gäbe, doch ist diese für den Problemzusammenhang nicht relevant. Sofern sich innerhalb von sozialen Umwandlungen allerdings Aussage-Aktivitäten zeigen, denen Autorennamen zuzufügen sind, so handelt es sich dabei immer um ein Kollektiv, das in dieser Aussage, die ein Einzelner aussprechen kann, sich ausspricht, wie oben am Beispiel Kafkas gezeigt wurde. Wenn die Zusammenhänge so eng sind, wenn kein Platz für die individuelle Devianz als politische ist, dann sind die des öfteren geführten Reden vom universellen Werden umso verständlicher. Jedes am Individuum wahrzunehmende Werden kann dann in seiner Genese nur als Vorhut oder Nachhut oder Begleitung eines mehr oder minder komplexen sozialen Veränderungsprozeßes begriffen werden, zu dem sich einige noch nicht verhalten haben, erst noch verhalten werden oder bereits verhalten haben, wobei fragwürdig wird, was dann noch *verhalten* anderes meinen könnte als eine Art "Einsicht in die Notwendigkeit" oder eben Uneinsichtigkeit.

Das deleuzianische Werden hat abgesehen von der Universalität – die relevant ist, um die Aufhebung des Majorität/Minorität-Gefälles zu denken – noch einige andere seltsame Attribuierungen: so gibt es das Tier-Werden – sei es als rosaroter Panther, Wolf oder ähnliches – und das Farbe-Werden oder – wie noch zu sehen sein wird – das Erde-Werden. Gemeint ist nun keineswegs eine Art von schamanistischer Mimesis, eine Identifikation des Menschen mit Tieren, Pflanzen, Farben oder sonst irgendwelchen Objekten, Milieus. Das Werden bedarf einer Vermittlung:

> Freilich wird der Mensch Tier nur, wenn das Tier seinerseits Ton, Farbe oder Linie wird. (...) Nicht daß die Glieder sich etwa austauschten; das tun sie ganz gewiß nicht. Doch wird das eine zum anderen nur, wenn dieses selbst wieder etwas anderes wird und die Glieder sich auslöschen.[1]

---

[1] Dialoge [1977],80.

Wie bereits in der ersten Proust-Studie ist das Höchste im Leben als wesentlich veränderlichem, werdendem, die künstlerische Produktion: nur in einem Bereich wie dem der Kunst erschließt der Mensch anscheinend sein Potential, eröffnet er die Möglichkeiten seines Werdens. Andererseits ist die Kunst nicht mehr als der mehr oder minder autonome, nur vage über den Markt mit der bürgerlich-kapitalistischen Gesellschaft verbundene Sondersektor, in dem die Individuen an ihrer Individuation arbeiten, zu denken, sondern darf nicht losgelöst von anderen gesellschaftlichen Bereichen, die ihn durchziehen, sich dort artikulieren und entwickeln, betrachtet werden. Allerdings bleibt die Kunst trotz aller Relativierungen eines emphatischen Kunstautonomiebegriffes Möglichkeitsgrund und Movens der Entwicklung. Abgesagt ist damit aller ökonomische Determinismus und mehr noch die Annahme eines gründenden Zusammenhangs zwischen sozialem Status und gesellschaftlichem Veränderungsstreben, damit zugleich die Konzeption des falschen oder deformierten Bewußtseins. Was allerdings deformiert oder unterdrückt sein kann, was das Politische bewahrt, das ist der Wunsch. Damit der Wunsch sich entwickeln, fortsetzen, erfüllen kann, muß er durch die Kunst gehen, die ihn weiterreißt, fortführt in die Annahme einer anderen Gesellschaft, in der die Wunschproduktion und die gesellschaftliche Produktion nicht mehr oder fast nicht mehr in Differenz stünden. Auf diesem Weg entsteht nach der Kunst, nach der Malerei, dem Musizieren oder Schreiben, die Philosophie:

> Die Tätigkeiten unterscheiden sich nach ihren jeweiligen Materien, Codes und Territorialitäten, nicht jedoch im Hinblick auf die abstrakte Linie, die sie ziehen, die zwischen ihnen verläuft und sie einem gemeinsamen Schicksal entgegentreibt. Gelingt es einem, die Linie zu ziehen, mag er getrost sagen: "Das ist die Philosophie."[1]

Die Philosophie entsteht aus der Kunst als eine Quersumme der verschiedenen künstlerischen Praktiken, die die Philosophie immer dann erzeugen, wenn sie sich - ihre Tradition, ihr Selbstverständnis, ihre Selbstwahrnehmung - so weit überschreiten, daß sie sich nicht mehr verstehen. Philosophie hat folglich die Aufgabe, da, wo etwas rätselhaft wurde, zu raten und neue Möglichkeitsbedingungen des Handelns zu schaffen, indem dargelegt wird, wo die Gründe der in der Über-

---

[1] Ebd.

schreitung aufscheinenden Differenz liegen. Philosophie ist demnach eine Anschlußwissenschaft. Sie dient allerdings nicht nur der künstlerischen Praxis, sondern diese ist vielleicht nur diejenige Tätigkeitsform, die am häufigsten der Philosophie bedarf, nach ihr verlangt und sie darin erstellt, es gilt vielmehr:

> Es gibt kein singuläres Bedürfnis nach Philosophie; sie wird zwangsläufig immer dort hervorgebracht, wo eine Tätigkeit ihre Deterritorialisierungslinie weitertreibt.[1]

Die Aufgabe der Philosophie besteht dann darin, eine Art Plan zu entwerfen, wie es weitergehen kann. Doch gibt es verschiedene Arten von Plänen. Eine begegnete bereits in der Kafka-Studie als "unbegrenztes Immanenzfeld", was auf die Vielfalt von Übersetzungsmöglichkeiten des französischen *plan* zurückzuführen ist, der die Begriffe Feld, Ebene oder Plan zuläßt[2]. In den *Dialogen* wird zunächst der Organisationsplan dargelegt:

> Es handelt sich dabei (...) um einen Transzendenzplan, um eine Art Entwurf im Geiste des Menschen oder eines Gottes, auch dann noch, wenn man ihn, ein Höchstmaß an Immanenz zubilligend, in die Tiefen der Natur oder des Unbewußten versenkt. Ein solcher Plan ist Gesetzesebene sowohl in dem Sinne, daß er Formen, Genres, Motive entwickelt und organisiert, wie auch in dem, daß er Subjekte, Personen, Charaktere und Gefühle sich entfalten läßt.[3]

Der Organisationsplan ist im konventionellen Sinne ein Plan, ein abstrakter Entwurf, der konkrete Handlungen organisieren soll, diesen voransteht, und in dieser Vorgängigkeit natürlich auch konkrete Erscheinung sein kann: eine architektonische Skizze, eine Notenschrift oder ähnliches.

Dieser Sorte von Plan korreliert der Konsistenzplan, der bereits auf den vorstehenden Seiten zum Rhizom-Text expliziert wurde. Diese tastenden Versuche der Begriffsbestimmung lassen sich aufgrund der

---

[1] Dialoge [1977], 80-81.
[2] Der Begriff des Plans scheint uns der angemessenste zu sein, da er das wesentlich konstruktive Moment am deutlichsten überträgt und die eher unklaren Anklänge an die Geophilosophie unterdrückt; im folgenden werden wir also die zitierten Übersetzungen, ohne dies im einzelnen auszuweisen, als Immanenzplan- bzw. Konsistenzplan vereinheitlichen.
[3] Dialoge [1977], 99.

neuen Ausführungen vereindeutigen. Über den Konsistenzplan heißt es in Absetzung vom Organisationsplan:

> Dieser kennt nur Verhältnisse von Bewegung und Ruhe, von Schnelligkeit und Langsamkeit zwischen ungeformten, relativ ungeformten Elementen, von Strömen davongetragener Moleküle oder Partikel. Auch Subjekte sind in ihm nicht mehr vertreten, vielmehr etwas, was man »Diesheiten« nennt (oder »Einzelheiten« - haecceitas).[1]

Bezieht sich folglich der Organisationsplan auf fixe, identifizierbare Einheiten, auf Produkte, so stellt der Konsistenzplan jene Individuationen auf, die in Bewegungen erscheinen, die Ereignis und nicht Ereignetes sind. Entsprechend sind die Zeitformen verteilt: gehört der Organisation Chronos zu, ist das Zeitmaß der Konsistenz Äon im oben dargelegten Sinn. Der Konsistenzplan ist denn auch weniger ein Plan im Sinne des intentional orientierenden Organisationsplans, eher eine Karte, ein Stadtplan, der nicht Straßen und Gebäude verzeichnet, sondern divergente Geschwindigkeiten und Intensitätszonen, wodurch er in Bezug auf seinen Gegenstand auch nie vorzeitig, sondern bestenfalls gleichzeitig sein kann, sofern er nicht nachzeitig ist. Insofern er nicht prospektiv verfährt, eine Aussicht auf künftige Situationen oder Sachverhalte oder Handlungen bietet, besitzt er im Falle gegebener Gleichzeitigkeit nur eine Dimension, eben die des Ereignisses und ist folglich im Gegensatz zur Transzendenz des Organisationsplans vollständig immanent: der Konsistenzplan und der Immanenzplan scheinen identisch.

Der Immanenzplan verzeichnet Ereignisse und insofern er sie verzeichnet, erlebt er sie, ist er die Wahrnehmung des Ereignisses; um aber ein Ereignis wahrnehmen zu können, bedarf es nicht nur der mehr oder minder technischen Apparaturen der Wahrnehmungsorgane, sondern ebenso der Affekte, die aus dem Wahrgenommenen ein Ereignis werden lassen. Ohne eine emotionale Attribuierung wird kein Sachverhalt zum Ereignis, so daß es nicht sonderlich verwundert, wenn es über den Immanenzplan und die Wahrnehmung heißt:

> Dies alles, dieser ganze Plan hat keinen anderen Namen als *Begehren* und hat weder mit Mangel noch mit "Gesetz" zu tun.[2]

---

[1] Dialoge [1977], 99-100.
[2] Dialoge [1977], 103; kursiv im Original.

Das Begehren oder der Wunsch sind dem Immanenzplan eingeschlossen, der sich somit als die häufigste der Bezugnahmen des Menschen auf die Welt erweist. Der Immanenzplan ist der Versuch, außerhalb einer Subjekt- und Objektdialektik, die Wahrnehmung des Wirklichen begrifflich zu fassen. Zu diesem Wirklichen gehört aber auch, wie zu sehen war, das Begehren; wie verhält es sich mit dessen Wahrnehmbarkeit?

> *Begehren gibt es nur in der und als Verkettung oder Maschine.* Außerhalb einer bestimmten Verkettung, seiner Existenz auf einem Plan, einer Ebene, die nicht vorweg besteht, sondern erst konstruiert werden muß, kann man das Begehren nicht erfassen, begreifen.[1]

Der vormals scheinbar ziellos und nahezu uferlos dahinströmende Wunsch wird in einen Plan eingespannt! In eine der Vernunft zugängliche Konstruktion, der planerischen Gestaltung verfügbar gemacht! Dem anti-ödipalen Vertreter eines Post-68er-Diskurses, der darauf setzt, daß lediglich die gesellschaftliche Unterdrückung des Unbewußten aufgehoben werden müßte, damit das Glück einer befreiten Triebstruktur das Paradies auf Erden schaffe, sträuben sich die langen Haare[2], was gleichfalls für die Apologeten der ständig ihre ethischen Implikate reflektierenden und begründenden Vernunft betrifft, die von der anderen Seite her Deleuze /Guattari vorzugsweise des Irrationalismus bezichtigen[3]. Der Wunsch plant also, plant seine Verwirklichung, organisiert die Verkettung, die ihn ermöglicht; täte er dies nicht, wäre er nicht, nicht wahrnehmbar und nicht wirklich.

Gegen diese Konzeption des Wunsches lassen sich verschiedene Einwendungen vorbringen; zunächst: wie sozial ist ein solcher Begriff, was ist mit dem gesellschaftlich induzierten Mangel, wer kann die Verwirklichung seiner Wünsche organisieren, sind es nicht nur Privilegierte? Auf einer grundsätzlichen Ebene sind solche Fragen falsch gestellt, weil sie unterstellen, der Wunsch ziele auf die private Sensation, auf den kosmischen Sex, die transzendentale Erfahrung, das or-

---

[1] Dialoge [1977], 103; kursiv im Original.
[2] Gemeint sind damit die Vertreter der auf Wilhelm Reich zurückgehenden sexuellen Befreiungslehre - in einem umfassenden Sinn, der auch diejenigen einbezieht, die sich nicht explizit auf die Schriften Reichs beziehen.
[3] So bspw. Manfred Frank, der hier für jene ehemalige Hauptrichtung bundesrepublikanischer Philosophie stehen mag, die in K.O.Apel oder J. Habermas exemplarische Vertreter fand.

giastische Aufgehen im Kollektiv oder ähnliche Verhinderungen von ARBEIT, von PRODUKTION. Die Wunschmaschine ist dementgegen aber ein komplexer Zusammenhang verschiedener Elemente, dessen erste Aufgabe, wie oben dargelegt, Produktion von Produktion ist. Erstaunlicherweise geht es um Klarheit, um die Klärung des Wunsches, der nicht als unbewußter rein ist, sondern als bewußtgewordener[1]. Ist der Wunsch bewußt geworden - was nicht heißen soll, daß er durchrationalisiert wird, sondern lediglich klar in den Bereich der Wahrnehmung tritt -, frage man sich, was man für dessen weiteres Praxiswerden tun kann und tue es. Lautet die Antwort *gar nichts*, stimmt entweder der Wunsch oder dessen Bedenken nicht. Dergestalt auf seine Umsetzung orientiert gibt es keine soziale Differenz, die die Arbeit mit dem Wunsch vollständig aufhalten könnte. Unnatürlicherweise gibt es Geschwindigkeitsunterschiede und unterschiedlich dimensionierte Bereiche des Machbaren für die verschiedenen Klassen, aber nichts steht dem Wunsch, dies zu ändern und mit der Arbeit daran zu beginnen, im Wege.

> Das Begehren ist nicht den Privilegierten vorbehalten, vorbehalten freilich auch nicht einer irgendwann einmal siegreichen Revolution. Das Begehren ist in sich immanenter revolutionärer Prozeß. *Es ist konstruktivistisch, nicht im geringsten spontaneistisch.*[2]

Aber genug von der Moral der Politik, die sich von selbst oder gar nicht versteht. Was sich nicht von selbst versteht und von daher der Erläuterung bedarf, ist das nachstehende Problem: Bereits in der Sacher-Masoch-Studie tauchte als den Text grundierendes Problem das Verhältnis von Kritik und Klinik auf, eine Problemstellung, die in den *Dialogen* eine methodologische Zuspitzung erfährt.

> *Kritik* und *Klinik* müßten, strenggenommen, ineinander aufgehen; die Kritik wäre gleichsam nur der Umriß eines Konsistenzplans eines Werks, ein Sieb gewissermaßen, durch das die umlaufenden oder aufgefangenen Partikel, die verbundenen Ströme und das eingesetzte vielfältige Werden sichtbar hervortreten; die Klinik ihrer exakten Bedeutung nach, wäre die Linienfüh-

---

[1] Im Grunde ist diese Erläuterung jedoch nur eine Hilfskonstruktion, da die Unterscheidungen von Bewußt und Unbewußt in einem tiefenpsychologischen Sinn hinfällig werden: Es gibt eine Präsenz des Wunsches und den konstruktiven Umgang damit, zu dem der Wunsch selbst allerdings beiträgt.

[2] Dialoge [1977], 104; kursiv im Original.

rung auf dem Plan, die Art und Weise, wie sich die Linien auf dem Plan erstrecken, (...) wie die Linie mit der stärksten Neigung die übrigen mit sich reißt, welchem Ziel entgegen. Eine Klinik ohne Psychoanalyse noch Interpretation, eine Kritik ohne Linguistik noch Signifikanz. Die Kritik: Kunst der Vereinigungen, der Konjugationen. Die Klinik: Kunst der Beugungen, der Deklinationen.[1]

Ist die Kritik zu identifizieren als die Kartographie, wie sie oben entwickelt wurde? Kann die Klinik als Wissenschaft von Bewegungen verstanden werden? Verfährt Deleuze - allein oder in Kooperationen - nach einer solchen Methodik: Skizze eine fundamentalen Planes, dann die Beobachtung und Beschreibung dessen, was innerhalb dieser Struktur ermöglicht wird? Fragen, die im weiteren ihre Beantwortung finden sollen; an dieser Stelle kann jedoch festgehalten werden, das die vorliegende Fassung der Begriffe den früheren Anspruch auf Konvergenz von Literaturanalyse oder literarischer Kritik und jeweiligem Gegenstand preisgibt; statt dessen scheint die Differenz von Text oder Sachverhalt und Metatext deutlich auf. Doch gilt auch für diese zugestandene Ebene theoretischer Aktion, daß sie nicht interpretieren, nicht signifizieren solle, und sich damit von der Hermeneutik verstanden als Entzifferung von undeutlichen Bedeutungen verabschiedet hat, um nunmehr als eigene Kunst Geltung zu beanspruchen. Als Kunst setzt sie die produktiven Implikate ihres Gegenstandes auf einem anderen Plateau fort, objektiviert diese im Fortschreiben, ohne weiter der Adäquanz als einem Kriterium objektiver Bedeutungsentschlüsselung nachzufragen.

Auch Deleuze schreibt fort: im Hintergrund immer mit Guattari die Arbeit am opus magnum *Mille plateaux*, vordergründig kleine Artikel, Aufsätze, die Kooperation mit Carmelo Bene. Im Frühjahr 1978 erscheint ein sehr knapper Text, der Klärung über ein umfassendes Problem verspricht: Philosophie und Minderheit[2]. *Minderheit* oder *Minorität* verweist auf die Kafka-Studie und das dort verhandelte Problem der minoritären Literatur. In der Tat schließt Deleuze daran an und sucht präziser zu fassen, was eine Minderheit als solche charakterisiert. Die Minderheit wird gekennzeichnet, markiert, durch die Mehrheit. Die Mehrheit etabliert sich als eine Konstante aus einer An-

---

[1] Dialoge [1977], 128; kursiv im Original.
[2] Philosophie et minorité. in: Critique 369, 1978.

zahl von Variablen. Die Setzung dieser Konstante im Sinne einer Durchsetzung "setzt ein Rechts- und Herrschaftsverhältnis voraus"[1]. Auf diese Machtstruktur rekurrierte die Philosophie, "immer wenn sie glaubte, im Namen eines Wesens des Menschen, einer reinen Vernunft, eines universellen Subjekts oder Rechtssubjekts zu sprechen"[2]. Um ein einfaches Beispiel vor Augen zu haben, kann man an den nord-amerikanischen Raum denken, in dem zumindest bis vor kurzem als Konstante der Typus des männlichen WASP (white anglo- saxon protestant) behauptet werden konnte. Die Variablen liegen in den Bereichen Hautfarbe, ethnische Abkunft, Geschlecht und Konfession - unausgesprochen, doch zu ergänzen wäre: Besitzverhältnisse. Die Konstante, aus den Variablen extrahiert, wurde in einem historischen Prozeß unter Anwendung mehr oder minder direkter Gewalt durchgesetzt. Die Philosophie bezieht sich auf diese Konstante, insofern sie die Subjekte ihrer Rede nicht weitergehend spezifiziert. Diese Spezifikation der Subjekte führt in deren Minderheitlichkeit, sofern deren Bestimmungen von der Konstante abweichen. Die Minderheiten bieten die Möglichkeit des Werdens; jede Abweichung von der Konstante zeigt, daß diese nicht verbindlich im Sinne einer Determination ist, und daß folglich Werden jedem offensteht.

Es ergibt sich eine definitorische Dreiteilung: "das Mehrheitliche als homogenes und konstantes System, die Minderheiten als Subsysteme und das Minderheitliche als potentielles, erschaffenes und schöpferisches Werden"[3]. Diese Unterscheidung auf dem politisch-sozialen Gebiet korreliert mit der Unterscheidung der Sprachtypen:

> Dasselbe gilt für die sogenannten Minderheitssprachen: sie sind nicht einfach Subsprachen, Idiolekte oder Dialekte, sondern potentielle Mittel, die Mehrheitssprache in ein Minderheitlich-Werden zu überführen.[4]

Die Minderheit als Möglichkeitsbedingung eines Werdens, das nicht selbst majoritär wird, findet sich als gegenwärtiger An- und Einsatzpunkt der Veränderungen auf politischer und sprachlicher Ebene, als Punkt, in dem die Arbeit am Ideologischen und an den realen Macht-

---

[1] Philosophie und Minderheit [1978], 27.
[2] Ebd.
[3] Philosophie und Minderheit [1978], 28.
[4] Philosophie und Minderheit [1978], 29.

verhältnissen zu beginnen vermag. Was aber heißt dies für die Philosophie?

> Wenn man die Figur eines universellen minoritären Bewußtseins entwirft, wendet man sich an Kräfte des Werdens, die aus einem anderen Bereich stammen als die des Rechts und der Herrschaft. Das wäre die Aufgabe der Philosophie im Gegensatz zu ihrem gegenwärtigen abstrakten majoritären Anspruch.[1]

Welche Figuren entwirft Deleuze, an welche Kräfte wendet er sich in seinen Texten?

1978 erscheint zunächst in Italien ein schmales Bändchen zweier Autoren, das zwei Teile beinhaltet: zum einen die Bearbeitung von Shakespeares *Richard III.* durch den Dramatiker und Dramaturgen Carmelo Bene, zum anderen einen Aufsatz von Deleuze über diesen Dramaturgen und dessen Arbeit[2]. Dieser Aufsatz schließt unmittelbar an die Problematik der Kritik, wie sie oben im Zusammenhang mit der Klinik angesprochen wurde, an.

> Wie soll man sich die Beziehung zwischen dem Theater und seiner Kritik, zwischen ursprünglichem und abgeleitetem Stück vorstellen? Das Theater CB's [Carmelo Benes /CJ] hat eine kritische Funktion, aber gegenüber was?[3]

Zunächst wird das Vorgehen Benes beschrieben als eine Subtraktion, die existierender Literatur nach bewußter Vorentscheidung ein oder mehrere Elemente entzieht, um so - mehr oder minder experimentell - bestimmte Problemlagen, die der volle Text verschleiert, zu entbergen. Im Zentrum dieser Erprobung von Literatur steht auf der Bühne die Figur. Was passiert, wenn bestimmte Personen der Handlung wegfallen? Wenn Passagen ihres Textes gestrichen werden? Die Reduktionen oder Subtraktionen Benes konzentrieren sich Deleuze zufolge auf die Elemente der Macht[4]. Die Macht, die inszeniert wird, speist sich aus der Repräsentation. Macht wird wahrnehmbar nur als Repräsentation

---

[1] Ebd.
[2] 1979 erscheint eine Übertragung ins Französische unter dem Titel *Superpositions* [Paris 1979]; der Text Benes wird unseres Wissens nie ins Deutsche übersetzt, lediglich Deleuzes Aufsatz geht in die *Kleinen Schriften* [West-Berlin 1980] ein.
[3] Ein Manifest weniger [1978], 37.
[4] Vgl. Ein Manifest weniger [1978], 42.

von Macht. Das Theater doubelt diese Macht, indem es die Repräsentation repräsentiert, lädt sich so mit der historischen Macht auf, setzt diese fort. Die Intervention Benes verändert mit der Reduktion der Macht repräsentierenden Elemente folglich nicht nur einen Text und sein Aussagen, sondern auch das Theater, das ohne den Rekurs auf repräsentierte Macht auskommen muß, sich selbst seiner repräsentativen Aura beraubt sieht. Positiv gewendet, läßt sich sagen, daß die "Subtraktion starrer Machtelemente (...) eine neue Potentialität des Theaters freisetzt, eine nicht-repräsentative Kraft, die immer im Ungleichgewicht sein wird"[1]. Dieses konstitutive Ungleichgewicht führt zu einer Bestimmung des Subtraktionsverfahrens als eines minoritären Gebrauchs, der vom Theater gemacht wird: dessen Statik wird gebrochen und eine kontinuierliche Variation ermöglicht[2]. Besondere Betonung erfährt hierbei eine Denkfigur, die bereits in der *Logik des Sinns* vorgeführt wurde: das Unzeitgemäße, die Dimension der Äone, die vordem nicht im Kontext der minoritären Literatur erschien.

> Sie denken in Begriffen der Zukunft oder der Vergangenheit, aber die Vergangenheit und sogar die Zukunft sind *Geschichte*. Was zählt ist das Werden: das Revolutionär-Werden und nicht die Vergangenheit oder Zukunft der Revolution.[3]

Das Werden erscheint als Gegen-Geschichte, als Ereignis, das sich den re- oder progressiven Projektionen der Geschichte als verbindlicher, als linear verbundener entzieht. Werden ist keine Entwicklung im Sinne der aristotelischen Entelechie, sondern die Gestaltung von etwas, das nicht angelegt oder determiniert gewesen ist, bloß zu einem bestimmten Zeitpunkt möglich wurde. Die diversen Ereignisse, die stattfinden oder stattgefunden haben, sind insofern geschichtslos als sie a-chronisch sind, auf keinen fortlaufenden Strang zu beziehen, kommunizieren sie eher mit früheren Ereignissen, die ihnen ähnlich oder verwandt sind, ohne daß es eine raum-zeitliche Nähe gebe. Kleine Autoren sind dementsprechend dadurch charakterisiert, daß sie das

---

[1] Ein Manifest weniger [1978], 43.
[2] Da andernorts schon ausgeführt wurde, wie Deleuze den Begriff der Minorität und dessen Kontext versteht, verzichten wir darauf, an dieser Stelle, an welcher lediglich Akzente verschoben werden, den Gedankengang nochmals darzulegen.
[3] Ein Manifest weniger [1978], 43-44; kursiv im Original..

Raum-zeitliche ihrer Umgebung weitgehend tilgen, unzeitgemäß werden, Möglichkeiten eröffnen, die in ihrer Zeit nicht zu erproben sind, jenen virtuell-realen Raum produzieren, von dem im Zuge der Kafka-Lektüre die Rede war. Mit dieser Annahme entbindet Deleuze die Kleine Literatur von ihrer Möglichkeitsbedingung, die im sprachlich-sozialen Minderheitenstatus lag. Zwar privilegiert dieser Status noch zum minoritären Gebrauch, doch ergibt sich für die Kritik eine neue Fragestellung:

> Könnte es nicht äußerst interessant sein, jene Autoren, die als groß angesehen werden, als kleine Autoren zu behandeln, um ihre Möglichkeiten des Werdens wiederzuentdecken, Shakespeare z.B.?[1]

Mit der aufgelösten Konvergenz von Kritik und Gegenstand, der Differenzierung von Text und Metatext, scheint jetzt die Möglichkeit auf, auch innerhalb dieser Ebene der Kritik minoritär zu werden, einen minoritären Gebrauch von der Wissenschaft, von der Analytik zu machen, was auf der anderen Seite die scheinbar primäre Produktion, die Kunst im konventionellen Sinne entlastet: was vordem ihr zugeschrieben werden mußte, um eine bestimmte Produktivität und Vorgehensweise der scheinbar sekundären Produktion zu legitimieren, kann nun in dieser selbst verortet, an diese postuliert werden. Von der Forderung nach der kleinen Literatur führt der Weg zur Forderung nach der kleinen Literaturwissenschaft, nach der Kunst der Kritik[2]. Für diese Kunst der Kritik ist Bene der denkbar günstigste Partner, da in seiner Arbeit keineswegs der Fundus von dramatischen Texten ausgeweitet wird, sondern eher die Kritik in die Kunst selbst getragen wird, die Subtraktionen eröffnen innerhalb einer gegebenen künstlerischen Produktion den Raum einer Kritik, die sich nicht als Bedeutungsschöpfung oder Bewertungsinstanz entwirft, sondern Auslöser neuer Erfahrung wird[3]. Für dieses Ziel bedarf es allerdings mehr als der reinen Subtraktion, vielmehr muß sich diese mit einer bestimmten Konstruktion verbin-

---

[1] Ein Manifest weniger [1978], 45.
[2] Diese Entwicklung ermöglicht denn auch die Kritik des Gros linguistischer Positionen als solcher, die einen majoritären Gebrauch der Sprache fortschreiben, dem abgeholfen werden kann durch eine andere, minoritäre Linguistik [vgl. Ein Manifest weniger [1978], 49].
[3] Im derzeitigen (1995) Theater der Bundesrepublik scheint Christoph Marthaler derjenige zu sein, der in überzeugendster Weise diese Arbeitsweise für das Theater umsetzt.

den, in der die Arbeit an und mit der Sprache einen prominenten Platz innehat; es geht um einen "fortwährend variierenden Sprachgebrauch"[1]. Dieser Gebrauch der Sprache ist, abgesehen von den bereits oben entfalteten sprachinternen Modalitäten, eng verknüpft mit externen Variablen.

> Denn man kann die Elemente der Sprache und der Rede nicht als ebensolche internen Variablen behandeln, ohne sie in Wechselwirkung zu den externen Variablen zu setzen, in dieselbe Kontinuität, in ein-und-denselben Kontinuitätsstrom. In der gleichen Bewegung sucht die Sprache dem Machtsystem, das sie strukturiert, und die Handlung dem System der Herrschaft oder der Beherrschung, das sie organisiert, zu entkommen.[2]

Sprache und Handlung haben eine gemeinsame Bewegung, die Deterritorialisierung, die im Theater wesentlich als Anti-Repräsentation gekennzeichnet ist. Wie die Sprache stottert, ihre Struktur stottert, sind auch die Gebärden eher solche der Überwindung als welche des Gebrauchs, sie verstehen sich nicht von selbst, sondern das Selbstverständliche wird als repräsentative Organisation ausgewiesen; es geht beim Theater darum, die Gegenstände nicht zu beherrschen, um die Rollen nicht zu beherrschen. Die Gebärden sollen ebenso wie die Sprache in ein Variationskontinuum überführt werden, woraus praktisch folgt, daß die Schauspieler nicht mehr etwas machen, eine Handlung vollziehen, sondern Bewegungsabläufe verstreuen, unterschiedliche Geschwindigkeiten präsentieren. Ein solches Theater macht, wie vorzustellen ist, keine positiven Aussagen mehr (oder nur noch), in ihm werden alle Statements inhaltlicher Art negiert.

> Das Theater CB's entfaltet sich nie in Kräfte- oder Oppositionsverhältnissen, auch wenn dieses Theater "hart" oder "grausam" ist. Die Kräfte- und Oppositionsverhältnisse gehören zur Darstellung sogar nur, um subtrahiert, gestrichen und neutralisiert zu werden.[3]

Inszeniert wird die Eliminierung von Herrschaftsverhältnissen, nicht deren mögliches Verständnis oder die Erkenntnis von Handlungsmöglichkeiten gegen diese. Mehr als mit allem anderen haben Text und

---

[1] Ein Manifest weniger [1978], 53.
[2] Ein Manifest weniger [1978], 56; von uns nach dem Französischen geänderte Übersetzung.
[3] Ein Manifest weniger [1978], 58.

Gebärde dieses Theaters eine Affinität zur musikalischen Partitur[1], insofern als ständige Geschwindigkeitsänderungen dazuführen, daß man nie zweimal dasselbe Wort oder dieselbe Geste durchläuft, ohne unterscheidende Tempicharakteristika wahrzunehmen.

Die Musik hat, insofern es sich nicht um populäre handelt, zumeist das Problem, das sie ein sekundäres Sprachsystem darstellt, das zu lernen ist, und mithin nicht ohneweiteres kommuniziert werden kann, jedenfalls was Aussageintentionen anbelangt, die nicht selbstreferentieller Art sind. Die Musikalität dieses Theaters verweist auf das politische Selbstverständnis, das fragwürdig erscheint.

> 1. was nützt das außerhalb, denn das ist noch Theater, nichts als Theater? 2. Und inwiefern stellt CB die Macht des Theaters oder das Theater als Macht wirklich in Frage?[2]

Stellt man die Fragen so, muß man sich vorsehen, die Möglichkeit des Theaters nicht zu überfrachten. Revolution oder Reform als gesellschaftliche wird nicht im Theater gemacht, was kann aber dann dort erreicht werden? Zunächst eine Kritik, Kritik der Repräsentation selbst noch in ihrer Brechtschen Variante konflikueller Zuspitzung. Gegen Brecht und die Dialektik der Widersprüche, "weil die Konflikte schon normalisiert, kodifiziert und institutionalisiert sind"[3]. Gegen die Repräsentation der Konflikte also die Präsenz der Variation setzen. Die kontinuierliche Variation gilt Deleuze als nahezu gleich mit dem "Minoritär-Werden von jedermann"[4]; die Konvergenzen von Text und Gebärde, Theater und Realität münden in die Bewegung der Bewußtwerdung. Das Theater erstellt als kritisches mittels eines minoritären Gebrauchs der theatralischen Möglichkeiten eine "Figur des minoritären Bewußtseins als Vermögen"[5]. Das Theater steht im Potentialis, artikuliert Möglichkeiten, weniger der Bewußtwerdung als der Positionierung und Gestaltung des Bewußtseins als eines anderen, das sich den Tatbeständen der Majorität - die ja in einem Sinn auch die Minori-

---

[1] Vgl. Ein Manifest weniger [1978], 52.
[2] Ein Manifest weniger [1978], 64.
[3] Ein Manifest weniger [1978], 66.
[4] Ein Manifest weniger [1978], 68.
[5] Ebd.

täten definiert - nicht fügt: neue Minoritäten erfinden oder ermöglichen, darin besteht die politische Möglichkeit des Theaters[1].

---

[1] Deleuze kann 1978 noch meinen, Ethnien seien eine solche Minorität [vgl. Ein Manifest weniger [1978], 70]. Wie sich mittlerweile in den großen Verbünden wie USA oder EG gezeigt hat, lassen sich jedoch auch die Ethnien und die an sie geknüpften Konflikte institutionalisieren oder normalisieren. Selbst wenn Deleuze insistiert, daß die Ethnisierung nicht in regionalistische Politikformen münden dürfe, so erweist sich dies als ebenso frommes wie ethnienfernes Postulat. Vielleicht ist die paradoxerweise funktionalste Minorität doch die der Universalisten, Kosmopoliten, Internationalisten - zumindest seit die Majorität verkörpert durch bspw. multinationale Konzerne das Spiel der Differenzen kontrolliert und ausrichtet.

# IV. GESCHICHTEN DER WAHRNEHMUNG (1980-1985)

## IV.1 Sprache und Stil

*A change is better than a rest*
*Silly beggars can't be choosers*
*One of a thousand pities you can't categorize*
*There are ten commandments of love*
*I believe, I trust, I promise, I wish*
*Love's just a throw-away-kiss in this pidgin english*

*Elvis Costello*

Bereits der Titel deutet es an: *Mille Plateaux* ist ein weitdimensioniertes und vielschichtiges Werk. Uneinheitlich und komplex aufgebaut vereint es bereits zuvor veröffentlichte Aufsätze mit denjenigen Abschnitten, die nur im Buch enthalten sind, gleichwohl sich auch in diesen Verweise auf frühere Arbeiten finden lassen. In der Öffentlichkeit vor allem rezipiert als Fortsetzung des *Anti-Ödipus*, handelt es sich doch um ein in der Ausrichtung wesentlich unterschiedenes Buch, das zwar den Reihentitel *capitalisme et schizophrénie* aufgreift, in Stil und Inhalt jedoch andere Fragestellungen hervorbringt. Der anti-akademische Impetus ist zurückgenommen, es geht nur entfernt um Wissenschaftskritik, worum geht es aber dann? Trotz einer Reihe von Bemühungen, sich den *Tausend Plateaus* zu nähern und Aufschluß über die eigentümlichen Begrifflichkeiten und ihren Zusammenhang zu gewinnen, sind in dieser Hinsicht erst wenige befriedigende Ergebnisse erzielt worden[1]. Der Aspekt, unter dem die *Tausend Plateaus* hier vor

---

[1] Vgl. expl. Massumi, Brian: A user's guide to capitalism and schizophrenia. Deviations from Deleuze and Guattari. Massachusetts 1992. Härle, Clemens-Carl (Hg.): Karten zu »Tausend Plateaus«.Berlin 1993, und darin der

nehmlich betrachtet werden, entziffert sie als "Geschichte der Wahrnehmung"[1]. Eine politische Geschichte, die das Verhältnis von Wahrnehmung und (politischer) Handlungsmöglichkeit nicht weniger ins Auge faßt, als die Ermöglichung von Wahrnehmung durch bestimmte Wissenschaftsformen und Wahrnehmungsgestaltungen (Kunst). Wahrnehmung steht dem etymologischen Sinn der Ästhetik nahe, insofern aisthesis das Wahrnehmen bedeutete, ohne deswegen eine künstlerische Praxis vorauszusetzen. Keineswegs geht es um die Ästhetisierung des Politischen, die Walter Benjamin als Charakteristikum des Faschismus ausmachte[2], vielmehr wird im als Wahrnehmungswirklichkeit aufgefaßten ästhetischen Bereich das Politische ausgemacht[3].

In den *Tausend Plateaus* ist abgesehen von dem schon besprochenen Einleitungsabschnitt *Rhizom* und dem Schluß jeder Abschnitt mit bisweilen befremdlich anmutenden Datierungen versehen. Die früheste Datierung trägt der dritte, von der Geologie der Moral handelnde Abschnitt: 10000 v.u.Z. Was bedeutet dieses Datum? Konventioneller Weise gilt dieser Zeitraum als das Ende der letzten Eiszeit und damit zugleich als Beginn des Neolithikum. Die geschichtliche Folge des klimatischen Umbruchs, der eine Vielzahl vormals unbewohnbarer, vergletscherter oder "verwüsteter" Territorien fruchtbar und dauerhaft zugänglich machte, war die jungsteinzeitliche Revolution, womit die Begründung von Ackerbau und Viehzucht nach den Jahrtausenden fast ausschließlicher Jäger- und Sammlertätigkeit bezeichnet wird. Mit dieser Neuorientierung des Handelns geht der Beginn dauerhafter Siedlungen einher, das Ende allgemeinen Nomadentums. Dieser klimatische und kulturelle Umbruch motiviert wahrscheinlich den Untertitel dieses Abschnitts, den eine kuriose Frage bildet: Pour qui elle se

---

lesenwerteste Text von Negri, Antonio: Tausend Plateaus des neuen historischen Materialismus. In Härle 1993, 41-65.

[1] Tausend Plateaus [1980], 473.
[2] Auf dessen Aufsatz *Das Kunstwerk im Zeitalter seiner technische Reproduzierbarkeit* Deleuze in einer späteren Schrift Bezug nimmt; vgl. Kino 2 [1985], 337.
[3] Wir beschränken uns in der Darstellung auf die Sprache und (literarischen) Stil im Verhältnis zur Politik berührenden Abschnitte des Buches, dem eine eigene Monographie zu wünschen ist, um einen größeren Teil des Materials und Potentials zu erschließen, als es im gegebenen Rahmen möglich ist.

prend, la terre? Daß die Erde sich überhaupt fragwürdig wird, liegt genau in dem Wechsel von den die mehr oder minder rauhe Oberfläche durchstreifenden Jägern hin zu den an einem Ort verharrenden, die Erde bestellenden, mit Hacke oder Pflug bearbeitenden Bauern. Mit dieser Veränderung der Praktiken geht ein Umbruch in der Wahrnehmungsweise der Erde einher, womit nahegelegt ist, daß die Erde zunächst einmal für die Menschen, in deren Wahrnehmung existiert. So gesehen ist es allerdings umso unverständlicher, wieso die Erde nicht nur subjektiviert wird, sondern sich auch noch reflexiv auf sich beziehen soll. Die Eigenart der Formulierung indiziert die Relevanz der Perspektive, deutet den Versuch an, den Anthropozentrismus zu brechen. Ob dies gelingen kann, und wie der Versuch unternommen wird, werden wir im folgenden darzulegen suchen.

Einer der dem leichten Verständnis dieses Abschnittes entgegenstehenden Faktoren ist die weitreichende Literarisierung des Textes: so finden sich zwei "Erzählstränge", zwischen denen mehrfach gewechselt wird. Zum einen wird von einer Konferenz berichtet, auf der die Conan Doylesche Figur Professor Challenger und andere Reden über geschichtliche Positionen der Naturwissenschaft halten, andererseits wird eine Geschichte entwickelt, die von den geologischen Formationen bis zur Wissenschaft und darüberhinaus reicht. Dieser zweite Strang löst sich vom ersten mit einem Merksatz, den Challenger angeblich in einem Geologiebuch fand, und den man auswendig lernen müsse, weil man ihn erst später verstehen könne:

> Eine Stratifizierungsfläche ist ein kompakterer Konsistenzplan zwischen zwei Schichten.[1]

Die angesprochenen Schichten lassen sich zunächst begreifen oder vorstellen als geologische Schichten oder Strata. Innerhalb dieses Modells werden weitere begriffliche Differenzierungen vorgenommen:

> Die Oberfläche der Stratifizierung ist ein maschinelles Gefüge, das sich von den Strata unterscheidet. Das Gefüge liegt zwischen zwei Schichten, zwischen zwei Strata. Eine Seite hat es also den Strata zugewendet (in diesem Sinne ist es ein *Interstratum*), aber die andere Seite hat es etwas anderem zugewendet, nämlich dem organlosen Körper oder dem Konsistenzplan (in diesem Sinne ist es ein *Metastratum*). Tatsächlich bildet der organlose Kör-

---

[1] Tausend Plateaus [1980], 60.

per selber den Konsistenzplan, der kompakt wird oder sich auf dem Niveau der Schichten verdickt.[1]

Beginnen wir von vorne: Die Oberfläche der Stratifizierung ist innerhalb der Genese einer Schichtenstruktur das Ende der primären Schicht, die zunächst noch keine Schicht ist. Die dahinterstehenden Fragen lauten ungefähr: wieso ist nicht überhaupt nur eine kompakte Masse, was ist passiert, daß sich Differenzierungen einstellen? Irgendwann hörte ein Sediment auf, weiter anzuwachsen, seine Oberfläche wurde zur Stratifizierungsfläche, weil sich Ereignisse einstellten, die dem vorhergehenden eine andere Qualität überlagerten. Der eine Vorgang ereignete sich nicht mehr, und ein anderer ereignete sich, wovon nur noch die Abwesenheit spricht, jener Raum zwischen den Schichten, der selbst nicht material in Erscheinung tritt, der aber genau den Umbruch verzeichnet. So weit das maschinelle Gefüge als Interstratum.

Das Metastratum bezeichnet nun das Stadium der Schicht in der Schichtenbildung. Es gibt das Vorhergehende und die ereignishafte Wirklichkeit, der Konsistenzplan, der mit dem organlosen Körper identifiziert wird. In der Lektüre des *Anti-Ödipus* ließ sich der Körper ohne Organe bestimmen als deterritorialisierter Sozius, als eine Instanz des Unbewußten, die Derivate des sozio-politischen Weltbezuges vorstellte. In der beschriebenen geologischen Anfangssituation gibt es den Konsistenzplan als die äußere Wirklichkeit, die zwar menschenlos ist und trotzdem nur im Denken wahrgenommen werden kann. Doch existiert eine andere Identifikation des organlosen Körpers, der im gegebenen Kontext mit der Erde in eins gesetzt wird[2]. Um die Spannung zwischen diesen Identifikationen fassen zu können, muß die Erde gespalten werden: zum einen in das Ensemble von Vorstellungen über sie als historisch wirkendes Faktum, zum anderen in das historisch wirksame Faktum, das auch auf die Vorstellungen wirkt. Keiner der beiden Aspekte ist ohne den anderen zu haben, doch bleibt ein materialistisches Primat auf Seiten der historischen Wirklichkeit, die nicht dem Vorstellungsensemble zu subsumieren ist und dies auch noch affiziert. Die Annahme dieser Spaltung legitimiert sich

---

[1] Tausend Plateaus [1980], 60-61; kursiv im Original.
[2] Vgl. Tausend Plateaus [1980], 60.

für uns nicht zuletzt durch die oben geschilderte Darstellungsform, die Deleuze/Guattari verwenden.

Der Versuch, ein Vorstellungs- und Beschreibungsmodell der historischen Entwicklung komplexer Strukturen zu geben, ist für den gegeben Problemzusammenhang so lange nicht relevant, bis die Sprache auf den Plan tritt. Die Sprache folgt entwicklungslogisch dem genetischen Code:

> Die Ausdrucksform ist nicht mehr genetisch, sondern wird sprachlich, das heißt, sie operiert mit Symbolen, die von außen verständlich, übertragbar und veränderbar sind.[1]

Jeder Ausdruck korreliert einem Inhalt, und beide zerfallen jeweils in Form und Substanz. Die Unterscheidungen, die sich an die Begriffsbildung Louis Hjelmslevs halten[2], werden aus dem engeren Kontext der Sprachtheorie genommen und zu einem universalen Unterscheidungsmuster transformiert. Letzteres scheint möglich aufgrund der hohen Variabilität der Begriffe, die streng relational und nicht im konventionellen Sinne zu verstehen sind.

> "Sie sind jede für sich nur oppositiv und relativ bestimmt, als wechselseitig entgegengesetzte Funktive ein und derselben Funktion."[3]

Inhalt und Ausdruck bezeichnen keine Wesensformen irgendeines Sachverhaltes sondern bezeichnen die Funktionalität des Sachverhaltes in einem funktionalen Verhältnis. Der neuen sprachlichen Ausdrucksform wird in diesem Sinn eine Inhaltsform zugeordnet. Eine Form dieser Art ist die Hand, nicht so sehr als Organ, sondern mehr in ihren manuellen Eigenschaften, auf die die vorgängigen Charakteristika des Sprachlichen zutreffen. So sind Eigenschaften der Hand von außen verständlich, veränderbar und bspw. auf Werkzeuge übertragbar. In dem evolutionären Modell Deleuze/Guattaris ist eines der Kennzeichen des Fortschrittes im Zugewinn an Deterritorialisierung abzulesen. Die Hand der ersten Steppenbewohner stellt nun gegenüber den Händen, der waldbewohnenden Affen einen Deterritorialisierungsvorsprung dar: Sie ist für eine Mehrzahl von Möglichkeiten frei-

---

[1] Tausend Plateaus [1980], 8687.
[2] Vgl. Tausend Plateaus [1980], 64-66.
[3] Hjelmslev, Louis: Prolegomena zu eine Sprachtheorie. zit. nach Tausend Plateaus [1980], 66.

geworden, was durch eine Reterritorialisierung des Fußes entgolten wurde.

Doch kommen wir zur Sprache im engeren Sinne zurück:

> *Vokale Zeichen haben eine zeitliche Linearität, und diese Supralinearität* begründet ihre spezifische Deterritorialisierung, ihren Unterschied zur genetischen Linearität. (...) Die zeitliche Linearität dagegen verweist nicht nur auf eine Abfolge, sondern auf eine formale Synthese der Abfolge in der Zeit, die zu einer linearen Übercodierung führt und ein Phänomen erzeugt, das in anderen Schichten unbekannt ist: die *Übersetzung*, die Übersetzbarkeit, im Gegensatz zu den früheren Induktionen oder Transduktionen. Unter Übersetzung sollte man nicht nur die einfache Tatsache verstehen, daß die Sprache die Gegebenheiten einer anderen "irgendwie" wiedergeben kann, sondern vielmehr, daß die Sprache mit ihren Möglichkeiten alle anderen Schichten wiedergeben kann und so Zugang zu einer wissenschaftlichen Weltanschauung hat. Die wissenschaftliche Welt (...) erscheint tatsächlich als die Übersetzung aller Strömungen, Partikel, Codes und Territorialitäten der anderen Schichten in ein ausreichend deterritorialisiertes Zeichensystem, das heißt in eine für die Sprache spezifische Übercodierung.[1]

Supralinearität zeichnet die Sprache vor allem aus, es ist mithin nicht allein die Abfolge der Phoneme gemeint, da diese im konventionellen Sinne linear ist, sondern eine "formale Synthese der Abfolge in der Zeit". Diese etwas dunkle Formel kann nichts anderes meinen als das grammatische System der Sprache. In der Grammatik löst sich die Sprache aus der Physiologie und verfügt über diverse Zeitstränge, wird mithin supralinear - auch insofern als die Grammatik die Möglichkeit der Autoreflexivität begründet, die diskursive Vergegenwärtigung eines vergangenen Sprechaktes.

In den Möglichkeiten der Sprache die wissenschaftliche Weltanschauung geborgen zu sehen, scheint so ungewöhnlich nicht, wenn man denn überhaupt an einer solchen festhält - und daß Deleuze/ Guattari an einer solchen festhalten, ist in Anbetracht einer Vielzahl von Autoren, die das Gegenteil behaupten[2], die eigentliche Sensation.

---

[1] Tausend Plateaus [1980], 88-89; kursiv im Original.

[2] Sowohl von seiten derjenigen, die Deleuze/Guattari zur Subversion nutzen wollen, als auch seitens derjenigen, die das akademische Terrain vor vermeintlich irrationalem Denken schützen wollen, werden im Ergebnis gleichlautende Behauptungen zur Wissenschaftskritik Deleuze/Guattaris formuliert, die diese vereinseitigen, ohne zu bemerken, wie sehr es mit der Kritik um die Bewahrung und Steigerung von Wissenschaft geht.

Die Überantwortung ihrer Möglichkeit an die Sprache bringt bestimmte Gefahren mit sich, die die Autoren auch benennen und zwar als "imperialistische Anmaßungen der Sprache"[1]. Deutlich wird damit eine kritische Stellung gegenüber einem sprachlichen Positivismus, der als Erkenntnis lediglich gelten läßt, was in Sprache zu fassen ist und damit die Annahme einer außersprachlichen Realität negiert. Die formulierte Gegenposition lautet:

> alle menschlichen Bewegungen, auch die gewaltsamsten, beinhalten Übersetzungen.[2]

Das heißt, sie beinhalten die Möglichkeit der Sprache; selbst wenn sie nicht in der kurrenten *langue* und schon gar nicht in *langage* oder *parole* formulierbar sind, gibt es der Möglichkeit nach eine Sprache, in der sie ausgedrückt werden können - auch wenn diese noch nicht da ist. Es gibt somit eine Super-langue, eine Sprache des Potentialis, in der die Wirklichkeit für den Menschen in ihrer prinzipiellen Aufklärbarkeit bewahrt wird. Erkenntnispolitisch bedeutet dies die Zulassung einer außersprachlichen Realität. Es muß auch bei Phänomenen, die sich sprachlich nicht oder nicht adäquat übersetzen lassen von ihrem Vorhandensein ausgegangen werden - einstmals nannte man das Materialismus. Auf daß dieser Materialismus ein historischer werde, braucht es Segmente, Möglichkeiten der Eingrenzung bestimmter Zeitabschnitte und entsprechender Gesellschaftsformationen, anders gesagt Differenzierungen:

> Unter Inhalt sind nicht nur Hand und Werkzeuge zu verstehen, sondern eine sozio-technische Maschine, die vor ihnen da ist und Kraftzustände oder Machtgebilde schafft (wobei Macht hier soviel wie Vermögen, Fähigkeit oder Potenz bedeutet). Unter Ausdruck sind nicht nur Gesicht und Sprache oder Sprechweisen zu verstehen, sondern auch eine kollektive, semiotische Maschine, die vor ihnen da ist und ein Zeichenregime schafft.[3]

Wenn nun das Reale doch anzunehmen ist, so ist die Annahme, daß es dies möglicherweise nicht außerhalb der Sprache gebe, keineswegs als falsches Bewußtsein zu denunzieren, sondern aufgrund des menschlichen Weltzuganges eine naheliegende Annahme, ja mehr noch, es ist

---

[1] Tausend Plateaus [1980], 89.
[2] Tausend Plateaus [1980], 90.
[3] Ebd.

die "für den Menschen konstitutive Illusion"[1], und sie wird in das Modell der Super-langue fortgeschrieben, mit dem allerdings signifikanten Unterschied, sich nun als notwendige Illusion zu begreifen, außerhalb derer Verhältnisse liegen, die nur in ihr dem Bewußtsein zugänglich werden. Daß diese Verhältnisse existieren, erschließt sich aus deren funktionaler und notwendiger Einbindung in gesellschaftliche Maschinen oder Zeichenregimes[2].

> Aber welche Beziehung entsteht nun eigentlich zwischen Inhalt und Ausdruck, wie unterscheiden sie sich? All das existiert nur im Kopf. Und trotzdem hat es nie eine realere Unterscheidung gegeben. Wir wollen damit sagen, daß es tatsächlich ein gemeinsames äußeres Milieu für die ganze Schicht gibt, das die ganze Schicht durchdringt, das zerebral-nervliche Milieu.[3]

Die Existenz im Kopf heißt immerhin, daß es den Kopf, das Hirn in seiner Materialität gibt. Dieses Hirn wird nun aber zu einem Milieu, ist nicht das reduzierbare Organ, das Nietzsche als Muskel adressierte, sondern augenscheinlich eine Wucherung, die aus den Schädelknochen hinausreicht, "das Gehirn ist eine Population, ein Zusammenhang von zwei Stämmen, die zu zwei Polen tendieren"[4]. Diese Pole heißen Hand und Gesicht, worüber sich durch Sprachen und Werkzeuge das Hirn weiter verzweigt in die Zeichenregime und gesellschaftlich-technischen Maschinen. Es selbst kann aus der Binnenperspektive und hinsichtlich seiner Funktion als abstrakte Maschine verstanden werden:

> Es scheint so, als könnte man von Zeichen genau genommen nur dann sprechen, wenn es eine nicht nur reale, sondern kategoriale Unterscheidung zwischen Ausdrucksformen und Inhaltsformen gibt, dann gibt es in der entsprechenden Schicht eine Semiotik, weil die abstrakte Maschine genau die Stellung, die es ihr erlaubt zu "schreiben", das heißt mit Sprache umzugehen und ihr *Regime* von Zeichen zu extrahieren. Aber vor diesem Punkt, bei den sogenannte natürlichen Codierungen, bleibt die abstrakte Maschine auf dem Konsistenzplan und hat nicht mehr die Möglichkeit, kategorial zwischen Zeichen und Partikeln zu unterscheiden; sie schreibt zum Beispiel, aber sie

---

[1] Ebd.
[2] Vgl. ebd.
[3] Tausend Plateaus [1980], 91.
[4] Ebd.

schreibt auf gleicher Ebene mit dem Realen, sie schreibt direkt auf dem Konsistenzplan.[1]

Der Konsistenzplan war zu verstehen gewesen als ein Plan, der Geschwindigkeiten und Intensitätszonen verzeichnete, der in definitorischer Differenz stand zum mit Begehren durchzogenen Immanenzplan, dem Kosmos menschlicher Wahrnehmungswirklichkeit. Nun verknüpft die abstrakte Maschine, die wir als Hirn im obigen Sinne lesen, die beiden Pläne, d.h. indem ihr Ausgang der Immanenzplan ist und sie diesen, dem "Imperialismus der Sprache" folgend, nicht reflektiert, gerät sie in den Konsistenzplan, löst dort die Sprache scheinbar auf und insistiert auf dem vor oder außerhalb des Immanenzplans liegenden begrifflos Wirklichen.

Der Konsistenzplan ist die Abschaffung aller Metaphern; alles, was besteht ist real.[2]

Die Sprache als theoretisches und praktisches Leitmotiv führt offenbar in die Irre, schafft konstitutive Illusionen, verstellt die Erkenntnis, ist immer neu zu kategorisieren und die selbstreflexiven Kategorien müssen auf sich zurückgefaltet werden, denn letztlich wird nicht die Erkenntnis verstellt, sondern lediglich die unzweideutige Artikulation ihrer Wahrheit[3]. Es gibt kein Erkenntnisproblem, sondern ein Artikulationsproblem. Die Ahnung, daß nicht das Finden der Wahrheit die wirkliche Schwierigkeit darstellt, sondern ihr Aufschreiben, treibt Deleuze seit seinen frühesten Schriften um. Wie ließen sich - wollte man nicht modische Koketterie unterstellen - sonst seine vielfältigen Anstrengungen erklären, dem Denken eine andere sprachliche Verfassung zu geben, als sie diesem üblicherweise zukommt? Wozu die Be-

---

[1] Tausend Plateaus [1980], 92.
[2] Tausend Plateaus [1980], 98.
[3] Von den vorgegebenen Prämissen aus werden dann auch solch vertrackte Positionen klar: "Darüber hinaus wird der Konsistenzplan von der abstrakten Maschine besetzt und umrissen; die abstrakte Maschine existiert *gleichzeitig* entwickelt auf der destratifizierten Ebene, die sie umreißt, jedoch eingewickelt in jede Schicht, deren Kompositionseinhiet sie definiert, und sogar halb aufgerichtet in bestimmten Schichten deren Zugriffsform sie definiert." [Ebd.;kursiv im Original.] Eine zugestandenermaßen komplexe Reflexion über das Verhältnis von Denken und Wirklichkeit und ihre gegenseitige Verwiesenheit.

fassung mit der Literatur und die Literarisierung des eigenen Schreibens? Dieses grundsätzliche Problem versucht *Tausend Plateaus* durch die Befassung mit dem Wie der Erkenntnis artikulierenden Sprache aufzulösen, wobei das Wie genau den Reflex auf Stil und Gehalt beinhaltet. Kommen wir auf den Gehalt zurück:

> Was man mit der Sprache anfangen soll, weiß man nicht mehr so recht: der große *Despot* hatte beschlossen, daß ihr als Gemeingut der Nation und als Informationsinstrument ein besonderer Platz vorbehalten werden sollte. Auf diese Weise verkennt man aber das Wesen der Sprache, die nur in heterogenen Zeichenregimen existiert und die anstatt eine Information in Umlauf zu bringen, eher widersprüchliche Befehle ausgibt; man verkennt auch das Wesen der Zeichenregime, die ein genauer Ausdruck der Machtorganisation oder Gefüge sind und nichts mit der Ideologie als dem angeblichen Ausdruck eines Inhalts zu tun haben (...).[1]

Nächst der Kritik einer ideologiekritischen Position ist der angezeigte - nicht nur imperialistische, sondern imperativische - Charakter der Sprache von Belang; er weist voraus auf ein anderes Datum: den 20. November 1923. Unter diesem Datum und dem Titel "Postulate der Linguistik" entfalten Deleuze/Guattari ihre eigentlich sprachtheoretischen Überlegungen. Bevor wir zur Darlegung derselben schreiten, ist zunächst noch der weitergefaßte Fragenkomplex zu bestimmen, auf den die enger gefaßte Problemstellung eine Antwort zu geben sucht.

> Und es gibt kein wichtigeres Problem als dieses: Wenn ein bestimmtes maschinelles Gefüge gegeben ist, wie sieht dann seine Wirkungsbeziehung zur abstrakten Maschine aus? Wie setzt es sie in Gang, durch welche Angleichung?[2]

Vorstehend ist die Beziehung von Konsistenzplan und abstrakter Maschine verhandelt worden; das maschinelle Gefüge schiebt sich noch in diese Konstellation hinein:

> Schließlich hat es [das maschinelle Gefüge/CJ] eine Verbindung zum Konsistenzplan, weil es notwendigerweise die abstrakte Maschine in einem bestimmten Stratum, zwischen den Strata und in der Beziehung der Strata mit dem Plan verwirklicht.[3]

---

[1] Tausend Plateaus [1980], 97; kursiv im Original.
[2] Tausend Plateaus [1980], 100.
[3] Ebd.

Beispiele werden gegeben: "der Amboß des Schmiedes bei den Dogons"[1], die abgeschnittene Brust der Amazone im Gefüge Frau-Bogen-Steppe. Das maschinelle Gefüge ist augenscheinlich ein Begriff, der Besonderung verlangt, eine Kategorie, die sich im Gegensatz zum Konsistenzplan bspw. sozialhistorisch bestimmbar konturiert, ja geradezu umkehrbar, sozialgeschichtliche Identifikationen überhaupt erst zulässig macht.

Innerhalb der maschinellen Gefüge kommt der Sprache ein privilegierter Status zu, sie ist dabei nicht bloß als ein Zeichenregime aufzufassen, das sich mit einem Kraftzustand verschränkt[2], sondern ist das aktive Moment innerhalb des Gefüges, das nach außen hin fortwirkt. Für diesen Status der Wirksamkeit bedarf es eines Verständnisses der Sprache, das sich von konventionellen Sprachvorstellungen absetzt. Die erste Konvention, die einer Kritik unterzogen wird, lautet:

"Sprache ist informativ und kommunikativ."[3]

Am Beispiel des Schulunterrichts verdeutlichen Deleuze/Guattari, daß es den Pädagogen keineswegs darum geht, sich durch Abfragen zu informieren, sondern darum zu instruieren, "semiotische Koordinaten"[4] aufzudrängen. Sprache gibt immer eher Auskunft über die machtdurchdrungene Ordnung der Weltwahrnehmung einer Gesellschaft, als daß sie der intersubjektiven Kommunikation oder solchem Informationsbedürfnis diente[5].

Die Grundeinheit der Sprache - die Aussage - ist der Befehl oder das Kennwort, die Parole.[6]

Wir verzichten auf die umschreibenden Ausdrücke und sprechen vom Ordnungswort, dem Wort der Ordnung, von einem aus der Ordnung kommenden, diese reproduzierenden Wort. Worte wie Befehle, die

---

[1] Ebd.
[2] Vgl. ebd.
[3] Tausend Plateaus [1980],106
[4] Ebd.
[5] Weswegen es ja auch jedem, dem daran gelegen ist, so schwer fällt "sich" mitzuteilen.
[6] Tausend Plateaus [1980], 106; die Übersetzung führt am Satzende drei Varianten für das französische *mot d'ordre* an.

nicht sagen, wie etwas ist, sondern anordnen, wie etwas wahrgenommen werden soll.

> Das Schwierige dabei ist, den Stellenwert und die Tragweite des Befehls zu bestimmen.[1]

Der imperativische Charakter der Sprache wird verkannt, weil ein Gutteil alltäglicher Redepraxis über das Erzählen läuft, über die indirekte Rede. Auf der Grundlage der indirekten Rede erhebt sich selbst in einer Stimme ein Stimmengewirr, das Sprechen wird zu einem kollektiven Gefüge[2]. Gefüge deshalb, weil das Performativ und das Delokutivum den Konnex zwischen Sprache und Handlung herstellen: es geht insbesondere mit der zweiten Kategorie um Handlungen, die nur im Aussagen und nicht außerhalb desselben sind, wodurch die Aussagen auf ihre Möglichkeitsbedingung in diskursiven und nicht-diskursiven Praxen wie bspw. die Justizapparate verweisen. Ein Schwur ist möglich aufgrund eines vorgängigen Ordnungssystems, das ein Schwören sinnvoll macht. Noch stärker ist ein Versprechen nur möglich vor dem Hintergrund ganzer Motivkomplexe und Geschichten, die sich um bestimmte Aussagen wie etwa "ich liebe dich" ranken. Mit den Ordnungsworten geht es um eine sprachliches Handeln, das kollektiv bestimmt und dem desweiteren wesentlich ist, daß es körperlose Transformationen durchführt:

> Es hat den Anschein, daß diese Handlungen durch die Gesamtheit von *körperlosen Transformationen* definiert werden können, die in einer Gesellschaft in Umlauf sind und zu den Körpern dieser Gesellschaft *hinzukommen*.[3]

Was sind nun diese körperlosen Transformationen? Von welchem Körper abstrahieren sie, und was wird transformiert? Der Körper, von dem abgesehen wird, ist das individualistische Körperbild der vereinzelten Physis, stattdessen erscheint der Körper als gesellschaftlicher: die allgemeine Mobilmachung wandelt den Zivilkörper in einen soldatischen um, ohne seine individuellen Besonderheiten, Fähigkeiten und Gebrechen zu beachten, selbst seine nachfolgende Disziplinierung

---

[1] Tausend Plateaus [1980], 107.
[2] Vgl. Tausend Plateaus [1980], 112.
[3] Tausend Plateaus [1980], 113; kursiv im Original.

und materielle Transformation spielt für den sprachlichen Akt als körperlose Transformation keine Rolle. Andere Beispiele wären die Pensionierung oder Verrentung, die den Körper aus seinen bisherigen Einbindungen in die gesellschaftliche Produktion herauslösen, ohne daß dieser sich von einem Tag zum anderen geändert hätte.

Die Transformation betrifft nicht den Körper in seiner Materialität sondern das Bedingungsgefüge des Körpers. Die Transformation ist attribuiert durch eine Plötzlichkeit, die datierbar ist im Akt der Aussage. Der 20. November 1923, das Datum, das diesem Plateau voransteht, zeigt eine gesellschaftlich bedeutsame Transformation an. Zu diesem Datum wurde in der Weimarer Republik die bisherige Währung der Reichsmark für ungültig erklärt und eine neue Währung, die Rentenmark, eingeführt. Die Einführung konnte deshalb erfolgreich - im Sinne von inflationsbeendend - durchgeführt werden, weil die neue Währung durch eine Hypothek auf die Immobilien des Reiches gedeckt wurde. Der reichseigene Grund war im Geldwert umgesetzt worden und wurde in diesem Akt und zu diesem Datum zu einem idealiter anteilig jedem verfügbaren Boden. Die körperlose Transformation ändert nicht die Materialität, sondern den Status, den Sachverhalte in der kollektiven Wahrnehmung haben. Diese Wahrnehmung selbst ist eingestellt in ein Gefüge, eine ganze Ordnung von Wahrnehmungserfordernissen und korrelierenden Praxen. Findet mithin eine Änderung der Wahrnehmung statt, gerät der Sachverhalt in eine andere Ordnung, die andere Praxen als zuvor ermöglicht. Diese Ermöglichung meint aber nicht eine qualitative Änderung im engeren politischen Sinne. Die Ordnungsworte oder Anordnungen, die die Wahrnehmung anders orientieren, werden von Machtpositionen aus gesprochen. Wenn die Nachbarin etwas dekretiert, hat dies nur für jenen beschränkten Bereich, über den sie eine gewisse Ordnungsgewalt hat Geltung und nicht für den Grund des Reiches. Allerdings erlauben auch kleinere und kleinste Einheiten körperlose Transformationen:

> Glossolalie. Schreiben bedeutet vielleicht, dieses Gefüge des Unbewußten an den Tag zu bringen, die flüsternden Stimmen auszuwählen, die geheimen Stämme und Idiome heraufzubeschwören, aus denen ich etwas extrahiere, das ich als Ich [Moi] bezeichne. ICH [JE] ist ein Befehl oder ein Kennwort, eine Losung [mot d'ordre].[1]

---

[1] Tausend Plateaus [1980], 118 [107].

Die Ordnungsworte folgen nicht aus einer Individuierung, sie gehen dieser voraus, sie sind es, die subjektivieren. In diesem Sinne ist auch Lenins Erklärung, »daß die Parole "Alle Macht den Räten" nur vom 27. Februar bis zum 4.Juli galt,«[1] zu verstehen. Lenin ging es darum, die Sowjet-Macht zu beenden, um die Revolution mit Hilfe der Partei neuen Typs weiterführen zu können. Das Erstaunliche an diesem Vorgang besteht darin, daß es zum Zeitpunkt der Erklärung den Körper dieser Partei noch nicht gab. Der 4. Juli endete tatsächlich die Macht der Räte und ließ den Körper der Partei erscheinen. Lenins Erklärung rief den Körper der Partei in die Wirklichkeit, ermöglichte seine Aktualisierung, die jedoch ohne die entsprechenden historischen Möglichkeitsbedingungen nicht erfolgt wäre. Offenbar gibt es ein Potential geschichtlicher Wirkungsmöglichkeiten, das sich in Bereitschaft hält und für sein Wirkungsmächtigwerden der Anordnung oder Anrufung bedarf. Gibt es nun dieses Ensemble von historischen Wirkungsmöglichkeiten, so gibt es notwendig auch ein Ensemble differierender und konkurrierender Ordnungssysteme, oder mit dem Begriff Deleuze/Guattaris, Zeichenregime, die unterschiedliche Anordnungen oder Anrufungen sinnvoll werden lassen.

Die direkten Reden treten als Anordnungen folglich aus einer Gemengelage indirekter Reden hervor, und es ist nicht so, daß die direkte Rede Voraussetzung der indirekten Rede ist. Solches anzunehmen, hieße eine Gesellschaft zu denken, die so homogen ist, daß keinerlei Differenzen der Wahrnehmung in ihr existieren. Daß die Differenz der Wahrnehmung und damit die Indirektheit der Rede bereits beim einzelnen Erzählakt anhebt, folgt aus der unmittelbaren Differenz der Sprache als Ereignis zu den materiellen Ereignissen.

> Wenn das Messer ins Fleisch eindringt, wenn sich Nahrungsmittel oder Gift im Körper ausbreiten oder wenn ein Weintropfen ins Wasser fällt, kommt es zu einer *Vermischung von Körpern*; aber die Aussagen "das Messer schneidet das Fleisch", "ich esse" oder "das Wasser wird rot" drücken *körperlose Transformationen* einer ganz anderen Art aus (Ereignisse).[2]

Der Grund, auf dieser Verschiedenheit zu insistieren, liegt im Verdikt gegen die der Sprache zugewiesene Repräsentationsfunktion respektive gegen die Behauptung des referentiellen Charakters der körperli-

---

[1] Tausend Plateaus [1980], 117.
[2] Tausend Plateaus [1980], 121; kursiv im Original.

chen Materialität. Die Sachverhalte sind keine Referenten. Weder wird auf das eine referiert, noch repräsentiert sich dieses im anderen, stattdessen ist von einer Gleichwertigkeit beider Sphären auszugehen, was zugleich heißt, ihre grundsätzliche Verschiedenheit stark zu machen.

> Ein Äußerungsgefüge spricht nicht "von" Dingen, sondern es spricht *auf derselben Ebene* wie die Zustände der Dinge oder die Zustände des Inhalts.[1]

Folglich findet sich ein Bereich der realen Vorgänge und Ereignisse, der nicht in der Sprache aufgeht, und mitnichten gibt die Sprache nur einen unvollkommenen Anschein dieser materiellen Ereignisse, vielmehr leistet sie etwas wesentlich anderes. Die Sprache konstituiert eine eigene Wahrnehmungswelt, die allerdings nicht parallel im mathematischen Sinne zu den nichtsprachlichen Ereignissen verläuft, vielmehr erscheinen ständig Berührungs- und Durchdringungspunkte. Ermöglicht wird dies durch den nicht zu unterschätzenden Tatbestand, daß die Sprache, oder genauer, daß die durch sie konstituierte Wahrnehmungswirklichkeit *auf derselben Ebene* wie die nichtsprachliche Wahrnehmung oder Wirklichkeit liegt.

Wie schon häufiger bei früheren Kategorienbildungen zu sehen, findet zunächst eine funktional-analytische Separation statt, die die bisherigen Hierarchien des Bezeichnungsgefüges auflöst, um schließlich eine wechselseitige Vermischung der problematisierten Begrifflichkeiten zu diagnostizieren. Mit der Denkfigur stellen sich auch ältere Begrifflichkeiten wieder ein:

> Auf einer ersten horizontalen Achse enthält ein Gefüge zwei Segmente, ein Inhaltssegment und Ausdruckssegment. Einerseits ist es ein *Maschinengefüge* von Körpern, Aktionen und Passionen, eine Mischung von Körpern, die aufeinander reagieren; andererseits ein *kollektives Äußerungsgefüge*, ein Gefüge von Handlungen und Aussagen, von körperlosen Transformationen, die zu den Körpern hinzukommen.[2]

Gefüge und Verkettung sind die Übersetzungsvarianten des *agencement*, so daß die vor allem in der Kafkastudie bedeutsamen Begriffe der kollektiven Aussagenverkettung und der maschinellen Verkettung wiederkehren. Die Verbindung zwischen den verschiedenen Maschi-

---

[1] Tausend Plateaus [1980], 122; kursiv im Original.
[2] Tausend Plateaus [1980], 124; kursiv im Original.

nen organisierte in der Studie von 1975 noch der Wunsch. Auf diese Mittlerposition rücken nun die Deterritorialisierungsbewegungen:

> Und die Verbindung [l'articulation/CJ] der beiden Aspekte des Gefüges geschieht durch Deterritorialisierungsbewegungen, die ihre Formen quantifizieren. Deshalb wird ein gesellschaftlicher Bereich weniger durch seine Konflikte und Widersprüche definiert als durch die Fluchtlinien, die ihn durchziehen.[1]

Die Bewegungen besetzen auch den früheren Ort der abstrakten Maschine, die als Quantifikator diente und in dieser Funktion den Maßstab der Beurteilung des literarischen Werks formulierte. Die Ausbildung des Maßstabs geschieht nun in der Deterritorialisierung, d.h. in der dynamischen Veränderung des gegebenen Zustandes, welche zu einem Neuen, Anderen führt. Gemeinhin denkt man, daß das Andere eine Qualität des Eigenen beschreiben würde. Versuchen wir, den Gedankengang an einem simplen logischen Satzgefüge zu veranschaulichen:

> Alle Blätter sind grün.
> Einige Blätter sind gelb.

Obgleich beide Sätze in der unausgesprochenen Hinsicht Blattfarbe eine Differenz formulieren, sagt weder das Grünsein etwas über das Gelbsein als Qualität aus, noch umgekehrt. Unterstellt sei, daß beide Sätze zu einem je-bestimmten Zeitpunkt relative Wahrheiten artikulierten und zwar ist der zweite Satz ein chronologisch nachfolgender; vom ersten zum zweiten fand eine Deterritorialisierungsbewegung statt: Das Selbstverständnis, in einem Kosmos von Pflanzen mit grüner Blattfarbe zu wohnen, ist erschüttert worden durch das Auftreten gelbgefärbter Pflanzenblätter, wodurch nun nicht die Qualitäten neu zu definieren sind, sondern die Mengen. Die Deterritorialisierung führt dazu, daß ein vermeintlich Unendliches, Unbegrenztes an seine Grenze, an ein Ende geführt und somit überhaupt erst vermessbar wird.

Aus dieser eigenartigen Leistung der Quantifikation und den körperlosen Transformationen ergibt sich für die Betrachtung der Sprache eine Konsequenz, die über den linguistischen Begriff der Pragmatik hinausweist. Deleuze/Guattari formulieren ihre Kritik des linguistischen Pragmatismus folgendermaßen:

---

[1] Tausend Plateaus [1980], 126.

> Die externe Pragmatik von nicht-sprachlichen Faktoren muß deshalb in Zweifel gezogen werden, weil die Linguistik selber nicht von einer internen Pragmatik getrennt werden kann, die sich auf ihre eigenen Faktoren bezieht.[1]

Der Vorwurf meint, daß die Linguistik sich nicht selbst zu gründen vermag und sie die ihren Axiomen zugrundeliegende Pragmatik aufgrund derselben Grundsätze nicht mitreflektieren kann. Eingeklagt wird mithin ein Verfahren zirkulärer Selbstbegründung, um das sich Deleuze, wie mehrfach gezeigt wurde, deutlich bemüht hat. Für die Konzeption der Sprache, die oben analytischer und deskriptiver Notwendigkeit folgend isoliert behandelt wurde, bedeutet das, daß sie nicht rein zu isolieren ist, vielmehr muß sie konsequent als ein Aspekt der abstrakten Maschine begriffen werden.

> Aus dieser Sicht gehört die wechselseitige Durchdringung von Sprache, gesellschaftlichem Bereich und politischen Problemen zum innersten Bereich der abstrakten Maschine und nicht zur Oberfläche. Die abstrakte Maschine, so wie sie sich auf das Diagramm des Gefüges bezieht ist niemals reine Sprache, es sei denn aus Mangel an Abstraktion.[2]

Um das in den beiden zitierten Sätzen komprimierte Modell verstehen zu können, gilt es zunächst, sich nochmals zu vergewissern, was mit Gefüge gemeint ist. Das Gefüge ließ sich in zwei Untergefüge gliedern: kollektive Äußerungsgefüge und Maschinengefüge. In ihrem Zusammenhang gestatten diese beiden Aspekte die Bestimmung sozialhistorischer Formationen, so war die Rede vom "feudale[n] Gefüge"[3]. Das Gefüge ist somit als konkrete Ebene wirkender Sachverhalte zu begreifen, auf die sich die abstrakte Maschine - wie schon ihr Name nahelegt - nur in Form einer Darstellung, eines Abbildes, einer Karte, des zweidimensionalen Diagramms bezieht; mehr noch muß man sagen, daß es sich nicht nur um einen Bezug *auf* handelt, sondern daß die abstrakte Maschine mit diesem Diagramm *zusammen*fällt[4]. Die abstrakte Maschine ist von daher nicht anders aufzufassen als das

---

[1] Tausend Plateaus [1980], 127; kursiv im Original.
[2] Tausend Plateaus [1980], 128.
[3] Tausend Plateaus [1980], 124.
[4] "Denn eine richtige abstrakte Maschine bezieht sich auf das gesamte Gefüge: sie läßt sich als das Diagramm dieses Gefüges definieren." Tausend Plateaus [1980], 127.

Hirn, als die sozialhistorische Karte in Form eines zerebralen Systems, in dem die Sprache keinen privilegierten Ort mehr einnimmt, sondern neben der Politik und anderen gesellschaftlichen Einflußgrößen liegt.

Nachdem so die Sprache in ihrem vorgeblich exzeptionellen Status und selbst noch in der Fassung der pragmatischen Linguistik relativiert und "sozialisiert" worden ist, kommen Deleuze/Guattari auf eine andere Problematik linguistischer Theoriebildung zu sprechen. Der Punkt, die Aussage, in der das, was ihnen als Problem erscheint, verdichtet ist, lautet folgendermaßen:

> "Es gibt Konstanten oder Universalien der Sprache, die es erlauben, sie als ein homogenes System zu definieren."[1]

Mit diesem Satz sind zwei Setzungen gegeben, die den Intentionen Deleuze/Guattaris zuwiderlaufen: weder interessieren sie die möglichen Konstanten einer Sprache, noch deren Definition als homogenes System. Doch dient der nachfolgende Angriff auf linguistische Konventionen lediglich einer grundlegenderen Fragestellung zur Anschauung.

> Das allgemeinste Problem betrifft in Wirklichkeit das Wesen der abstrakten Maschine: es gibt keinen Grund, das Abstrakte mit dem Universellen oder mit Konstanten zu verbinden und die Singularität von abstrakten Maschinen auszulöschen, weil sie um Variablen und Variationen herum konstruiert sind.[2]

Eine wissenschaftliche Teildisziplin wie die Linguistik schafft eine abstrakte Maschine, wie weiter gefolgert werden kann, eine zudem unzureichend konstruierte. Die Annahme oder Schaffung der Konstanten gründet auf reduktionistischen Verfahren, wie dem für die Linguistik fundamentalen Einschnitt, der die Sprache (langue) vom Sprechen (parole) trennt, wodurch alle praktischen, im Reden der Sprache zugefügten Variationen dem Systematisierungszwang geopfert werden. Diese analytische Trennung dient der Destillation von Konstanten, die sich aber nach dem Zeugnis dissidenter Soziolinguisten wie William Labov nicht aufrechterhalten lassen, da die Sprachsysteme seinen Beobachtungen zufolge durch inhärente kontinuierliche Variationen, die nach einem bestimmten Modus geregelt sind, charakterisiert werden.

---

[1] Tausend Plateaus [1980], 128.
[2] Tausend Plateaus [1980], 129-130.

Diese Variationslinie fortzuschreiben oder deren Fortschreibung zu ermöglichen, ist eines der Anliegen, die Deleuze/Guattari verfolgen. Ein Bereich, der der Sprache oder dem Sprechen und deren Theoretisierung Weiterungen verspricht, liegt in der Begegnung von Musik und Stimme. Zentral für die Fruchtbarkeit dieser Begegnung ist der Verzicht auf einen Gesang im eigentlichen Sinne, also den Versuch der Stimme, Noten zu treffen und gemäß der Längenzeichen zu halten; worauf es vielmehr ankommt, ist die Klangfarbe der Stimme, jenes Terrain des in bisherigen Notationssystemen Nicht-Verzeichenbaren, die mehr oder minder individuelle Aberration und Differenzierung[1].

> Dies ist die Klangebene eines verallgemeinerten "Glissando", das die Bildung eines statistischen Raumes einschließt, in dem eine Variable keinen Mittelwert hat, sondern eine Frequenzwahrscheinlichkeit, die sie kontinuierlich mit den anderen Variablen variieren läßt.[2]

Mit der Stimme im obigen Sinne kommt der Musik eine Größe zu, die nur nach den Modellen der Wahrscheinlichkeitsrechnung wägbar wird, die eine Unsicherheit in das Ensemble der konstanten Variablen trägt, wodurch der Zusammenhang und -klang insgesamt deterritorialisiert wird. Diese Deterritorialisierungsbewegung führt uns zurück auf das oben schon angesprochene Problem der Quantifizierung. Die Frequenzwahrscheinlichkeit der Stimme als Klangfarbe formuliert eine "*variable oder fakultative* Regel"[3]. Diese Regeln weisen bestimmte Häufigkeitsverteilungen auf: so oft taucht die Klangfarbe x auf, so oft die Klangfarbe y, z schließlich mit dieser Häufigkeit usw. Es ergibt sich somit eine Methode der quantitativen Bestimmung der Spezifität eines Zusammenhangs. Für jede Stimme, jede Klangfarbe werden sich andere Verteilungen ergeben, die meßbar sind, wobei das zu Messende durch die Stimme und die ihr eigenen Klangfarben und Differenzierungsmöglichkeiten vorgegeben werden. Die gefundenen, quantitativen Bestimmungen lassen sich dann ins Verhältnis setzen; da unterschiedliche Maßeinheiten vorliegen, wird man dieses Verhältnis nicht als Vergleich auffassen können, doch könnten in dieser Relationalität Fakten konstatiert werden wie klangfarbliche Ausdifferenzierung,

---

[1] Vgl. dazu auch Jäger, Christian: "Der absolute Film" im Kontext. Juni - Magazin für Literatur und Politik 22/1995, 159-162.
[2] Tausend Plateaus [1980], 134.
[3] Tausend Plateaus [1980], 131; kursiv im Original.

Klangfarbenwechselkoeffizient oder ähnliches der einen Stimme in Relation zur anderen Stimme[1].

Die Eigenart der Leistung der stimmlichen Klangfarbe in Bezug auf das musikalische Notationssystem und die entsprechende Klanglichkeit gilt auch im Verhältnis der Sprache in ihrer linguistischen Beschreibung zu den "Geheimsprachen, Argots, Jargons, Fachsprachen, Abzählverse[n] und Marktschreie[n]"[2]. Diese Sprachen besitzen zwar Codes und Konstanten, darüber hinaus aber bilden sie im Bezug auf das linguistisch verstandene und verstehbare Sprachsystem eine Variationslinie.

Die beiden genannten Tendenzen zur Ausbildung von Variationsvermögen setzen Deleuze/Guattari fort in Richtung auf eine "verallgemeinerte Chromatik"[3]. Nicht nur die Musikwissenschaft und die Linguistik im konventionellen Sinn fallen unter den Geltungsbereich dieser Chromatik auch die Stilistik als eher literaturwissenschaftliche Disziplin wird ihr subsumiert. Der Stil wird dabei im Rekurs auf die Ausführungen, die schon in der Prouststudie und dem Kafkabuch gemacht wurden, nicht als "individuelle psychologische Schöpfung"[4] sondern als kollektives Äußerungsgefüge aufgefaßt. Folgt man dieser Annahme kann der Stil als "Sprache in der Sprache"[5] begriffen werden und damit als statusgleich mit den Geheimsprachen und anderen genannten innersprachlichen Sonderfällen. Ebenso wie diese vermag er von der ausgelagerten Position her, eine Linie kontinuierlicher Variation in die Gesamtsprache zu tragen - was sich qua definitione erfordert, da die sprachlichen Sonderfälle ihre Eigenart und abseitige Position nur darin behaupten. Diese Eigenart der sprachlichen Sonderformen zeitigt noch weiterreichende Folgen:

> Wenn man die sprachlichen Elemente einer kontinuierliche Variation unterwirft und eine innere Pragmatik in die Sprache einführt, dann ist man gezwungen nicht-sprachliche Elemente, wie Gesten oder Instrumente, in der

---

[1] Derartige Relationen entfalten zunächst keine Bewertungskriterien, stehen diesen jedoch prinzipiell offen, sofern man sie ihrerseits als nicht objektivierbar begreift.
[2] Tausend Plateaus [1980], 135.
[3] Ebd.
[4] Tausend Plateaus [1980], 136.
[5] Ebd.

gleichen Weise zu behandeln, nämlich so, als ob die beiden Aspekte der Pragmatik sich auf derselben Variationslinie vereinigen würden.[1]

Auf dieses Register gesetzt erscheint die Chromatik als neue Königswissenschaft, die den gesamten Bereich menschlicher Bedeutungsproduktion zu erschließen vermag. Deleuze/Guattari folgen jedoch zunächst nicht weiter der Ausweitung dieser quantitativen Methode auf nicht-sprachliche Bereiche, sondern bleiben bei der Sprache und dem Stil. Sie kehren zu bereits vorgestellten Überlegungen über die Bedeutung von *est* und *et* zurück[2], die auf das Problem der minoritären Literatur führen. Die Aufgabe und die Möglichkeit der minoritären Literatur besteht - wie erinnerlich - darin, die Sprachvariablen in eine Linie kontinuierlicher Variation zu setzen, sie soll die Möglichkeiten der Sprache weitestgehend ausschöpfen. Ist sie darin erfolgreich, ergibt sich im Rekurs auf Hjelmslev ein weiteres Postulat:

> Hjelmslev hat einmal bemerkt, daß eine Sprache zwangsläufig unausgeschöpfte Möglichkeiten enthält und daß die abstrakte Maschine diese Möglichkeiten oder Potentiale verstehen können muß. Das "Potentielle", "Virtuelle", steht gerade nicht im Gegensatz zum Realen; ganz im Gegenteil, die Realität des Kreativen, die kontinuierliche Variierung von Variablen, ist nur der aktuellen Determination ihrer konstanten Beziehungen entgegengesetzt.[3]

Die minoritäre Literatur hängt somit an einer abstrakten Maschine, sie ist den Sprachanalytikern[4] aufgegeben; sie ruft, indem sie die Möglichkeiten realisiert, eine Linguistik auf, die diese Phänomene reflektiert. Zugleich mit dieser erkenntnisfördernden Funktion steht sie in einer ästhetischen Opposition zu den festgelegten Sprachverwendungen, deren Determination sie hintergeht. Versteht man die Festlegung als Artikulation politischer Machtverhältnisse, insbesondere des Gefälles von Majorität und Minorität, so zeigt sich in der ästhetischen Operation auch eine politische Kritik der Machtbeziehungen.

Dieses Thema entwickelten wir schon den Ausführungen der Kafkastudie folgend und hier wie dort erscheint im Kontext dieser Problematik der Begriff des Tensors als Bezeichnung jener innersprachli-

---

[1] Ebd.
[2] Vgl. den Abschnitt III.6 dieser Arbeit und Tausend Plateaus [1980], 137.
[3] Tausend Plateaus [1980], 138.
[4] Der Begriff ist hier nicht im Sinne einer philosophischen Schule gemeint.

chen Größe, die die kontinuierliche Variation gestattet, denn "der Tensor läßt sich weder auf eine Konstante noch auf eine Variable reduzieren, sondern er sichert die Variation der Variablen, indem er jedesmal den Wert der Konstanten abzieht (n - 1)"[1]. Diese Subtraktion mündet offenbar in eine Dynamisierung der Sprache, deren Elemente nicht mehr für sich stehen können, sondern in einen unruhigen, unabschließbaren Verweisungszusammenhang geraten. Um über dieses *Stottern der Sprache selber* sprechen zu können, bedarf es der im Stottern aufgerufenen abstrakten Maschine, die "so etwas wie das Diagramm eines Gefüges"[2] ist. Die abstrakte Maschine ist bereits an früheren Stellen als ein nach außen erweitertes Hirn, als eine Karte des Wahrnehmbaren beschrieben worden und war somit an einen dezentrierten Modus von Subjektivität[3] gebunden. Die obige Rede von der Linguistik, die aufgerufen wird, ist dahingehend zu relativieren, daß diese Linguistik zunächst nicht als irgendwie akademisch verortbare, institutionalisierbare Disziplin zu denken ist; stattdessen wird mit diesem Terminus eine Ebene der - natürlich - Abstraktion bezeichnet, die ein Modell dessen enthält, was sich in der Sprache ereignet. Die abstrakte Maschine oder Linguistik reduziert folglich noch einmal die durch die Tensoren um ihre Konstanten gebrachte Sprache und enthält nur noch die Linien der kontinuierlichen Variation. Die Linien reflektieren allerdings auch die Konstanten, nämlich als sozusagen Wendepunkte, die über den Fortgang und die Entwicklung der Linien entscheiden. Überraschenderweise soll dies mathematische, abstrakt-reduktionistische Modell nun nicht etwa eine verallgemeinerbare Regelhaftigkeit erschließen, sondern gerade die Singularität der sprachlichen Variationen augenscheinlich machen.

> Aber die abstrakte Maschine ist nicht universell oder gar allgemein, sie ist einzigartig; sie ist nicht aktuell, sondern virtuell-real; sie hat keine obligato-

---

[1] Tausend Plateaus [1980], 139.
[2] Ebd.
[3] Immer wieder muß angesichts der Begriffsgeschichte und daraus sich nahelegender Mißverständnisse betont werden, daß diese Subjektivität nicht genug als sozial eingebundene, präformierte und uneigentlich-residuale zu denken ist, wie dies in der Erörterung des Wunschmaschinenkonzepts entfaltet wurde.

rischen oder invariablen Regeln, sondern fakultative Regeln, die unaufhörlich mit der Variation selber variieren.[1]

Angelegt wird so eine Matrix, in der die Stilistik zu verzeichnen wäre, wenn diese an ein Ende kommen würde. Markieren nun aber bspw. Texte begriffen als fixe Datensätze ein Ende der Linien kontinuierlicher Variation? Läßt sich eine Linguistik als "Subjekt"-Wissenschaft denken, die sich auf dem Grund des Vergleichs von Diagrammen erhebt? Die abstrakten Maschinen sind zwar als einzigartige konzipiert, doch sind sie nicht allein, immer stehen sie im Bezug zu den kollektiven Äußerungsgefügen, woraus folgt, daß die Diagramme solcher vom Sozialen durchdrungenen Äußerungen, einerseits gewisse Schwerpunkte - soziale Determinanten - aufweisen werden, daß sie andererseits aber auch nicht abzuschließen sind, da der Verweisungszusammenhang ausufert und nur in seiner geschichtlichen Segmentierung und durch die Beschränkung auf Dominanten einen relativen Abschluß zu finden vermag. Eine historisch relativierte Linguistik, die subjektiv transformierte Phänomene einer sozialen Sprache erschließt, scheint auf dieser Ebene ebenso denkbar, wie die stets vor die Notwendigkeit ihrer eigenen Historisierung gestellte Interpretation oder Analyse eines solchen Zusammenhangs auf der Grundlage eines Textes. Die prinzipielle Unabschließbarkeit der Interpretation kann durch eine weitgehende Relativierung des Wahrheitsanspruchs in der Historisierung umgangen werden. An dieser Stelle wird eine Parallele zum Denken Foucaults deutlich, dessen Diskursanalyse ihre begrenzte Wahrhaftigkeit auch nur auf der materiellen Grundlage möglichst abgeschlossener historischer Phasen realisieren kann.

Das Problem, das die Linguistik darstellt, ist allerdings weniger ein erkenntnistheoretisches, sondern vor allem ein politisches. Zwar zielen die Sprachwissenschaftler nicht unbedingt bewußt auf eine Umsetzung ihrer Konzepte, doch wird bereits bei der Systematisierung des variablen Gefüges von Konstanz und Variation einer politischen Vorgabe Rechnung getragen: "das wissenschaftliche Modell, durch das die Sprache zu einem Studienobjekt gemacht wird, kann nur mit Hilfe eines politischen Modells geschaffen werden, durch das die Sprache homogenisiert, zentralisiert und standardisiert wird, durch das sie zu

---

[1] Ebd.

einer dominierenden Hochsprache der Macht wird"[1]. Dies bedeutet nicht, daß die Aussagen, die Linguisten über Sprache fällen, sämtlich falsch seien, doch geben sie lediglich einen Ausschnitt der sprachlichen Gesamtheit wieder, wobei die Einschnitte, die gemacht werden, um diesen zu gewinnen, politischen Vorgaben folgen. Daß es um Formen gesellschaftlicher Macht geht, erweist sich praktisch an der Organisation von Ausschlußpraktiken, die die Mißachtung grammatikalischer Normen sanktionieren[2]. Gegen diese Position mag man einwenden, daß doch ein Mindestmaß an sprachlicher Verbindlichkeit, Ordnung, gegeben sein müsse, damit Kommunikation funktionieren kann. Dieser Einwand geht aber an der Position Deleuze/Guattaris vorbei, da sie ja die Funktion der Sprache gerade nicht in der Kommunikation sehen, sondern darin Anordnungen zu treffen, bzw. sich in diese zu fügen und diese zu verfügen. Eine nichtfestgelegte Grammatikalität verhindert zum einen den gesellschaftlichen Zugriff auf agrammatikale, unodentliche Sprecher und etabliert zudem einen größeren Bewegungsfreiraum, der idealerweise eine Reihe neuer Anordnungen ermöglicht. Damit ist natürlich nicht gesagt, daß denjenigen, die aufgrund eines psychisch oder physisch gestörten Sprachvermögens einen verminderten Zugang zur gesellschaftlichen Realität haben, nicht zu einer Sprache, die diesen Zugang ermöglicht, verholfen werden sollte. Doch scheint die Möglichkeit einer Zweisprachigkeit auf, die die nicht vermittelnden Sprachuniversen neben einer funktionalen Sprache bestehen läßt und nicht darauf abzielt, diese auszulöschen, sondern sie in ihrer Eigenart und bedingten Relevanz für den Sprechenden, der sich darin beheimatet hat, anerkennt. Dieses Gefälle der Zweisprachigkeit ist in einem weiteren sozialen Kontext, das von minoritärer und majoritärer Sprache, auf das bereits mehrfach Bezug genommen wurde. Da in den bisherigen Bezugnahmen die wesentlichen Bestimmungen des Begriffs der minoritären Literatur gegeben wurden,

---

[1] Tausend Plateaus [1980], 140

[2] Die Einbehaltung der grammatikalischen Vorgaben wird bspw. in der Schule über Zensuren reguliert, die über den weiteren Zugang zu finanziellen und damit auch politischen Potentialen Vorentscheidungen fällt (es ist keineswegs gemeint, daß man die Politik und ihre Vertreter einkaufen könne, doch ist es eben ein Unterschied, ob die Lobby Arbeitgeberverband oder AOK heißt).

soll hier lediglich die Verkopplung dieser Problematik mit der neuen Problemstellung der Befehle oder Anordnungen thematisiert werden.

> Der hohe und der niedere Modus sind zwei Behandlungen der Sprache: der eine besteht darin, ihr Konstanten zu entziehen, und der andere darin, sie in kontinuierliche Variation zu versetzen. Aber in dem Maße wie die Anordnung eine Aussagenvariable ist, die die Stellung der Sprache einrichtet und den Gebrauch der Elemente nach der einen oder anderen Behandlungsweise definiert, muß man tatsächlich auf die Anordnung zurückkommen, da sie die einzige "Metasprache" ist, die in der Lage ist, diesen beiden Ausrichtungen, dieser zweifachen Behandlung der Variablen Rechnung zu tragen.[1]

Die Möglichkeit der Anordnung, alle anderen Funktionen und die beiden genannten Modi sich unterzuordnen, gründet in ihrer selbst gedoppelten Natur. Die Anordnung bedeutet den Stillstand, den Tod ebenso, wie sie die Möglichkeit von Bewegung und Flucht in sich birgt. Eine Anordnung zu befolgen heißt, andere Möglichkeiten nicht wahrzunehmen und einer übergeordneten Instanz die Verfügungsgewalt für zumindest einen Moment über das eigene Handeln zuzugestehen. In weiterem Rahmen meint Tod die körperlose Transformation, die einen Körper konturiert, ihn festigt. Um ein Beispiel zu geben, so wurde auch der Marxismus-Leninismus zu einem Corpus transformiert[2], zu einem *corpse*, der sich nicht mehr zu bewegen vermochte. Sich der Anordnung zu entziehen, durch eine Flucht oder eine Formel[3] neue Veränderungen ermöglichen. Die Tod und Leben genannten Pole dieses Spannungsfeldes von Bewegungseinschränkung und -erweiterung korrespondieren mit den Polen gesellschaftlicher Machtverteilung: einerseits die Möglichkeit Anordnungen auszugeben, andererseits die Möglichkeit in Anordnungen einzutreten oder ihnen zu entkommen, mit anderen Worten, die Positionen der Majorität, der Minorität und des Minoritärwerdens. Innerhalb der als Anordnungsgefüge verstandenen Sprache liegen Einfallstore, die eine schöpferische Flucht ermöglichen: "in den in der Sprache enthaltenen Tensoren, dort in den im Inhalt enthaltenen Tensionen"[4]. Diese Denkfigur steht in der

---

[1] Tausend Plateaus [1980], 149 (geänderte Übersetzung).
[2] Vgl. dazu Labica, Georges: Der Marxismus-Leninismus. Elemente einer Kritik. Hamburg 1986.
[3] Auf diese Variante des Entziehens wird Deleuze im Aufsatz *Bartleby, ou la Formule* [1989] zurückkommen.
[4] Tausend Plateaus [1980], 152.

Tradition einer marxistischen Widerspruchsdialektik, innerhalb derer das System die Mittel zu seiner Überwindung in den eigenen Widersprüchen erzeugt. Klar ist jedoch, daß es sich um keine deterministische Variante dieser Dialektik handelt, in welcher sich die Widersprüche automatisch im Fortgang geschichtlicher Eigendynamik derartig zuspitzen, bis sie zum Kollaps des Systems führen. Bei Deleuze/Guattari bleibt die Option erhalten, sich für ein Verhalten zu entscheiden, und vor allen Dingen geht es nicht um einen militanten Klassenkampf, der auf die Diktatur des Proletariats zielt, sondern um schöpferische Flucht, die auf einem Feld "ideologisch"[1] strukturierter Wahrnehmung den Kampf für eine andere - klassenlose ?- Gesellschaft führt.

> Unter den Anordnungen gibt es Paßwörter. Wörter, die so etwas wie eine Passage, Einzelteile einer Passage, sind, während die Anordnungen Stillstände, geschichtete und organisierte Zusammenstellungen, bezeichnen. Dieselbe Sache, dasselbe Wort besitzen ohne Zweifel diesen Doppelcharakter: man muß den einen aus dem anderen ziehen - die Zusammenstellungen der Ordnung in Einzelteile der Passage verwandeln.[2]

Von der Ebene der Worte schreiten Deleuze/Guattari fort zu den kunstvoll gefügten Wortketten und Satzfolgen der Literatur. Sie unterscheiden drei Formen von Prosa: Novelle, Erzählung und Roman. Die Kriterien dieser Unterscheidungen ergeben sich aus dem unterschiedlichen Verhältnis zum Ereignis und zur Zeitlichkeit, in der es gefaßt wird.

Die Novelle reiht demzufolge ihre narrativen Elemente ausgehend von der Frage "Was ist passiert?" auf. Das Ereignis hat stattgefunden, doch bestehen weder Begründung noch ausreichende Information über dasselbe.

> Eine Erzählung ist das Gegenteil der Novelle, denn sie hält den Leser mit einer ganz anderen Frage in Atem, nämlich: Was wird passieren? Es wird immer etwas geschehen, passieren. Was den Roman betrifft, darin passiert immer etwas, obwohl der Roman in die Variation seiner ständig belebten Gegenwart (Dauer) Elemente der Novelle und der Erzählung einbezieht.[3]

---

[1] Natürlich verwehren sich Deleuze/Guattari desöfteren gegen den Ideologiebegriff, doch insofern es hier um eine Wahrnehmungsstruktur geht, die im Interesse der Herrschenden liegt und die verändert werden soll, halten wir die eingeschränkte Bezeichnung für statthaft.
[2] Tausend Plateaus [1980], 153 (geänderte Übersetzung).
[3] Tausend Plateaus [1980], 264 (geänderte Übersetzung).

Den drei Prosaformen läßt sich jedoch nicht eine jeweils von den anderen isolierte Zeitform zuschreiben[1], wie diese Ausführungen es zunächst nahelegen, vielmehr sind die Zeitbewegungen als "Retentionen und Protentionen der Gegenwart selber"[2] aufzufassen. Die Novelle erscheint aus dieser Perspektive als die je-letzte Neuigkeit, die in der Gegenwart angekommen ist, während die Erzählung, die je erste ist, die von der Gegenwart ihren Ausgang nimmt. Die Zeitlichkeit, die den Hintergrund dieser Überlegungen bildet, geht in einer konstituierten Zeit auf, die sich im Akt des Erzählens einrichtet. Die Formen erzählter Zeit, die narrativ eröffneten Räume oder der realhistorische Einsatzpunkt des Erzählens spielen für die zeitlichen Konstituenten der Gattungsformen keine Rolle. Diese zeitlichen Orientierungen werden im folgenden enger auf Darstellungsstrukturen bezogen; so wird der Plot der Novelle von einem Geheimnis grundiert, einem Geheimnis als Form, das undurchdringlich bleibt, während die Erzählung der Form der Entdeckung folgt, "unabhängig davon, was man entdecken kann", so daß auch ein Geheimnis, ein Mysterium im inhaltlichen Sinn entdeckt werden kann. Dieser übergeordneten organisatorischen Einflußgröße folgend inszeniert die Novelle dann Stellungen, die verhüllend wirken, während die Erzählung Einstellungen und Fragestellungen aufbietet, die die Entdeckung vorantreiben.

Diese Form der Konstruktion von Kategorien, die die Organisation des Erzählens steuern, war bereits in der Masoch- und späterhin in der Kafkastudie zu beobachten gewesen. Zwar waren die früheren Organisationsprinzipien nicht so allgemein gehalten, doch läßt sich diese Differenz auf die Unterschiedenheit der Gegenstände zurückführen, waren es vormals durch Autorennamen zusammengehaltene Textkörper, so geht es nunum allgemeinere Formbestimmungen. Die sich durchziehende Vorstellung von einer impliziten Systematik der literarischen Texte überrascht zwar nicht im allgemeineren Kontext ästhetischer Theorien, doch in Anbetracht der bisher zu beobachtenden Verwendung der Literatur als materialer Grundlage, innerhalb derer sich Vorstöße in den theoretisch unbedachten Raum finden, setzt das Insistieren auf eine Systematik in Erstaunen. Andererseits gewinnt genau durch diesen gefügten, rationalen Charakter die Literatur eine

---

[1] Also Novelle = Vergangenheit, Erzählung = Zukunft und Roman = Gegenwart.
[2] Tausend Plateaus [1980], 264.

Bestimmung, die der Theoriestruktur Vorschub leistet; durch einen selbst systematischen Charakter erweist sich die Literatur als kompensatorisches Gegenstück insuffizienter Theorie.

Die schematisch gehaltene Bestimmung der Verknüpfung in der Novelle artikuliert sich in folgender Formel:

> Was ist passiert? (Modalität oder Ausdruck), Geheimnis (Form), Körperstellung (Inhalt).[1]

Doch Deleuze/Guattari wären nicht Deleuze/Guattari würde nicht im Fortgang der Darlegung der dreigliedrige Schematismus unterlaufen von einer Reflexion auf die Bewegungen, die vom Gegenstand ausgehen oder diesen durchziehen oder ihn transformieren.

> Es gibt nicht nur die Besonderheit der Novelle, sondern auch die besondere Art und Weise, in der die Novelle eine universelle Materie behandelt. Denn wir bestehen aus Linien. Wir wollen nicht von den Linien der Schrift sprechen, denn diese verbinden sich mit anderen Linien, Lebenslinien, Glücks- oder Unglückslinien, Linien die eine Variation der Schriftlinie bilden, Linien, die *zwischen den geschriebenen Linien* stehen. (...) Wir möchten zeigen, daß die Novelle von lebendigen *Linien*, körperlichen Linien bestimmt wird, an denen sie eine besondere Entdeckung macht.[2]

Deleuze/Guattari entwickeln in der Analyse einer Novelle von Henry James ein dreigliedriges Linienmodell, daß die Novelle strukturieren soll: eine Linie molarer Segmentarität, eine molekularer Segmentierung und schließlich eine abstrakte Fluchtlinie. Diese Trias besteht mit anderen Worten aus einem stabilen, weitgespannten Ordnungsgefüge, einer intervenierenden Aktivität, die unterhalb der großen Ordnungsformation agiert, und schließlich einer abstrakten transversalen Bewegung, die die beiden vorherigen Strukturelemente durchzieht. Suchen wir zur Verdeutlichung dessen, was gemeint ist, die Linien-Kategorien zu übersetzen, so stellt sich jene erste Linie als eine Ebene der Präsentation dar, in welcher soziale Ordnungsmuster exponiert werden. Die Handlung wird vorbereitet, indem Beziehungen, Verhältnisse und Sachverhalte geschildert werden, die Ausgangspunkt und Rahmen bilden, für jene zweite Linie, die das Ereignis in das Ordnungssystem einführt. Die Ereignisse sind Momente der Irritation, die zwischen den Segmenten den Zusammenhang stören, die Fragen aufwerfen und Pro-

---

[1] Tausend Plateaus [1980],266.
[2] Tausend Plateaus [1980], 266-267; kursiv im Original.

bleme stellen. Im Gegensatz zur erstgenannten harten Segmentarität handelt es sich hierbei um eine geschmeidige Segmentierung. Um ein Beispiel für diese Form der Segmentierung zu geben, so sei an die Verwendung des Heraklesmythos in der "Ästhetik des Widerstands" von Peter Weiss[1] erinnert. Dieser Mythos wird mehrfach im Textgeschehen aufgegriffen und immer neu interpretiert, worin sich die Veränderung des politischen Kontextes und der Positionen der Protagonisten vermessen läßt. Die Segmentierung stellt eine quantifizierende Bewegung dar, insofern sie zählbare Einschnitte, Brüche schafft. In diesen wird die Veränderung kenntlich, ohne daß der sie ermöglichende Sachverhalt klar sein müßte - es gibt keine definitive Interpretation, keinen finalen Aufschluß über die Bedeutung des Herakles.

Die dritte Linie schließlich, die abstrakte oder Fluchtlinie, führt an ein Ende der Segmente, "sie hat eine Art absoluter Deterritorialisierung erreicht"[2]. Dieser Punkt reicht in die Tiefe, ist eine endlose Bewegung in den Raum, ist nicht mehr zu reterritorialisieren. Das Beispiel, das Deleuze/Guattari für einen solchen Punkt geben, ist ein Satz von Henry James:

> Nun gab es keine Vermutungen und Spekulationen mehr; die Wahrheit sprang ihr mitten ins Gesicht.[3]

Die Funktion dieses Satz besteht darin, die beiden Linien der Segmentarität und der Segmentierung kurzzuschließen und aufzulösen. Er stellt einen Satz dar, der unspezifisch ist, für die jeweilige Novelle nicht charakteristisch. Der Satz führt über die einzelne Novelle hinaus in eine Vielzahl von Situationen, in der er funktionieren könnte. Er besitzt etwas von einem Shifter zur Sentenz, die eine außerliterarische Dimension erschließt, in der es um Wahrheit und Erkenntnis geht. Die Narration kommt auf der Fluchtlinie an ein Ende und das Denken beginnt. Da dieses Denken nicht durch eine philosophische Systematik geführt wird, krümmt es sich auf das literarische Material, von dem es seinen Ausgang nahm, zurück. Es durchdringt den Text und nimmt seine Elemente als konkrete auf, behandelt sie als Reales. Für den zitierten Beispielsatz ergeben sich dann Fragen wie die folgenden: wel-

---

[1] Weiss, Peter: Die Ästhetik des Widerstands. Frankfurt a.M 1975-1981.
[2] Tausend Plateaus [1980], 270.
[3] James, Henry: Im Käfig. zit. nach Tausend Plateaus [1980], 270.

che Wahrheit, wie sieht ein Gesicht aus, in das die Wahrheit springt, was verändert sich dabei, affiziert die Wahrheit den Körper?

> Die Schizoanalyse ist wie die Kunst der Novelle. Oder besser gesagt, sie hat keine Applikationsprobleme: sie arbeitet Linien heraus, die - je nach dem gewählten Koordinatensystem - zu einem Leben, zu einem literarischen Werk oder Kunstwerk oder zu einer Gesellschaft gehören.[1]

Eine innige Verbindung zur Literatur wird geschildert, die die Arbeit Deleuze/Guattaris mit der der Literaten kurzschließt, wobei das Kurzschlüssige darin liegt, daß Deleuze/Guattari es waren, die herausgearbeitet haben, wie die Novelle arbeitet. Die Annahme, die beiden Arbeitsformen Sicherheit bietet, ist die Existenz von Koordinatensystemen, die den Linienziehungen vorgeordnet sind und offenbar den Charakter verläßlicher Größen besitzen. Die Arbeit orientiert sich an einem Material, und sowohl Schizoanalyse wie auch Kunst der Novelle weisen einen Werkzeugcharakter auf, der zwischen dem Zugriff des Analytikers und dem Gegenstand seiner Analyse die ganze Subjekt-Objekt-Dialektik in Gang setzt, an der Marxismus sein Hegelsches Erbe zeigt. Signifikanterweise bleibt der Platz des Analytikers in den Überlegungen Deleuze/Guattaris unbesetzt: es ist das Werkzeug, das arbeitet. Werkzeugproduktion und die genannte Dialektik gehen, wie Deleuze/Guattari anhand des Steigbügels zeigten, nicht zusammen, die Einführung eines Werkzeugs ist immer überdeterminiert und nicht an ein Subjekt gebunden, während der Gebrauch des Werkzeugs das Subjekt determiniert. Suchen wir, die Analogie von Schizoanalyse und Werkzeug und Kunst der Novelle weiterzudenken, bietet es sich an, einem simplen Werkzeug wie bspw. einem Löffel Aufmerksamkeit zu schenken. Problemlos lassen sich drei Funktionen ausmachen, auf die hin ein zum Essen vorgesehener Löffel eingerichtet sein muß: eine Materialitätsfunktion, die ausgehend von der aufzunehmenden Flüssigkeit eine Undurchlässigkeit und einen offenen Hohlraum erfordert; eine Behandlungsfunktion, die den Löffel handhabbar im buchstäblichen Sinn macht, da er von der Hand zu führen ist; schließlich eine Abschluß- oder Zielfunktion, die ihn dem Adressaten des Handlungsgefüges, hier der Mund, anpaßt. Die Linien des Werkzeugs, seine Beschaffenheiten, werden in Abhängigkeit von einem gewählten Koordinatensystem herausgearbeitet. Innerhalb dieser funktionalen Teleolo-

---

[1] Tausend Plateaus [1980], 278.

gie erhält der Löffel mit Notwendigkeit eine bestimmte Gestalt und Materialität, die, wenn man die Perspektive wechselt, ihrerseits aber auch Nutzungsfunktionen dem Werkzeug einschreibt und es für andere Gebräuche - auch anderer Organe - nur begrenzt offenhält. Dies gilt auch für die Schizoanalyse oder die Kunst der Novelle: je nach Maßgabe des Koordinatengefüges sind sie besondert, spezifiziert, erzählen eine bestimmte Geschichte, die andere ausschließt, oder entwickeln Kategorien, die nur diesem Gegenstand - oder besser System - angemessen sind und nicht auf andere übertragen werden können. Im Rahmen dieser Analogiebildung läßt sich die Schizoanalyse mithin als Ensemble von theoretischen Instrumenten im Potentialis begreifen. Bleibt die Frage, was dann noch dieses Ensemble als solches auszeichnet, wo seine virtuellen Grenzen verlaufen. Da wir im Begriff sind, Spezifik und Grenzen zu bestimmen, kann eine Antwort erst am Ende unserer Darstellung versucht werden, doch scheint die explizite Orientierung am Werkzeug auf Produktion hin, kurz der Maschinismus[1], zumindest ein Spezifikum zu sein.

Für die Werkzeughaftigkeit der Kategorien und somit deren Bindung an bestimmte Koordinatengefüge sprechen die Autoren selber, wenn sie sich gegen naheliegende Anschlüsse verwehren:

Man könnte glauben, daß die harten Segmente durch den Staat determiniert, prädeterminiert und übercodiert werden; man könnte andererseits dazu neigen, aus der geschmeidigen Segmentierung eine innere Aktivität zu machen, etwas Imaginäres oder ein Phantasma. Und was die Fluchtlinie betrifft, ist sie nicht ganz persönlich, die Art und Weise, in der ein Individuum für sich allein flieht (...)? Das ist ein falscher Eindruck. Die geschmeidige Segmentierung hat nichts mit dem Imaginären zu tun, und die Mikropolitik ist ebenso extensiv und real wie die andere. Die große Politik kann ihre molaren Einheiten niemals handhaben, ohne sich auch mit diesen Mikroinjektionen zu befassen, die sie befördern oder behindern; mehr noch je größer die Einheiten sind, desto stärker werden auch die Instanzen molekularisiert, die sie ins Spiel bringen. Und die Fluchtlinien bestehen niemals darin, die Welt zu fliehen, sondern vielmehr darin, sie fliehen zu lassen, als wenn man ein Rohr zum Platzen bringt, und es gibt kein Gesellschaftssystem, das nicht bei jeder Gelegenheit flieht, (...).[2]

---

[1] Vgl. zu diesem Begriff Schmidgen, Henning (Hg.): Ästhetik und Maschinismus. Texte zu und von Félix Guattari. Berlin 1995.
[2] Tausend Plateaus [1980], 279.

Die naheliegenden Verknüpfungen, die bestritten werden, liegen zwischen dem Linienmodell und der Politik; die Verknüpfungen sind anders geartet und bedürfen zu ihrer Bestimmung eines Umweges.

Die Trias der Linien gründet ihrerseits auf einer Trias der Segmentarität, die innerhalb des Netzwerks, das die *Tausend Plateaus* darstellen, an einem anderen Ort entwickelt werden und dort einen Konnex zur Politik herstellen.

> Man wird von allen Seiten und in alle Richtungen segmentarisiert. Die Segmentarität gehört zu allen Schichten, aus denen wir zusammengesetzt sind. Wohnen, fahren, arbeiten, spielen: das Leben ist räumlich und gesellschaftlich segmentarisiert. (...) Wir sind den großen gesellschaftlichen Gegensätzen entsprechend *binär* segmentarisiert: in gesellschaftliche Klassen, aber auch in Männer und Frauen, Erwachsene und Kinder, etc. Und wir sind *zirkulär* segmentarisiert, in immer größeren Kreisen, in immer größeren Scheiben oder Kränzen (...) Und wir sind *linear* segmentarisiert, auf einer geraden Linie, auf geraden Linien, wo jedes Segment eine Episode oder einen "Vorgang" repräsentiert: kaum haben wir einen Vorgang beendet, beginnen wir einen anderen, immer und ewig machen wir Prozesse und unterliegen Prozessen.[1]

Die geometrischen Muster, die entworfen werden, indizieren zugleich Bewegungsformen: das oppositionelle Verharren, den Kreislauf oder das Rundendrehen und schließlich die Bewegung nach vorn, auf einen Ziel- oder Fluchtpunkt hin. Diese Vielfalt möglicher Segmentarität führt zu differenzierten und überdeterminierten Strukturen, deren politische Valeurs zunächst unklar bleiben. Doch ist die Differenzierung der Segmentarität anscheinend noch nicht weit genug getrieben worden und so wird die zuvor schon auf die Unterscheidung von Segmentierung und Segmentarität applizierte Differenz von molar und molekular, auch in die Segmentarität eingeführt:

> Jede Gesellschaft, aber auch jedes Individuum wird von zwei Segmentaritäten auf einmal durchzogen: die eine ist molar, die andere molekular. Wenn sie sich unterscheiden, so deshalb, weil sie nicht dieselben Begriffe, nicht dieselben Beziehungen, nicht dieselbe Natur und nicht denselben Typus von Mannigfaltigkeit besitzen. Aber wenn sie unzertrennlich sind, dann deshalb, weil sie koexistieren, von einem zum anderen übergehen, bei den Primitiven oder bei uns unterschiedlichen Figuren folgen - aber immer unter der Voraussetzung ihrer Verbundenheit. Kurzum, alles ist politisch, aber alles Poli-

---

[1] Tausend Plateaus [1980], 284.

tische ist zugleich Makro- und Mikropolitik. Ob Gesamtheiten vom Typus Wahrnehmung oder Gefühl: ihre molare Organisation, ihre harte Segmentarität verhindert nicht eine ganze Welt von unbewußten Kleinstwahrnehmungen, unbewußten Affekten und feinen Segmentierungen, die nicht dieselben Sachen begreifen oder empfinden, die sich anders verteilen und die anders wirken. Eine Mikropolitik der Wahrnehmung, der Gefühle, der Konversation etc.[1]

Die doppelte Verwendung der Differenzbestimmung über die Begriffe molar und molekular zeigt die Dominanz der Segmentarität an, die zwar auf einer grundsätzlichen Ebene von der Bewegungsform Segmentierung zu trennen ist, diese jedoch zugleich einschließt und nur in Abhängigkeit von sich sinnvoll erscheinen läß; folgerichtig führt die vorstehende Binnenunterscheidung von molar und molekular denn auch zu "feinen Segmentierungen" innerhalb der Segmentarität. Auf der kategorialen Ebene verdeutlicht sich so das Bemühen, die Verknüpfungen und Überdeterminierungen zu denken: einerseits analytisch Vorgänge aufzulösen, andererseits aber stets darauf zu insistieren, daß diese Vorgänge tatsächlich nie so stattfinden, wie sie analysiert werden können. Hinzu kommt die Aufgabe, in den stattfindenden oder bereits vorgefallenen Ereignissen die Spur der Möglichkeit zu suchen; jene Reste der Mikropolitik, die aufzeigen, daß dem Geschehen auch andere Entwicklungen hätten zukommen können; jene Reste von Makropolitik, die auch kleinste Ereignisse beeinflußen, sie in Rahmen stellen. Nichtsdestotrotz sind für Deleuze/ Guattari bestimmte analytische Unterscheidungen wie die von Klasse und Masse sinnvoll, da unterschiedliche Funktionsbeschreibungen, in diesen Begriffen enthalten sind: Es gibt keine tatsächliche Differenz zwischen Masse und Klasse, beide durchdringen sich immer aufs neue, doch lassen sich unterschiedliche Funktionen benennen und in dieser funktionalen Hinsicht ist die analytische Begriffsbildung sinnvoll.

Was aber bedeutet das für die Politik? Zunächst zeigt die Fassung des Begriffs Mikropolitik, das man keine Mikropolitik machen kann. Mikropolitik ereignet sich, und man kann an den Orten, wo sie sich deutlich ereignet - in der Literatur bei den Schizos, bei den Wildgewordenen in der Kunst - sehen, welche Elemente sich für eine Politik gegen die herrschende Makropolitik verwenden lassen. Eine solche Politik ist aber keine Mikropolitik mehr, und darin ähnelt das Politik-

---

[1] Tausend Plateaus [1980], 290-291 (geänderte Übersetzung).

verständnis Deleuze/Guattaris demjenigen Foucaults, der im ersten Band seiner Geschichte der Sexualität von ganz ähnlichen Annahmen ausgeht:

> Wie das Netz der Machtbeziehungen ein dichtes Gewebe bildet, das die Apparate und Insitutionen durchzieht, ohne an sie gebunden zu sein, so streut sich die die Aussaat der Widerstandspunkte quer durch die gesellschaftlichen Schichtungen und die individuellen Einheiten. Und wie der Staat auf der institutionellen Integration der Machtbeziehungen beruht, so kann die strategische Codierung der Widerstandspunkte zur Revolution führen.[1]

Böswillig ließe sich sagen, daß die Partei leninschen Typs zumindest in ihrer Funktionalität gerettet wird, andererseits sind die Bemühungen sich als subversiv verstehender Gruppierungen, eine Mikropolitik im Rekurs auf Foucault oder Deleuze/Guattari zu forcieren, deutlich als fundamentales Mißverständnis zu charakterisieren - selbst wenn es durch die mündlichen Äußerungen der Autoren nahegelegt wurde. Mikropolitik findet immer schon statt, und es handelt sich um eine unzulängliche Abstraktion, diese im Gegensatz zur Makropolitik durchweg positiv zu bewerten, denn "der Faschismus (...) ist untrennbar mit molekularen Unruheherden verbunden, die sich rasch vermehren und von einem Punkt zum nächsten springen, die sich in Interaktion befinden, bevor sie alle gemeinsam im national-sozialistischen Staat widerhallen"[2]. Der Faschismus beginnt als Mikrofaschismus, kommt von unten und ist keinerlei Manipulation geschuldet, die die ungebildeten Massen verführt. Was mit der Frage nach der Herkunft des Faschismus innerhalb des kategorialen Rahmens auf dem Spiel steht, ist die Frage nach einer Politik, die diejenigen, die an der Politik teilhaben, ernstnimmt. Es geht nachwievor[3] um die Frage:

> Warum begehrt das Begehren seine eigene Unterdrückung, wie kann es seine eigene Unterdrückung wünschen? Sicher, die Massen beugen sich der Macht nicht passiv; sie "wollen" auch nicht in einer Art von masochistischer

---

[1] Foucault, Michel: Der Wille zum Wissen. Sexualität und Wahrheit I. Frankfurt a.M: 1977, 118. Die entsprechende Formulierung in *Tausend Plateaus* lautet: »Molekulare Fluchtbewegungen wären nichts, wenn sie nicht über molare Organisationen zurückkehren würden und ihre Segmente, ihre binären Aufteilungen in Geschlechter, Klassen und Parteien nicht wieder herstellen würden.« (a.a.O. 295).

[2] Tausend Plateaus [1980], 292.

[3] Vgl. dazu Anti-Ödipus [1972], 39.

Hysterie unterdrückt werden; vor allem aber, fallen sie nicht auf ein ideologisches Täuschungsmanöver herein. (...) Das Begehren ist nie eine undifferenzierte Triebenergie, sondern resultiert selbst aus einer komplizierten Montage, aus einem *engineering* mit lebhaften Interaktionen: eine ganz geschmeidige Segmentarität, die mit molekularen Energien umgeht und das Begehren eventuell schon dazu determiniert, faschistisch zu sein.[1]

Die Politik als Mikropolitik bildet den innertheoretischen Grund, auf dem die Literatur "politikfähig" wird: da sich die politischen Strukturen tief ins (In-)Dividuum erstrecken, in den psychischen Apparat, in die intersubjektiven Beziehungen ebenso wie in das nächste Umfeld von Arbeitswelt, Schule, Kindergarten oder Familie, kann die Bezugnahme auf diese Erlebniswelten in der Literatur oder überhaupt der Kunst nicht von den politischen Verhältnissen, die dort ihren Ort haben, getrennt werden.

Nach dem Abschluß der gemeinsamen Arbeit an den *Tausend Plateaus*, unternimmt Deleuze theoretische Exkursionen in den engeren Bereich der Ästhetik, führt die "Geschichte der Wahrnehmung" fort in die Geschichte des Sehens. Beschreitet einen Weg, der über die Malerei ins Kino führt. Was er dort sieht, wie sich dies zur (Mikro-)Politik verhält, wollen wir in den folgenden zwei Abschnitten herauszustellen suchen.

---

[1] Tausend Plateaus [1980], 293; kursiv im Original.

## IV.2 Malen

*Well, you wonder why I always dress in black,*
*Why you never see bright colours on my back*
*And why does my appearance seem to have a sombre tone.*
*Well, there's a reason for the things that I have on:*
*I wear the black for the poor and the beaten down,*
*Living in the hopeless, hungry side of town.*

*Johnny Cash*

Zwölf Jahre nach Erscheinen der ersten Logik, die sich dem "sens", dem Sinn widmete, findet sich im Werk Deleuzes 1981 eine zweite Logik, die als ihren Gegenstand die "sensation"[1] behauptet. Nicht nur der Begriff der Logik auch die Gegenstandsbezeichnungen selbst lassen eine Verbindung zwischen den beiden Texten vermuten. Bei erster Betrachtung scheint diese Verknüpfung jedoch nicht herstellbar zu sein: verstand sich der erste Text als Versuch zu einem logischen und psychoanalytischen Roman, der sein Material vorwiegend aus Schriften der Stoiker und des Literaten (und Mathematikers) Lewis Carroll gewann, geht es nun um den Maler Francis Bacon[2]. Die Ordnung der *Logik des Sinns* basiert auf Serien von Paradoxa, die der *Logik der Sensation* geht "vom Einfacheren zum Komplexeren"[3], die in dieser

---

[1] Das französische "sensation" meint weniger das Spektakuläre, Sensationelle, sondern den Eindruck, der durch die Sinnesorgane empfangen wird; eine Empfindung im Sinne Ernst Machs (Die Analyse der Empfindungen. 1886), die nicht in Verbindung zur Empfindsamkeit als Sentimentalität steht. Eine geeignetere Übersetzung als die im Deutschen anders gelagerte Bedeutung von Sensation wäre "Sinneseindruck", ein Begriff, der zwar im hiesigen Sprachraum ungewöhnlicher ist als der Französische in dem seinen, der aber die terminologische Nähe zur "Logik des Sinns" aufrechterhalten würde.

[2] Die *Logik der Sensation* umfaßt zwei Bände, deren erster den Text Deleuzes enthält, während der zweite die angesprochenen Gemälde Bacons zeigt.

[3] Bacon [1981], 7.

Abfolge betrachteten Aspekte sollen jeweils "als Thema für einen bestimmten Abschnitt in der Geschichte der Malerei dienen"[1].

Was Francis Bacon und dessen Werk privilegiert, Ausgangspunkt einer Reflexion zu sein, die erklärtermaßen die Geschichte der Malerei theoretisch erschließen möchte, ist die Zwischenposition, die er auf dem Fluchtweg von dem Figurativen innehat.

> Die Malerei kann weder ein Modell wiedergeben, noch hat sie eine Geschichte zu erzählen. Folglich stehen ihr gleichsam zwei mögliche Wege zur Verfügung, um dem Figurativen zu entkommen: auf die reine Form hin, durch die Abstraktion; oder auf ein rein Figurales hin, durch Extrahieren oder Isolierung.[2]

Bacon geht den zweiten Weg, isoliert seine Figuren, sucht zu verhindern, daß sie narrativ, illustrativ oder figurativ werden, und unterbindet damit repräsentative Elemente. Hierin ist für Deleuze ein weiterer Anknüpfungspunkt gegeben, da sich Bacon darin in Analogie zu Proust setzen läßt[3]. In Bezug auf die Malerei heißt es über die Figuration:

> Das Figurative (die Repräsentation) impliziert nämlich den Bezug eines Bildes auf ein Objekt, das es illustrieren soll; (...) Die Narration ist das Korrelat zur Illustration.[4]

Die Wendung gegen die Repräsentation, die Bacon in seinen Gemälden vollziehen soll, macht das Interesse, das Deleuze an diesen Bildern nimmt, deutlich, war doch das anti-repräsentative Denken seit langem ein Leitmotiv seines Denkens. Der anti-repräsentative Impetus zielt auf reine Gegenständlichkeit, auf Tatsäch- oder Wirklichkeit. Folgerichtig werden die neuen Beziehungen, die Bacon zwischen den Figuren auf der Leinwand schafft, als "matters of fact, im Gegensatz zu

---

[1] Ebd.
[2] Bacon [1981], 9.
[3] »Denn Proust wollte keine abstrakte, allzu "willkürliche" Literatur (Philosophie) und ebenso keine figurative - illustrative oder narrative - Literatur, die zum Geschichtenerzählen taugt. Woran er hielt, was er zutage befördern wollte, war eine Art Figur, die der Figuration entrissen ist, frei von jeder figurativen Funktion: eine Figur an sich, etwa die Figur an sich von Combray.« Bacon [1981], 45.
[4] Bacon [1981],10.

intelligiblen Relationen (von Objekten oder Ideen)"[1] bezeichnet. Wir lesen die Untersuchung des baconschen Œuvres dementsprechend als sowohl materialistisch orientierte, als auch historisch ausgerichtete Studie über die Malerei und die ihr innewohnenden Möglichkeiten; insofern fügt sich das Unternehmen einer *Logik der Sensation* nahtlos an das Projekt der historisch-materialistischen Geschichte der Wahrnehmung, als das die *Tausend Plateaus* erscheinen.

Fundamentale Unterscheidungen, die für die Geschichte der Malerei relevant sind werden von den Bildern Bacons vorgegeben: zwei Sektoren, die "jene absolute Nähe, jene gemeinsame Präzision der Farbfläche, die als Grund fungiert, und der Figur, die als Form dient, und zwar auf derselben nahen Blickebene"[2] bieten. In dem innigen Zusammenhang der beiden Sektoren wird das Bild abschließbar, gewinnt die Malerei den ihr eigenen Raum; diese Beschränkung ist der Möglichkeitsgrund der ihr eigenen Materialität, das, was sie von Relief und Skulptur distanziert. Doch das kompositorische System Bacons geht noch weiter: zwischen Sektoren liegt immer ein Drittes:

> Die großen gleichmäßigen Farbflächen als verräumlichende Struktur; die Figur, die Figuren und ihr Faktum; der Ort oder Schauplatz, d.h. das Rund, die Bahn oder die Kontur, die die gemeinsame Grenze zwischen Figur und Farbfläche ist.[3]

Das Dritte ist die Grenze, die Linie. Deleuze nimmt damit das Denken der Begegnung von Formationen auf, das schon in den geologischen Schichten zu erkennen war und das in der Kategorie der Falte seinen Höhepunkt finden wird. Was aber wird bei Bacon eingegrenzt? Der Körper und zwar als ein dominanter Körper, der auch das Gesicht beherrscht, es zum Kopf umwandelt, der Spitze und Anhängsel des Körpers ist. Der Körperkopf wird gesichtslos[4].

> Das heißt nicht, daß es ihm an Geist fehlt, es ist dies aber ein Geist, der Körper ist, ein körperlicher und vitaler Hauch, ein Tiergeist, er ist der Tiergeist des Menschen: ein Schweine-Geist, ein Büffel-Geist, ein Hunde-Geist, ein Fledermaus-Geist ... [5]

---

[1] Ebd.
[2] Bacon [1981], 11.
[3] Bacon [1981], 15.
[4] Vgl. zur Theorie der Gesichtlichkeit: Tausend Plateaus [1980], 229-262.
[5] Bacon [1981], 19.

Das Tierische entsteht nicht als Rückkehr, als Regression, vielmehr ist es ein künstlerisch-konstruktives Produkt: der Geist ist dem Tier vom Menschen geschaffen worden und bleibt insofern dem Humanen zugehörig, das sich allerdings darin zu modifizieren, anzureichern vermag. Die Verfügbarkeit der Wahrnehmungswelt durch und für den Menschen nimmt sich jedoch in ihrem Triumph sogleich zurück, denn es handelt sich um "kein Zusammenbringen von Mensch und Tier, dies ist keine Ähnlichkeit, sondern eine Identität von Grund auf, eine Ununterscheidbarkeitszone, die tiefer liegt als jede gefühlvolle Identifizierung: Der leidende Mensch ist Vieh, das leidende Vieh ist Mensch"[1]. Das Tierische erschließt sich nur für den Menschen, der dessen Attribute entwirft, und sich dann als Schöpfer wieder dem Diktum, das er selbst schuf, unterwirft. Die Ununterscheidbarkeit von Menschlichem und Tierischem erklärt sich daraus, daß das Tierische seinen Ursprung im Menschlichen hat. Am Materiell-Tierischen wird das Spirituell-Tierische, der Tiergeist, vom und für den Menschen gewonnen. Eine ethische Problematik wird angesprochen, die nun jedoch nicht eine Ethik gegenüber der Tier- und Pflanzenwelt berührt, sondern die Ethik im eigentlichen Sinn als soziale - und d.h. als menschlich-gesellschaftliche. Das Leiden stiftet die thematische Konvergenz, über die sich Mensch und Tier durchdringen, einander anverwandeln können. All dies ist aber sozial perspektiviert:

> Welcher revolutionäre Mensch in der Kunst, in der Politik, in der Religion oder ganz gleich wo hat nicht jenen äußersten Moment empfunden, an dem er nichts als Vieh und verantwortlich wurde nicht für die sterbenden Kälber, sondern *vor* den sterbenden Kälbern?[2]

Selbst leiden und Vieh sein, gehört zu einer revolutionären Haltung ebenso, wie die Bereitschaft - nicht Verantwortung zu übernehmen, sondern - Rechenschaft abzulegen, sich verpflichtet zu fühlen. Selber Vieh sein und sich den anderen, die zum Vieh gehören, gegenüber verantwortlich wissen, nicht als Sachwalter ihrer Interessen und Repräsentant ihrer möglichen Macht, sondern als Angehöriger und Angestellter. In dieser politischen Haltung treffen sich die Leidenden und

---

[1] Bacon [1981], 21.
[2] Ebd.

die Lasttragenden und stellen ihre Einheit her[1]. Die Verbindung orientiert auf die Revolution, die - wie bereits zuvor - nicht mit einem deutlichen Ziel versehen zu sein scheint, aber einen Umbruch bezeichnet, der Bewegung und Werden auslöst. Im folgenden bildet die Frage nach den inhaltlichen Spezifikationen des Werdens den Hintergrund der Darstellung.

Am bereits eingeführten Dualismus der zwei Wege, die die Malerei beschreiten kann, wird fort geschrieben, so daß deutlich wird, daß die abstrakte Form sich "an das Gehirn adressiert, über das Gehirn wirkt, eher dem Knochenbau verwandt"; dementgegen ist die Figur "die auf die Sensation bezogene sinnliche Form; sie wirkt unmittelbar auf das Nervensystem, das Fleisch ist"[2]. Abstraktion und Figuration bilden einen "malerischen" Körper, dessen Hirn in enger Verbindung mit der anatomischen Grundstruktur steht, und umkleidet werden kann von Nerven und Muskeln. Die Vorstellung vom Körper indiziert die mögliche Einheit, den Zusammenhang der beiden Malerei-Wege und zeigt andererseits die Richtung, die Bacon malen wird, wenn er sich auf das Fleisch und die Nerven konzentriert: den organlosen Körper, den deformierten und destrukturierten Körper, nicht nur ohne Organe, auch ohne Knochen und Hirn, reines Fleisch- und Nervenbündel. Begrifflich kann der gemalte organlose Körper nur auf dem Weg über die

---

[1] Im Brief an Sophie Liebknecht vom Dezember 1917 teilt Rosa Luxemburg ihre Gefühlsbewegung angesichts eines geschundenen Rindes mit. »Ich stand davor, und das Tier blickte mich an, mir rannen die Tränen herunter - es waren seine Tränen ...« Dies.: Gesammelte Briefe Bd.5. Berlin 1984, 350. Ähnlich der noch revolutionär gesonnene Max Horkheimer: »Ich kenne nur eine Art von Windstoß, der die Fenster der Häuser weiter zu öffnen vermag: das gemeinsame Leid.« Ders.: Dämmerung. Notizen in Deutschland.[EA 1934] in Gesammelte Schriften Bd.2. Frankfurt a.M. 1987, 309-452; hier 314. Auch in der letzten Schrift mit Guattari wird Deleuze auf den Zusammenhang von Scham und Revolution verweisen; vgl. Was ist Philosophie? [1991], 125f. Möglicherweise geht dieser Gedanke auf Anregungen durch Günther Anders zurück, der in einem frühen Artikel noch unter seinem Geburtsnamen Günther Stern den Zusammenhang von Scham und und Ich-Bildung thematisierte: Pathologie da la liberté. Essai sur la non-identification. In Recherches philosophiques 6/1936-37, 22-54. Deleuze ist der Artikel bekannt, denn er zitiert ihn in einem anderen Zusammenhang bereits in *Logik des Sinns* [1969], 200, Anm. 1. (Die deutsche Übersetzung nennt fälschlicherweise Günther *Stein* als Autor).

[2] Bacon [1981], 27.

Sensation eingeholt werden. Sensation meint nichts Sensationelles, bedeutet auch nicht einen bloßen Eindruck, sondern schildert einen Übergang, eine Bewegung zwischen dem Nervensystem und etwas, das ihm von außen zustößt, das sich ereignet und damit in das Nervensystem tritt. Die Sensation stellt jedoch keinen Vorgang im Sinne eines behavioristischen Reiz-Reaktionsschemas dar, denn sie ist geschichtet, umfaßt mehrere Ebenen, die dem Produkt jedoch synthetisierend einverleibt wurden. Stellt man sich bspw. die Aufnahme eines Bildes vor, so ist dieser Vorgang nicht allein als visuelles und gleichbleibendes Ereignis zu betrachten: die Augen arbeiten, fokussieren unterschiedliche Bildpunkte in unterschiedlicher Weise; Bewegungen im Raum vor dem Bild werden vom Körper vollzogen, der sich nähert, zuneigt und abwendet, dreht und zurückkehrt; die Affektbesetzung des Bildes schwankt, bis sie ihren Wert gefunden hat, während das Hirn das Bildergedächtnis durchläuft, dabei nicht nur kunsthistorische Register berührend, sondern das Familienalbum ebenso aufschlägt, wie die Kinofilme der letzten Woche erinnert werden. Nicht nur Bilder auch andere Sensationen weisen eine Vielschichtigkeit der Ebenen auf, Bewegungen innerhalb derselben und zwischen verschiedenen. Ein bestimmter, vitaler Rhythmus charakterisiert die jeweiligen Sensationen, die die Ebenen in unterschiedlichen Geschwindigkeiten durchlaufen[1] und dabei den organlosen Körper beschreiben:

> Er [der organlose Körper] ist ein dichter, ein intensiver Körper. Er wird von einer Welle durchströmt, die gemäß den Variationen ihrer Amplitude im Körper Ebenen oder Schwellen einzeichnet. (...) So daß die Sensation nicht qualitativ oder qualifiziert ist, sie hat nur eine intensive Realität, die in ihre keine repräsentativen Gegebenheiten mehr bestimmt, sondern allotrope Variationen. Die Sensation ist Schwingung.[2]

Die Abwendung von einer ästhetischen Qualität oder möglichen Kriterien zur Festlegung derselben war bereits hinsichtlich der Literatur im Kafka-Buch zu beobachten gewesen und in *Mille Plateaux* in grundlegende Überlegungen zu einer verallgemeinerten Chromatik überführt worden, die eher Stilvermessungen als Bewertungen vornimmt. Anhand der figuralen Malerei Bacons wird im Begriff der als Schwingung aufgefaßten Sensation auch für die bildende Kunst eine quantifi-

---

[1] Vgl. Bacon [1981], 31.
[2] Bacon [1981], 32.

zierende Methodik vorgeschlagen. Die Sensation wird bestimmt als "das Zusammentreffen der Welle mit Kräften, die auf den Körper einwirken"[1]. Diese Definition geht einher mit der Bestimmung des Zweckes oder Sinns der Kunst, der darin besteht, Kräfte einzufangen. Wenn dies das Ziel der Kunst ist, dann ist es nur folgerichtig, sie zu vermessen, nach den Kräften zu fragen, die darin gestaltet worden sind, wobei in der Messung der Kräfte, in ihrer Quantifizierung auch ihre Qualität bestimmt wird.

> Die Aufgabe der Malerei ist als Versuch definiert, Kräfte sichtbar zu machen, die nicht sichtbar sind. Ebenso bemüht sich die Musik darum, Kräfte hörbar zu machen, die nicht hörbar sind.[2]

Doch nicht die Kräfte sind nach der Gestaltung durch die Kunst sichtbar, vielmehr kommen die Sensationen zum Vorschein, deren Bedingung in den Kräften gegeben ist. Das Sichtbare widersetzt sich der unsichtbaren Kraft. Der Körper drängt in seiner Darstellung immer wieder auf seine Identifizierung, weswegen er deformiert werden, der identifikatorischen Elemente entkleidet werden muß. Ein Kampf zwischen den Sehgewohnheiten und den Kräften, die zur Sichtbarkeit erhoben werden sollen, findet statt, aus dem die Sensation als Drittes hervorgeht, das etwas anderes ist, als die beiden Kontrahenten und aus dem sich eine neue Energie oder Kraft ergibt. Für Bacon liegt dieser Zugewinn in der Darstellbarkeit der Kraft der Zeit:

> Zweifach scheint Bacon die Zeit, die Kraft der Zeit sichtbar gemacht zu haben: die Kraft der verändernden Zeit durch die allotrope Variation der Körper - "in einer Zehntelsekunde" -, die zur Deformation gehört; dann die Kraft der ewigen Zeit, die Ewigkeit der Zeit durch jene Vereinigung/Separation, die in den Triptychen herrscht, reines Licht.[3]

Der Weg zur Freisetzung der Sensation muß immer wieder markiert werden, abgesetzt werden von den Richtungen, in die die anderen Maler gegangen sind. Einerseits gegen Kandinsky, der einen visuellen abstrakten Code gebraucht, um die Spannung in die Malerei, in eine optische Form zu bringen, wobei sich diese Spannung neutralisiert, in-

---

[1] Ebd.
[2] Bacon [1981], 39.
[3] Bacon [1981], 43. Auf die Abbildung der Zeit und das reine Licht werden wir im Zusammenhang der Kino-Studien nochmals zu sprechen kommen.

sofern sie in eine bloß "symbolische Kodierung des Figurativen"[1] überführt wird. Andererseits gegen den abstrakten Expressonismus, der die Sensation unbeherrscht wuchern, das Bild überschwemmen läßt und somit, obgleich er die Sensation manuell zeigt, scheitert, da er sie nur in Verwirrung zeigt.

> Bacon wird unablässig von der absoluten Notwendigkeit sprechen, das Diagramm an seiner Wucherung zu hindern, von der Notwendigkeit es auf gewissen Bezirken des Gemäldes und zu gewissen Augenblicken des Malakts zu erhalten.[2]

Wiederum taucht im Zusammenhang mit der Kunst der Determinismus auf, Notwendigkeit und Zwang, denen die künstlerischen Produktionen unterworfen sind. An der Grenze von Ausbruch und Unterordnung produziert der Künstler jene zwingende Gestaltung, die ihn transzendiert und der nachzufolgen ist - was bereits bei der Deleuzeschen Auseinandersetzung mit der Literatur zu beobachten war. Das an der Wucherung zu hindernde Diagramm ist offensichtlich ein anderer Begriff als der gleichlautende, in den *Mille Plateaux* verwandte. Dort wurde eine abstrakte Maschine, die Karte eines zerebralen Milieus, das in die Umwelt eingelassen ist, als Diagramm bezeichnet. In der *Logik der Sensation* greift Deleuze den Gebrauch des Ausdrucks bei Bacon auf[3], dem "Diagramm" dazu dient, eine Vielzahl von gestalterischen Möglichkeiten im Anfangsstadium eines Bildes zu bezeichnen. Deleuze wendet den Begriff dahingehend, daß das Erscheinen eines Diagramms mit dem Einbruch der Katastrophe oder des Chaos gleichzusetzen ist, was insofern Bezug zur Baconschen Begriffsverwendung besitzt, als in eine rudimentäre Ordnung eine Vielzahl möglicher anderer Ordnungen Einzug hält. Kurzum:

> Das Diagramm ist zwar ein Chaos, aber auch der Keim von Ordnung und Rhythmus.[4]

Sobald sich die Malerei/der Maler darauf konzentriert, sich diagrammatisch zu entfalten, wird der Malakt und das Gemalte Material, denn "in der Einheit von Katastrophe und Diagramm entdeckt der Mensch

---

[1] Bacon [1981], 67.
[2] Bacon [1981], 68.
[3] Vgl. Bacon [1981], 62 Anm.1.
[4] Bacon [1981], 63.

den Rhythmus als Materie und Material"¹. Auf diese Weise wird die Malerei in ihrer Materialität erfahrbar, entfaltet sich das genuin Malerische. Die Verbindung zur Kategorie des Diagramms führt Deleuze auf die Entgegensetzung des Digitalen und des Analogen. Am Beispiel der technischen Apparatur Synthesizer wird die Modulation als eine sinnliche Bewegung des Sturzes vorgeführt, die aus den Subtraktionen entsteht, die der analoge Synthesizer vornimmt, wohingegen der digitale Synthesizer bekanntlich aus der Gleichartigkeit des binären Codes Distinktionen übersetzt, deren Modulation in additiven Synthesen organisiert ist². Schlußfolgernd heißt es.

> Die Malerei ist die analoge Kunst schlechthin. Sie ist sogar die Form, unter der die Analogie Sprache wird, eine eigene Sprache findet: im Durchgang durch ein Diagramm.³

Analog wird die Malerei in der Diagrammatik, insofern sich die Möglichkeiten, die das Diagramm beinhaltet oder kartographiert, formal als über Analogieschlüsse vermittelt denken lassen. Im Aufbau des Gemäldes entsprechen den Optionen bildliche Ähnlichkeiten. Wege zu Figurationen tun sich auf, und ebenso wie der einen zugearbeitet werden kann, hätte es innerhalb der formalen Analogie auch die andere sein können. Die Analogie und ebenso das Diagramm weisen so, auf je-ihre Weise den Ereignischarakter der Malerei aus - und zwar nicht nur des Malaktes, sondern auch des Gemäldes. Fragt man dem Malakt genauer nach, stellt er sich vor allem als differenziertes Verhältnis von Auge und Hand dar. Deleuze entdeckt dabei vier Ebenen unterschiedlicher Dominanz, die er digital, taktil, manuell und haptisch nennt⁴. Lassen sich die ersten drei Ebenen als zunehmende Freiheitsgrade der Hand verstehen, die sich von der rigorosen Steuerung durch den Blick befreit, so ist mit der vierten Ebene eine neue Qualität bezeichnet: der Blick entdeckt in sich eine Tastfunktion, die nur ihm zukommt und vom Optischen unterschieden ist.

> Man könnte dann sagen, daß der Maler mit seinen Augen malt, allerdings nur sofern er mit seinen Augen berührt. Und sicher kann diese haptische Funktion ihre Vollendung unmittelbar und mit einem Schlag erhalten, und

---

¹ Bacon [1981], 65.
² Vgl. Bacon [1981], 72.
³ Ebd.
⁴ Vgl. Bacon [1981], 94.

zwar in antiken Formen, deren Geheimnis wir verloren haben (ägyptische Kunst). Sie kann sich aber auch im modernen Auge von neuem erschaffen, ausgehend von der manuellen Gewalt und dem manuellen Ungehorsam.[1]

Wiederum dringen Gewalttätigkeit und Zwang in die ästhetische Produktion, schaffen dem Unerwarteten des Produzierens ebenso Platz, wie der Notwendigkeit des Nachvollzugs - der für die Malerei selbst in der Geschichte der Malerei liegt[2]. Die Malerei als Kampf in der Gegenwart mit einem geschichtlichen Hintergrund stiftet innerhalb des theoriegeschichtlichen Kontextes philosophischen Räsonnements über gemalte Bilder sowohl Allianzen als auch deutliche Divergenzen. Ein deutlich positiver Bezug besteht zu den sich mit Malerei befassenden Texten Michel Foucaults[3], die ihrerseits von Deleuzes Überlegungen in *Differenz und Wiederholung* beeinflußt sein sollen[4]. Bei Foucault heißt es:

> Die Reihe der Bilder erzählt nicht, was geschehen ist, sie sind von einer Kraft durchstürmt, deren Geschichte als das Kielwasser ihrer Flucht und ihrer Freiheit erzählt werden kann. Die Malerei hat zumindest dies mit dem Diskurs gemeinsam: wenn sie einer Kraft Raum gibt, die Geschichte schafft, ist sie politisch.[5]

Zwischen Deleuze und Foucault besteht offenbar Einigkeit darin, daß die Kunst etwas mit Politik zu tun hat und daß innerhalb dieses Verhältnisses die Geschichtlichkeit ein entscheidendes Moment darstellt. Die Kunst gerät auf diese Weise in den politischen Kampf, innerhalb dessen sie sich mit ihren Mitteln positioniert. Kunst als ereignishaft und in das politische Geschehen verwickelt zu begreifen, ist der materialistische Pol der Kunstbetrachtung, dem eine Reflexionshaltung

---

[1] Bacon [1981], 94f.
[2] Deleuze unterscheidet verschiedene Malformationen wie die ägyptische, die byzantinische oder die gotische, deren allgemein gehaltene Merkmale den genealogischen Hintergrund der Bilder bilden, die sich zwar auf unterschiedliche Weise dazu verhalten, aber nicht umhin können sich überhaupt zu verhalten. Vgl. Bacon [1981], 75-80.
[3] Vgl. bspw. Foucault, Michel: Ceci n'est pas une pipe. Montpellier 1973 oder La force de fuir. In: Rebeyrolle - Derriére le miroir. Paris 1973
[4] Zumindest *Ceci n'est pas une pipe* in der zweiten Fassung, nach der ersten Vorlage 1968. Vgl. dazu Seitter, Walter: Foucault und die Malerei. 1983 in Foucault 1973 (dt), 61-68; hier 64.
[5] Foucault 1973a, zit. nach Seitter a.a.O. 65.

entgegensteht, die das Kunstwerk als Artikulationsform begreift, in der mit den kunsteigenen Methoden eine Wahrheit artikuliert wird. Exemplarisch formuliert Martin Heidegger:

> Im Werk der Kunst hat sich die Wahrheit des Seienden ins Werk gesetzt. "Setzen" sagt hier: zum Stehenbringen.[1]

Diese Position, die Wahrheit in der Anhaltung sucht, wird von Derrida dekonstruktivistisch hinterfragt und zugleich bestätigt. Er bewegt sich vermittelnd zwischen der phänomenologischen Reflexion Merleau-Pontys und der Fundamental-Ontologie Heideggers[2]. Auf der Ebene der Phänomenbetrachtung steht Derrida Heidegger näher, obschon er dessen Wahrheitsanspruch relativiert[3]. Schon die zeitliche Nähe macht es wahrscheinlich, daß Deleuze hier in gewißer Weise Derrida zu entgegnen sucht, was noch wahrscheinlicher wird, angesichts des impliziten Disputes über die Differenz in den sechziger Jahren und dem späteren Marx-Titel Derridas, nach dessen Veröffentlichung auch Deleuze es unternommen haben soll, eine Studie über Marx auszuarbeiten, die aber bis dato nicht einmal in Auszügen vorgelegt wurde. Das Verhältnis von Deleuze und Derrida kann wohl kaum als feindlich betrachtet werden, vielmehr scheint es so, als würde Derrida bisweilen in seiner spezifischen Weise Themen aufgreifen, an denen Deleuze liegt, und die er in Differenz zu den dekonstruktivistischen Ausführungen auf seine Weise darstellen möchte.

Um auf den engeren kunsttheoretischen Rahmen zurückzukommen, fügen sich die Ausführungen Deleuzes nicht recht in eine philosophische Tradition - sieht man von dem Zusammenhang mit Foucaults Überlegungen ab. Sie fügen sich zwar in eine Tendenz, die in den frühen siebziger Jahren einsetzt und noch nicht zu einem Ende gelangt ist, sich philosophischerseits vermehrt Problemen der Wahrnehmung im weiteren Sinne und der Ästhetik im engeren Sinn zuzuwenden und dabei von einem vordergründig politischen Denken abzukommen, setzen sich aber von den anderen eher philosophiegeschichtlich oder

---

[1] Heidegger, Martin: Holzwege. Frankfurt a.M. 1950, 25.
[2] Vgl. dazu Silverman, Hugh: Textualität und Visibilität. ... ein nahezu vollkommener Chiasmus ... In Wetzel 1994, 37-46.
[3] Derrida, Jacques: La verité en peinture. Paris 1978. Vgl. dazu auch Lüdeking, Karlheinz: Zwischen den Linien. Vermutungen zum aktuellen Frontverlauf im Bilderstreit. In Boehm 1994, 344-366.

kulturkritisch argumentierenden Autoren wie Baudrillard oder Virilio ab. Die Tradition, in der das Denken des Malens von Deleuze steht, kann wohl am ehesten im Umkreis des sowjetischen Konstruktivismus gesehen werden. Einem der Ahnherren dieser immer auch politischen Kunstrichtung ging es in seinen Bildern darum, den "ersten Schritt zur reinen Schöpfung"[1] zu ermöglichen. Es geht Malevic damit um "den definitiven Übergang von der *Kunst*-Kunst zu einer neuen *Lebens*-Kunst", in der die Bilder "*kein Ornament, sondern die Empfindung des Rhythmus darstellten*"[2]. Augenfällig wird die Entsprechung der konstruktivistischen und Deleuzeschen Position hinsichtlich der Bewegtheit und vitalen Eigendynamik des Bildes sowie der Relevanz und Materialität des Rhythmus. Die Nähe zum kunsthistorischen Konstruktivismus, auf die wir bereits im Rahmen der zweiten Proust-Studie hinwiesen, ist ein nicht zu unterschätzender Anteil im Denken Deleuzes, auf den wir auch im nachfolgenden Abschnitt zu sprechen kommen.

## IV.3 Filmen

*Ich kenne das Leben, ich bin im Kino gewesen.*
*Fehlfarben*

Das Kino ist der privilegierte Ort visueller Wahrnehmung: das, was dort gesehen werden kann, ist die Gegenständlichkeit einer Welt, die Licht reflektiert, da nichts anderes zu sehen ist. Im Zuge der digitalen Bearbeitung von "Filmen", die dann eben keine Filme mehr, sondern Videos sind, werden die Grenzen geöffnet, zu jenem Bereich, der befremdlicherweise "virtuelle Realität" genannt wird; befremdlich, denn das so Bezeichnete ist weder virtuell im Sinne einer Wirkungsmöglichkeit, einer ruhenden Kraft, noch ist es real, oder besser gesagt, ge-

---

[1] Malevic, Kazimir: Le miroir suprematiste. Lausanne 1977, 67; zit nach Ingold, Felix Philipp: Welt und Bild. Zur Begründung der suprematistischen Ästhetik bei Kazimir Malevic. In Boehm 1994, 367-410; hier 370.
[2] Ingold a.a.O. 371; kursiv im Original.

nau deswegen ist es nicht real, sondern lediglich die Visualisierung von Mathematik. Natürlich ist Mathematik etwas Reales, aber bezeichnet solches nur akzidentiell, und die eigenartigen Kurzschlüsse, die die errechneten Bilder in Referenz zur außermathematischen Realität begreifen, verkennen den diesen Bildern eigenen Raum, der zunächst einer seines Produktionapparates ist.

Also doch Kino, wenn es um die Wahrnehmung des Realen und dessen Denken geht, um die Bilder, die das Reale liefert, um die Bilder, die dem Denken potentiell verfügbar sind, um die Bilder, die das Denken sich von sich machen kann. Das Kino macht die Möglichkeiten des Sehens sichtbar und damit denkbar. Das Problem der Wahrnehmung und Wahrnehmbarkeit treibt Deleuze, wie zu sehen war, seit den ausgehenden siebziger Jahren mit einer neuen Dringlichkeit um, nachdem es schon in den empiristischen Anfängen in Begriffen wie Imagination oder Einbildungskraft präsent war. Das Problem der Bilder des Denkens besitzt innerhalb des Werks eine kaum minder lange Tradition: sowohl in der ersten Proust-Studie[1] und insbesondere in *Differenz und Wiederholung*[2] wird diese Thematik entfaltet. In den Kinostudien[3] wird die Problemstellung insofern zusammengeführt, als hier die Bilder, die dem Denken vorangehen, als Grund des Bildes vom Denken gedacht werden. Die Untersuchungen unternehmen es, im Rückgriff auf die Semiotik Charles Sanders Peirces und Überlegungen Henri Bergsons eine Systematik der möglichen Bilder anhand ihres Auftauchens im Film zu entwickeln. Deleuze gibt in einer selbstreflexiven Wendung seinen eigenen Ausführungen den Status von Illustrationen

> Wir verzichten auf Abbildungen zur Illustration unseres Texts. Vielmehr ist es unser Text, der nichts sein möchte als eine Illustration der großen Filme, ...[4]

Die Fragen, die sich Deleuze zufolge in Bezug auf das Kino stellen lassen, betreffen nicht das Allgemeine, sondern problematisieren die Singularitäten des Bildes, denn das Bild repräsentiert nicht allgemein,

---

[1] Vgl. Proust und die Zeichen [1964], 78.
[2] Vgl. bspw. Differenz und Wiederholung [1968], 345.
[3] Paris 1983 und 1985
[4] Kino 1 [1983], 12.

vielmehr verbindet es interne singuläre Punkte[1]. Es geht Deleuze um die internen Zeichen der Bilder, die diese charakterisieren aus dem Blickpunkt ihrer Genese und Komposition. Da es sich bei diesen internen Zeichen nicht um linguistische Zeichen handelt, empfiehlt es sich, zur Entwicklung eines klassifikatorischen Systems gleichfalls auf ein Zeichensystem zu rekurrieren, das ebenfalls nicht vordergründig linguistisch orientiert ist. Aus diesem Grund und aufgrund der Komplexität der Systematik bezieht sich Deleuze auf das Peircesche Zeichensystem, um eine "logique du cinéma"[2] zu entwickeln. Doch was spricht eigentlich so sehr gegen den Bezug auf die Linguistik, abgesehen von der Behauptung, die bildinternen Zeichen seien nicht sprachlicher Natur? Deleuze gibt ein Beispiel, in dem er darlegt, was passiert, wenn linguistische Begriffe wie "Syntagma" dem Kino appliziert werden:

> Mais du coup l'image cinématographique est réduite à un énoncé, et l'on met entre parenthèses son caractère constitutif, le mouvement.[3]

Die narrativen Strukturen, die im Kino fraglos auftauchen, betrachtet Deleuze dann auch folgerichtig als sehr indirekte Folgeerscheinungen, die sich von der Bewegung und der Zeit herleiten - und nicht umgekehrt. Das Bild erzählt eben immer das, was die Bewegungen und die Zeiten des Bildes es erzählen lassen.

Die Kritik an der Linguistik zielt wesentlich darauf, daß ihre Begrifflichkeiten sich als dem Sachverhalt Kino unangemessene erweisen, so daß es notwendig scheint, diese kinematographischen Kategorien neu und in enger Fühlung zum Medium in seiner Konkretion zu entwickeln. Es ist angesichts eines so motivierten Unterfangens evident, daß sich auch psychoanalytische Begriffe wie das "Imaginäre" als zur Bezeichnung des Phänomens Kino untaugliche erweisen müssen[4]: So kommt Deleuze, nachdem er sich über Analogisierungen wie

---

[1] Vgl. Doutes Sur L'Imaginaire [1986] zit. nach Pour-Parlers [1990], 88-96; hier 92.
[2] Sur L'Image-Mouvement [1983] zit. nach Pour-Parlers [1990], 67-81; hier 68.
[3] Sur L'Image-Temps [1985] zit. nach Pour-Parlers [1990] ,82-87; hier 84. "Doch in diesem Fall wird das Filmbild auf ein Ausgesagtes reduziert, und man setzt sein konstitutives Merkmal, die Bewegung, in Parenthese."
[4] Diese These vertreten mitunter auch Psychoanalytiker der Lacan-Schule selbst und kehren folgerichtig die Analyse-Richtung um: Tout ce que vous

die von Kastration und Kadrierung oder Leinwand und Partialobjekt mokiert hat, auf das Imaginäre zu sprechen:

> Meme l' *imaginaire*: ce n'est pas sur que ce soit une notion valable au cinéma, le cinéma est producteur de réalité.[1]

Warum das Kino Produzent der Wirklichkeit ist, werden wir spätestens im letzten Abschnitt dieses Textes darlegen. Bevor wir jedoch auf die Entwicklung eines dem Kino angemessen Kategoriensystems in Deleuzes eigener Kino-Studie zu sprechen kommen, sei noch darauf hingewiesen, daß Deleuze zwar dem Begriff des Imaginären, wie er aus der psychoanalytischen Tradition überkommen ist, jegliche Erkenntnisleistung in Bezug auf die spezifisch filmischen Problematiken abspricht, aber es sich nicht nehmen läßt, einen Begriff des Imaginären zu entwickeln, der in seine Darstellung unter der Bezeichnung *Kristallbild* eingeht[2].

Deleuze organisiert seinen Text in zwei Strängen, deren einer aus Bergsonkommentaren besteht, während der andere der Entwicklung der Bildersystematik in eng an Filmwerken orientierten Analysen dient. Die Kommentare formieren den theoretischen Hintergrund der Systematik und bilden daher das Zentrum unserer Darstellung.

Deleuzes erster Kommentar setzt ein mit der Entfaltung von drei Thesen Bergsons zur Bewegung. Die erste These Bergsons besagt, daß die Bewegung mit dem Raum, den sie durchläuft, keine Verbindung eingeht. Raum und Bewegung haben verschiedene zeitliche Modi: der durchlaufene Raum ist vergangen, während die Bewegung gegenwärtig ist, sie ist der Akt des Durchlaufens. Daraus lassen sich weitere Bestimmungen gewinnen: der Raum ist offensichtlich teilbar, und das heißt homogen, auf *einen* Raumbegriff reduzierbar; dementgegen ist die Bewegung unteilbar, heterogen und die verschiedenen Bewegun-

---

avez toujours voulu savoir sur Lacan, sans jamais oser le demander à Hitchcock (hg. von Slavoj Zizek, Paris 1988; Vgl. auch Ders.: Liebe Dein Symptom wie Dich selbst! Jacques Lacans Psychoanalyse und die Medien. Berlin 1991).

[1] Sur L'Image-Temps [1985] zit. nach Pour-Parlers [1990] ,82-87; hier 84. "Selbst das *Imaginäre*: es ist nicht sicher, daß es sich dabei um einen für das Kino wertvollen Begriff handelt. Das Kino ist ein Produzent von Wirklichkeit."

[2] Vgl. Doutes Sur L'Imaginaire [1986] zit. nach Pour-Parlers [1990], 88-96; hier 93-95.

gen können folgerichtig nicht auf einen Begriff von Bewegung zurückgeführt werden. Die Differenz der Vorstellbarkeit von Raum und Bewegung artikuliert Bergson in zwei Formeln: Raum erscheint darin der Vorstellung gegeben als "unbewegliche Schnitte plus abstrakte Zeit"[1] während sich die Bewegung als "reale Bewegung → konkrete Dauer" präsentiert. Der Film ist offenbar zwischen Raum und Bewegung situiert. Er liefert uns ein Bewegungsbild, und zwar unmittelbar und gründet nicht auf unbeweglichen sondern auf beweglichen Schnitten, jedenfalls wenn man vom Film spricht ausgehend von dem Zeitpunkt, wo er seine "Wesenseigentümlichkeit" entwickelt, und das heißt für Deleuze mit dem Entstehen der Montage, der beweglichen Kamera und der Trennung von Aufnahme und Projektion[2].

Die zweite These behauptet, daß der grundlegende, Illusionen erzeugende Fehler des Denken der Bewegung darin liege, die Bewegung aus Momenten oder Positionen zu rekonstruieren. Es gibt mindestens zwei Arten, diesen Fehler zu begehen, eine der Antike zuzurechnende und eine dementsprechend mit dem Attribut "modern" zu versehende.

Die antike Wahrnehmung und Darstellung der Bewegung beruht auf der Annahme, daß die Bewegung auf intelligible Elemente, Formen oder Ideen verweist, die selbst ewig und unbeweglich sind. Bewegung erscheint also in Posen oder hervorgehobenen Momenten, die die Wesenszüge einer Periode offenbaren, deren Essenz sie sind. Die Bewegung ist somit immer einem Telos subsumiert. Dementgegen wird in der Moderne die Bewegung nicht mehr auf hervorgehobene Momente bezogen, sondern erstellt sich im Bezug auf jeden beliebigen Moment: an die Stelle von transzendenten Formelementen, also Posen, treten Schnitte, daß heißt der Bewegung immanente, materielle Elemente. Gleichzeitig wird aus der intelligiblen Synthese eine sinnlich anschauliche Analyse. Während die antike Auffassung sich im Einklang mit der antiken Philosophie befindet, deren Ziel Deleuze zufolge es war, das Ewige zu denken, bedarf die neuzeitliche Wissenschaft der Bewegung noch eines philosophischen Pendants, dessen Erklärungsziel darin liegen muß, "die Hervorbringung des Neuen zu denken, das

---

[1] 1907 benutzt Bergson in "L Évolution Créatrice" diese "scheiternde Formel" zur Bezeichnung der kinematographischen Illusion; Vgl. Kino 1 [1983], 26.
[2] Vgl. Kino 1 [1983], 15/16.

heißt des Hervorgehobenen und Singulären, in welchem Moment auch immer"[1].

Die Philosophie und die Wissenschaft von der Bewegung heißen aber beide Dialektik. Welche Differenzen ergeben sich folglich im Feld der Bewegung für diese Disziplin? Die antike Dialektik ist "die Ordnung transzendenter Formen, die sich in einer Bewegung aktualisieren, jene [die moderne Dialektik] dagegen die Produktion und Konfrontation singulärer bewegungsimmanenter Punkte"[2]. An dieser Stelle findet sich nach den früheren polemischen Volten gegen *die* Dialektik vielleicht zum erstenmal eine differenzierte Betrachtung derselben - zugleich eine transformierende Formulierung, die in der Betonung der Produktion konfrontativer Punkte, die "moderne" Dialektik dem schöpferischen Konstruktivismus, den wir schon bezeichneten, annähert.

> Diese Produktion von Singularitäten (der qualitative Sprung) vollzieht sich nun über die Akkumulation des Gewöhnlichen (quantitativer Prozeß), so daß das Singuläre dem Beliebigen entnommen wird, es selber nur nicht-gewöhnliches oder nicht-reguläres Beliebiges ist.[3]

Die dritte der Thesen Bergsons besagt, daß die Bewegung selbst einen Schnitt darstellt, einen Bewegungsschnitt der *Dauer* als eines Ganzen[4]. Dauer wird hier als unaufhörliche Veränderung begriffen, während die Bewegung der Ausdruck eines Wandels innerhalb dieses Ganzen ist, das die Dauer darstellt.

Nach Deleuze ist an dieser Bestimmung zweierlei problematisch: zum einen das "Zum-Ausdruck-Bringen" und zum anderen die "Gleichsetzung von Ganzem und Dauer"[5]. Doch bevor diesen Problemen nachgegangen werden wird, sei zunächst die Formel, in der Deleuze die dritte These zu fassen sucht, wiedergegeben:

$$\frac{\text{unbewegte Schnitte}}{\text{Bewegung}} = \frac{\text{Bewegung als beweglicher Schnitt}}{\text{qualitative Veränderung}}$$

---

[1] Kino 1 [1983], 21.
[2] Kino 1 [1983], 19.
[3] Ebd.
[4] Vgl. Kino 1 [1983], 22.
[5] Kino 1 [1983], 22.

Im Gegensatz zu vorhergehenden Philosophen bestimmt Bergson das Ganze als das Offene, als dasjenige, was sich permanent verändert und mitunter plötzlich etwas Neues erscheinen läßt. Von dieser Konzeption des Ganzen ausgehend erhellt auch, wie Bergson die Lebewesen als in Korrelation zum Universum stehende begreifen kann, ohne dabei dem traditionellen Topos von Makro- und Mikrokosmos zu verfallen: das Universum ist eben wesentlich Offenes, und die Lebewesen sind Öffnung auf dieses Ganze hin. Die Definition des Ganzen erfolgt über *Relationen*, die den Objekten, die in ihnen stehen, äußerlich sind. Hier zeigt sich auch der Grund der Differenz von Ganzem und Gesamtheiten: während in den geschlossenen Gesamtheiten die Bewegung die *Position* der Objekte im Raum verändert, verändert im Gegensatz dazu die Veränderung der Relationen das Ganze in seiner Qualität. Die Gesamtheit ist also ein qualitativ indifferenter Zustand, das Ensemble alles Möglichen, das kein Außen mehr zuläßt, sondern radikale Immanenz ist. Das Ganze bezieht Partikel dieser Gesamtheit aufeinander, stellt Relationen zwischen den Objekten her. Wo bleibt in diesen Zusammenhängen die Dauer?

> Von der Dauer selber oder von der Zeit können wir sagen: sie ist das Ganze der Relationen.[1]

Die Dauer ist also dem Ganzen nur in dieser funktionalen Hinsicht, als Konzept zur Bezeichnung des relationalen Zusammenhangs innerhalb des *Ganzen*, zu begreifen. Es lassen sich - ausgehend von diesen Prämissen - der fundamentalen Opposition von Ganzem und Gesamtheit verschiedene komplementäre Oppositionspaare zuordnen:

| GANZES | GESAMTHEIT |
| --- | --- |
| aktuell | virtuell |
| Dauer | Raum |
| reale Bewegung | unbewegliche Schnitte |
| konkrete Dauer | abstrakte Zeit |

Diese Gegenüberstellung wandelt Deleuze in ein Ebenenmodell um, so daß schließlich *drei Ebenen* gegeben scheinen: zum einen die der

---

[1] Kino 1 [1983], 25.

Gesamtheiten, dann eine weitere, auf der die Translationsbewegung lokalisiert ist, die sich zwischen den Objekten herstellt und deren Stellung zueinander modifiziert, und schließlich eine dritte, dem Ganzen zugehörige, wodurch eine "sich fortwährend gemäß ihren eigenen Relationen verändernde geistige Realität"[1] bezeichnet werden soll: wir können das Ganze, zu dessen Erscheinungsformen die Dauer rechnet, folglich auch als Hirnwelt bezeichnen, um deutlicher zu bezeichnen, was da auf dem Spiel steht. Die Bewegung erscheint für diese Welt in zweierlei Hinsicht: sie bezeichnet zum einen das, was sich zwischen den Objekten ereignet, und zum anderen gibt sie das Ganze wieder und "bewirkt, daß sich die Dauer in die Objekte teilt, - wobei sie sich grundlegend verändert - und daß sich die Objekte in einer Vertiefung, im Verlust ihrer Konturen, in der Dauer vereinigen"[2].

Diesen drei Ebenen folgt Deleuzes Darstellung in den folgenden zwei Abschnitten, in denen er sich direkt mit dem filmischen Material beschäftigt und in den Filmen nach den Transformationen dieser Überlegungen sucht oder, anders gesagt, die filmische Umsetzung dieser Denkfiguren aufzeigt, bis er dann im zweiten Bergson-Kommentar verschiedene Bildtypen entwickelt, die den Bezug zum Film neu organisieren. Hierzu rekurriert Deleuze auf die philosophiegeschichtliche Situation, in der und auf die hin sich Bergson äußert. Sie ist gekennzeichnet durch eine Krise der Psychologie um 1900, als evident wird, daß die Bewegung als physikalische Realität und das Bild als psychische Realität nicht mehr als Gegensatz zu denken sind. Deleuze entziffert diese Krise als "Konfrontation von Materialismus und Idealismus"[3]:

---

[1] Kino 1 [1983], 26.
[2] »Die Bewegung bezieht die Objekte, zwischen denen sie sich herstellt, auf das sich wandelnde Ganze, das sie zum Ausdruck bringt, und umgekehrt. Durch die Bewegung teilt sich das Ganze in die Objekte, vereinigen sich die Objekte im Ganzen, und genau zwischen den beiden verändert sich "alles", das heißt das Ganze.« Kino 1 [1983], 26. In den Ausführungen selbst dürfte deutlich werden, wie eng sie sich auf die Bergson-Studie rückbeziehen und die dortigen Ausführungen gleichzeitig modifizieren.
[3] Kino 1 [1983], 84.

Jener wollte den Aufbau des Bewußtseins aus reinen Materiebewegungen, dieser den Aufbau des Universums mit reinen Bewußtseinsbildern rekonstruieren.[1]

Auf dem historischen Feld der Theorie strebten zwei Autoren danach, diese aporetische Situation zu überwinden: Husserl und Bergson. Während erstgenannter davon spricht, daß alles Bewußtsein Bewußtsein *von* etwas ist, sagt der andere, daß alles Bewußtsein etwas *ist*. In der Phänomenologie wird in der Folgezeit der natürlichen Wahrnehmung der Film als Verzerrung, als Wahrnehmung zweiter Natur entgegengehalten. Bergson kritisiert den Film in einer ganz anderen, ontologischen Hinsicht; sein Vorwurf an den Film zielt darauf, daß dieser dieselben Fehler wie andere menschliche Wahrnehmungsmodi wiederholen würde: auch er nimmt lediglich Momentbilder auf. Bergson bezieht sich damit nicht auf eine "natürliche Wahrnehmung", sondern wählt als Ausgangs- und Endpunkt seiner Überlegungen einen Materiestrom, "in dem kein Verankerungspunkt oder Bezugszentrum angebbar wäre"[2]. Der theoretische Vorteil, den dann der Film einem von dieser Prämisse ausgehenden Wahrnehmungstheoretiker bietet, liegt darin, daß der Film die Dinge in einem nicht-zentrierten, irgend ausgerichteten Zustand zeigt und so die folgendermaßen definierte Aufgabe erleichtert:

> Von diesem Zustand der Dinge aus müßte gezeigt werden, wie sich an irgendwelchen Punkten Zentren bilden, an denen sich feststehende Momentbilder aufdrängen.[3]

Für Bergson ergibt sich aus dem oben Gesagten die Annahme einer Welt, in der Bild gleich Bewegung ist. Bilder sind somit nicht mehr aus einem Bewegungsablauf herausgelöste Momentbilder, sondern jedes Bild ist eine Bewegung, die auf andere reagiert und wirkt: das Bild gerät zu einer Gesamtheit von Wirkungen und Reaktionen. Eine kosmologische Vorstellung scheint dahinter zu stehen, die einem dichten, atomaren und atomisierten Universum kurz nach dem Urknall nicht unähnlich sieht.

---

[1] Ebd.
[2] Kino 1 [1983], 86.
[3] Kino 1 [1983], 86.

Der Materiezustand ist zu heiß, als daß man noch feste Körper unterscheiden könnte.[1]

Deleuze bezeichnet auch diesen Zustand strömender Materie als Immanenzplan, innerhalb dessen sich die Materie als An-Sich des Bildes erweist. Der Status dieses Plans gleicht einer unbegrenzten Gesamtheit; diese Gesamtheit kann verstanden werden als "automatische Anordnung der Bewegungsbilder":

> Daraus ergibt sich ein ungewöhnlicher Vorsprung Bergsons: Er sieht das Universum als Film an sich, als Meta-Film, und das bedeutet für den Film eine ganz andere Betrachtungsweise als jene, die er in seiner expliziten Kritik entwickelte.[2]

Die Differenzialität der Bilder ergibt sich folglich nicht in Bezug auf die Bewegung, sondern aus der Wahrnehmung des Nicht-Bildhaften - im emphatischen Sinne des Bewegungsbildes -, in der sprachlich organisierten Wahrnehmung: Körper (Substantive), Handlungen (Verben), Eigenschaften (Adjektive)[3]. Alle diese Wahrnehmungsmodi löschen die fundamentale Bewegung aus, um an ihre Stelle "vorläufige" Zustände treten zu lassen, also kleine Teleonomien einzurichten. Doch auch diese Sachverhalte können Bilder werden, wenn auch nicht Bewegungsbilder, sondern eben Wahrnehmungsbilder, Aktionsbilder und Affektbilder. Deren kategoriale Entwickelbarkeit ist an dieser Stelle der funktional-analytischen Reflexion der Theoreme Bergsons allerdings noch nicht möglich.

Der Immanenzplan besteht ganz und gar aus Licht - und die Identität von Bild und Bewegung besitzt ihren tieferen Grund in der Identität von Materie und Licht. Folglich lassen sich im Bewegungsbild noch keine Körper oder harten Linien ausmachen, sondern lediglich Lichtlinien oder Lichtfiguren erscheinen. Es handelt sich um Proto-Bilder: das Licht ist den Dingen immanent, die Photos sind immer schon entwickelt, das Licht der Materie ist Bewußtsein und im Gegensatz dazu ist *unser* faktisches Bewußtsein wesentlich Lichtundurchlässigkeit, eine photographische Platte, die das vorhergehende Bewußtsein festhält und enthüllt.

---

[1] Kino 1 [1983], 87.
[2] Kino 1 [1983], 88.
[3] Deutlich lassen sich in dieser Terminologie Reminiszenzen an die erste Spinoza-Studie erkennen.

Die erste Störung in diesem Universum bewegter Materie tritt dann auf, wenn ein Intervall entsteht, der zwischen den (Inter-)Agierenden einen Abstand schafft: also Zeit einführt. Die Zeitlichkeit begründet den Typus der Lebensbilder, das heißt von Lebewesen, die sich als "geahnte Bilder", als geschlossene Systeme konstituieren. Den Lebewesen eignet eine selektive, isolierende Wahrnehmung, und ihr Handeln ist aufgrund des eingeschobenen Intervalls nicht unmittelbar und nicht determiniert. Das Lebewesen, verstanden als lebendes Bild, führt, indem es zum Schichtträger wird, erst das eigentliche Phänomen, das den Namen "Wahrnehmung" verdient, herbei. Der Schichtträger, der zugleich das Zentrum der Indeterminiertheit ausmacht, wird von Deleuze "Hirn" genannt, wobei zu bemerken ist, daß es sich dabei zwar um ein besonderes Bild, aber eben doch nur ein Bild handelt.

Ausgehend von diesen Prämissen ergibt sich ein zweifaches Bezugsytem der Bilder: Innerhalb des ersten, des nicht-zentrierten Universums erscheinen sie als Bilder, Bewegungen, Licht, Materie, Dinge und letztlich Bewußtsein, während sie im zweiten auf das selektierende Lebensbild, aufs Hirn bezogen und damit zur Wahrnehmung werden. Die Wahrnehmung subtrahiert von den Proto-Bildern das, was für sie nicht von Interesse ist - ausgehend von den Bedürfnissen des Hirns[1].

Die Dinge bilden also totale und objektive Erfassungen, wohingegen die Wahrnehmungen partielle und subjektive Erfassungen sind: die Differenz von Bewegungs- und Wahrnehmungsbild. Doch damit ist über diesen Sachverhalt noch nicht alles gesagt, denn das Indeterminationszentrum, durch das die Wahrnehmung organisiert wird, subtrahiert nicht nur etwas vom Bewegungsbild, sondern setzt auch ein Intervall zwischen sich und das nicht-zentrierte Universum, das sich dadurch um dieses Zentrum krümmt[2]. Das Intervall konstituiert die mögliche Aktion als Transformation der unausweichlichen Reaktion. In der Zeit dieses Intervalls wird also das Bewegungsbild zum Aktionsbild[3] gewandelt.

---

[1] Vgl. hier die Nähe der Ausführungen zu Bergson [1966], 133f.
[2] Deutlich ist die Präformation der Kategorie *Falte* zu erkennen; vgl. den Abschnitt IV.1.
[3] Vgl. zum Aktionsbild auch Abschnitt III.1 und Logik des Sinns [1969], 255-256.

Ebenso wie die Wahrnehmung die Bewegung mit "Körpern" (Substantiven) in Beziehung bringt, das heißt mit festen Objekten, die als Bewegungsträger oder als Bewegtes dienen, setzt die Aktion die Bewegung zu "Handlungen" (Verben) in Beziehung, die einem vorgezeichneten Ziel oder einem vermuteten Resultat entsprechen.[1]

Etwas allerdings liegt zwischen Wahrnehmung und Aktion, ein neuer Intervall: der Affekt. Er tritt in Erscheinung zwischen der "in gewisser Hinsicht verwirrenden Wahrnehmung und einer verzögerten Handlung"[2]. Im Affekt stellt sich die Selbstwahrnehmung des Subjekts dar: die Bewegung wird zu einer Eigenschaft in Bezug gesetzt, die als (Gemüts-)Zustand erlebt wird. Dieser Zustand speist sich aus dem Mehr an Bewegungen, das über Wahrnehmungsinteresse und Handlungsintervall hinaus erfasst wurde: das Bewegungsbild wird zum Affektbild. In der filmischen Praxis erscheint das Affektbild als Großaufnahme und Gesicht, insofern eine Großaufnahme ein Gesicht ist[3]. Das intensive Gesicht drückt dann ein Potential aus, während das reflexive Gesicht eine Qualität artikuliert[4]. Diese Kategorien tragen jedoch nur innerhalb der Systematik zur Differenzierung bei und erläutern nicht weiterführend den hier gewählten Darstellungszusammenhang einer historischen Ontologie der visuellen Wahrnehmung, so daß wir uns wiederum der geschichtlichen Dimension zuwenden.

Der große Schnitt der Kinogeschichte erfolgt mit dem zweiten Weltkrieg. Die im ersten Band ausgeführte Krise des "Aktionsbildes", das in den Filmen Hitchcocks seine Perfektion und damit seinen kritischen Punkt erreichte, findet ihre Fortführung mit der Entwicklung des Zeitbildes. Das Zeitbild wird folgerichtig vor allem in Abgrenzung vom Bewegungsbild erläutert: während letztgenanntes über die Beziehung *sensomotorische Situation - indirektes Bild der Zeit* definiert wurde, ist der Begriff des Zeitbildes "durch eine nicht-lokalisierbare Relation *reine optische und akustische Situation - direktes Zeit-Bild*"[5] bestimmt. Vor dem Krieg wurde der Film als avancierter vom Actionkino und mithin von Aktionsbildern und senso-motorischen Situatio-

---

[1] Kino 1 [1983], 96.
[2] Kino 1 [1983], 96.
[3] Vgl. Kino 1 [1983], 123f., sowie die Theorie der Gesichtlichkeit in Tausend Plateaus [1980], 229-262.
[4] Vgl. Kino 1 [1983], 127f.
[5] Kino 2 [1985], 61.

nen dominiert, das moderne Kino setzt dagegen mit Hilfe der rein optischen und rein klanglichen Situationen einen leeren Raum, in dem statt der senso-motorischen Zeichen *Optozeichen* und *Sonozeichen*[1] auftauchen. Dieser Wechsel ergibt sich daraus, daß man nach dem Krieg die Unzulänglichkeit der senso-motorischen Schemen bemerkt: die Personen "wissen" nicht mehr, wie sie auf bestimmte Situationen reagieren sollen, die ihnen widerfahren, da diese zu schrecklich, zu schön oder unlösbar sind. Es entsteht folgerichtig eine neue "personnage" und auch eine neue Möglichkeit die kinematographischen Bilder zu verzeitlichen, in die reine Zeit zu treten. Diese Bewegung der Selbst-Verzeitlichung und die Tendenz zur Selbst-Bewegung wertet Deleuze als Fortschritt innerhalb der Geschichte des Films, und geht davon aus, daß die filmischen Techniken diesen Finalitäten untergeordnet sind.

Darüber hinaus besitzt der Wechsel vom Bewewegungs- zum Zeitbild eine politische Dimension: Vor dem Hintergrund des zweiten Weltkriegs und in Sonderheit der Erfahrung des Faschismus erweist sich die Verknüpfung der Bilder anhand sensomotorischer Schemata, die vordem dominant war, als historisch überholt, wobei Deleuze auf einen Faschismus reflektiert, "der Hitler mit Hollywood und Hollywood mit Hitler vereinigte"[2]. Dieser Vereinigung setzt sich das "cinéma-vérité" entgegen, postuliert nicht Kino-Wahrheit sondern Wahrheit des Kinos, wie es in den Filmen der "nouvelle vague", des Neo-Realismus oder bei Welles und Wenders augenfällig wird. Mit dem Anspruch und der Anstrengung, den diskreditierten Bild-Klischees zu entgehen, geht ein Selbstreflexiv-Werden des Films einher, das sich in der Entwicklung neuer Montagekonzeptionen und neuer Bildtypen artikuliert, wodurch sich der Film zugleich politisch positioniert:

> Es ist ein und dieselbe Operation, durch die der Film seine innerste Voraussetzung, das Geld, bekämpft und durch die das Bewegungs-Bild dem Zeit-Bild Platz macht[3].

---

[1] Dankenswerterweise findet sich am Ende des ersten Bandes der Kino-Studien ein Glossar, in dem diese und alle anderen verwendeten Begriff knapp erläutert werden.
[2] Kino 2 [1985], 215.
[3] Kino 2 [1985], 105.

Diese zunächst überraschende Sentenz gründet auf einer komplexen Überlegung zu den Beziehungen von Kamera, Zeit, Geld und Bewegung und ihrer möglichen oder unmöglichen Äquivalenz. Den analytischen Schlüssel zu diesen Verhältnissen findet Deleuze in der Marxschen Formel G-W-G'[1], die die Verwandlung von Geld in Kapital *formuliert*, und die ihn zu einer simplen Schlußfolgerung führt, die er - einen Satz von Fellini aufgreifend - nicht scheut, ebenso simpel auszusprechen:

> Der Film wird dann zu Ende sein, wenn kein Geld mehr da ist ...[2].

An diesen Ausführungen dürfte deutlich werden, daß es Deleuze im zweiten Band seiner Theorie des Kinos weniger um die Herausarbeitung der Grundlagen einer dem Film angemessenen Ästhetik - im ursprünglichen Sinn des Wortes als "Wahrnehmungslehre" - geht, wie sie im ersten Band im Rekurs auf Bergson und Peirce geleistet wurde, sondern sein Hauptinteresse sich nunmehr darauf richtet, die politischen Funktionen und Möglichkeiten des Films - und zwar in Sonderheit des Zeitbildes als des gegenwärtigen Bildtypus der filmischen und politischen Avantgarde - zu konkretisieren.

Doch es ist nicht allein dieser umfassende historische Faktor, der die Gestaltung der Bilder beeinflußt. In der Vorkriegszeit orientierte sich beispielsweise der Expressionismus in seiner Bildgestaltung an der Opposition von Licht und Finsternis, einer Beziehung, die als eine des Kampfes aufgefasst wurde, dementgegen begriff die französische Schule vor dem zweiten Weltkrieg das Licht nicht als Teil eines kämpferischen Oppositionsverhältnisses, sondern als auf einer Skala situiertes, auf der es zwischen solaren und lunaren Zuständen changierte. Es zeigt sich somit, daß verschiedene sozialhistorische und geographische Beziehungen und Bezüge zu anderen Künsten den Film durchqueren.

Der oben erwähnte Einschnitt hat jedoch die weitreichendste Tragweite, begründet er doch den Wechsel vom Zeit- zum Bewegungsbild: in den rein optischen und rein klanglichen Bildern geht der Bezug zur Handlung verloren, was auch einen Bruch mit der narrativen Tradition

---

[1] Die Formel der Verwandlung von Geld in Kapital. G = Geld, W = Ware, G' entspricht dem mit dem Mehrwert versehenen Geld. Vgl. Marx, Karl: Das Kapital. Kritik der politischen Ökonomie. Bd. I [1867]. Marx Engels Werke. Bd. 23 Berlin 1984, 165ff.

[2] Kino 2 [1985], 108.

bedeutet. Die Beziehung der Bilder zueinander erstellt sich daraufhin eher über mentale oder virtuelle Bilder, das Bild verdoppelt sich und gerät zum bereits erwähnten Kristallbild. Und obgleich es verschiedene Arten der Kristallisation von Bildern und kristalliner Zeichen gibt, sieht man in den Kristallbildern immer zuerst die Zeitbilder, direkte Zeitbilder. Das heißt nicht, daß die Bewegung verschwunden sei, doch das Verhältnis von Raum und Zeit hat sich umgekehrt, und die Bilder werden eher "lesbar" als "sehbar". Ihre Lesbarkeit ergibt sich aus der Vervielfältigung von Parametern und der Konstruktion divergierender Serien, wodurch ein Gegensatz zum klassischen Bild ausgeprägt wird, welches vornehmlich auf die Konvergenz der Serien zielte[1]. Es läßt sich also sagen, daß die Bilder des Films auf zwei koexistierenden Ebenen spielen: zum einen der Ebene der räumlichen und materiellen Ausdehnung und zum anderen derjenigen der geistigen Determination. Diese zwei Aspekte schließen einander keineswegs aus, ergänzen sich vielmehr und lösen sich in der Dominanz ab[2].

In unserer bisherigen Darstellung der Auseinandersetzung, die Deleuze mit den Bildern und Theorien führt, um seine Systematik der Bilder und Theorie der visuellen Wahrnehmung zu gewinnen, dürfte deutlich geworden sein, daß sich, wenn man diese Ausführungen akzeptiert, weder von der Psychoanalyse noch von der Linguistik ausgehend angemessene Kriterien zur Bewertung und Beschreibung des Film gewinnen lassen. Deleuzes Vorschlag zur analytischen Bewertung des Films konzentriert sich auf eine "Biologie" des Hirns, eine Mikro-Biologie, in der es um Schaltungen, Konnexionen, Disjunktionen, cerebrale Wellen und Kurzschlüsse, den Gehalt der Anordnungen geht. Cerebral meint hier keineswegs affektlose Intellektualität, wenn es denn immer noch jemanden gibt, der meint, es gebe Derartiges, sondern impliziert durchaus auch Gemüt-lichkeit und Leidenschaft. Die Perspektive, die diese Biologie des Hirns eröffnet, zielt auf eine Ästhetik, die den Phänomenen der Kretinisierung oder Cerebralisierung nicht indifferent gegenübersteht, sondern darauf ausgeht, neue

---

[1] Vgl. zum vorhergehenden Kino 1 [1983], 75-77.
[2] Vgl. dazu Kino 1 [1983], 80.

Schaltungen zu schaffen, sowohl im Hirn als auch in der Kunst, im Kino[1].

Eine erste analytische Unterscheidung im Rahmen dieses Ansatzes zur Theoretisierung des Hirnkinos ist die Absetzung des Filmbildes vom gemalten und dem (theatralisch) gestellten Bild. Während die einen des Geistes, die anderen des Körpers bedürfen, um Bewegung zu erzeugen, geschieht dies im Film automatisch.

> Erst wenn die Bewegung automatisch wird, kommt das künstlerische Wesen des Bildes zur Erscheinung; es besteht darin, einen Schock im Denken entstehen zu lassen, Vibrationen auf die Gehirnrinde zu übertragen, unmittelbar das Gehirn und das Nervensystem zu beeinflussen.[2]

Dieser Mythos der Unmittelbarkeit schreibt sich fort in der Angleichung von Kino und Hirn, geht in eine Automaten-Theorie über:

> Die *automatische Bewegung* läßt in uns einen *geistigen Automaten* erstehen, der seinerseits auf sie reagiert.[3]

Der Automat ist kein logisch-deduktiv operierender, sondern das Hirn, das mit dem Bewegungs-Bild fusioniert, um neues Denken zu erzeugen. Der filmische Schock als Erkenntnisschock war unausweichlich und damit demokratisch, das heißt für alle nachvollziehbar - was denn auch bereits von Anfang auf die mögliche Schattenseite der »Massen«-Kunst verweist. Die ausgeführte Logik der Automaten-Theorie hat einen Namenspatron - wenn es denn eines solchen bedarf - in Eisenstein.

> Eisenstein zufolge geht das erste Moment vom Bild zum Denken, vom Perzept zum Konzept. (...) der Schock ist die Form, in der sich die Bewegung in den Bildern mitteilt.[4]

Die Bewegung ist nicht die Bewegung der Bilder, sondern in und zwischen den Bildern und ihren Bestandteilen, jedenfalls die Form von Bewegung, die sich ins Denken fortsetzt.

---

[1] »Der Film zeichnet den filmischen Vorgang in der Weise auf, daß er einen zerebralen Vorgang projiziert. Ein Gehirn, das flackert, neu verkettet oder Schleifen durchläuft: das ist Kino.« Kino 2 [1985], 277.

[2] Kino 2 [1985], 205; kursiv im Original

[3] Ebd.; kursiv im Original; veränderte Übersetzung.

[4] Kino 2 [1985], 207; veränderte Übersetzung.

Der Schock übt eine Wirkung auf den Geist aus, er zwingt ihn zu denken und das Ganze zu denken.[1]

Was hier das Ganze heißt, wurde in unserer Rekonstruktion der Thesen zur Bewegung des ersten Bergsonkommentars dargelegt. In Anbetracht der dortigen Ausführungen erweist sich die Vorsicht, mit der die eigentümliche Paraphrase "Hirnwelt" eingeführt wurde, als angemessen, denn das Ganze ist offenbar nicht dem subjektiven Bewußtsein gleichzusetzen, sondern ist das, was von diesem gedacht werden muß.

> Das Ganze ist die organische Totalität, die sich dann einstellt, wenn sie sich den eigenen Teilen entgegenstellt und sie übersteigt eine Totalität, die sich zur Großen Spirale erhebt, indem sie den Gesetzen der Dialektik folgt. Das Ganze ist der Begriff.[2]

Doch der Begriff als das Ganze fällt zusammen mit dem, was ihn denkt, da das Denkende nicht außerhalb des Begriffs zu finden ist: es ist immer eine Karte, ein Diagramm oder eine abstrakte Maschine. Die Dialektik der kinematographischen Subjektbildung - automatische Produktion eines denkenden Automaten -, wurde zur schlechten realen Geschichte in dem Maße, in dem Hitler und Hollywood fusionierten, um sich des Kinos zu bemächtigen und auf den faschistischen Menschen hin zu arbeiten[3]. Möglich wurde diese Wandlung Deleuze zufolge durch die "Mittelmäßigkeit der Produktionen" wie durch den "Faschismus der Produktion"[4].

Vor diesem Hintergrund bricht das senso-motorische Schema, das den Zusammenhang des Bewegungs-Bildes stiftete, und das Kino entwickelt ein neues Formenregime unter der Dominanz des Zeitbildes. Mit der darstellungstechnischen Innovation geht ein neues Credo einher:

> Wir glauben nicht mehr an ein Ganzes, auch nicht mehr an ein offenes Ganzes, als Innerlichkeit des Denkens; wir glauben an eine Kraft des Außen, die sich höhlt, uns ergreift und das Innen anzieht. Ebensowenig glauben wir noch an eine Assoziation der Bilder, auch wenn sie die Leerstellen überwinden; wir glauben an Einschnitte, die einen absoluten Wert annehmen und sich jeglicher Assoziation unterordnen.

---

[1] Ebd.
[2] Kino 2 [1985], 207
[3] Vgl. Kino 2 [1985], 215.
[4] Kino 2 [1985], 216.

Die Bergsonsche Definition des Menschen als Öffnung auf das Ganze hin - aus der Studie von 1966 - scheint obsolet geworden, stattdessen ist die zu Beginn dieses Abschnittes vorgestellte Bestimmung des Ganzen als eines der Relationen maßgeblich. Was aber heißt es, wenn die Assoziationen von Einschnitten organisiert werden und nicht mehr von ... ja, von was? Die Antwort, die Deleuze gibt, überrascht angesichts der vorhergehenden Abgrenzungen vom linguistischen Vokabular ein wenig[1]:

> Es gibt also keine Assoziation mehr durch Metapher oder Metonymie, sondern Neuverkettungen, die vom buchstäblichen [*littérale*] Bild ausgehen: es gibt keine Verkettungen assoziierter Bilder mehr, sondern nur noch Neuverkettungen unabhängiger Bilder. Statt daß ein Bild auf ein anderes folgt, gibt es nur immer noch ein *zusätzliches* Bild (...). Es ist insgesamt eine neue Rhythmik, ein serielles oder atonales Kino, eine neue Konzeption der Montage.[2]

Organisierte sich das Bewegungsbild mithin doch nach sprachlichen Mustern? Was sind die unabhängig angeschlossenen Bilder anderes als Signifikanten, die ihren Bedeutungswert aus der Differenz zur restlichen Signifikantenkette und der bestimmten Position, an der sie stehen, ziehen? Was durch die Diktion nahegelegt wird, erweist sich insofern als nicht triftig, da das Bild den Status eines Überschusses, eines Mehrwerts innehat, der genau nicht bedeutet wird, sondern einen dezentrierten Rest darstellt, der für sich steht und sich thetisch absetzt. Deswegen ist er auch nicht in qualitativem Bezug zu den anderen Bildern zu bestimmen, sondern nur quantitativ in der Rhythmik zu verzeichnen. Auch in Bezug auf die Bilder erscheint damit die Idee der verallgemeinerten Chromatik als neue Form von Stilistik und Linguistik, wie wir sie im Kontext der *Tausend Plateaus* hervorgehoben haben.

---

[1] Auch wenn Deleuze darlegt, daß die Linguistik dem klassischen zerebralen Modell anhänge, indem sie von dem »Begriffspaar Metapher und Metonymie (Ähnlichkeit/ Kontiguität) oder von Syntagma und Paradigma (Integration/Differenzierung) anhing« (Kino 2 [1985], 272), ist doch zu konzedieren, daß Deleuze ein Modell in Anspruch nimmt, das er zuvor verworfen hatte. Die Transformation der Linguistik ist als Geste in diesem Kontext eindeutig zu knapp geraten, und man wird von den *Tausend Plateaus* ausgehend die Konzeption überprüfen müssen.

[2] Kino 2 [1985], 275.

Haben wir es mit einem unruhigen Gehirntod oder, besser, mit einem neuen Gehirn zu tun, das nicht nur gleichzeitig Leinwand, Filmband und Kamera wäre, sondern auch Membran des Außen und des Innen? Kurz, die drei zerebralen Komponenten sind der Schnittpunkt, die Neuverkettung und die schwarze oder weiße Leinwand. Wenn der Schnitt zu keiner der Bildserien mehr gehört, die er bestimmt, dann gibt es auf beiden Seiten nur noch Neuverkettungen. Und wenn er sich ausweitet und alle Bilder aufsaugt, wird er mit der Leinwand identisch im Sinne eines Kontakts unabhängig von der Entfernung, einer Kopräsenz oder Applikation von Schwarz und Weiß, Negativ und Positiv, Vorderseite und Rückseite, Fülle und Leere, Vergangenheit und Zukunft, Gehirn und Kosmos, Innen und Außen. Es sind diese drei Aspekte, der topologische, der probabilistische und der irrationale, welche das neue Bild des Denkens konstituieren. Jeder leitet sich mühelos von den anderen her und bildet mit ihnen einen Kreislauf: die Noosphäre.[1]

Deleuze kommt so im Verfolg der Licht-Bilder zu den Bildern des Denkens, gewinnt den kinematographischen Lehren über die Wahrnehmung die Begriffe für ein neues Denken ab, das sich gleichzeitig den Filmen verdankt, wie es sie mit erschafft. Die selbst-rekursive Begründung der Licht- und "Denkbilder", berührt sich wiederum mit der Automatentheorie: Insofern das "Kino ein zur geistigen Kunst gewandelter Automatismus, das heißt zunächst Bewegungsbild ist"[2], gab es die historische Möglichkeit, das der Platz des "großen mentalen Automaten"[3] durch den Filmemacher und Automaten Hitler eingenommen wurde. Wenn das Kino aus sich heraus etwas dagegen setzen will, "gegen Hitler, aber auch gegen Hollywood, gegen die dargestellte Gewalt, gegen die Pornographie, gegen den Kommerz"[4], dann hilft Deleuze zufolge nicht der Weg, den Jürgen Syberberg in *Hitler. Ein Film aus Deutschland* gegangen ist; vielmehr gilt es, neue Verküpfungen der Bilder zu stiften und die psychischen Automaten wieder zu beleben, die Hitler unterjocht hatte. Auf diesem Weg kommt dem Kino ein Automatismus von außen entgegen:

> Die moderne Gestalt des Automaten ist das Korrelat eines elektronischen Automatismus. Das elektronische Bild - also das Tele- oder Videobild, das

---

[1] Kino 2 [1985], 277.
[2] Kino 2 [1985], 337.
[3] Vgl. dazu und im folgenden Kino 2 [1985], 338.
[4] Ebd.

im Entstehen begriffene digitale Bild - wird entweder zur Veränderung des Kinos oder zu seiner Ersetzung führen.[1]

Ausgeschlossen ist also lediglich, daß die digitalen Bilder das Kino nicht affizieren. Charakteristisch kommt ihnen zu, daß sie keinen Bezug auf ein Äußeres besitzen, nicht in ein Ganzes eingehen und die Raumgliederungen und Ausrichtung der Lichtbilder vermissen lassen. Das Videobild gleicht einer Informationstafel, die Daten zeigt, Informationen, die an die Stelle der Natur getreten sind. Diese Indifferenz kündigt die neuen Qualitäten der digitalen Bilder an, deren Auswirkungen sich entlang der Frage "zerebrale Schöpfung oder Beeinträchtigung des Kleinhirns?"[2] bemessen werden. Deleuze selbst ist skeptisch gegenüber der Information:

> Was die Information allmächtig werden läßt (die Zeitung, später das Radio und schließlich das Fernsehen), ist ihre Nichtigkeit, ihre radikale Wirkungslosigkeit. (...) Wenn wir Hitler besiegen oder das Bild umkehren wollen, dann müssen wir über die Information hinausgehen. Diese Überwindung der Information geschieht von zwei Seiten gleichzeitig her und orientiert sich an zwei Fragen: *Welches ist die Quelle und wer ist der Empfänger?*[3]

Die Kritik an der Information formulierte bereits frühzeitig Walter Benjamin hinsichtlich der traditionellen Kunst des Erzählens, die durch die Information vom Untergang bedroht werde[4]. Seine Kritik stellt jedoch nicht dieselben Fragen wie Deleuzes, sondern sieht das der Erzählung Feindliche in einem Übermaß an Plausibilität und Erklärung, das dem Erzählen zuwiderläuft. Die Konklusion Benjamins, daß man das Außerordentliche und Wunderbare von Erklärungen unbelastet erzählen müsse, weist eine gewisse Ähnlichkeit mit Deleuzes Schlüssen auf.

> Man muß (...) über sämtliche gesprochenen Informationen hinausgehen, ihnen einen reinen Sprechakt, ein kreatives Fabulieren entnehmen, welches gleichsam die Kehrseite der herrschenden Mythen, der geläufigen Reden und ihrer Vertreter ist; man muß zu einem Akt gelangen, der imstande ist,

---

[1] Kino 2 [1985], 339.
[2] Kino 2 [1985], 340.
[3] Kino 2 [1985], 344f.; kursiv im Original.
[4] Vgl. Benjamin, Walter: Der Erzähler. Betrachtungen zum Werk Nikolai Lesskows. in Ders.: Gesammelte Schriften Bd.II.2, 438-465. Frankfurt a.M. 1974; hier 444f.

den Mythos zu erschaffen, anstatt aus ihm Nutzen zu ziehen oder ihn auszubeuten. Ebenfalls ist es notwendig, alle visuellen Schichten zu überwinden, einen reinen Informierten heranzubilden, ...[1]

Für diese Produktion des neuen Mythos, der nicht von der Macht vereinnahmt wird, gibt es günstigere und weniger geeignete Produktionsbedingungen. Ein direktes politisches Kino, eine "notwendig politische Kunst"[2] wird vorzugsweise in der Dritten Welt und von Minoritäten produziert. In der hegemonialen Filmkultur des Westens findet sich politische Filmproduktion in Gestalt eines "Kinos des Körpers", das Deleuze unter anderem bei Godard ausmacht, eines "Kinos des Gehirns", das mit den Namen Kubrick und Resnais verbunden ist. Was aber zeichnet die Produktionsbedingungen des minoritären Kinos vor allem aus?

Wenn es ein modernes politisches Kino gibt, dann auf der Basis, daß das Volk nicht mehr existiert oder noch nicht existiert ... *das Volk fehlt*. Zweifellos galt diese Wahrheit auch für den Westen, auch wenn sie nur von wenigen Autoren erkannt wurde, weil sie hinter den Machtmechanismen und den Systemen der Mehrheitsentscheidung verborgen war. Unübersehbar wurde sie dagegen in der Dritten Welt, wo die unterdrückten und ausgebeuteten Nationen ihren ewigen Minderheitenstatus nicht abzuschütteln und ihre Identitätskrise nicht zu lösen vermochten.[3]

Wie im Bezug auf Kafka und Paul Klee von Deleuze schon verdeutlicht wurde, appellieren Literatur und Kunst an ein fehlendes Volk, rufen dieses auf, ja, erfinden es. Damit ist eine Antwort auf die Frage nach dem möglichen Inhalt des Mythos gegeben, der ein kommendes Volk beschwört, auf das sich die Politik zu richten vermag. Das so bestimmte Verhältnis von Volk und Mythos steht der idealistischen Konzeption, wie sie von Hölderlin formuliert wurde, entgegen.

Ehe wir die Ideen ästhetisch d.h. mythologisch machen, haben sie für das Volk kein Interesse, und umgekehrt: ehe die Mythologie vernünftig ist muß sich der Philosoph ihrer schämen. So müssen endlich Aufgeklärte und Unaufgeklärte sich die Hand reichen, die Mythologie muß philosophisch wer-

---

[1] Kino 2 [1985], 345.
[2] Kino 2 [1985], 280.
[3] Kino 2 [1985], 279; kursiv im Original.

den, um das Volk vernünftig, und die Philosophie muß mythologisch werden, um die Philosophen sinnlicher zu machen.[1]

Geht es in diesem "Ältesten Systemprogramm des deutschen Idealismus" - wie der Hölderlinsche Entwurf auch bezeichnet wird - um eine Synthese, die keine neue Qualität erzeugt, sondern lediglich die gleichmäßige Verteilung der vorhandenen Qualitäten anstrebt, so geht es in der Erfindung des Volkes, in der Mythologie des Künftigen um die Produktion neuer Qualitäten. Um dieses Ziel zu erreichen, muß das Kino zum Ort der Agitation werden, und "die Agitation rührt nicht von einer Bewußtwerdung her, sondern daher, alles, das Volk und seine Herren und selbst die Kamera, *in Trance zu versetzen*, alles in die Verirrung zu treiben, um nicht allein die Grenzen zwischen den Gewalten zu verwischen, sondern auch die privaten Angelegenheiten ins Politische übergehen zu lassen"[2]. Überdeutlich zeigt sich die Tradition des Mai '68 und seiner Ziele, auf denen Deleuze insistiert: gegen den Idealismus, für den historischen Materialismus, gegen die unpolitische Kunst, für die Überführung des Politischen ins Private, anti-imperialistisch und für die Minderheiten. Daß die Künstler den Standpunkt der Arbeiterklasse vertreten sollten, widerspricht als möglicherweise anzuschließende Forderung dem anti-repräsentativen Impetus Deleuzes, seinem Verzicht auf die scheinbar orthodoxe Rabulistik des Klassenkampfs, wie auch seine Sicht der gesellschaftlichen Situation offensichtlich kein revolutionäres Subjekt, das die Arbeiterklasse ja u.a. sein sollte, ausmacht, sondern in einer Anverwandlung der Althusserschen Anekdote vom Subjekt, das erst angerufen werden muß, um sich als konkretes zu konstituieren[3], diese Anrufung in den Raum der Virtualität stellt. Doch, wie bereits angedeutet, findet sich neben dem minoritären und revolutionären auch ein politisches Kino der europäischen und amerikanischen Filmproduzenten: Die beiden genannten Arten des Kinos, die in der Ersten Welt erstellt werden und mittelbar politisch funktionieren, finden ihren Gegner innerhalb dieser Gesell-

---

[1] Hölderlin, Friedrich: Entwurf. [1795/96] In Ders.: Werke - Briefe - Dokumente. München 1977, 556-558; hier 558.
[2] Kino 2 [1985], 281f. (veränderte Übersetzung); kursiv im Original.
[3] Zur Illustration seiner These erzählt Althusser eine Straßenszene. Ein Polizist ruft in die Menge "He, Sie da!"; wer sich daraufhin dem Polizisten zuwendet, wird zum Gemeinten, subjektiviert. Vgl. Althusser, Louis: Ideologie und ideologische Staatsapparate. Hamburg/Westberlin 1977, 142f.

schaften in Gestalt der Information. Gegen die Information und die Informatik[1] formuliert Deleuze auch hier das Postulat, daß das Kino "die Übergänge von einer Ordnung zur anderen zu vermehren und die irreduziblen Unterschiede zu verstärken"[2] habe, mit anderen Worten "das Neue" ermöglichen solle.

Deleuzes Beschäftigung mit dem Kino reiht sich, wie die vorstehende Darstellung deutlich machen sollte, ein in sein mit den *Tausend Plateaus* beginnendes Projekt einer Geschichte der Wahrnehmung und knüpft an frühere Arbeiten sowohl im philosophiegeschichtlichen Bezugssystem wie in der politischen Intention an. Ebensowenig wie die Kinostudien in der Werkgeschichte Deleuzes eine Abseitsposition bezeichnen, stellen sie im philosophiegeschichtlichen Rahmen eine außergewöhnliche Thematik dar. Der Ausgangspunkt war ja bereits eine geisteswissenschaftliche Kontroverse, in die Bergson und Husserl auf ihre Weise eingegriffen hatten. Von Anfang an gingen die Philosophen ins Kino und schrieben darüber ob Ernst Bloch oder Alfred Bäumler, Georg Lukacs oder Konrad Lange. Doch diese Kinobesuche blieben fast folgenlos für die akademische Diskussion, die sich das Problem anders stellte, als Problem der Wahrnehmung und der Bewegung von Wahrnehmung, die nicht von den technischen Apparaten zu beantworten wäre. Seit dem zweiten Weltkrieg haben sich verschiedene Philosophen vergeblich bemüht, in Theorien der Imagination eine adäquate Theoretisierung derselben zu erarbeiten; entweder waren sie auf die Bewegung fixiert und unterdrückten das Bild[3] oder umgekehrt. Sartre beispielsweise analysiert in seiner Schrift über das Imaginäre[4] alle Arten von Bildern - abgesehen vom kinematographischen Bild; auch Merleau-Pontys "Phänomenologie der Wahrnehmung"[5] scheitert, weil der Autor zwar Interesse am Kino zeigt, jedoch nur um es den all-

---

[1] »Das Leben oder Überleben des Kinos ist abhängig von seinem inneren Kampf mit der Informatik.« (veränderte Übersetzung) Kino 2 [1985], 346.
[2] Kino 2 [1985], 357.
[3] Es lassen sich neuerdings auch Ansätze finden, in denen das Bild zwar in extenso thematisiert wird, allerdings nur zum Zwecke seiner Unterdrückung: Vgl. Flusser, Villem: Fernsehbild und politische Sphäre im Lichte der rumänischen Revolution. In Weibel 1990, 103-114..
[4] Sartre, Jean-Paul: L'imaginaire. Psychologie phénoménologique de l' imagination. Paris 1940
[5] Merleau-Ponty, Maurice: Phénoménologie de la perception. Paris 1945.

gemeinen Bedingungen der Wahrnehmung entgegenzusetzen. So bleibt das vor hundert Jahren einerseits in den philosophischen und andererseits in den kinematographischen Diskurs tretende Problem der Bewegung bis heute virulent. Bereits in den siebziger Jahren findet sich eine Reihe von eher medientheoretischen Schriften, die nicht mehr versuchen, im Kino ein philosophisches Problem zu lösen, sondern sich mit ideologie- oder zivilisationskritischem Impetus nach den Effekten der Filme oder eben Medien auf die gesellschaftliche Realität fragen[1]. Deleuze behält die philosophische Fragestellung bei und wendet sie deutlich ins Politische, da das eine von dem anderen ohnedies in der Praxis der Theorie nicht zu trennen ist.

Während sich die theoretischen Ausführungen Deleuzes explizit gegen die in Frankreich dominierenden Film-Theorien linguistischer oder psychoanalytischer Abkunft richten, bezieht der in den deutschen Sprachraum versetzte Text auf dem Feld philosophischer Auseinandersetzung mit den Medien beispielsweise Position gegen die von Norbert Bolz mit modischem Affirmationsgestus präsentierte *Theorie der neuen Medien*[2] und die nachgerade hegelianische Systematik in Friedrich Kittlers medientheoretischen Ausführungen[3], denen er einen hochgradig komplexen, explizit materialistischen[4] Ansatz einer Theorie des Kinos entgegenhält, der hierzulande gerade erst im Anfangsstadium der Diskussion steht.

Aber was hat ein Philosoph im Kino zu schaffen, mit dem Kino zu tun? Stellt sich nicht weniger die Frage "Was ist Kino, sondern: Was ist Philosophie?"[5]. Das Stellen dieser Frage weist voraus auf einen mehr als fünf Jahre später erschienenen Text von Deleuze, der diese

---

[1] Vgl. dazu expl. Virilio, Paul: Vitesse et politique. Paris 1977. Ders.: Esthetique de disparition. Paris 1980. Baudrillard, Jean: Pour une critique de l'économie politique du signe. Paris 1972, Ders.: Simulacres et simulation. Paris 1981. Lacan, Jacques: Télévision. Paris 1974 und vor allem Guattari, Félix: Le divan du pauvre. Communications 23/1975, 96-103. Für den zweiten Band bereits relevant: Virilio, Paul: Guerre et cinéma 1. Logistique de la perception. Paris 1984

[2] München 1990.

[3] Vgl. Kittler, Friedrich: Grammophon Film Typewriter. Berlin 1986.

[4] Vgl. Kino 1 [1983], 84f.

[5] Kino 2 [1985], 358.

Frage zum Titel erhebt[1], so daß die im französischen Original 1985 gegebene Antwort nur als vorläufige zu begreifen ist:

> Das Kino ist eine neue Praxis der Bilder und Zeichen, und es ist Sache der Philosophie, zu dieser Praxis die Theorie (im Sinne begrifflicher Praxis) zu liefern[2].

---

[1] Vgl. Ders./ Guattari, Félix: Qu'est-ce que la philosophie? Paris 1991.
[2] Kino 2 [1985], 358f.

# V. Enden (1986-1993)

Dieser Abschnitt weicht von der möglichen Gliederung in drei Perioden, die Robert Maggiori und François Ewald Deleuze in einem Gespräch vorschlugen[1], ab. Nach dem Tod Deleuzes, sechs Jahre nach dem Interview, sind seine Publikationen von 1986 bis 1993 klar übersehbar, und lassen sich systematisieren als Resümees der vorangegangen Perioden, als Abschluß- und Aufschlußarbeiten, die etwas klarstellen, damit es fortgesetzt werden kann. Für eine solche Annahme bedarf es nicht der Spekulation auf eine Todesahnung Deleuzes, denn 1987 emiritierte er und verließ die Universität Paris VIII, an der er achtundzwanzig Jahre lehrte. Das Ausscheiden aus der Lehrtätigkeit und die langwierige Krankheit mit ihren Beschwerlichkeiten begünstigten seinen Rückzug. Nach und nach sterben nahestehende Freunde: Foucault, Châtelet, Guattari. Vor diesem Hintergrund scheint es mehr als verständlich, daß eine Phase der Rückbesinnung, des Sammelns einsetzt, was nicht heißen soll, daß die letzten Texte Deleuzes allesamt retrograd bestimmt sind. Der Blick zurück verbindet sich immer wieder mit dem Ausblick, dem, was noch an Problemen oder Aufgaben offenstand und dessen Öffnung vielleicht nicht geschlossen, aber präzisiert wird.

---

[1] Vgl. Über die Philosophie [1988], 197.

# V.1 Philosophiegeschichte

*Nimm Dir einen Regelkreis, Tu Dich mitten rein,
Schnell erhältst Du den Beweis: Besser kann die
Welt nicht sein.*

*Freiwillige Selbstkontrolle*

1986, zwei Jahre nach dem Tod des Freundes setzt Deleuze Foucault ein Denkmal, dem er den Namen des langjährigen Weggefährten als Titel gibt. Zwei ältere Aufsätze[1] wurden überarbeitet, und mit einem umfangreichen neuen Text verbunden. In letztgenanntem entwirft Deleuze das Modell des Foucaultschen Denkens und Schaffens: Wissen, Macht, Subjektivierung. Da wir andernorts und mit Bezug auf Deleuze schon ausführlicher dieses Modell skizzierten und dazu Stellung genommen haben[2], soll der Text an dieser Stelle lediglich in seinem Bezug auf die Entwicklung des Deleuzesche Œuvres dargestellt werden.

Vor allem die sich um den Begriff der Subjektivierung lagernde Theorie der Faltung wirkt bedeutungsvoll - sowohl im Bezug auf die vorgängigen wie die nachfolgenden Schriften. Schon in der ersten Arbeit über Proust[3], wie auch der ersten Spinoza-Studie[4] waren Ansätze einer Theorie der Faltungen zu beobachten. Die Begriffe Explikation, Implikation und Komplikation formierten den Bereich des Denkens der Sprache und der aus oder in ihr zu schaffenden Erkenntnis. Gemünzt auf Foucaults Kritik der Innerlichkeit und sein dagegen gesetztes Denken des Außen heißt es:

Das Außen ist keine erstarrte Grenze, sondern eine bewegliche Materie, belebt von peristaltischen Bewegungen, von Falten und Faltungen, die ein In-

---

[1] Un nouvel archiviste, Michel Foucault. Critique 274/1970, 195-209. und Ecrivain non: un nouveau cartographe. Critique 343/1975, 1207-1227.
[2] Vgl. Jäger, Christian: Michel Foucault. Das Ungedachte denken. München 1994.
[3] Vgl. Proust und die Zeichen [1964], 38f.
[4] Vgl. insbesondere Spinoza und das Problem [1968], 156f. und 188f.

nen bilden: nicht etwas anderes als das Außen, sondern genau das Innen *des* Außen.[1]

Die Falte als Einkrümmung des Außen, die ein Innen konstituiert, entziffert Deleuze als Leitfigur des Foucaultschen Denkens. In den letzten Jahren seiner Arbeit befaßte sich Foucault bekanntlich verstärkt mit dem Problem der Subjektivierung innerhalb des Macht/ Wissen/Lust-Komplexes, den er seit 1976 zu theoretisieren suchte. Vier Formen von Faltung, durch die sich Subjektivierung vollziehe, macht Deleuze aus. In der Charakterisierung der Falten wird die Affinität zu vorgängigen Kategorien, wie der Sensation und der Diagrammatik, der minoritären Literatur und der Chromatik sowie dem Bewegungsbild und der Rhythmik deutlich.

> Die Falten sind ungemein variabel, sie besitzen zudem verschiedene Rhythmen, und ihre Variationen bilden irreduzible Weisen der Subjektivierung. Sie wirken "unterhalb der Codes und der Regeln" des Wissens und der Macht, auf die Gefahr hin, daß sie in ihrer Entfaltung mit ihnen zusammentreffen, jedoch nicht ohne daß andere Faltungen entstünden.[2]

Die Falte wirkt mithin als kontinuierliche Variation produktiv und singularisierend, so daß sich die Kategorie einreiht in die vor dem zitierten Passus aufgeführte *quantitative Stilistik*, die dem Subjektivitätsgedanken in dem Sinne angenähert wird, den er bei Foucault besitzt. Das Subjekt der Foucaultschen Spätschriften ist entgegen verbreiteter Lehrmeinung keineswegs als irgend befreites oder gar lebenskünstlerisches zu verstehen, sondern bezeichnet den tiefsten Punkt der möglichen Unterwerfung, nämlich derjenigen, die sich als solche gar nicht bemerkt[3]. Und so kann auch Deleuzes Falte der Subjektivierung nicht als Rückkehr vom poststrukturalistischen Irrweg auf den tugendhaften Pfad der Subjektphilosophie verstanden werden[4].

Doch die Falte beschränkt sich nicht allein auf den Kontext der Subjektivierung, sondern charakterisiert auch die Axiomatik der Fou-

---

[1] Foucault [1986], 134f.; kursiv im Original. Deleuze hat eine Skizze dieses Faltenwurfs angefertigt, vgl. a.a.O. 169.
[2] Foucault [1986], 147.
[3] Vgl. dazu ausführlicher Jäger, Christian: Michel Foucault. Das Ungedachte denken. München 1994, 152f.
[4] Vgl. Foucault [1986], 148f.

caultschen Philosophie. In Abgrenzung vom Heideggerschen *Dazwischen* und dem *Geflecht* oder *Chiasmus* Merleau-Pontys entdeckt Deleuze die *Falte des Seins*, als spezifischen Beitrag Foucaults zu der wünschenswerten Konversion: "die Phänomenologie in Epistemologie [zu] verwandeln"[1]. Konkreter bedeutet dies, daß neben die konstitutiven Bereiche des Wissens und der Macht eine dritte Gestalt, die Faltung des Seins tritt, die dem Außen ein koextensives Innen zugesellt. Man wird dann nicht allein vom Außen affiziert, sondern es gibt einen reflexiven Selbstbezug, der sich für Deleuze und Foucault im Kampf bzw. Leben singulärer Positionen manifestiert. Diese dritte Faltung erscheint nicht ohne geschichtlichen Grund:

> Welchen Mächten müssen wir uns entgegenstellen und welches sind unsere Widerstandskapazitäten, heute, da wir uns nicht damit begnügen können, zu sagen, daß die alten Kämpfe nicht mehr zählen? Und wohnen wir nicht der "Produktion einer neuen Subjektivität" bei, haben wir nicht daran teil? Finden nicht die Veränderungen des Kapitalismus ein unerwartetes Gegenüber im allmählichen Auftauchen eines neuen Selbst als Brennpunkt des Widerstands?[2]

Die Wendung im Denken Foucaults besaß einerseits eine theorieimmanente Dynamik, andererseits gibt es auch eine sozialgeschichtlich-politische Begründung für die Betrachtungen der Subjektivierungsformen im Foucaultschen Spätwerk. In einer umfänglichen Fußnote erläutert Deleuze den Zusammenhang und die Differenz der angeführten Fragestellungen mit dem Mai '68[3].

Es verbinden sich so auf mehreren Ebenen Rückblick und Ausblick: die Anfänge der Theorieformation *Poststrukturalismus* werden beleuchtet, die Kontinuität des anti-kapitalistischen Anspruchs wird aufrechterhalten, schließlich werden die theoretischen Innovationen in ihrer geschichtlichen Bedingtheit und Erfordernis geschildert. Deleuze formuliert innerhalb dieser Bewegungen noch die Öffnung auf die Zukunft hin:

---

[1] Foucault [1986], 153.
[2] Foucault [1986], 163.
[3] Vgl. Foucault [1986], 162 Anm. 46.

Das Denken denkt seine eigene Geschichte (Vergangenheit), jedoch um sich von dem zu befreien, was es denkt (Gegenwart), um schließlich "anders denken" zu können (Zukunft).[1]

Vielleicht ermöglicht diese geradezu maximenartige Aussage auch Rückschlüsse auf das Deleuzesche Denken dieser Zeit, das sich zweifelsohne um das Denken der Vergangenheit bemüht, doch bleibt fragwürdig, von welcher Gegenwart es sich zu befreien sucht, um welche Zukunft zu denken?

Eine Antwort besteht möglicherweise in den Drohungen, die Deleuze in der Medien- und Informationsgesellschaft ausmacht und die wir bereits in den Darlegungen der Kino-Studien anführten. Die wachsende Geschwätzigkeit, der scheinbare Verfall der Aussagen und Bilder in den Fluten, die die magischen Kanäle ausschütten, wird von Deleuze mit einer Strategie des Rückzuges beantwortet: immer weniger sagen, sich nicht oder nur wenig öffentlich äußern, auf dem Land leben oder in der Wohnung bleiben. Als er Ende der achtziger Jahre dann doch ins Fernsehen geht, gleich eine Serie von Beiträgen im Gespräch mit Claire Parnet produziert wird[2], sabotiert er die Erwartung, im Fernsehen könnte etwas anderes als Unterhaltung getrieben werden, indem er stets Sätze zurücknimmt, die er gerade sagte, sie einschränkt, relativiert oder gleich das Gegenteil behauptet. Sein Credo lautete offenbar: In die Öffentlichkeit gehen, erstens weil man sich ihr entziehen will, zweitens weil man nichts zu sagen hat. Die Kritik richtet sich nicht eigentlich gegen die Medien und ihre Technik selbst - was Deleuze von kulturkonservativen Medienkritikern unterscheidet -, sondern gegen ihre Funktion als leistungsfähigere Transmissionsriemen von Marktbedingungen. Marktförmigkeit für den schnellen Profit diktieren die neueren Medien (wie Video und Internet) seiner Ansicht nach umfassender und gründlicher als die dadurch affizierten älteren Medien (wie Buch und Kino). Gleichzeitig werden die neuen Maschinerien als Chancen aufgefaßt:

> Die verstreute Arbeit mußte sich in Maschinen der drittten Art, in kybernetischen oder informationellen Maschinen zusammenfassen. (...) Die Kräfte im

---

[1] Foucault [1986], 169.
[2] *L'abécédaire de Gilles Deleuze* war innerhalb des Magazins *Metropolis* auf dem deutsch-französischen Kulturkanal Arte zu sehen, und soll 1997 zumindest in Frankreich als käufliche Video-Kassette publiziert werden.

Menschen treten zu neuen Kräften des Außen in Beziehung, mit denen des Siliziums, (...) mit denen der genetischen Bauelemente, (...) mit denen der Agrammatikalitäten (...).Was ist der Übermensch? Er ist die Form der Zusammensetzung der Kräfte im Menschen mit diesen neuen Kräften. Der Mensch strebt danach, in sich selbst das Leben, die Arbeit und die Sprache zu befreien.[1]

Von der Gegenwart befreit, bewahrt das Denken der Zukunft einen utopischen Schein.

Deleuze jedoch ist noch Vergangenes aufgegeben. Nach dem letzten Freundschaftsdienst, den er Foucault mit seiner Monographie erweisen konnte, publiziert er 1988 seine Leibniz-Studie[2]. Nicht allein der Titel knüpft an die Arbeit über Foucault an, das Unternehmen selbst erinnert an die Schriften und Vorgehensweise Foucaults. Nie zuvor hat Deleuze so etwas wie die episteme einer geschichtlichen Formation erarbeitet, die philosophiehistorischen Arbeiten schrieben sich eher geistesgeschichtlichen Traditionen ein oder diese fort, als daß der Versuch unternommen worden wäre, die zentralen Denkfiguren einer bestimmten Epoche in einem umfassenderen, eher mentalitätsgeschichtlichen Sinn zu entwickeln. *Le pli* beschreibt nicht allein das Denken des Philosophen Leibniz, sondern gewinnt in der Auseinandersetzung mit dessen Theorie den Leitbegriff einer Formation, die Barock heißt: die Falte. Deleuzes Beschäftigung mit dem Philosophen, der am Anfang des Zeitalters der Aufklärung stand und bis zu dessen Ende einen festen Bezugspunkt, einen Fixstern im spärlich erleuchteten Kosmos der Denker bildete, reicht in die fünfziger Jahre zurück. Das Lektüreprotokoll *Instincts et Institutions* wies bereits Leibniz aus und schließlich steht er in der Habilitationsteilschrift über Spinoza diesem nahezu gleichberechtigt zur Seite. Auch *Differenz und Wiederholung* ist durch häufigen Bezug auf Leibniz ein Zeugnis dieser intensiven Beschäftigung. Dennoch ist es nie zu einer Monographie über diesen Autor gekommen, so daß Deleuze augenscheinlich im oben beschriebenen Sinn ein offengebliebenes Projekt vorgenommen hat, wenn er sich mit dem Barock, der Falte und Leibniz auseinandersetzt.

Das Barock besitzt die Falte als eine Art operativer Funktion, als ein Charakteristikum. Die Falte bezeichnet eigentlich zwei Falten oder

---

[1] Foucault [1986], 187f.
[2] Le pli. Leibniz et le baroque. Paris 1988

besser noch, die Falte zwischen zwei Falten: denjenigen der Materie und denjenigen der Seele. Die Frage ist, wo und wie sich diese Faltungen begegnen. In anderer Begrifflichkeit stellt sich mithin nicht mehr und nicht weniger als eine der Grundfragen der Philosophie: Wie ist das Verhältnis von Sein und Bewußtsein zu fassen?

Ein Philosoph antwortet, indem er zunächst den Begriff differenziert, die Möglichkeiten des Falten-Verständnisses darlegt, um dann die dominante Struktur zu finden, die möglichst präzise eine Vorstellung der Denkfigur Falte zu geben vermag.

> Das Einfachste wäre zu sagen, daß *entfalten* Vermehren, Wachsen ist und *falten* Vermindern, Reduzieren, "Rückkehr in die Tiefe einer Welt".[1]

Mit dieser Differenzierung ist der deterministische Kern der Faltenvorstellung angesprochen: Die Entfaltung entspricht einer Ausformung dessen, was im Keim angelegt ist, einer Ausprägung dessen, was der Art entscheidend zugehört. Die Faltung nimmt diesen Vorgang zurück, beschreibt das Vergehen eines Lebewesens oder eines Sachverhalts als Reduktion auf den Keim, auf den Anfang. Daher kann die Entfaltung als rigorose Präformation verstanden werden und meint dann eine Prägung, die der aristotelischen Entelechie entspricht. Sie kann jedoch auch begriffen werden als individuierende Realisation eines sehr abstrakten Prinzips, das keine genauen, detaillierten Vorgaben enthält, was die Gestaltung des Einzelwesens anbelangt. Die letztgenannte Vorstellung heißt Epigenese. Die Differenz von Präformismus und Epigenese läßt sich weiterführend präzisieren:

> Wenn man hier Ausdrücke Heideggers aufnehmen will, würde man sagen, daß die Falte der Epigenese die *Einfalt* oder die Differenzierung eines Undifferenzierten ist, daß aber die Falte der Präformation *Zwiefalt* ist, keine Zweifaltung, denn das ist jede Falte notwendigerweise, sondern eine "Zwiefaltung", ein "Zwischen-Zwei" in dem Sinn, daß sich die Differenz differenziert.[2]

Unverkennbar der Zusammenhang der Falten-Problematik mit dem Thema Differenz, das Deleuze als Denkaufgabe spätestens seit seiner

---

[1] Die Falte. Leibniz [1988], 20; Deleuze zitiert den Brief von Leibniz an Antoine Arnauld vom 30.04.1687.
[2] Die Falte. Leibniz [1988], 24.

frühen Bergson-Studie[1] umtreibt. Konkret band sich die Differenz immer an jenes Spannungsfeld von strömender Energie und statischer Struktur und so auch im Barock; hier ergibt sich gleichfalls ein Spannungsfeld für die Differenzierung:

> Der Schauplatz der Materien weicht dem der Geister oder Gottes. Im Barock steht die Seele mit dem Körper in einem komplexen Verhältnis. Auf immer untrennbar vom Körper, findet sie darin eine Animalität, die sie benommen macht und in die Faltungen der Materie verstrickt, aber auch eine organische oder zerebrale Humanität (...), die ihr erlaubt, sich zu erheben und die sie über alle anderen Falten aufsteigen läßt.[2]

Man mag sich nun fragen, wie dieser Schauplatz, der so zwischen oben und unten eingespannt ist, aussehen kann. Deleuze hat dem Text einige Zeichnungen oder Skizzen beigegeben. Zur Illustration des Schauplatzes dienen drei Figuren von Paul Klee, die dessen Auseinandersetzung mit dem Inflexionspunkt darlegen[3]. Dieser Punkt, eigentlich der Punkt der Berührung von Tangente und Kurve, befindet sich Klee zufolge in Bewegung und zeichnet in seiner Bewegung eine gekrümmte Linie nach, die sich an ihren Enden nach innen biegt, einmal nach unten, das andere Mal aufwärts. Zwischen Kurve und Gerade bildet der Inflexionspunkt einen Zwischenraum, Nicht-Identisches fällt in ihm zusammen, begegnet sich dort an einem Ort, der nicht klar zu bestimmen ist.

> So ist die Inflexion das reine Ereignis der Linie oder des Punktes, das Virtuelle, die Idealität par excellence.[4]

Die Kategorie der Inflexion ist nicht zuletzt für die Theorie der Subjektivität von Bedeutung, denn von der Inflexion her wird der Punkt bestimmt, an dem sich das Subjekt einstellt, um die Welt zu betrachten.

> Ausgehend von einem Ast der Inflexion bestimmen wir einen Punkt, (...) worin sich die Senkrechten der Tangenten in einem Zustand der Variation treffen. genaugenommen ist es kein Punkt, sondern ein Ort, eine Position, eine Lage, ein "Linienbrennpunkt", eine Linie aus Linien. Man nennt ihn *Gesichtspunkt*, insoweit er die Variation oder Inflexion repräsentiert. Das ist

---

[1] La conception de la différence chez Bergson. Etudes bergsoniennes IV/1956, 77-112.
[2] Die Falte. Leibniz [1988], 26.
[3] Vgl. Die Falte. Leibniz [1988], 30.
[4] Die Falte. Leibniz [1988], 30.

die Grundlage des Perspektivismus. Dieser bedeutet nicht eine Abhängigkeit in bezug auf ein vorausdefiniertes Subjekt: im Gegenteil wird Subjekt sein, was zum Gesichtspunkt kommt oder vielmehr, was im Gesichtspunkt verharrt.[1]

Diese Denkfigur erschien bereits in der ersten Prouststudie und wird nun einer Reihe von Autoren zugeschrieben, deren Einfluß auf Deleuze - auch hinsichtlich der unvertrauteren Namen - kaum zu unterschätzen ist: Leibniz, Nietzsche, die Brüder William und Henry James, und nicht zuletzt Whitehead[2]. Inhaltlich wendet sich das Subjekt, das sich im Gesichtspunkt einstellt, auf die Inflexion zurück. Insofern die Inflexion eine Virtualität darstellt, findet sie ihre Aktualität nämlich nur in der Seele, die hier gleichbedeutend mit Subjekt ist. Das Subjekt "Seele" umhüllt die Inflexion, insofern sie den Kreuzungspunkt der Linien einnimmt und damit fixiert. Eine singuläre Position ereignet sich, die das Vorhandensein des ihr Vorgängigen - dessen, was sie konstituiert - bestätigt und ihrerseits konstituiert.

Die doppelte Verwiesenheit des Anfangs, wo das Entstehen und die Existenz des einen nicht von der Existenz und Entstehung des anderen getrennt werden kann, ohne daß auszumachen wäre, welche Position logisch vorläufig ist, erscheint als eine der immer wiederkehrenden Denkfiguren innerhalb des Deleuzeschen Œuvres.

Auf diese Verwiesenheit von Inflexion und Subjekt, waren wir gestoßen im Zuge der Suche nach der Antwort, die Deleuzes Leibniz auf die Frage nach dem Verhältnis von Sein und Bewußtsein, Materie und Seele geben werde. In der Inflexion und der damit verknüpften Subjektivierung verbinden sich nun genau Materie und Seele - wenn auch nur in einem Vorgang, der nicht Identität herstellt, sondern Differenz ausweist. Vom Mittelpunkt der Inflexion heißt es, er sei im Körper, ein integraler Bestandteil der Materie. Zugleich aber heißt es von diesem Punkt er sei "die Projektion eines dritten Punktes in den Körper".

Das ist der *metaphysische Punkt*, die Seele oder das Subjekt, das, was den Gesichtspunkt besetzt, was sich in den Gesichtspunkt projiziert. Außerdem befindet sich die Seele nicht an einem Punkt im Körper, sondern an einem

---

[1] Die Falte. Leibniz [1988], 36.
[2] Vgl. Die Falte. Leibniz [1988], 37. Unseres Erachtens wäre eine Studie über die Affinitäten des Denkens von Deleuze und Whitehead besonders vielversprechend.

höheren Punkt von anderer Art, der mit dem Gesichtspunkt korrespondiert.[1]

So ist das Bewußtsein von der Materie stets etwas von dieser Unterschiedenes, das nichts desto trotz seinen materialen Grund besitzt, der ihm aber in zweiter Instanz nicht als solcher, sondern als Projektion erscheint. Aus der Perspektive der Materie ist hingegen die Seele ein Effekt, der ohne seine Ursache überhaupt nicht zu denken wäre und nur in seiner reflexiven Funktion wirklich ist. Ein Spiegelkabinett, in dem sich die Spiegel gegenseitig vervielfachen, und in dem sie selbst mit ihren Spiegelungen zusammenfallen, ohne daß ein Vorrecht der Bedeutung oder der Entstehung auszumachen wäre. Klar ist nur, daß keins ohne das andere existierte.

Für die Seele oder das Subjekt benutzt Deleuze noch einen dritten Begriff, den er von Leibniz übernimmt: die Monade. Bekanntlich ist die Monade dadurch charakterisiert, daß sie keinen Außenbezug kennt, sondern eine auf sich beschränkte Singularität darstellt. Deleuze beschreibt das zwangsläufige Korrelat dieses Innen ohne Außen als ein Äußeres ohne Inneres. Das Außen ist die Materie, das Andere und Innere die Monade oder Seele, und sie begegnen sich in einer Falte, ohne einander zu durchdringen:

> So kann zwar eine Falte durch das Lebendige verlaufen, aber nur zur Aufteilung von absoluter Innerlichkeit der Monade als metaphysischem Lebensprinzip und unendlicher Äußerlichkeit der Materie als dem physischen Gesetz der Phänomene. Zwei unendliche Gesamtheiten, von denen die eine die andere nicht erreicht.[2]

Die Unmöglichkeit der Vermischung von Innen und Außen perpetuiert aber auch die Falte ins Unendliche, endlos läßt sie sich an den Säumen der Monaden und Fassaden skizzieren, in diversen Ansätzen, Richtungen und Biegungen. Genau darin sieht Deleuze das Charakteristikum des Barock, in der grenzenlosen Freisetzung der Falte, die die notwendige Kopplung von Seele und Materie bereit stellt und gewährleistet. Die Falte ist eine göttliche Maschine, die die Welt zusammenhält und als Zusammenhang schafft.

---

[1] Die Falte. Leibniz [1988], 43; veränderte Übersetzung; kursiv im Original.
[2] Die Falte. Leibniz [1988], 51.

Denn die Inflexionslinie ist eine Virtualität, die sich unaufhörlich differenziert: sie aktualisiert sich in der Seele, aber sie realisiert sich in der Materie, beide je nach ihrer Seite.[1]

Doch die Falte ist nicht das Einzige, was Deleuze an Leibniz und dem Barock fasziniert. Darüber hinaus interessiert ihn dessen Transformation des philosophischen Begriffs, des Konzepts. Leibniz transformiert den von Descartes überkommenen, klassischen Begriff und damit zugleich die Philosophie[2].

> Zunächst ist das Konzept kein einfaches logisches Sein, sondern ein metaphysisches Sein; es ist keine Mehrzahl und keine Gesamtheit, sondern ein Individuum; es definiert sich nicht durch ein Attribut, sondern durch Prädikat-Ereignisse.[3]

Das Konzept singulär und ereignishaft zu denken, war bereits in der Spinoza-Studie und späterhin in der *Logik des Sinns*[4] ein Anliegen, doch wurde dort das Attribut noch betrachtet als die Transformation des Verbs, die die Bewegung in das Konzept übersetzte. Abweichend davon erscheint im Kunstausdruck der *Prädikat-Ereignisse* das Verb als in Opposition zum Attribut stehend, denn das Attribut wird von Leibniz/Deleuze aufgefaßt als Konzeption, die das Wesen [essence] und die Qualität einer Substanz oder eines Subjektes ausdrücken[5]. Beide insistieren dagegen auf dem singulär Ereignishaften der Substanz und des Subjekts, wozu es der Inklusion, der Einschließung bedarf, in dem Sinn, den wir im Kontext der wechselseitigen Verwiesenheit darlegten. Dahinter steht die nun schon vertraute Denkbewegung der Auflösung qualitativer in quantitative und schließlich intensive Begrifflichkeiten[6].

---

[1] Die Falte. Leibniz [1988], 62.
[2] Vgl. Die Falte. Leibniz [1988], 71f.
[3] Die Falte. Leibniz [1988], 72; Übersetzung verändert.
[4] Deleuze selbst verweist auf die dort u.a. behandelten Stoiker als Vorläufer Leibnizens; vgl. Die Falte. Leibniz [1988], 90f. Dort findet sich eine Genealogie der Logiken des Ereignisses, die bei den stoischen Philosophen einsetzt, der Leibniz folgt, um schließlich bei Whitehead eine dritte Entwicklungsstufe zu erreichen, die allerdings an dieser Stelle nicht ausgeführt wird; vgl. aber a.a.O. 126f.
[5] Vgl. Die Falte. Leibniz [1988], 89.
[6] »Es gibt nicht mehr Ganzes oder Teile, sondern Grade für jedes Merkmal. Ein Ton besitzt als interne Merkmale eine Intensität im eigentlichen Sinne:

Was Leibniz' Denkmodell jedoch darüber hinaus weiterführend auszeichnet, ist seine Bestimmung der Welt selbst als ein Ereignis. Allerdings ist dies nur möglich vor dem Hintergrund einer Vielzahl von Welten, die in den Monaden eingeschlossen sind bzw. sich aus diesen entwickeln.

> Die Welt ist ein Ereignis und muß - insofern als ein unkörperliches (= virtuelles) Prädikat - in jedem Subjekt als ein Grund eingeschlossen sein, aus dem jedes Subjekt die Verfahren [manières] zieht, die seinem Gesichtspunkt entsprechen.[1]

Die monadologischen Welten gestatten eine Denkweise der möglichen Welten, die sich von den vorgängigen Modellen unterscheidet. Lange Zeit war es ein Gemeinplatz, daß Gott zwischen verschiedenen möglichen Welten wählen konnte. Die Wahl einer bestimmten Welt war dann aber exklusiv, und schloß die zuvor möglichen Welten aus, da sie sich im Widerspruch zueinander befänden. Leibniz umgeht nun das Widerspruchsdenken und setzt dagegen ein Denken der Inkompossibilität. Die Welten sind gleichzeitig nicht möglich, weil sie aus divergenten Serien singulärer Ereignisse bestehen. Ein Element der Differenz reicht, um die gleichzeitige Existenz auszuschließen. Die Welt in der Adam sündigt, Cäsar den Rubikon überschreitet und Jesus die Welt erlöst, ist eine andere - wenn auch nicht im Widerspruch befindliche - als die Welt, in der Adam sündigt, Cäsar den Rubikon nicht überschreitet und Jesus die Welt erlöst. Alle Verläufe sind gleich möglich, haben jedoch unterschiedliche Realisierungspotenz. Gott hat in jedem Fall die Beste ausgewählt, und damit alle anderen als schlechtere ausgeschlossen, so daß es nachdem primären Ensemble möglicher Welten schließlich nur eine aktuale, apriori aber relative Welt gibt. Die Möglichkeit der anderen Welten bleibt also virtuell bestehen, während sie aktuell inkompossibel sind. Daraus folgt die Regel, "daß mögliche Welten nicht in die Existenz übergehen, wenn sie mit derjenigen inkompossibel sind, die Gott wählt"[2]. In der Wahl Gottes bleibt das Entscheidungskriterium undurchsichtig, so daß man nicht inhaltlich bestimmen kann, warum die existierende Welt die

---

eine Höhe, eine Dauer, ein Timbre; eine Farbe besitzt einen Ton, eine Sättigung, eine Kraft.« Die Falte. Leibniz [1988], 80f.; Übersetzung verändert.
[1] Die Falte. Leibniz [1988], 90; Übersetzung verändert.
[2] Die Falte. Leibniz [1988], 105.

Beste der möglichen sei, außer eben aus dem Grunde, daß Gott sie offensichtlich erwählt hat. Doch es ist nicht nur eine aktuale Welt neben der Vielzahl der virtuell möglichen, sondern eine Vielzahl von aktualen Welten entsprechend der Vielzahl der Monaden, in die je eine Welt eingeschlossen ist. Diese Mannigfaltigkeit von Welten erscheint schon disparat und unübersichtlich, gehen wir jedoch eine Darstellungsebene tiefer und fragen uns, woher die Mannigfaltigkeit der Monaden rührt, deren jede ein Ereignis einschließt. Fragen wir uns also grundsätzlich, "welches sind die Bedingungen eines Ereignisses, damit alles Ereignis werde?", so lautet die Antwort:

> Das Ereignis produziert sich in einem Chaos, in einer chaotischen Mannigfaltigkeit, vorausgesetzt, daß eine Art Sieb dazwischentritt. Das Chaos existiert nicht, es ist eine Abstraktion, da es von einem Sieb, das aus ihm etwas (eher etwas als nichts) herausläßt nicht getrennt werden kann.[1]

Das scheinbar Ungeordnete, das noch jedes Denken eines genealogischen Anfangs bei Deleuze charakterisierte, erfährt hier eine explizite Modifikation, die zuvor immer nur implizit geleistet wurde[2]. Nunmehr ist das anfänglich Diffuse schon eine Re-Projektion, die eigentlich untrennbar von der Aufzeichnungsfläche ist, die die Indizien lieferte, für die bestimmte Annahme des vorgängigen Zustandes. Um ein Beispiel zu geben, so sagt eine Suppe nichts über den vorherigen Zustand ihrer Bestandteile, sondern bezeichnet lediglich Ähnlichkeiten und Differenzen sowie die mögliche Kombinatorik der Ingredienzen. Es ist nichts über den Zustand des Gartens und die Entstehung der Pflanzen zu erschließen. Und die Verschiedenheiten und Entsprechungen erfahren wir erst, wenn die Siebe dazwischen treten, die uns Aufschluß über die Zusammensetzung geben: Nase, Augen, Mund. Die Suppe ergibt sich in relativer Bestimmtheit erst, wenn die analytischen Werkzeuge darauf angewendet werden, die die Suppe nun nicht objektivieren, sondern in Abhängigkeit von ihrer eigenen Beschaffenheit definieren - wie scharfsinnig sind die Geschmackswerkzeuge, welche Erfahrungen stecken in der Nase und wie konzentriert ist der Blick? Ob man eine Suppe kocht oder ißt, scheint für ihre Analyse unwesentlich; in jedem Fall nehmen wir zu wenig wahr. Eine Vielzahl von Wahrnehmungen entgeht uns, und erst wenn eine bestimmte Schwelle

---

[1] Die Falte. Leibniz [1988], 126.
[2] Vgl. exemplarisch im Abschnitt über den *Anti-Ödipus* III.3

überschritten ist, wird überhaupt etwas wahrgenommen, bzw. finden Handeln oder Wahrnehmen eine Form, an der oder in die sie sich fixieren.

> Die makroskopisch "gute Form" hängt immer von mikroskopischen Prozessen ab. [Denn/CJ] jedes Bewußtsein ist Schwelle. (...) Wenn man aber die Schwellen als Minima des Bewußtseins annimmt, sind die kleinen Perzeptionen jedesmal kleiner als das mögliche Minimum: unendlich kleine in diesem Sinn. *Ausgewählt werden in jeder Ordnung diejenigen, die in Differentialverhältnisse eintreten,* und so die Qualität produzieren, die sich an der Schwelle des betrachteten Bewußtseins erhebt (...).[1]

Wenn das, was wahrgenommen wird, nun aber die Abstraktion von einer Unzahl kleiner Perzeptionen ist, was nehmen wir dann wahr, wenn nicht die bloße Perzeption, die Halluzination eines Gegenstandes?[2] Zeigen dann die kleinen, nicht ins Bewußtsein vordringenden Perzeptionen etwas Materielles? Auch das nicht, denn wie oben zu sehen war, findet die Wahrnehmung in den Monaden statt, die ihre je-eigene Welt erzeugen, in die die ganze Welt gefaltet ist.

Offensichtlich gibt es aber Orientierungen, sind unsere Bewegungen nicht virtuell, sondern rufen Resonanzen hervor, erscheinen unwillkürlich Schmerz und Glück in der Monade. Es handelt sich Deleuzes Leibniz zufolge dabei um eine Analogie, insofern die kleinen Perzeptionen mikrokospischen Materieschwingungen ähneln. Die Wahrnehmung erkennt somit nicht einen Gegenstand, sondern materielle Schwingungen, genauer gesagt handelt es sich um ein im Realen gegründetes Verhältnis der Projektion; "der Schmerz oder die Farbe werden auf die Schwingungsebene der Materie projiziert"[3]. Die Bestimmung als Projektion auf die Materie verändert auch das gesamte Denken der Repräsentation von Außenwelt im Hirn: Die Materie erscheint uns in der bestimmten Weise durch die Fähigkeit der Wahrnehmung, nach der sich die Materie organisiert. Die Materie kann nur vom Menschen und seinen perzeptiven Möglichkeiten aus gedacht werden, folglich kann die Materie nur so gedacht werden, wie sie in die Wahrnehmung gerät. Sie gelangt ins menschliche Bewußtsein und Vorbewußtsein aber nur, wenn sie sich an dessen Fähigkeiten orientiert. Die

---

[1] Die Falte. Leibniz [1988], 144; Übersetzung verändert; kursiv im Original..
[2] Vgl. Die Falte. Leibniz [1988], 153.
[3] Die Falte. Leibniz [1988], 156.

Projektion entspricht in dieser Hinsicht eher einer Modulation der Materie, die aber auch nicht außerhalb des perzeptiven Potentials für das Denken vorhanden ist. Die Wahrnehmungsorgane senden insofern eine Art Leitstrahl, dem die Materie folgt, wenn sie erscheint.

Betrachten wir das, was wir gemeinhin als Materie bezeichnen, als das Anorganische, so ergibt sich für die Monadologie das Problem, daß etwas, was offensichtlich Bestandteil der Welt ist, sich nicht in Form einer Monade denken läßt, da es nicht als selbstwahrnehmende und selbstgenügsame Größe konzipiert werden kann. Alle organischen Lebensformen gestatten dies, selbst wenn es dabei erforderlich ist, eine Differenz zwischen menschlichen und tierischen sowie pflanzlichen Existenzformen anzunehmen. Neben den zwei Arten organischer Monaden muß jedoch eine dritte Monadenart angenommen werden, denn "die anorganischen Körper besitzen Kräfte, Monaden"[1].

> Es sind weder herrschende Monaden, noch beherrschte. Man könnte sie degenerierte nennen (...). Jede Monade ist innere Einheit, aber das, wovon sie die Einheit ist, liegt nicht zwingend innerhalb der Monade. (...) Die degenerierten Monaden sind Einheiten der äußeren Bewegung. Dieser äußerliche Charakter der Bewegung vermischt sich mit der Selbstbedingtheit der Körper und der Materiepartikel, als Beziehung zu einer Umgebung, Bestimmung von Ort zu Ort, mechanische Verbindung. Aber jede Bewegung, die sich einem Gesetz folgend unter der Wirkung eines bis zum Unendlichen äußeren Körpers erstellt, besitzt dabei nichtsdestotrotz eine innere Einheit, ohne die sie als Bewegung unbestimmbar und von der Ruhe ununterscheidbar wäre.[2]

Monade wird Nomade: die anorganische Materie gewinnt ihre Monaden-Gestalt aus und in der Bewegung als des dynamisch-energetischen Momentes, das die organische Materie als Totalität durchstreift und monadisch nur in der bestimmten Bewegung wird, die sie als Variation in eine organisch-materielle Variable trägt. Mit dieser Öffnung der Monadologie auf ein offen-dynamisches System hin schließen sich für die theoretische Konstruktion die Kreise, da Deleuze, die Leibnizschen Theoreme in seine Konzeption einer "Nomadologie"[3] überführt hat, in der die entscheidenden Momente *Werden, kontinuierliche Variation* oder *Bewegung* heißen.

---

[1] Die Falte. Leibniz [1988], 189.
[2] Ebd.; Übersetzung verändert.
[3] Vgl. Die Falte. Leibniz [1988], 226.

Am Ende dieser Transformation oder operativen Lektüre kann Deleuze leichthin schließen:

> Wir bleiben Leibnizianer, obwohl es nicht mehr die Akkorde sind, die unsere Welt oder unseren Text ausdrücken. Wir entdecken neue Weisen zu falten und neue Umschläge, doch wir bleiben Leibnizianer, weil es immer darum geht zu falten, zu entfalten, wieder zusammen zu falten.[1]

Wenn Leibniz Deleuzianer ist, fällt es nicht schwer, Leibnizianer zu bleiben, es fragt sich nur, wie sich die Akkorde zu unserem Text neuerdings verhalten. Welcher Text kann in welcher Musik erscheinen? Es sind Fragen jener verallgemeinerten Chromatik, die programmatisch in den *Mille Plateaux* skizziert wird.

Bisweilen antwortet der Leibnizianer Deleuze auf solche Fragen:

> Schließlich kann man mithilfe der Musik endlich die Einheit der beiden Wörter "historischer Materialismus" verstehen.[2]

Damit ist der Unter- oder Hintergrund benannt, auf oder vor dem sich die Chromatik errichten soll. Es geht stets um Politik, die sich durch alle Problemfelder des Deleuzeschen Denkens zieht; denn:

> Die Vernunft als Prozeß ist politisch. (...) Die Psychologie, oder vielmehr die einzig erträgliche Psychologie, ist eine Politik, da ich zu mir selbst immer den Bezug zum Menschen herzustellen habe. Es gibt keine Psychologie, sondern eine Politik des Selbst. Es gibt keine Metaphysik, sondern eine Politik des Seins. Keine Wissenschaft, sondern eine Politik der Materie, da dem Menschen selbst Materie auferlegt ist. (...) Zum Beispiel eine tönende Materie: die Tonleiter (...), sie ist ein Rationalisierungsprozeß, der darin besteht, zwischenmenschliche Beziehungen innerhalb dieser Materie herzustellen, dergestalt, daß sie ihre Macht aktualisiert und selbst menschlich wird. Marx analysierte in diesem Sinne die Sinnesorgane, um durch sie die Immanenz Mensch-Natur aufzuzeigen: das Ohr wird zum menschlichen Ohr, wenn das tönende Objekt musikalisch wird. Im mannigfaltigen Zusammenspiel der Rationalisierungsprozesse bilden sich das Werden oder die Aktivität des Menschen, die Praxis oder die Praxen.[3]

Die Gleichsetzung des Werdens mit der menschlichen Aktivität und der Metaphysik mit der Politik des Seins setzen die frühen Überlegungen Deleuzes zu Nietzsche, Bergson und dem Problemkreis der Onto-

---

[1] Die Falte. Leibniz [1988], 226; Übersetzung verändert.
[2] Perikles und Verdi [1988], 26.
[3] Perikles und Verdi [1988], 7f.

logie nachträglich in ein politisches Unternehmen, das - wie wir zeigten - zwar von Anfang an politische Implikate aufwies, aber durchaus problematisch und unklar in seiner Tendenz war. Die Politik war eher ein dunkler Nebenaspekt in den im zweiten Hauptabschnitt vorgestellten Schriften denn eine klare Linie. Deleuze perspektiviert hier nachträglich sein Schaffen und gelangt so auf die schlußendliche Frage nach dem Charakter und den Ergebnissen seiner bisherigen Arbeit. Schloß die Leibnizstudie schon an keine Problemstellung in der französischen Philosophie der achtziger Jahre an, was sich an der hauptsächlichen Referenz des Textes[1] und der Abkunft der Problematik aus den endsechziger Jahren erweist, so wurde Deleuze durch die Tode der Freunde Foucault und Châtelet augenscheinlich darauf verwiesen, daß die Philosophiegeschichte in die Gegenwart getreten ist - und er ein Bestandteil derselben geworden ist.

## V.2 Philosophie

*If you judge a book by the cover*
*then you judge the look by the lover,*
*I hope you soon recover.*

*ABC*

Deleuze endete mit der Leibniz-Studie seine monographischen Arbeiten zur Philosophiegeschichte, um sich daraufhin mit der eigenen Geschichte zu befassen, worauf er einerseits verwiesen wurde, wozu er andererseits durch die "Erledigung" des offen gebliebenen Leibnizproblems frei geworden war. Der erste Beitrag zur Selbstgeschichtsschreibung ist die 1990 vorgelegte Sammlung von Gesprächen und Briefen *Pourparlers*, die den Zeitraum von 1972 bis 1990 umfassen. Auffällig ist dabei zum einen, wie knapp der den siebziger Jahren zugestandene Raum gegenüber dem der achtziger ist, zum anderen die thematische Schwerpunktordnung, die als außerhalb der Werkge-

---

[1] Serres, Michel: Le système de Leibniz et ses modèles mathématiques. Paris 1968.

schichte stehend und den Abschluß bildend den Abschnitt Politik aufführt, so daß sich somit auch über diese Sammlung die Politik als Fluchtpunkt stellt. Doch nicht nur das Ende, auch den Anfang markiert eine Bestimmung der Philosophie in ihrem politischen Stellenwert:

> Religion, Staat, Kapitalismus, Wissenschaft, Recht, öffentliche Meinung und Fernsehen sind Mächte, aber nicht die Philosophie. (...) Da die Philosophie keine Macht ist, kann sie nicht in eine Schlacht mit den Mächten treten, führt statt dessen einen Krieg ohne Schlacht gegen sie, eine Guerilla.[1]

Das Bild der Guerilla ist - sofern man einem Gerücht glauben schenken mag - auch eine persönliche Reminiszenz an die siebziger Jahre, als Deleuze bei einer Musikgruppe mitgewirkt haben soll, die 1974 eine Langspielplatte mit dem Titel *electronic guerilla* einspielte - was seinerseits eine Überbietung des LP-Titels von T.Rex *electric warrior* darstellt. War Deleuze also auch praktisch ein Pop-Philosoph? Ist Guerilla in der Philosophie Pop-Politik? Noch 1981 zitiert er die amerikanische New Wave-Band Talking Heads: *I'm changing my shape, I feel like an accident*[2]. Innerhalb eines subkulturellen Kontextes fand Deleuze früher und umfassender Anerkennung als in den philosophischen Instituten der Bundesrepublik, so daß selbst ein Plattenlabel *Mille Plateaux* benannt wurde, das anläßlich des Todes von Deleuze eine Doppel-CD mit Beiträgen diverser Künstler edierte[3]. In diesen Kreisen wurden die subversiven und politischen Implikate des Denkens von Deleuze - und Guattari - immer hervorgehoben und geschätzt. Bezieht man den Standpunkt der Angemessenheit gegenüber einem Werk und den darin vorzufindenden Denkfiguren, so läuft diese Rezeption allerdings im politischen Verständnis schief, da sich der Gedanke der Subversion als anarchischer, spontaneistischer Einsatz auf einer Ebene diffuser Mikropolitik zwar mit dem stilistischen Gestus des *Anti-Ödipus* verbunden fühlen kann, jedoch die Permanenz und Insistenz, mit der bestimmte Problemstellungen immer wieder aufgegriffen werden und am Marxismus als politischer Grundorientierung ebenso wie am Historischen Materialismus als einem work in

---

[1] Unterhandlungen [1990], 7.
[2] Talking Heads: Crosseyed and painless; von der Lp: Remain in Light 1980. Das Zitat findet sich in Bacon [1981], 96.
[3] Various Artists: In memoriam Gilles Deleuze. 1996.

progress festgehalten wird, keine angemessene Berücksichtigung findet.

Vielleicht suchten Deleuze und Guattari auch, sich von derartig vereinseitigenden Verständnissen zu distanzieren, als sie sich zu Beginn der neunziger Jahre zu einer letzten Zusammenarbeit entschlossen. Um die Mitternachtsstunde treffen sich zwei greise Männer und stellen in altersweiser Abgeklärtheit die Frage:

> Was war das denn nun, was ich während meines ganzen Lebens gemacht habe?[1]

Für Deleuze/Guattari läßt sich das Problem beantworten, wenn man die Frage umformuliert und fragt "Was ist die Philosophie?"[2]. "Die Philosophie ist die Kunst, Konzepte [concepts] zu gestalten, zu erfinden, herzustellen"[3], lautet die einfache Antwort, die allerdings in ihrer Schlichtheit nicht genügt. Es gilt, "die Stunde, die Gelegenheit, die Umstände, die Landschaften und die Persönlichkeiten, die Bedingungen und die Unbekannten der Frage"[4] zu bestimmen.

Eine der ersten Unbekannten ist das Konzept selbst: *concept* - sonst eher als *Begriff* zu übersetzen und zu verstehen - wird den Autoren zufolge zusehends vom Marketing beansprucht. Konzepte unterstehen dem Produkt, das sie verkaufen sollen, sind warenorientiert und stellen Waren aus[5]. Gegen die produktgebundene Warenphilosophie setzen sie auf eine Philosophie der Produktion, der Kreation. Das Konzept wird in engen Zusammenhang mit dem Ereignis gestellt: es ist geschaffen und nicht gegeben[6] und wird schließlich sogar fast identisch mit dem Ereignis:

> Das Konzept sagt ein Ereignis, nicht die Essenz und nicht den Gegenstand. Es ist ein reines Ereignis, eine Haecceitas, eine Entität: das Ereignis des Anderen oder das Ereignis des Gesichts. (...) Das Konzept definiert sich durch die Untrennbarkeit einer begrenzten Anzahl von heterogenen Komponenten,

---

[1] Was ist Philosophie? [1991], 5.
[2] Qu'est-ce-que la philosophie? Paris 1991.
[3] Was ist Philosophie? [1991], 6; Übersetzung verändert.
[4] Was ist Philosophie? [1991], 6; Übersetzung verändert.
[5] Vgl. Was ist Philosophie? [1991], 15f.
[6] Vgl. Was ist Philosophie? [1991], 17.

die von einem Punkt im absoluten Überflug von unendlicher Geschwindigkeit überblickt werden.[1]

Dieser Punkt erinnert an den früheren Gesichts-, Sehe- oder Blickpunkt, den *point de vue*, an dem die Subjektivierung stattfand, sich das Erkenntnissubjekt einstellte. Nunmehr wird die Beweglichkeit dieses Subjekts thematisiert und ein Wechsel von Präzision - in der Beobachtung der Komponenten - und Diffusion - in der Überflieger-Perspektive - angedeutet. Die Konzepte und die Subjekte können - so betrachtet - nicht fixiert werden, harren der Erneuerung oder Korrektur. Sie sind eingespannt in einem Bereich, dessen Enden *Virtualität* und *Aktualität* heißen, und besitzen keinerlei Referenz. Folglich lassen sich Konzepte auch nicht nach ihrer Adäquanz zu irgendetwas messen, sondern prägen unterschiedliche Konsistenzen innerhalb des Spannungsfeldes aus, denen gemäß sie zu quantifizieren wären. Schließlich sind sie lediglich autoreferentiell, letztlich konstruktivistisch[2] - und innerhalb des Konstruktivismus wird gegen den Solipsismus des Konzepts das nötige Korrelat aufgeboten.

> Die Philosophie ist Konstruktivismus, und der Konstruktivismus besitzt zwei komplementäre Aspekte, die sich in ihrer Eigenart unterscheiden. Die Konzepte gleichen vielfältigen Wellen, die sich heben und senken, doch der Immanenzplan ist die einzige Welle, die sie aufrollt und sie abrollt.[3]

Wie ist nun das Verhältnis von Konzept und Immanenzplan beschaffen? Liegt tatsächlich der für die Bewegung zuständige, der relevante energetische Faktor bei dem Plan? Deleuze/Guattari bieten eine Reihe von Umschreibungen der Kategorien auf, wobei sie u.a. auch wieder auf das Gefüge [agencement] und die abstrakte Maschine zu sprechen kommen; beides Begriffe, die schon in *Mille Plateaux* entwickelt wurden. Dort vermittelte die abstrakte Maschine, die in bestimmter Weise als Hirn zu verstehen war, Immanenz- und Konsistenzplan, wobei erstgenannter die Wirklichkeit der Konzepte umfaßte, während der Konsistenzplan eine begriffslose Realität bezeichnete. Auch in dieser Schrift erscheint der Immanenzplan als das Ganze der Gesamtheit der Konzepte, denen aber eine eigene Beweglichkeit innerhalb dieses umfassenden Ganzen zugestanden wird. Sie sind die Ereignisse und

---

[1] Was ist Philosophie? [1991], 27f.; Übersetzung verändert.
[2] Vgl. Was ist Philosophie? [1991], 29.
[3] Was ist Philosophie? [1991], 42; Übersetzung verändert.

der Plan ist ihr Möglichkeitsgrund. Wäre also der Plan anders beschaffen, wären auch die Ereignisse andere.

> Der Immanenzplan, ist weder ein gedachtes noch ein denkbares Konzept, sondern ein Bild des Denkens, ein Bild, das sich ergibt, indem man Denken bezeichnet, Gebrauch vom Denken macht, sich im Denken orientiert.[1]

Den Möglichkeitsgrund des ereignishaften Denkens als Bild zu bezeichnen, verwundert, weil dadurch eine Vorstellung der Begrenztheit des Denkbaren nahegelegt wird, die an Lacans Begriff des Imaginären anschließt. Der zentrale Unterschied liegt in der zeitlichen Dimension, denn während das Imaginäre eine wirklich dem Denken vorgängige und dessen Möglichkeiten einschränkende Grundstruktur bietet, entsteht das Bild des Denkens historisch nach den Anfängen des Denkens, selbst wenn individualgeschichtlich immer schon ein Bild gegeben ist, das als Apriori wirkt. Dieses Bild sieht sich immer bedroht und konstituiert sich in der Auseinandersetzung mit unendlicher Bewegung oder der Bewegung des Unendlichen: dem Chaos. Dementsprechend erscheint der Immanenzplan als bestimmte Ordnungsform, die ein diffuses und anfängliches Chaos strukturiert. Unter dieser Voraussetzung gilt für die Konzepte, deren Eigenart ja darin besteht, Ereignisse auszulösen, daß ein Ereignis nicht der Einbruch des Irrationalen, des Chaos darstellt, sondern das Chaos ein Stück weiter zurückgedrängt wird. Das philosophische, konzeptuelle Ereignis innerhalb des Immanenzplans ließe sich daher zurecht als Aufklärung, als blitzlichtartige Erhellung des zuvor Undurchschaubaren bezeichnen. Um diesem auf die Spur zu kommen und zu entkommen, erstellen Philosophen "konzeptuelle Persönlichkeiten" [personnages conceptuels], wie das Ich des cartesischen Cogito[2], den Dionysos Nietzsches oder Platons Sokrates[3], aber auch "Der Kapitalist, Der Proletarier"[4] bei Marx. Von ästhetischen Gestalten unterscheiden sich die konzeptuellen Persönlichkeiten, insofern die einen ihr Vermögen aus dem Konzept ziehen, während die anderen aus dem Affekt ihr Vermögen beziehen. Außerdem operieren konzeptuelle Persönlichkeiten auf dem Immanenzplan als Bild des Gedanken-Seins [Pensée-Etre], und die ästheti-

---

[1] Was ist Philosophie? [1991], 44; Übersetzung verändert.
[2] Was ist Philosophie? [1991], 70.
[3] Vgl. zu beiden Was ist Philosophie? [1991], 73f.
[4] Was ist Philosophie? [1991], 78.

schen Gestalten agieren innerhalb eines Kompositionsplans, um ein Bild des Universums zu geben[1]. Die philosophischen Persönlichkeiten besitzen die Aufgabe, "Territorien, Vektoren der Deterritorialisierung und Prozesse der Reterritorialisierung in den am wenigsten signifikanten oder den wichtigsten Umständen wahrnehmbar zu machen"[2]. Damit sind drei Faktoren der Philosophie und drei Aktivitätsformen mit entsprechenden Dimensionen beisammen: Das Konzept als Ereignis, das eine Konsistenz schafft; der vorphilosophische Plan, der ein Bild des Denkens etabliert und damit die Immanenz errichtet; schließlich die konzeptuellen Persönlichkeiten, die die Philosophie erfinden und zum Leben erwecken muß, um eine Insistenz zu schaffen. Die Philosophie in ihrer Gesamtheit untersteht einem je-bestimmten Telos, sie ist in ihren verschiedenen Aktivitätsformen an bestimmte soziale Milieus gebunden. So läßt sich die Funktion oder Aufgabe der heutigen Philosophie bspw. folgendermaßen beschreiben:

> Die Philosophie treibt die relative Deterritorialisierung des Kapitals bis ins Absolute, sie läßt es auf den Immanenzplan übergehen als Bewegung des Unendlichen und unterdrückt es als innere Grenze, kehrt es gegen sich, um nach einer neuen Erde, einem neuen Volk zu rufen.[3]

Nahezu zwanzig Jahre zuvor ging es bereits im *Anti-Ödipus* um die Durchbrechung einer Art Schallmauer der Deterritorialisierung, wo dann jenes Territorium liegen sollte, auf dem die Revolution fruchtbar geworden wäre. Damals drängte der artifizielle, nicht-klinische Schizo dorthin, jetzt arbeitet der Philosoph daraufhin. Der Ort trägt den klassischen Namen Utopie und Deleuze/Guattari verweisen auf eine deutsche Philosophie-Tradition, indem sie diesen Begriff verwenden[4] und die Methode konzeptueller Arbeit als "Negative Dialektik"[5] bezeichnen. An dieser Stelle kann keine Untersuchung des Verhältnisses von Deleuze (und Guattari) zur Kritischen Theorie oder Frankfurter Schule und ihren Wegbereitern unternommen worden, doch entgegen der bspw. von Jürgen Habermas und Manfred Frank behaupteten Unver-

---

[1] Vgl. Was ist Philosophie? [1991], 74.
[2] Was ist Philosophie? [1991], 78; Übersetzung verändert.
[3] Was ist Philosophie? [1991], 114f.
[4] Vgl. Was ist Philosophie? [1991], 115. Für den Gebrauch des Begriffes Utopie verweisen sie auf Ernst Blochs *Prinzip Hoffnung*.
[5] Vgl. Adorno, Theodor W.: Negative Dialektik (Gesammelte Schriften Bd. 6). Frankfurt a.M. 1973

träglichkeit[1] scheinen sich gerade die Schriften der deutschen Denker, die Habermas und Frank meinen verteidigen zu müssen, sehr wohl mit dem aus Frankreich stammenden Denken zu vertragen, so daß sich voraussichtlich eine Renaissance von Autoren wie Adorno, Benjamin, Horkheimer oder vor allem Bloch initiieren ließe, sobald sie von Deleuze oder Foucault her noch einmal gelesen werden.

Die Philosophie schafft eine Utopie der Immanenz, in der es um das Hier und Jetzt der Revolution geht:

> Zu sagen die Revolution selbst sei eine Utopie der Immanenz, heißt nun aber nicht, sie sei damit ein Traum, etwas, das sich nicht verwirklicht oder nur verwirklicht, indem es Verrat an sich selbst begeht. Im Gegenteil, es bedeutet, die Revolution als Immanenzplan zu setzen, als unendliche Bewegung, als absoluten Überflug, aber nur insofern sich diese Züge mit dem verbinden, was es hier und jetzt an Realem im Kampf gegen den Kapitalismus gibt, und jedesmal neue Kämpfe lancieren, wenn der vorhergehende verraten worden ist. Die Rede von der Utopie bezeichnet gerade diese Verbindung der Philosophie oder des Konzepts mit der gegenwärtigen Umwelt: politische Philosophie (...).[2]

Dieser Definition gemäß bleiben nicht viele gegenwärtige Philosophien, die sich weiterhin als Philosophie bezeichnen dürften. Die politische Philosophie wird im zweiten Hauptteil in zwei umfangreicheren Abschnitten abgegrenzt von Wissenschaft und Kunst, die gleichfalls als Formen des Denkens mit der Funktion, das Chaos zu ordnen, begriffen werden.

Zunächst seien die Unterschiede zur Wissenschaft angegeben: Weist die Philosophie als genuinen Gegenstand die Konzepte auf, so arbeitet die Wissenschaft an Funktionen, oder besser gesagt, an den Elementen von Funktionen, sogenannten Funktiven. Aus dieser Differenzierung folgt auch ein differenter Umgang mit dem, was wir Chaos nannten. Suchte die Philosophie, im Virtuellen dem Chaos als unendlicher Geschwindigkeit eine Konsistenz zu geben und einen Immanenzplan zu erstellen, versucht die Wissenschaft hingegen, das Vir-

---

[1] Vgl. expl. Habermas, Jürgen: Der philosophische Diskurs der Moderne. Frankfurt a.M. 1988. und Frank, Manfred: Was ist Neostrukturalismus? Frankfurt a.M. 1983.
[2] Was ist Philosophie? [1991], 115f.; Übersetzung verändert.

tuelle zu aktualisieren, die Geschwindigkeit zu reduzieren, nach Möglichkeit anzuhalten und damit eine Referenz zu begründen[1].

Es gibt schließlich einen dritten großen Unterschied, der nicht mehr das jeweils Vorausgesetzte oder das Element als Konzept oder als Funktion betrifft, sondern die Äußerungsweise.[2]

Zunächst gibt es aber eine Reihe von Ähnlichkeiten zwischen der philosophischen und der wissenschaftlichen Äußerung: beide zehren von der Erfahrung, sind schöpferisch und besitzen Stile, die durch Eigennamen gekennzeichnet sind. Der eigentlich Unterschied, liegt im Bezeichneten, denn die wissenschaftlichen Eigennamen beziehen sich auf Referenzpläne oder Reihungen, während die Philosophennamen Konsistenzpläne oder Schichten bezeichnen. In beiden Plänen gibt es aber die definitorischen Leerstellen, das Nicht-Wissen, welches konstitutiv wirkt, insofern es dazu zwingt, das zu denken, was es nicht wissen läßt. Für die vorläufige Rede in den Gebieten des Nicht-Wissens hatten die Philosophen die konzeptuellen Persönlichkeiten entwickelt und die Wissenschaftler entwerfen partielle Beobachter: den Maxwellschen Dämon, Einsteins oder Heisenbergs Beobachter. Ein ideales Subjekt, das auf einen Punkt hin berechnet wird, der es zuläßt, bestimmte Aussagen über das Umfeld zu machen. Der partielle Beobachter weist - obgleich eine artifzielle, aus der Notwendigkeit gegebener Axiomatik geborene Gestalt - die den Naturwissenschaften zumeist abgesprochene Empfindsamkeit auf:

Schließlich *sind die partiellen Beobachter die spürbaren Perzeptionen oder Affektionen der Funktive selbst*. Sogar die geometrischen Figuren haben Affektionen und Wahrnehmungen (...), ohne die die einfachsten Probleme unverständlich blieben. Die partiellen Beobachter sind *Sensibilia*, die die Funktive verdoppeln. Anstatt sinnliche und wissensschaftliche Erkenntnis gegeneinanderzustellen, muß man diese Sensibilia freilegen, die die Koordinatensysteme bevölkern und der Wissenschaft eigentümlich sind.[3]

Bisher waren Empfindungen und Wahrnehmungen immer eher im Bereich der Ästhetik zu vermuten gewesen; daß sie nun im Dienst der

---

[1] Vgl. Was ist Philosophie? [1991], 135-146.
[2] Was ist Philosophie? [1991], 148; Übersetzung verändert.
[3] Was ist Philosophie? [1991], 153; kursiv im Original.

Wissenschaft stehen, wirft die Frage auf, womit dann noch die Kunst zu tun hat?

> Kunst bewahrt und es ist die einzige Sache der Welt, die sich selbst bewahrt. (...) Sie ist unabhängig vom Erschaffer, durch die Selbstsetzung des Geschaffenen, das sich in sich selbst bewahrt. Das, was sich bewahrt, die Sache oder das Kunstwerk, ist *ein Block von Sensationen, d.h. eine Zusammensetzung von Perzepten und Affekten.*[1]

Die konservierende Kunst bewahrt aufgrund ihrer Unabhängigkeit. Wie Deleuze/Guattari ausführen ist das Kunstwerk nicht allein vom Künstler, sondern auch vom Gegenstand und vom Rezipienten unabhängig. Damit sind alle Faktoren, die der Vergänglichkeit unterworfen sind - abgesehen vom Material, aus dem das Kunstwerk besteht[2] -, aus seiner Dauer ausgeschlossen, und das Kunstwerk kann so als Speicher eines Objektiven oder Objektivierbaren gedacht werden. Dies sind eben die Perzepte und Affekte.

> Die Perzepte sind keine Perzeptionen mehr, sie sind unabhängig vom Zustand derer, die sie erfahren. Die Affekte sind keine Empfindungen oder Affektionen mehr, sie übersteigen die Kräfte derer, die sie passieren.[3]

Vor allem sind Perzept und Affekt in der Kunst unmenschlich, sie tilgen den Menschen, um in die Dinge, die Sachverhalte, die dargestellt werden, einzutauchen und daraus ein neues, vom Menschen befreites und darin diesen befreiendes Kunstwerk zu schaffen. Der Mensch ist als Möglichkeit und Werden vollkommen im Kunstwerk, wenn er als Subjekt nicht mehr wahrnehmbar, weder zu sehen oder zu hören, noch zu spüren oder zu empfinden ist. Das deleuzianische Erhabene in der

---

[1] Was ist Philosophie? [1991], 191; Übersetzung verändert; kursiv im Original.

[2] Deleuze/Guattari insistieren innerhalb des Abschnitts mehrfach auf der Materialität eines Kunstwerks, wenngleich es eine zwar abhängige aber differente Zeitlichkeit ist, die das Verhältnis von Material und Kunstwerk bestimmt: »Selbst wenn das Material nur einige Sekunden dauerte, gebe es der Sensation das Vermögen zu existieren und sich in sich zu bewahren, *in der Ewigkeit, die zusammen mit dieser kurzen Dauer existiert*. So lange das Material dauert, gehört der Sensation in diesen Momenten ein Stück der Ewigkeit.« Was ist Philosophie? [1991], 195; Übersetzung verändert; kursiv im Original.

[3] Was ist Philosophie? [1991], 191.

Ästhetik ist der den Menschen überschreitende Mensch in seinen Entwicklungsmöglichkeiten.

> Die Affekte sind genau das nicht-menschliche Werden des Menschen, wie die Perzepte (die Stadt inbegriffen) die nicht-menschliche Landschaft der Natur sind.[1]

Um dies Werden zu gestalten, bedarf es eines bestimmten Umgangs mit den beiden Grundelementen der Kunst, wodurch sich die Definition der Kunst neuerlich verschiebt:

> Komposition, Komposition, das ist die einzige Definition von Kunst. Die Komposition ist ästhetisch und was nicht komponiert ist, ist kein Kunstwerk. Man darf dennoch die technische Komposition, die Arbeit des Materials, die häufig die Wissenschaft (Mathematik, Physik, Chemie, Anatomie) intervenieren läßt, nicht mit der ästhetischen Komposition vermischen, die die Arbeit der Sensation ist.[2]

Es ergibt sich so eine durchschaubare Systematik: dem Konzept der Philosophie entsprechen in der Wissenschaft das Funktiv und in der Kunst Affekt und Perzept, während dem Immanenzplan Referenz- und Kompositionsplan korrelieren. Hinzu kommen unterschiedliche Bezüge auf das Unendliche: Philosophie verdichtet das Unendliche, die Wissenschaft aktualisiert es im Endlichen und die Kunst schließlich durchquert das Endliche, um es wieder auf das Unendliche hin zu öffnen[3]. Das Einigende der "drei großen Formen des Denkens"[4] besteht darin, daß sie alle drei gegen das Chaos stehen und - wenn auch auf unterschiedliche Weise - Pläne aufzeichnen und über das Chaos legen. In ihrem Kampf gegen das Chaos ergeben sich Berührungspunkte, Grenzbereiche. Es gibt Begegnungen und Umschläge in einem Wechselspiel der Dominanzen, ohne daß im eigentlichen Sinn eine Vermischung eintritt, die die grundlegenden Unterschiede aufhebt.

> Jedes auf einem Plan geschaffene Element ruft andere, heterogene Elemente auf, die auf anderen Plänen zu schaffen aufgegeben bleibt: das Denken als Heterogenese. Es ist wahr, daß diese Kulminationspunkte zwei extreme Gefahren mit sich bringen: Entweder führen sie uns zu der Meinung zurück,

---

[1] Was ist Philosophie? [1991], 199; Übersetzung verändert; kursiv im Original.
[2] Was ist Philosophie? [1991], 228.
[3] Vgl. Was ist Philosophie? [1991], 234.
[4] Ebd.

der wir entkommen wollten, oder aber sie stürzen uns in das Chaos, das wir attackieren wollten.[1]

Im Kampf gegen das Chaos werden die Denkformen jedoch von diesem affiziert, werden "chaoid". Trotz dieser Affektion werden Kunst, Philosophie und Wissenschaft im Hirn gebündelt, tragen in das Denken einen Abgrund und schaffen das Subjekt, das sich darüber erhebt; sie "sind nicht die mentalen Objekte eines objektivierten Hirns, sondern stellen die drei Aspekte dar, unter welchen das Hirn Subjekt wird"[2]. Das so gefaßte Subjekt ist also nicht mehr nur Cogito, sondern als Kunst auch sinnlich Wahrnehmendes[3]. Es ist darüber hinaus ein mobiles Subjekt, im Überflug befindlich, das sich gemäß den Verhältnissen der drei Pläne und der ihnen zugehörigen Kategorien verändert und so stets neu zu bestimmen ist. Diesen dunklen Grund, den das Denken mit sich trägt, gilt es zu bedenken, wenn "die Kunst uns gestalten, uns wachrufen, uns lehren soll wahrzunehmen (...), die Philosophie uns das Begreifen und die Wissenschaft das Erkennen lehren soll"[4].

Schließlich ist die Antwort auf die eingangs gestellte Frage »Was war das denn nun, was ich während meines ganzen Lebens gemacht habe?«[5] ein Programm, ein Plan: vom Chaos zum Hirn. Mit dieser Programmatik entledigen sich Deleuze/Guattari endgültig jener Kritiker, die sie des Irrationalismus verdächtigten und stellen sich in eine Tradition, die wohl nur als "Aufklärung" zu bezeichnen ist. Eine Aufklärung, die sich ihrer Schattenseite durchaus bewußt ist und die Erinnerung an ihre abgründige Abkunft aufrechterhält, ja sie sogar immer neu wiederholen muß, um die Pädagogik der Denkformen möglich zu machen[6].

Derartige Pädagogiken sind nur möglich, wenn jede der Disziplinen für sich selbst in einem grundlegenden Bezug zu dem Nicht steht, das sie betrifft. (...) *Die Philosophie bedarf der Nicht-Philosophie, die sie versteht, sie bedarf eines nicht-philosophischen Verständnisses, so wie die Kunst der*

---

[1] Was ist Philosophie? [1991], 237; Übersetzung verändert.
[2] Was ist Philosophie? [1991], 250.
[3] Vgl. Was ist Philosophie? [1991], 251.
[4] Was ist Philosophie? [1991], 260; Übersetzung verändert.
[5] Was ist Philosophie? [1991], 5.
[6] Vgl. Was ist Philosophie? [1991], 260.

*Nicht-Kunst bedarf und die Wissenschaft der Nicht-Wissenschaft.* Sie bedürfen dessen weder als Beginn, noch als eines Endes, in dem sie aufgerufen wären bei der Verwirklichung zu verschwinden, sondern in jedem Moment ihres Werdens oder ihrer Entwicklung.[1]

Auf diese Weise ist "Qu'est-ce que la philosophie?" doch noch eine Art Lehr-Buch geworden, das an der allgemein gefaßten Frage eine bestimmte Philosophie in ihrer Entwicklung vorführt und erläutert. Eine Philosophie, die selbst in das Chaos taucht und dort einen Schatten aufspürt, "den Schatten eines »kommenden Volkes«, das von der Kunst, aber auch von der Philosophie und der Wisenschaft gerufen wird: Volks-Masse, Volks-Welt, Volks-Hirn, Volks-Chaos."[2] Dieser Schatten wird nicht aufhören, sich über die verschiedenen Denkformen zu legen, und sie zu begleiten - worin ein Gutteil Hoffnung liegt.

Offensichtlich geht es mit der Bestimmung dessen, was Philosophie ist, nicht nur um Selbsterklärung, sondern wie die eingangs angeführte konfrontative Stellung gegenüber den Marketing-Agenturen und ihren Konzepten zeigt, wird die Philosophie insgesamt als bedroht wahrgenommen. Es sind nicht nur die Kräfte von außen, die die Rede der Philosophen entwertet haben, es waren auch die Philosophen selbst, die sich von ihrer Aufgabe und der damit verbundenen Position entfernt haben. Deleuze/Guattari sprechen damit insbesondere die französische intellektuelle Landschaft an, in der das Wort der Denker, die im Zentrum des zentralistischen Landes sprechen, eine traditionell höhere Wertschätzung erfuhr, als dies in den föderal organisierten Akademien und Universitäten, in der Vielzahl der Gelehrtenrepublikchen Deutschlands der Fall war und ist. In viel stärkerem Maße als hierzulande wird dort von Seiten der Intellektuellen und zwar insonderheit der Philosophen Einfluß auf die öffentliche Meinung genommen. Das Problem in Frankreich liegt nun weniger darin, daß die Philosophen ihr kreatives Potential verloren hätten und keine Konzepte mehr zur Verfügung stellten, vielmehr liegt es zum einen an der in den achtziger Jahren auch verwaltungstechnisch einsetzenden Dezentralisierung, die auf vorgängige Formen der lokalen und regionalen Selbstorganisation reagiert, zum anderen an dem Gehalt der Konzepte, die sich nicht mehr als Entwurf eines Plans gegen das Chaos verstehen

---

[1] Ebd.; kursiv im Original.
[2] Was ist Philosophie? [1991], 260; Übersetzung verändert.

lassen, und zugleich die politisch-progressive Perspektive aufgegeben haben. Deleuze/Guattari reagieren mithin auf eine Krisensituation und stehen damit auch nicht allein: eine Reihe von Autoren sucht nach den Jahren der Kritik und Selbstkritik mindestens zu Erklärungen des Bedeutungsverlustes der Philosophie, wenn nicht gar zu neuen positiven Bestimmungen politischen Denkens zu gelangen; um nur einige Beispiele zu nennen: Jean-Luc Nancy, Alain Badiou oder wenig später Jacques Rancière[1]. Deleuze/Guattari setzen in der Reihe der Erklärungs- und Bestimmungsversuche einen deutlichen politischen Akzent, der offensichtlich zu bewahren sucht, was ihnen am Mai '68 oder - anders gesagt - an einer am Marxismus als politischer Theorie orientierten Philosophie bewahrenswert erscheint. Da der Marxismus in dem Text sehr im Hintergrund liegt und auch die diesbezüglichen Interviews nur die Tendenz und nicht den Gehalt verdeutlichen, scheint es in der Tat wahrscheinlich, daß die letzten Studien Deleuzes Marx galten. Zuvor oder nebenbei befaßte er sich jedoch wiederum mit der Literatur, jener Form der Kunst, die für seine Philosophie am häufigsten der Ort der Nicht-Philosophie gewesen ist, von dem aus die Philosophie werden konnte.

## V.3 Wahrnehmung

*Ein Prozent will weiter, weiter irgendwie,*
*Doch alle Straßen zu; die Bars, die Bars und du.*
*Tu mich auf ein Photo, stell es vor dich hin!*
*Was du von mir siehst, ist der Abzug, der ich bin.*
*Es lebe die Sowjetunion! Nieder mit dem Zar!*
Kiev Stingl

Neben Artaud, Proust und Carroll, nächst D.H.Lawrence, Henry Miller und Sacher-Masoch, nahe Kafka, Henry James und Melville stand

---

[1] Nancy, Jean-Luc: L'oubli de la philosophie. Paris 1986; Badiou, Alain: Manifeste pour la philosophie. Paris 1989; Rancière, Jacques: Les noms de l'histoire. Essai des poétique du savoir. Paris 1992

im Schreiben Deleuzes und für das Schreiben als Akt der Subtraktion, des n-1, das die kontinuierliche Variation ermöglicht: Samuel Beckett. In einem seiner letzten Aufsätze befaßt sich Deleuze, nachdem Beckett bspw. im *Anti-Ödipus* als einer der literarischen Kronzeugen fungierte, wiederum eingehender mit dessen Texten, genauer: mit einer Folge von Stücken für das Fernsehen[1]. Der Text Deleuzes läßt sich minutiös auf den schmalen Textcorpus Becketts ein, wird im Stil geradezu mimetisch, und vielleicht ist Deleuze seinem Stilideal, wie es in *Tausend Plateaus* artikuliert wird, nie so nahe gekommen wie in diesem Essay mit dem Titel "Erschöpft".

Erschöpft-Sein wird zunächst abgegrenzt von der Müdigkeit, von der Ermüdung. Zentral für diese definitorische Unterscheidung ist der Bezug auf die Möglichkeit, deren Realisation und ihre Ermöglichung. Während Müdigkeit den Statusquo eines Ausschnittes realisierter Möglichkeiten bezeichnet, steht die Erschöpfung für die vollkommene Erschließung eines Möglichkeitsbereiches. Die Müdigkeit gibt sich mit einer beschränkten Realisation zufrieden und verfährt so im Realisieren exklusiv: bestimmte Möglichkeiten werden qua Realisation ausgeschlossen

> Ganz anders verhält es sich mit der Erschöpfung: man kombiniert das Ensemble von Variablen einer Situation unter der Bedingung, jede Ordnung nach Vorlieben, jede zielgerichtete Organisation und jede Signifikation aufzugeben.[2]

Mit den inklusiven Disjunktionen (Tag *und* Nacht, schwarz *und* weiß) zieht eine Kombinatorik in den Möglichkeitsbereich, einer Arithmetik des Möglichen wird der Platz bereitet. Das philosophische Fundament einer solchen Erschließung des Möglichen liegt in der Annahme, daß das Existierende vom Ereignis unterschieden ist, insofern die Existenz das Sein der Möglichkeiten des Seienden umschließt, während das Ereignis das Werden des Seienden und damit einhergehend die Negation der Möglichkeiten beschreibt[3]. Das Ereignis hat nur als Mögli-

---

[1] *L'Épuisé* in Samuel Beckett: *Quad et autres pièces pour la télévision*. Paris 1992, 55-106.
[2] Erschöpft [1992], 53; Übersetzung verändert.
[3] »Es reicht vollkommen, von einem Ereignis zu sagen, daß es möglich ist, denn es tritt nicht ein, ohne sich mit etwas anderem zu vermischen, und das

ches Existenz. Aufgrund dieser Vorannahmen ist im folgenden die Rede von der Kombinatorik als "die Kunst oder die Wissenschaft, das Mögliche durch inklusive Disjunktionen zu erschöpfen"[1]. Einer der wesentlichen Beiträge, die Beckett zu dieser Kunst beisteuert, dessen Werk durchzogen ist von Exempeln derselben, besteht in dem Hinweis, daß es eines Erschöpften bedarf, um erschöpfen zu können. Die Gestalten der Stücke, Romane, Erzählungen führen die Physiologie in die Logik der Erschöpfung ein. Erschöpft wird nicht nur ein Möglichkeitsbereich als Objekt, auch das erschöpfende Subjekt erschöpft sich, respektive erschöpft, weil es erschöpft ist. Dies passiert, weil die Voraussetzung des Erschöpfens in einem gewissen Desinteresse besteht. Das Subjekt der Erschöpfung kennt weder Bedürfnis noch Vorliebe, zielt nicht auf Zweck oder Bedeutung[2]. Nachdem so die Körperlichkeit mit der Logik zusammengeführt worden ist, die Haltungen, Gesten, Positionen der Figuren Becketts zu Konkretionen eines Abstrakten geworden sind und sich diese Perspektiven in der Unterscheidung des sitzenden und des liegenden Werkes begegneten[3], thematisiert Deleuze die Möglichkeiten der Sprache hinsichtlich der Kombinatorik.

Ausgehend von der Annahme, daß die Sprache das Mögliche benennt, stellt sich die Frage, wie sich in der Sprache das Mögliche erschöpfen läßt.

> Jedesmal, wenn die Kombinatorik danach strebt, das Mögliche mit Worten zu erschöpfen, gilt es, eine Metasprache einzurichten. Eine ganz besondere Sprache, deren Objektbeziehungen mit den Wortbeziehungen identisch wären, und demzufolge die Worte nicht mehr das Mögliche einer Verwirklichung vorschlagen, sondern selbst dem Möglichen eine Wirklichkeit geben, die diesem angemessen ist, präzise erschöpfbar.[4]

Diese Sprache, als eine Sprache der Namen, bezeichnet die erste der erforderlichen Metasprachen; ihre grundlegende Identität oder Isomorphie erstellt sie über die Selbstreferentialität der Aufzählung. In der Aufzählung werden die syntaktischen Konjunktionen aufgegeben zugunsten einer disjunktiven Serialität, die kein Objekt mehr außer sich

---

Wirkliche, um das es ihm geht, zu beseitigen. Es besitzt keinerlei Existenz außer der möglichen.« Ebd.
[1] Erschöpft [1992], 55.
[2] Vgl. ebd.
[3] Vgl. Erschöpft [1992], 57-59.
[4] Erschöpft [1992], 60; Übersetzung verändert.

hat. Doch hat diese Sprache immer noch sich als Objekt, ihre Worte, die für sich stehen, und die es auch zu erschöpfen gilt: Wo sind die Grenzen der möglichen Wörter? Diese Fragen zu beantworten, braucht es eine zweite Metasprache. Die Sprache II überführt die Atomistik der Worte in den Strom der Stimmen. Die Worte an den Sprecher zu binden, stellt den Ausweg dar, mit dem die linguistische Mathematik zum Schweigen gebracht werden kann: Die Stille der Stimmen setzt den Wörtern eine Grenze. Problematisch an der Grenze ist die Bestimmung des Charakters dieses Schweigens. Zeigt es die Ermüdung an? Ergibt es sich aus der und in die Erschöpfung? Die Möglichkeit der Wahrheit der Stille als Erschöpfung ergibt sich erst auf dem Niveau einer dritten Sprache. Diese Sprache löst sich von den Worten und den Personen, die sie sprechen, und bezieht sich stattdessen auf die immanenten und beweglichen Grenzen in den Worten und ihren Stimmen. An den Grenzpunkten, Rissen oder Brüchen hält etwas Einzug, das andere Qualitäten besitzt als die der Schrift im strengen Sinn.

> Etwas Gesehenes oder Gehörtes nennt sich Bild, optisches oder klangliches, unter der Bedingung, daß es sich von den Ketten befreit, worin die beiden anderen es hielten.[1]

Befreite Bilder stehen für das Jenseits der Worte, sind rein und unbefleckt, haben nichts mehr mit den persönlichen Erinnerungen zu tun, sind trans-verbal. Deleuze kehrt mit den Bildern als Sprache III zu jener Essenz, die der Sehe- oder Blickpunkt zu schauen freigab, zu seiner Proust-Studie und deren Entdeckungen ebenso zurück wie zu den Überlegungen über Malerei. Dieser innertheoretische Rekurs geht einher mit jener Umkehr konventioneller Sprachtheorie oder banaler Dialektik, die von der lebendigen Anschauung oder den Imagines des Realen über das Subjekt der Aussage zu den Worten als Essenz, als theoretischem Grund der Welt-Anschauung gelangt. Den selbstverständlichen Idealismus auf die Füße stellen: das sprachliche In-der-Welt-sein der Subjekte als Erschöpfung. Keine Worte mehr, keine Stimmen mehr, ein sprach- und subjektloser Zustand, den man Kontemplation nennen kann. Kontemplieren, meint hier aber nicht das selbstgefällige Betrachten einer exklusiven Transzendenz, sondern den Eingang in einen Prozeß.

---

[1] Erschöpft [1992], 64f.; Übersetzung verändert.

> Das Bild ist kein Objekt, sondern ein "Prozeß". Man kennt nie das Vermögen solcher Bilder, so simpel sie auch aus der Perspektive des Objektes sein mögen.[1]

Die Bilder bezeichnen einen Status der Unbestimmtheit, der frei ist von Persönlichem und ganz dem Rationalen zugehört. Es ist der Wende- und Werdepunkt der Sprache, von dem aus neue Kombinationen und Funktionen möglich sind. Die Erschöpfung schafft im Ausschöpfen der hypothetischen Möglichkeiten eine Voraussetzung der Realisationen, die noch nicht da waren.

Die Sprachen von I bis III entwickeln sich bei Beckett in Abhängigkeit von bestimmten medialen Kontexten. Sprache I gehört dem Roman zu und wird in *Watt* auf die Spitze getrieben. Die zweite Sprache hingegen quert Roman und Theater, um in den Texten für das Radio ihren Höhepunkt zu finden. Schließlich findet Sprache III zu ihrer Perfektion ausgehend vom Roman über das Theater im Fernsehen: "eine vorab aufgezeichnete Stimme für ein Bild, das jedesmal im Begriff ist, Gestalt anzunehmen"[2]. Diese differierende Medialität hinsichtlich der formalen Entwicklung legt nahe, daß die Bilder nicht bloß Bilder sind im Gegensatz zu den Wörtern und Stimmen. Darüber hinaus eröffnen sie den Raum [l'espace], einen Raum der ebenso wie das Unbestimmte des Bildes völlig affektlos, aber determiniert ist, hier eben geometrisch. Der Raum ist einer der Möglichkeitsgründe des Ereignisses, er räumt ihnen einen bestimmten Platz ein, weist ihnen Orte zu. Beckett erschöpft in den reinen Ordnungen seiner Räume, in den Wegen von A nach B, in den unmotivierten, abzuschreitenden und einzunehmenden Positionen die Potentialität des Raumes außerhalb der Wörter und Stimmen. Was aber unterscheidet die Erschöpfung durch Bilder von der durch Räume?

> Das, was zählt im Bild, ist nicht der armselige Inhalt, sondern die verrückte, eingefangene und zum Bersten bereite Energie, welche dazu führt, daß die Bilder niemals lange währen. Sie vermischen sich mit der Detonation, der Verbrennung, der Zerstreuung ihrer verdichteten Energie.[3]

Die Bilder sind also dem Momentanen verhaftet, blitzen lediglich ekliptisch auf und besitzen eine bloß ephemere Existenz. Was in der

---

[1] Erschöpft [1992], 67.
[2] Erschöpft [1992], 69; Übersetzung verändert.
[3] Erschöpft [1992], 71; Übersetzung verändert.

Zeit für das Bild gilt, gilt in gewisser Hinsicht auch für den Raum, allerdings in seiner Räumlichkeit: er reduziert sich auf extrem verengte Orte und findet darin seine Grenze, es ist dasselbe Schwarz, das sich in dieser Verdichtung ergibt, wie das der verbrannten Bilder[1].

Es gibt also insgesamt drei Sprachen mit vier Formen, das Mögliche zu erschöpfen:

- erschöpfende Serien der Sachverhalte bilden,
- den Strom der Stimmen erschöpfen,
- die Möglichkeiten des Raumes entkräften,
- das Vermögen des Bildes zerstreuen.[2]

Die beiden letztgenannten Erschöpfungsweisen gehören der Sprache III zu und unterhalten einen Bezug zur Sprache [langage]. Sie intervenieren aber an den Bruchstellen der Stimmen und Wörter und zwingen die Redeweisen [paroles] dazu, Bild, Bewegung, Lied oder Gedicht zu werden[3].

Was so auf einer allgemeineren Ebene als theoretisches Modell in Bezugnahmen auf das Beckettsche Gesamtwerk entwickelt wurde, wird im zweiten Teil der Studie anhand der Fernsehstücke *Quad*, *Trio du Fantôme*, *... que nuages ...* und *Nacht und Träume* in detaillierter Analyse konkretisiert, in praxi vorgeführt. Die Applikation des anhand des Beckettschen Schreibens entwickelten Modells auf diese Texte präsentiert dann zum einen die Gültigkeit des Modells, zum anderen zieht es aus den Bestimmungen der singulären Fälle Modifikationen, die seine Leistungsfähigkeit verdeutlichen. Das Erschöpfte als das Thema Becketts ist nicht ohne weiteres zu erschöpfen, denn was hier im Gegensatz zu den Frühschriften fehlt, ist die Ableitung der Sprache IV, der Sprache, die Deleuze formuliert, wenn er die Sprachen, die das Mögliche erschöpfen, entwickelt. Becketts Werk vermittelt sich zwar in augenfällig praktischer Weise mit dem theoretischen Beschreibungsmodus, wird aber nicht hinsichtlich der Vermittlung reflektiert. Im Verzicht auf die Ableitung gibt sich gleichzeitig eine Bewegung des Deleuzeschen Schreibens auf die Literatur hin zu erkennen, die sich auch in der engen Durchdringung der Deleuzeschen Sätze mit

---

[1] Vgl. Erschöpft [1992], 73.
[2] Ebd.; Übersetzung verändert.
[3] So das von Deleuze gegebene Resümee. Vgl. Erschöpft [1992], 73-74.

Fragmenten Beckettscher Äußerungen, die keinerlei Statusunterschied aufweisen, verdeutlicht.

Das letzte Buch, das Deleuze 1993 veröffentlichte, erhebt eine Problemstellung zum Titel, der sich der Autor schon über fünfundzwanzig Jahre zuvor gewidmet hatte: Critique et Clinique. In der Sacher-Masoch-Studie von 1967 war dies die leitende Fragestellung, der folgend die Literatur untersucht wurde. Man muß diese Schrift nicht zu stark machen als letzte Veröffentlichung, da Deleuze ja angeblich noch andere Projekte in Arbeit hatte. *Critique et Clinique* bestätigt jedoch unsere These, daß eine vierte umfangreiche Werkphase anzunehmen ist, innerhalb derer Deleuze Abschlußarbeiten vornahm: liegengebliebene Probleme aufgriff, sein Werk überblickte und noch einmal sammelte, was ihm von Belang schien. Das Buch von 1993 versammelt dementsprechend Aufsätze und Thematiken, die zum Teil dreißig Jahre zurückliegen[1] und hier in überarbeiteter Form wieder aufgenommen werden. Es entsteht der Eindruck, daß Deleuze mehr und mehr zurückblickt und sortiert, was bleiben soll, was wichtig war und wichtig sein kann. Die großen Namen tauchen wieder auf: Nietzsche und D.H.Lawrence, Kafka und Sacher-Masoch, Lewis Carroll und Louis Wolfson, Melville und Kant. Einiges wird neu geschrieben zu unvermuteten Autoren wie Alfred Jarry und Heidegger, Walt Whitman und T.E.Lawrence, aber auch vertraute Denker und Dichter wie Spinoza und Beckett werden nochmals bedacht.

Diese - unvollständige - Angabe der Autoren, von denen gehandelt wird, verdeutlicht einerseits, daß auch dieser Text von der Begegnung der Philosophie mit der Kunst, insbesondere der Literatur zehrt, andererseits erscheint fraglich, was dies Unternehmen zusammenhält. Der Autor zählt einige Probleme auf, um die sich die versammelten Texte organisieren: Zunächst das Schreiben als Erfindung einer fremden Sprache innerhalb der bekannten Sprache, an deren Rändern die Literatur deliriert. Diese Problematik ist nicht zu trennen von einer Problematik des Sehens und Hörens, von den Grenzen der Wahrnehmung und ihrer Mitteilbarkeit. Sichtbare und hörbare Erscheinungen werden durch die Sprache ermöglicht, an ihrer Grenze geschaffen, doch wenn

---

[1] So z.B. Mystère d'Ariane. Bulletin de la Société française d' études nietzschéennes 2/1963, 12-15.

das Delirieren in einen klinischen Zustand fällt, ist nichts mehr zu hören und nichts mehr zu sehen. Literatur bedeutet nicht Krankheit, sondern Gesundheit[1].

> Es handelt sich um einen Prozeß, d.h. eine Passage des Lebens, die das Lebbare und das Gelebte durchquert. Die Schrift ist untrennbar vom Werden: Beim Schreiben wird man Frau, man wird Tier oder Pflanze, man wird Molekül bis zum Unwahrnehmbarwerden.[2]

Die Literatur führt vor, was die Philosophie denken muß, ein Werden, das das Subjekt überschreitet und neue Möglichkeiten schafft. Im literarischen Text geschieht das Unvorhergesehene in konkreter Weise, finden sich singuläre Gestalten zwischen oder unter anderen, denen die Singularität keine Auszeichnung bedeutet, auf das sie sich immer wieder berufen könnten, sondern eher eine Form, in die alle eintreten können. Unschwer ist zu sehen, daß hier an das minoritäre Werden angeknüpft wird, das in den Schriften von 1975 bis 1980 einen prominenten Platz einnahm[3]. Die offene Form ist der Ruf, an das Volk, das fehlt, doch dessen Platz im Ruf bereitet wird. Jedenfalls wenn es sich um eine "gesund" delirierende Literatur handelt; die "kranke" hingegen ist charakterisiert durch das Anhalten des Prozesses, eine Stagnation, die eine reine oder herrschende Rasse beschwört, statt sich an die unterdrückten Mischlinge zu wenden[4].

Eines der Beispiele, an denen Deleuze diesen Gedanken präzisierend vorführt, liefern die Schriften Hermann Melvilles. Das Problem, das dessen Werk durchzieht, besteht darin, "das Original und die weitere Menschheit in Einklang zu bringen, das Unmenschliche und das Menschliche"[5]. Dies geschieht vor dem Hintergrund einer politischen Vision des Schriftstellers:

---

[1] Vgl. Critique et Clinique [1993], 9. Die vom Suhrkamp-Verlag für 1996 angekündigte Übersetzung des Buches lag zum Zeitpunkt der Textabfassung noch nicht vor, so daß sich die Seitenangabe auf die Originalausgabe bezieht.
[2] Critique et Clinique [1993], 10.
[3] Die Konzeption der minoritären Literatur wird auch in einigen anderen Kapiteln in den Vordergrund gestellt; vgl. expl. Critique et Clinique [1993], 135-143.
[4] Vgl. Critique et Clinique [1993], 14f.
[5] Critique et Clinique [1993], 107.

Melville wird nicht aufhören, den radikalen Gegensatz der Brüderlichkeit zur christlichen "Caritas" oder zur väterlichen "Philanthropie" herauszuarbeiten. Den Mann [homme] von der Vaterfunktion befreien, den neuen Menschen [homme] oder den Mann ohne Eigenschaften hervorrufen, das Original und die Menschheit wieder vereinigen, durch die Konstituierung einer Gesellschaft von Brüdern als neuer Universalität. In genau dieser Gemeinschaft von Brüdern ersetzt die Allianz die Filiation und die Blutsbrüderschaft, die Blutsverwandtschaft. Der Mann ist tatsächlich der Blutsbruder des Menschen und die Frau seine Blutsschwester: es handelt sich Melville zufolge um die Gemeinschaft der Zölibatäre, deren Mitglieder in ein unbeschränktes Werden gerissen werden.[1]

In der amerikanischen Literatur findet Deleuze auf diese Weise das dritte Ideal der Französischen Revolution von 1789 wieder, die *fraternité*, die im Gegensatz zu *liberté* und *egalité* kaum noch Erwähnung findet, wenn nicht bei mehr oder minder klerikalen Moralaposteln. Dem kirchlichen Zugriff verweigert Deleuze aber Zugriff und Anspruch auf diesen Begriff ebenso wie den Humanisten, die die Philanthropie für sich reklamieren. Wird der Streit gemeinhin über die Gewichtung der Anteile von Freiheit und Gleichheit innerhalb eines politischen Systems geführt, so betont Deleuze die Brüderlichkeit offensichtlich, um dieser Diskussion zu entkommen; er entziffert in der Melvilleschen Vision ein politisches Programm. Dabei handelt es sich um eine kollektive Angelegenheit, um eine Aufgabe, die absieht von Herkunft und Besitzstand und die Deleuze zufolge bereits vor dem Unabhängigkeitskrieg die Programmatik "Amerikas" als Chiffre eines idealen und möglichen Sozialwesens ausmachte. Die Berufung Amerikas besteht nicht darin, ein "altes Staatsgeheimnis", eine Nation, eine Familie, ein Erbe oder einen Vater wieder zu errichten, sie besteht vor allem darin, »ein Allgemeines zu konstituieren, eine Gesellschaft von Brüdern, eine Föderation von Menschen und Gütern, eine Gemeinschaft anarchistischer Individuen (...); wenn der Mensch Bruder des Menschen geworden, wenn er des "Vertrauens" würdig ist, (...) ist er dies einzig in seiner Eigenschaft als Mensch, sobald er die Merkmale verloren hat, die seine "Gewalttätigkeit" bilden, seine "Dummheit" und seine "Schuftigkeit"; sobald er kein anderes Selbstbewußtsein mehr besitzt als innerhalb der Bahnen einer "demokratischen Würde", die

---

[1] Critique et Clinique [1993], 108.

alle Besonderheiten ebensosehr als Schandflecken betrachtet, wie diese Bangigkeit und Erbarmen erregen«[1].

Es ist eine rigide Moral, die jede Exzentrik zu verbannen scheint zur Wahrung der demokratischen Würde jedes Einzelnen, der selbst hinwiederum als anarchistisch beschrieben ist. Wie aber kann sich der Anarchist so in eine Gesellschaft fügen, die doch Konventionen darüber voraussetzt, welche Besonderheit oder Eigenschaft mißliebig sind? Ruft denn nicht immer die Konvention ihren Widerspruch von seiten derjenigen, die sich als Individualisten verstehen, mit auf den Plan? *Amerika* bedarf einer Zusatzbestimmung, um diesem Dilemma zu entgehen:

> Amerika ist das Potential des Mannes ohne Eigenschaften, des originalen Menschen.[2]

Wenn das gesellschaftliche Ideal darin besteht, keine Eigenschaften einzurichten, zu fixieren, alles im Fluß oder im Werden zu halten, kann es außer der Abwehr der Konvention als Fixierung von Eigenschaften keine Konvention geben. Der originale Mensch ist demnach derjenige, der nicht festgelegt ist, und *Amerika* wäre seine potentielle Heimat. Alles, was ängstigt oder Mitleid erregt, hätte in dieser Gesellschaft keinen Platz, da es als Verstoß gegen die demokratische Würde, die wir getrost als Brüderlichkeit lesen können, aufzufassen wäre. Daß gerade Mitleid und Angst zu den Gefühlen zählen, deren Erregung als asoziales Verhalten gilt und geahndet werden soll, verweist auf die Moralprinzipien Nietzsches. Zugleich macht Deleuze in dieser amerikanischen Politik eine Form des Klassenkampfes aus. Der Pragmatismus als Theorie einer neuen Gesellschaftsform und eines neuen Menschen, die beide gemacht, hergestellt werden können, erscheint als Pendant des Bolschewismus. Beide Formen des Klassenkampfes sind jedoch fast von Anfang an pervertiert und damit zum Scheitern verurteilt worden. In Amerika beginnt die Verkehrung mit dem Unabhängigkeitskrieg, der die Nation beschwört und die väterliche Autorität wieder einrichtet[3]. In der Sowjetunion beginnt der Niedergang mit der

---

[1] Critique et Clinique [1993], 109.
[2] Ebd.
[3] Vgl. Critique et Clinique [1993], 113.

Abschaffung der Sowjets[1]. In Melvilles Texten begegnen sich die Skepsis am eingeschlagenen Weg des Pragmatismus mit der hoffnungsvollen Beschreibung einer möglichen besseren Zukunft:

> Der Pragmatismus wird nicht aufhören an zwei Fronten zu kämpfen, wie schon Melville: gegen die Besonderheiten, die den Menschen dem Menschen entgegenstellen und ein unheilbares Mißtrauen hervorbringen; aber auch gegen das Allgemeine oder das Ganze, die Verschmelzung der Seelen im Namen der großen Liebe oder der Caritas. Was bleibt den Seelen dann noch, wenn sie sich nicht mehr an die Besonderheiten klammern, was hindert sie, sich in einem Ganzen aufzulösen: Es bleibt genau ihre "Originalität", d.h. ein Ton, den jede [Seele] einbringt als ein Ritornell an den Grenzen der Sprache, den sie jedoch nur dann erzeugt, wenn sie mit ihrem Körper auf der Straße (oder der See) ist; wenn sie ihr Leben führt, ohne ihr Heil zu suchen, wenn sie ihre leibhaftige Reise unternimmt ohne besonderes Ziel und dabei dem anderen Reisenden begegnet, den sie am Ton erkennt.[2]

Offensichtlich findet Deleuze im amerikanischen Pragmatismus ein Grundmodell vor, das es ihm gestattet, die in der Leibniz-Studie entwickelte nomadische Monadologie oder monadische Nomadologie in eine Gesellschaftstheorie zu transformieren. Die Gesellschaft der Brüder bildet eine Ganzheit von Mannigfaltigkeiten, die sich entsprechen und gleichzeitig differieren. Je für sich besitzen sie die Möglichkeit, einander zu erkennen und zu vertrauen. Es gibt so ein Bindemittel, das den Zusammenhang der Nomaden stiften kann - gemeinhin läßt sich diese reflektierte Bindung gesellschaftlicher Individuen als ethisches Verhalten bezeichnen. Gibt es jenseits der von Foucault im *Anti-Ödipus* ausgemachten antifaschistischen Ethik auch eine prospektive politische Ethik bei Deleuze?

Bevor diese Frage zu klären ist, sei nochmals nach der Möglichkeitsbedingung gefragt, die die Literatur in die Lage versetzt, Sachverhalte wie den oben geschilderten Pragmatismus denkbar zu machen.

---

[1] Es scheint hier unklar, welchen Zeitpunkt Deleuze mit dieser Angabe meint, da die Sowjets auch noch in der Verfassung von 1936 Bestand haben, doch wenn wir an die einschlägige Passage in *Mille Plateaux* erinnern, so meinte er dort, das die Macht der Sowjets im Juli 1917, also noch vor der Oktoberrevolution, bereits beendet wäre. Die Aussage bezieht sich mithin auf den Petrograder Sowjet, der nach der Februarrevolution den Oberbefehl über das Militär besaß und durch einen Putsch der Militärs im Juli entmachtet wurde.
[2] Critique et Clinique [1993], 111f.

Es bedarf einer neuen Perspektive, eines Perspektivismus als Archipel, der das Panoramatische mit dem Reisen [i.O.: travelling] verbindet, wie in *The Encantadas*. Es bedarf einer guten Wahrnehmung, des Gehörs und des Blicks, wie es *Benito Cereno* zeigt, und es ist das "Perzept", d.h. eine Wahrnehmung im Werden, die das Konzept ersetzen muß. Es bedarf einer neuen Gemeinschaft, deren Mitglieder des "Vertrauens" fähig sind, d.h. zu diesem Glauben in ihnen selbst an die Welt und an das Werden.[1]

Über die Zukunft kann nur in der Literatur gesprochen, in der Kunst gehandelt werden, denn das Perzept muß das Konzept ersetzen. Die Perzepte scheinen näher an der gesellschaftlichen Realität und Virtualität zu stehen als die Konzepte des philosophischen Denkens. Der Kollektivität verpflichtet bedürfen sie dennoch einer besonders geschulten Wahrnehmung, die vernimmt, was möglich ist. Es ist eine Theorie der Avantgarde des kommenden Volkes, die allerdings nicht dieses führt, sondern sich in einem Verhältnis des Dienens im zweiten Futur dazu befindet: die Kunst wird dem kommenden Volk gedient haben. Dadurch und nicht durch eine prospektive Ermöglichung erfährt die Kunst ihre Legitimation, denn sie wird durch das Kommen des Volkes ermöglicht. Die Möglichkeitsbedingung der Literatur, etwas über die gesellschaftliche Entwicklung auszusagen, gründet Deleuze zufolge also - wie wir früher schon zeigen konnten - genau in der möglichen künftigen Entwicklung.

Um auf die Ethik zurückzukommen, so findet sich in *Critique et Clinique* folgende Definition der *Ethik* Spinozas:

> Die *Ethik* präsentiert drei Elemente, die nicht allein Inhalte sind, sondern Ausdrucksformen: die ZEICHEN oder Affekte, die BEGRIFFE oder Konzepte, die ESSENZEN oder Perzepte. Sie entsprechen den drei Arten der Erkenntnis, die sowohl Formen der Existenz wie des Ausdrucks sind.[2]

Die Auseinandersetzung mit Spinoza als Auseinandersetzung mit der Ethik wurde auch in den früheren Studien geführt[3]. Die Erkenntnis-

---

[1] Critique et Clinique [1993], 112. Es handelt sich bei den kursiv gesetzten Worten um Titel Melvilles. Vgl. Melville, Herman: Benito Cereno [1855]. In Ders.: Shorter Novels. New York 1978, 1-106. Und Ders.: The Encantadas, or Enchanted Isles [1854]. A.a.O., 157-225.
[2] Critique et Clinique [1993], 172; kursiv im Original.
[3] Vgl. Spinoza et le problème de l'expression. Paris 1968. Spinoza - Philosophie Pratique. Paris 1981.

weise hängt mit bestimmten Formen der Existenz zusammen und gleichzeitig mit bestimmten Ausdrucksformen. Neben der Philosophie stehen somit eine ethische Praktik und eine stilistische Praktik, und dieses Nebeneinander heißt nicht Unverbundenheit, sondern meint Untrennbarkeit, wechselseitige Abhängigkeit. Denken, sich zu anderen verhalten und gestalten sind drei Prozesse, die aufeinander verweisen und sich beeinflußen. Deleuzes Stil zielt auf eine sowohl klare, wie verführerische Art der Theorie, die weder die Komplexität von Problemstellungen leugnet, noch deren Unverständlichkeit festschreibt. Sie strebt nach Populariät, ohne populistisch zu sein - wobei die Diktion des *Anti-Ödipus* vielleicht eine Ausnahme bildet. Das Denken ist in dieser Sprache rücksichtsvoll, ohne devot zu sein; ein wenig Mühe ist aufzubringen, doch wird die Mühe gelohnt. Allerdings gibt es keine Instruktionen oder Imperative: alles fügt sich nur, wenn man die Prämissen teilt: Willst Du die Gesellschaft verändern, Ereignisse ermöglichen, in ein Werden treten, dann ... Verschiedene Bedingungsgefüge und Themenschwerpunkte skizzieren die möglichen Verhaltensweisen und erweisen sich in der deutlichen Ausweisung des hinter jeder Ethik stehenden Voluntarismus oder Dezisionismus als offen und demokratisch, zeigen den Autor selbst aber als denjenigen, der möchte, das auch die anderen auf eine Veränderung des Gesellschaftssystems drängen. Ganz anders erscheint die Deleuzesche Philosophie in ihrem ontologischen oder kosmologischen Anspruch; da breitet sich eine Philosophie des Indikativs aus, die sagt, wie es ist, und erst indem sie es ständig neu sagt, immer andere Kategorien erfindet und noch einmal ein Problem aufgreift und modifiziert wird ihre Offenheit in sich kenntlich, die sich andererseits von der Philosophiegeschichte her von selbst versteht: noch jede Philosophie mußte mit dem Anspruch auftreten, gültige Aussagen zu formulieren und sei es über die Fragwürdigkeit solcher Aussagen, andernfalls wäre sie keine Philosophie, sondern ein unverbindliches Gedankenspiel, das nicht ernst zu nehmen ist. Philosophieren heißt, einen Anspruch erheben auf die Wahrheit, die man für sich als mögliche begreifen mag, deren Äusserungsform aber das Mögliche zu unterdrücken hat, und auf eine Machtposition, von der aus diese Wahrheit gehört werden kann. Deleuzes prozessuales Philosophieren schreibt nun in der Gesamtheit der Publikationen dies Mögliche aus und öffnet sich damit der Kritik der philosophischen Bürokraten, die alles ein für allemal definiert wissen wollen, weil man sonst ja darüber nachdenken muß, sich im Unsicheren bewegt. Die Unsicherheit nicht nur zu ertragen, sondern sie auch zu bejahen, darin besteht eine philosophische Geste, die sich durch das Werk Deleuzes zieht. Eine Ethik, die der gewissen, aber unveränderlichen Gegenwart, eine ungewisse Zukunft mit unbekannten Möglichkeiten vorzieht und bereit ist, Hoffnung zu investieren - selbst wenn die Möglichkeit besteht, daß diese enttäuscht wird. Einst zog eine Bruderschaft von Tieren durchs Land, die sich ein dem gemäßes Motto gab:

"Etwas Besseres als den Tod finden wir überall!"

## V.4 Nachbemerkung

*Vorwärts und nie vergessen,*
*und die Frage konkret gestellt*
*Busch/Brecht/Eisler*

In der Geste des Hinauswagens ins Unsichere, im Thetischen ist eine gewiße Affinität zum Existentialismus und seiner Problematik der Geworfenheit, der Ek-sistenz zu spüren. Ein Anklang, den wir auch in der frühen Entgegensetzung von Trieb und Institution in den Deleuzeschen Schriften wiederfinden. Das individuelle Schicksal - und darin liegt eine gewisse Originalität des Deleuzeschen Denkens - war aber nicht das Schicksal eines Subjekts, sondern eher das individueller Kräfte, die sich jenseits der Subjektivität bewegten. Die Bewegung zu erhalten oder zu ermöglichen, wenn nicht gar sie zu intensivieren, ist eines der konstanten Ziele im Denken Deleuzes. Favorisierte er innerhalb dieser Teleologie zeitweilig die Literatur als Medium der Subjektüberwindung und "übermenschlichen" Subjektivierung, so zeigte sich in den siebziger Jahren, daß es einer Gesellschaftsanalyse und Bestimmung der Wissenschaften im Dienste der Gesellschaft bedurfte, um nicht in die Aporien einer tradierten Theoriegeschichte zu gelangen bzw. um diesen zu entkommen. Die achtziger und endsiebziger Jahre führen die beiden Ansätze zusammen, stellen Literatur und andere Künste unter dem Signum einer allgemeineren Wahrnehmungstheorie in eine Gesellschaftstheorie mit deutlichen politischen Intentionen. Verschiedene Ebenen der Durchdringung von Kunst, Philosophie und Wissenschaft werden vor diesem Hintergrund in den letzten Schaffensjahren Deleuzes noch einmal bedacht, detailliert ausgeführt oder in ihrem systematischen Status dargelegt.

Schon früh hat Deleuze diese Bewegung der Wiederkehr, der Wiederholung, die die Differenz ausmacht, geradezu beschworen. Den als Gespräch vorgestellten "Dialogen" mit Claire Parnet gibt er folgende Programmatik:

> Regel für diese Gespräche: Je länger ein Paragraph, um so schneller sollte er gelesen werden. Die Wiederholungen müßten dabei wie Beschleunigungsfaktoren wirken. Einige Beispiele tauchen immer wieder auf: WESPE und ORCHIDEE, PFERD und STEIGBÜGEL ... Doch sollte der ständige Rekurs auf ein und dasselbe Beispiel beschleunigend wirken, um den Preis sogar einer gewissen Ermüdung des Lesers. Ewig gleiche Leier, ein Ritornell? Jede Musik, jedes Schreiben führt darüber. Das Gespräch selbst wird ein Ritornell sein.[1]

Folgte man bis hierhin unseren Ausführungen über das Denken Deleuzes mag man urteilen, ob die Wiederkehr der Motive und Beispiele nichts anderes bietet als die "ewig gleiche Leier", und wie dazu zu stehen ist. In gewisser Weise handelt es sich damit um ein stilistisches Problem, womit nicht nur das Schreiben eines Autors bezeichnet ist, sondern auch der Stil des Lesens und Hörens. Wie wir bereits eingangs darstellten, tat sich die akademische Geisteswissenschaft in der Bundesrepublik mit Deleuze immer besonders schwer. Ganz andere Schreib- und Lektüreweisen als in Frankreich erschwerten den Zugang[2], so daß sich diese Einführung ein Stück weit auch als eine Übersetzung versteht, die Rationalität und Funktionalität des Deleuzeschen Denkens herauszustellen suchte.

Hierzu gehört, wie deutlich geworden sein sollte, der politische Hintergrund, Deleuzes Bindung an den Marxismus und den Historischen Materialismus, die jedoch eher eine akademische Rezeption erschwert, denn erleichtert hat. Den Wächtern der reinen Lehre zu unor-

---

[1] Dialoge [1977], 61.
[2] Vgl. Diedrichsen, Diedrich: Aus dem Zusammenhang reißen/ in den Zusammenhang schmeißen. Zur deutschen Veröffentlichung von "Mille Plateaux" von Gilles Deleuze und Félix Guattari. Texte zur Kunst 8/1992, 104-115.

thodox, denjenigen, die sich in den ausgehenden siebziger Jahren vom Marxismus abwandten nicht distanziert genug, und allen Marx-Verächtern ohnedies ein Greuel, eröffnet Deleuze u.a. den Möglichkeitsgrund eines Marxismus nach dem Strukturalismus, der auf der Höhe der Zeit wäre. Mag diese Leistung auch das Ansehen Deleuzes in manchen Augen und Hirnen schmälern, bleibt darüberhinaus in der Kritik des Strukturalismus, in den Ansätzen zu einer Ästhetik auf der Grundlage einer verallgemeinerten Chromatik, in den Denkfiguren zur Bewegung und zum Mannigfaltigen, in Kategorien wie der Falte und dem Rhizom, eine Vielzahl von wegweisenden Lösungsvorschlägen und Problemstellungen bestehen, die bereits angefangen haben, über die Geisteswissenschaften hinaus in die Wissenschaft und Kunst hinein zu wirken. Also dorthin, woher Deleuze einen Gutteil seiner Anregungen und seiner Fragestellungen gewann. Nicht alle Kategorien, die möglicherweise zukunftsträchtig sind oder lediglich bestimmte Themenbereiche berühren, können in einer Einführung der vorliegenden Art berücksichtigt werden. Wer etwas über die Gesichtlichkeit oder die Kriegsmaschine wissen will, wird zu den Originalen greifen müssen, um sich ein Bild zu machen. So zu verfahren, bedeutet dann aber auch, auf eine Reihe von Texten zurückzugehen, da solche Begriffe selten nur einmal im Deleuzeschen Werk Erwähnung fanden, sondern sich entwickelt haben. Hier wurde versucht, die längeren Begriffsgeschichten innerhalb des Werks nachzuzeichnen, um so einen Eindruck von der Funktion der Begriffe in ihrem Entwicklungszusammenhang zu geben, was - wohl nicht für die Leser - ein bisweilen mühseliges Unterfangen gewesen sein mag, doch sichert es die Rede über Deleuze, die Systematik und Kontinuität seines Denkens, so daß die gängige Form der Berufung "wie Deleuze sagt" ein wenig mehr an Grund gewinnt. Natürlich läßt sich Deleuze - wie wohl jeder andere Autor auch - auf wenigstens zweierlei Art gebrauchen. Zum einen als Quelle der Inspiration, als Anregung für Fragestellung und Schreibweisen, zum anderen jedoch ein wenig ehrfürchtiger und sachlicher, indem zunächst einmal versucht wird, ein Denken genau zu verstehen und es daraufhin in Anwendung zu bringen, auszubauen, in neue oder andere Beziehungen zu setzen - bis sich möglicherweise ein wiederum grundsätzlich zu unterscheidendes Denken formiert. Der zweite, langwierigere Weg besitzt ein höheres Maß an Legitimität, wenn es gilt, die eigene Rede durch die Berufung auf einen Autor abzusichern. So wie

Deleuze sich nach Jahrzehnten der Auseinandersetzung Leibnizianer nennt, so braucht es ein gewisses, wenn auch nicht dekadenlanges Mühen, sofern man sich Deleuzianer nennen will; wie unser erstes Deleuze-Zitat schon formulierte: *Keine(r) kommt, euch das Bett zu machen.* Es hilft nicht, auf das Bettmachen zu verzichten, es sei denn, es geht um die Sicherung der Schlafmützenexistenz. Deleuze und sein Denken haben damit nichts gemein.

Deleuze stürzte sich am fünften November aus dem Fenster seiner Pariser Wohnung im 17. Arrondissemnet. Eine chronische Erkrankung der Atemwege, die ihn kaum Luft bekommen ließ, zeichnete ihn schon seit mehreren Jahren und hatte dazu geführt, daß er sich aus der Pariser Intellektuellenszene fast gänzlich zurückgezogen hatte. In den Pariser Nachrufen klang etwas von Bewunderung und Romantisierung dieses Todes an, der ins Verhältnis zu dem des Empedokles gesetzt wurde. Wahrscheinlich reicht es aus zu sagen, daß Deleuze erschöpft war. Erschöpft in dem Sinn, daß er all seine Möglichkeiten erschöpft hatte.

Die Möglichkeiten der Deleuze-Lektüren sind noch längst nicht erschöpft. Bei der nicht unbeträchtlichen Anzahl vorliegender und der Vielzahl kommender, sollte etwas nicht in Vergessenheit geraten, woran wir zu erinnern suchten: Deleuzianische Fragen wie "Für wen hält sich die Erde?" oder "Was ist passiert?" werden vor dem Hintergrund anderer Fragen gestellt. Zitieren wir also entsprechende Fragen, die am Ende eines Textes, eines Films und eines Liedes stehen und damit Grund genug bieten, auch hier das Ende zu markieren:

Wessen Straße ist die Straße?
Wessen Welt ist die Welt?

# BIBLIOGRAPHIE

## VI. 1 Primärliteratur

Deleuze, Gilles:

Die Bibliographie gibt möglichst vollständig die Texte Deleuzes nach der Erstausgabe an. Von den Interviews wurden lediglich die u.E. wichtigsten aufgenommen. Der jeweiligen Angabe der Erstausgabe folgt - sofern vorhanden - die Angabe der Übertragung ins Deutsche, wobei hier nicht unbedingt die Erstübersetzung, die für die vorliegende Arbeit irrelevant war, angegeben ist. Da die Durchsicht anderer Bibliographien gezeigt hat, daß sowohl in der Chronologie wie der Titelangabe Differenzen bestehen, kennzeichnen wir alle unübersetzten Texte, die wir nicht nach Augenschein aufgenommen haben, mit einem Asterisk.

| | |
|---|---|
| 1946: | Du Christ à la bourgeoisie. Espace, 93-106.* |
| a | Préface à Jean Malfatti de Monteraggio: La mathèse ou anarchie et hiérarchie de la science. Paris 1946. IX-XXIV.* |
| 1947 | Préface à Denis Diderot: *La religieuse*. Paris 1947, VII-XX.* |
| 1952: | mit Cresson, André: David Hume. Sa vie, son œuvre, avec un exposé de sa philosophie. Paris 1952 |
| 1953: | Empirisme et subjecitivité. Paris 1953 |
| a | Instincts et institutions. Paris 1953 (als Hg.) |
| 1956: | Bergson. In Merleau-Ponty, Maurice (ed): *Les philosophes célèbres*. Paris 1956, 292-299.* |
| a | La conception de la différence chez Bergson. Etudes bergsoniennes IV, 77-112.* |
| 1957: | Bergson: Mémoire et vie. Paris 1957. (Textauswahl und Anordnung von Deleuze) |

| | |
|---|---|
| 1959: | Sens et valeurs. Arguments 15, 20-28. Auch in 1962 |
| 1961: | De Sacher-Masoch au masochisme. Arguments 21, 40-46. |
| a | Lucrèce et le Naturalisme. Etudes philosophiques 1, 19-30. Auch 1969a |
| dt. | In 1969a, 324-340. |
| 1962 : | Nietzsche et la philosophie. Paris |
| dt. | Nietzsche und die Philosophie. Frankfurt a.M. 1985 |
| 1963: | La philosophie critique de Kant. Paris 1963 |
| dt. | Kants kritische Philosophie. West-Berlin 1990 |
| a | Unité de À la recherche du temps perdu. Revue de Métaphysique et de morale, 427-442.* |
| b | Mystère d'Ariane. Bulletin de la Société française d'études nietzschéennes 2, 12-15. Verändert in Philosophie 17 (1987), 67-72 und in 1993. |
| c | L'idée de la genèse dans l'esthétique de Kant. Revue d'esthétique, 113-136. |
| d | Raymond Roussel ou l'horreur du vide. Arts No. 933, 29.08.1963 |
| dt. | Raymond Roussel oder der horror vacui. In 1996, 41-47. |
| 1964: | Marcel Proust et les signes. Paris 1964 |
| dt. | Proust und die Zeichen. Berlin 1993 |
| 1965: | Nietzsche. Paris 1965 |
| dt. | Nietzsche. Ein Lesebuch von Gilles Deleuze. West-Berlin 1979 |
| a | Klossowski et les corps-langage. Critique 214, 199-219. Auch 1969a |
| dt. | Pierre Klossowski oder die Sprache des Körpers. In *Sprachen des Körpers*. West-Berlin 1979, 39-66. Veränderte Fassung in 1969a, 341-363. |
| 1966: | Le bergsonisme. Paris 1966 |
| dt. | Bergson zur Einführung. Hamburg 1989 |
| a | L'homme, une existence douteuse. Le Nouvel Observateur 01.06.66 |
| dt. | Der Mensch, eine zweifelhafte Existenz. In Ders./M.Foucault: *Der Faden ist gerissen*. West-Berlin 1977, 13-20. |
| b | Renverser le platonisme (Les simulacres). Revue de Métaphysique et de morale, 426-438. Auch 1969a. |
| dt. | In 1969a, 311-323. |
| 1967: | Présentation de Sacher Masoch. Paris 1967 |
| dt. | Sacher-Masoch und der Masochismus. In Sacher-Masoch, Leopold von: *Venus im Pelz* Frankfurt a.M. 1980, 163-281. |
| a | Une théorie d'autrui, Michel Tournier. Critique 241, 503-525. |

| | |
|---|---|
| b | Postface á Michel Tournier: Vendredi ou les limbes de Pacifique. Paris 1967 Verändert in 1969a. |
| dt. | In 1969a, 364-384. |
| c | Conclusions. Sur la volonté de puissance et l'éternel retour. In Nietzsche, Cahiers de Royaumont, Bd.VI. Paris 1967, 275-287. |
| d | La méthode de dramatisation. Bulletin de la Société française de philosophie (28.01.67), 90-118. |
| e | Préface à La bête humaine. In Emile Zola: *Œuvres Complètes*. Paris 1967. Auch 1969a |
| dt. | In 1969a, 385-397. |
| f | mit Foucault, Michel: Introduction générale à Nietzsche. In *Œuvres philosophiques complètes*, Bd.V. Paris 1967 |
| | |
| 1968: | Spinoza et le problème de l'expression. Paris 1968. |
| dt. | Spinoza und das Problem des Ausdrucks in der Philosophie. München 1993 |
| a | Le schizophrène et le mot. Critique 255-256, 731-746. |
| | |
| 1969 | Différence et Répétition. Paris 1969 |
| dt. | Differenz und Wiederholung. München 1992 |
| a | Logique du sens. Paris 1969 |
| dt. | Logik des Sinns. Frankfurt a.M. 1993 |
| b | Spinoza et la méthode générale de M.Gueroult. Revue de Métaphysique et de morale, 426-437. |
| | |
| 1970: | Proust et les signes. Paris 1970 [Ed. augm. von 1964] Proust und die Zeichen. Berlin 1993 |
| a | Un nouvel archiviste, Michel Foucault. Critique 274, 195-209. Verändert auch in 1986. |
| dt. | Ein neuer Archivar. In Ders./M.Foucault: *Der Faden ist gerissen*. West-Berlin 1977, 59-88. |
| c | Schizologie. Préface á Louis Wolfson: Le schizo et les langues. Paris 1970, 5-23. Verändert in 1993, 18-33. |
| d | Spinoza. Paris 1970* (offenbar hervorgegangen aus 1968, Vorstudie zu 1981a) |
| e | mit Guattari, Félix: La synthése disjonctive. In L' Arc 43/1970 (Klossowski). Verändert in 1972. |
| | |
| 1972: | mit Guattari, Félix: Capitalisme et schizophrènie. (Tome 1) L' Anti-Œdipe. Paris 1972 |
| dt. | Anti-Ödipus. Kapitalismus und Schizophrenie (Bd.I). Frankfurt a.M. 1977 |

| | |
|---|---|
| a | mit Foucault, Michel: Les intellectuels et le pouvoir. In L'Arc 49, 3-10. |
| dt. | Die Intellektuellen und die Macht. In Foucault, Michel: *Von der Subversion des Wissens*. München 1984. Auch in Ders./M.Foucault: *Der Faden ist gerissen*. West- Berlin 1977, 86-99. |
| b | Préface à Félix Guattari: Psychanalyse et transversalité. Paris 1972, I-XI. |
| dt. | Vorwort. Drei Gruppenprobleme. In Guattari, Felix: *Psychotherapie, Politik und die Aufgaben der institutionellen Analyse*. Frankfurt a.M. 1976, 7-22. |
| c | mit Guattari, Félix: Capitalisme et schizophrènie (Interview). L'Arc Nr. 49, 47-55. Auch 1990. |
| dt. | Gespräch über den *Anti-Ödipus*. In 1990, 25-40. |
| d | Sainte Jackie, comédienne et bourreau. Temps Modernes, 854-856. |
| e | Hume. In Châtelet, François (Hg.): *Histoire de la philosophie* Bd. IV. Paris 1972\* |
| dt. | Châtelet, François (Hg.): Geschichte der Philosophie. Frankfurt a.M./Wien/Berlin 1975. |
| 1973: | A quoi reconnaît-on le structuralisme? In Châtelet, François (Hg.): *Histoire de la philosophie*. Bd. VIII. Paris 1973. |
| dt. | Woran erkennt man den Strukturalismus? Berlin 1992 |
| a | Lettre à Michel Cressole. In Michel Cressole: *Deleuze, Psychothéque*. Paris 1973. 107-113. Auch 1990. |
| dt. | Brief an Michel Cressole. In Ders.: *Kleine Schriften*. West-Berlin 1980, 7-23. Auch 1990, 11-24. |
| b | Pensée nomade. In Centre Culturel international de Cerisy-la-Salle (Hg.): *Nietzsche aujourd'hui. 1. Intensités*. Paris 1973, 159-174. |
| dt. | Nomaden-Denken. In 1965, 105-122. |
| c | mit Guattari, Félix: Le nouvel arpenteur. Intensités et blocs d' ènfance dans "Le Château". Critique 318, 1046-1054. |
| d | Le Froid et le chaud. In Alverez, Baudard (Hg.): *Présentation de l'exposition: Fromanger, le peintre et le modèle.*\* |
| e | mit Guattari, Félix: Bilan-programme pour machines désirantes. Minuit 2. Auch in 1972 (2.Aufl./dt.: 1.Aufl.). |
| f | Relazione. In Verdiglione, Armando; Psicanalisi e politica. Milano 1973, 7-11. Frz. als Quatre propositions sur la psychanalyse. In Deleuze, Gilles und Guattari, Félix: *Politique et psychanalyse*. Alencon 1977. |
| g | mit Guattari, Félix: 14. Mai 1914. Un seul ou plusieurs loups?. Minuit 5, 2-16. Auch in 1980. |
| dt. | In 1980, 43-58. |

| | |
|---|---|
| 1974: | Comment se faire un corps sans organes? Minuit 10, 56-84. Auch in 1980. |
| dt. | In 1980, 205-228. |
| a | Préface à Guy Hocquenghem: L'aprés-midi des Faunes. Paris 1974, 7-17. |
| 1975: | mit Guattari, Félix: Kafka - Pour une littérature mineure. Paris 1975 |
| dt. | Kafka. Für eine kleine Literatur. Frankfurt a.M. 1976 |
| a | Ecrivain non: un nouveau cartographe. Critique 343, 1207-1227. Verändert auch in 1986. |
| dt. | Kein Schriftsteller: ein neuer Kartograph. In Ders./M.Foucault: *Der Faden ist gerissen*. West-Berlin 1977, 100-135. |
| 1976: | mit Guattari, Félix: Rhizome. Paris 1976. Verändert in 1980. |
| dt. | Rhizom. West-Berlin 1976, Verändert in 1980, 11-42. |
| a | "Les langues sont des bouilles où des fonctions et des mouvements mettent un peu d'ordre polémique". In La Quinzaine littéraire, 1976 |
| dt. | "Die Sprachen sind ein Brei, in den Funktionen und Bewegungen ein wenig polemische Ordnung bringen". In Ders.: *Kleine Schriften*. West-Berlin 1980, 30-36. |
| b | Trois questions sur Six fois deux (Godard). Cahiers du cinéma 271. Auch 1990 |
| dt. | In 1990, 57-69. |
| c | Préface à Henri Gobard: L'aliénation linguistique. Paris 1976, 9-14. |
| 1977: | mit Parnet, Claire: Dialogues |
| dt. | Dialoge. Frankfurt a.M. 1980 |
| a | À propos des nouveaux philosophes et d'un problème plus général. In Supplement zu Minuit 24, Juni 1977. |
| dt. | Über die neuen Philosophen und ein allgemeineres Problem. In Ders.: *Kleine Schriften*. West-Berlin 1980, 85-96. |
| b | Le juif riche. Le Monde 18.02.77* |
| c | mit Guattari, Félix: Le pire moyen de faire l' Europe. Le Monde 01.11.77* |
| d | Postface à Jacques Donzelot: La police des familles. Paris 1977, 213-220. |
| dt. | Der Aufstieg des Sozialen. In Jacques Donzelot: Die Ordnung der Familie. Frankfurt a.M. 1980, 244-252. |
| 1978: | Philosophie et minorité. Critique 369, 154-155. |
| dt. | Philosophie und Minderheit. In Ders.: *Kleine Schriften*. West-Berlin 1980, 27-29. |
| a | Un manifesto di meno. In Ders./ Bene, Carmelo: *Sovraposizioni*. Milano 1978 |

| | |
|---|---|
| dt. | Ein Manifest weniger. In Ders.: *Kleine Schriften*. West-Berlin 1980, 37-84. |
| b | mit Fanny Deleuze: Préface. Nietzsche et saint Paul. Lawrence et Jean de Patmos. In D.H.Lawrence: *Apocalypse*. Paris 1978. Auch 1993, 50-70. |
| dt. | Nietzsche und Paulus. Lawrence und Johannes von Patmos. In Ders.: *Kleine Schriften*. West-Berlin 1980, 97-128. |
| c | Spinoza et nous. Revue de synthése. Januar 1978 |
| dt. | Spinoza und wir. In Ders.: *Kleine Schriften*. West-Berlin 1980, 75-84. Ausführlicher in 1981. |
| d | Les gêneurs. Le Monde 07.04.78* |
| e | La plainte et le corps. Le Monde 13.10.78* |
| 1979: | Deux questions. Recherches 39, 231-234.* |
| dt. | Zwei Ordnungen von Wahnsinnigen. In Guattari, Félix: Schizoanalyse und Wunschenergie. Bremen o.J., 100-107. |
| a | En quoi la philosophie peut servir à des mathématiciens, ou même à des musiciens - même et surtout quand elle ne parle pas de mu sique ou des mathématiques. In *Vincennes ou le dèsir d'apprendre*. Paris 1979 |
| dt. | Wie die Philosophie Mathematikern und sogar Musikern dienen könnte - besonders wenn sie nicht von Musik oder Mathematik spricht. In Ders.: *Kleine Schriften*. West-Berlin 1980, 24-26. |
| 1980: | mit Guattari, Félix: Mille Plateaux. Capitalisme et Schizophrénie. Paris 1980 |
| dt. | Tausend Plateaus. Berlin 1992 |
| a | Open letter to Negri's judges. Semiotext(e) 3/3, 68-69. |
| 1981: | Francis Bacon : Logique de la sensation. Paris 1981 |
| dt. | Francis Bacon - Logik der Sensation. München 1995 |
| a | Spinoza - Philosophie Pratique. Paris 1981 |
| dt. | Spinoza. Praktische Philosophie. West-Berlin 1988. |
| b | Peindre le cri. Critique 408, 506-511. Auch in 1981. |
| 1982: | Préface à Antonio Negri: L'anomalie sauvage. Paris 1982. |
| dt. | Der Sieg der Vielfalt. Anmerkungen zu Toni Negris Studie über die Philosophie von Baruch Spinoza. In Freibeuter 13, 27-30. |
| a | Lettre à Uno sur le langage. La Revue de la pensée d' aujourd' hui.* |
| b | Art et feminisme au Musée d'Art Contemporain Montreal. Paris 1982.* |
| 1983: | Cinéma 1 - L'Image-Mouvement. Paris 1983 |
| dt. | Das Bewegungs-Bild. Kino 1. Frankfurt a.M. 1989 |

| | |
|---|---|
| a | Sur L'Image-Mouvement. Cahiers du cinéma 352; auch 1990, 67-81. |
| dt. | Über *Das Bewegungs-Bild*. In 1990, 70-85. |
| | |
| 1984 | Lettre à Uno: Comment nous avons travaillé à deux. La Revue de la pensée d' aujourd'hui. |
| dt. | Brief an Kuniichi Uno. In Härle, Clemens-Carl (Hg.): Karten zu »Tausend Plateaus« Berlin 1993, 9-12. |
| a | Le temps musical. La Revue de la pensée d' aujourd' hui* |
| b | Grandeur de Yasser Arafat. Revue d' Etudes palestiniennes 18, 41-43.* |
| c | mit Guattari, Fèlix: Mai 68 n'a pas eu lieu. Les Nouvelles. 03.05.84* |
| d | On Francis Bacon. Artforum 22/5, 68-69.* |
| | |
| 1985: | Cinéma 2 - L'Image-Temps. Paris 1985 |
| dt. | Das Zeit-Bild. Kino 2. Frankfurt a.M. 1991 |
| a | Sur L'Image-Temps. Cahiers du cinéma 334. Auch 1990, 82-87. |
| dt. | Über *Das Zeit-Bild*. In 1990, 86-91. |
| b | Entretien. L'Autre Journal 8. Auch 1990 |
| dt. | Die Fürsprecher. In 1990, 175-196. |
| c | Les plages d'immanence. In Cazenave, A./Lyotard, J.-F.(Hgg.): L'art des confins. Mélanges offert à Maurice de Gandillac. Paris 1985, 79-81. |
| d | Il était une étoile de groupe (Châtelet). Libération 27.12.1985 |
| | |
| 1986: | Foucault. Paris 1986 |
| dt. | Foucault. Frankfurt a.M. 1987 |
| a | Doutes Sur L'Imaginaire. Hors-cadre 4. Auch 1990, 88-96. |
| dt. | Zweifel am Imaginären. In 1990, 92-100. |
| b | La vie comme un œuvre d'art. Le Nouvel Observateur 23.08.86. |
| dt. | Das Leben als Kunstwerk. In 1990, 136-146. |
| c | Fendre les choses, fendre les mots. Libération 02. und 03.09.86. |
| dt. | Die Dinge aufbrechen, die Worte aufbrechen. In 1990, 121-135. |
| d | Boulez, Proust et les temps. In Centre Georges Pompidou (Hg.): Eclats/Boulez. Paris 1986, 98-100. |
| e | Préface a Sege Daney: Ciné-lectures. Paris 1986. Auch 1990 |
| dt. | Brief an Serge Daney: Optimismus, Pessimismus und Reisen. In 1990, 101-118. |
| f | Le plus grand film irlandais. Revue esthétique, 381-382. Auch 1993 |
| g | Sur quatre formule poetiques qui pourraient résumer la philosophie kantienne. Philosophie 9, 29-34. Auch in 1993 |
| dt. | Vier Dichtersprüche, die die Kantische Philosophie zusammenfassen könnten. In 1963, 7-17. |
| | |
| 1988 | Le pli. Leibniz et le baroque. Paris 1988 |

| | |
|---|---|
| dt. | Die Falte. Leibniz und der Barock. Frankfurt a.M. 1996 |
| a: | Périclès et Verdi. La Philosophie de François Châtelet. Paris 1988 |
| dt. | Perikles und Verdi. Die Philosophie des François Châtelet. Wien 1989 |
| b | Signes et événements. Magazine littéraire 257. |
| dt. | Über die Philosophie. In 1990, 197-226. |
| c | La pensée mis en plis. Libération 22.09.88 |
| dt. | Über Leibniz. In 1990, 227-236. |
| d | Un critère pour le baroque. Chimères 5/6. |
| 1989 | Entretien sur »Mille Plateaux«. Libération 23.10.89. Auch 1990 |
| dt. | Gespräch über Tausend Plateaus. In 1990, 41-54. |
| a | Lettre à Réda Bensmaïa. Lendemains 53, 9. |
| dt. | Brief an Réda Bensmaïa über Spinoza.In 1990, 237-239. |
| b | Qu'est-ce que un discours? In Rencontre International (Hg.): Michel Foucault, philosophe. Paris 1989. |
| dt. | Was ist ein Dispositiv? In Ewald, François und Bernhard Waldenfels (Hgg.): Spiele der Wahrheit. Michel Foucaults Denken. Frankfurt a.M. 1991,153-162. |
| c | Bartleby, ou la Formule. In Melville, Hermann: Bartleby, Les Iles enchantées, Le Campanile. Paris 1989. Auch 1993. |
| dt. | Bartleby oder die Formel. Berlin 1994 |
| d | Re-présentation de Masoch. Libération, Mai 1989*. Auch 1993 |
| 1990: | Pour-Parlers. 1972-1990. Paris 1990 |
| dt. | Unterhandlungen. 1972-1990. Frankfurt a.M. 1993 |
| a | Le devenir révolutionnaire et les créations politiques. Futur antérieur 1. Auch 1990 |
| dt. | Kontrolle und Werden. In 1990, 243-253. |
| b | Post-scriptum sur les sociétés de contrôle. L'Autre Journal Nr.1 |
| dt. | Postskriptum über die Kontrollgesellschaften. In 1990, 254-262. |
| c | Lettre-Préface. In Mireille Buydens: *Sahara. L'Esthétique de Gilles Deleuze*. Paris 1990, 5. |
| d | Les conditions de la question: qu'est-ce que la philosophie. Chimères, Mai 1990. |
| 1991: | mit Guattari, Félix : Qu' est-ce que la philosophie? Paris 1991 |
| dt. | Was ist Philosophie? Frankfurt a.M. 1996 |
| a | mit Scherer, René: Une guerre immonde. Libération21.02.91 |
| b | Préface à Eric Alliez: Les temps capitaux. Paris 1991. |
| 1992: | L'Epuisé. In Beckett, Samuel: Quad et autres pièces pour la télévision. Paris 1992, 54-106. |

| | |
|---|---|
| dt. | Erschöpft. In Beckett, Samuel: Quadrat. Stücke für das Fernsehen. Frankfurt a.M. 1996, 49-101. |
| a | Peguy, Nietzsche, Foucault. In Amitié Charles Peguy. Bulletin d'information et de recherches, 53-55. |
| b | Platon, les Grecs. In Cassin, Barbara (ed.): Nos Grecs et leurs moderne. Paris 1992. Auch in 1993 |
| 1993 : | Critique et Clinique. Paris 1993 |
| a | [Ohne Titel, Nachruf auf Guattari] Chimères 18/1992-93. |
| dt. | Bis zum Ende. In Härle, Clemens-Carl (Hg.): Karten zu »Tausend Plateaus« Berlin 1993, 13-14. |
| b | Lettre-Préface. In Jean Clet-Martin: Variations. La philosophie de Gilles Deleuze. Paris 1993, 7-9. |
| 1994 : | Désir et plaisir. In Magazine littéraire 325. |
| dt. | Lust und Begehren. Berlin 1996. |
| 1995: | L'immanence: une vie ... In Philosophie 47, 3-7. |
| dt. | Die Immanenz: ein Leben ... In Balke 1996, 30-33 |
| a | Je me souviens. Le Nouvel Observateur 16-22. 09.95, 50-51 |

## VI. 2 Sekundärliteratur und andere Schriften

Bei der Sekundärliteratur handelt es sich um eine Auswahlbibliographie, die zwar eine umfassende Sicht der wissenschaftlichen Publikationen (Monographien und Aufsätze; Zeitungsartikel wurden nur in Ausnahmefällen aufgenommen) insbesondere des deutschsprachigen und französischen Sprachgebiets zu bieten sucht, aber keinerlei Anspruch auf Vollständigkeit erhebt, zumal die fachwissenschaftlichen Bezugnahmen auf Deleuze nur in Sonderfällen - hier vor allem Literaturwissenschaft - geleistet werden konnten. Für weiterführende Angaben sei auf die ausgezeichnete Bibliographie von Timothy S. Murphy und Constantin V. Boundas "Selected Critical References to Gilles Deleuze and His Works" (in Boundas 1994, 305-336) verwiesen.

Adorno, Theodor W.: Negative Dialektik (Gesammelte Schriften Bd. 6). Frankfurt a.M. 1973
Althusser, Louis: Montesqieu. La politique et l'histoire. Paris 1959.
    Freud und Lacan. [EA 1965] West-Berlin 1976
    Ideologie und ideologische Staatsapparate. Hamburg/West-Berlin 1977
Backès-Clément, Catherine: Les petites filles ou les aventures de la philosophie. L'Arc 49/1972, 1-2.
Badiou, Alain: Deleuze, Leser von Leibniz. In Härle 1993, 133-162.
    Manifeste pour la philosophie. Paris 1989
    Zwei Briefe an Deleuze. In Balke 1996, 243-251.
Baecker, Dirk: Was leistet die Negation? In Balke 1996, 93-102.
Balibar, Etienne: Spinoza et la politique. Paris 1985.
Balke, Friedrich/Vogl, Joseph (Hgg.): Gilles Deleuze - Fluchtlinien der Philosophie. München 1996
    Fluchtlinien des Staates. Kafkas Begriff des Politischen. In Ders. 1996, 150-178.
Barthes, Roland: Mythen des Alltags. Frankfurt a.M. 1964 [Paris 1957]
    Elemente der Semiologie. Frankfurt a.M. 1983 [Paris 1964].
    L'arbre du crime. In D.A.F. de Sade: *Œuvres complètes*, Paris 1967, Bd. 16, 509-532.
    Sade Fourier Loyola. Paris 1971
Bataille, Georges: L'Érotisme. Paris 1957
Baudrillard, Jean: Pour une critique de l'économie politique du signe. Paris 1972
    Simulacres et simulation. Paris 1981
Baugh, Bruce: Deleuze und der Empirismus. In Balke 1996, 34-54

Bellour, Raymond: Gilles Deleuze. Un philosophe nomade. Magazine littéraire 257/1988, 14.
Benjamin, Walter: Das Kunstwerk im Zeitalter seiner technischen Reproduzierbarkeit. in Ders.: Gesammelte Schriften Bd.I.2. Frankfurt a.M. 1974, 431-469.
   Der Erzähler. Betrachtungen zum Werk Nikolai Lesskows. in Ders.: Gesammelte Schriften Bd.II.2. Frankfurt a.M. 1974, 438-465.
Bensmaia, Reda: Un philosophe au cinéma. Magazine littéraire 257/1988, 57-59.
   Gilles Deleuze ou comment devenir un Stalker en philosophie? Lendemains 53/1989, 7-8.
   L'Effet-Kafka. Lendemains 53/1989, 63-71.
   On the concept of minor literature. From Kafka to Kateb Yacine. In Boundas 1994, 213-228.
Bercu, France: Sed perseverare diabolicum. L'Arc 49/1972, 23-30.
Berger, Herman: L'Anti-Oedipe. Bijdragen 46/1985, 289-312
Bergson, Henri: Denken und schöpferisches Werden. Frankfurt a.M. 1985
Bloch, Ernst: Das Prinzip Hoffnung. Frankfurt a.M. 1959
Bogue, Ronald: Deleuze and Guattari. London/ New York 1989
Bolz, Norbert: Pop-Philosophie. In Heinz o.J., 183-193.
   Theorie der neuen Medien. München 1990.
Boundas, Constantin und Dorothea Olkowski (Hgg.) 1994 : Gilles Deleuze and the Theater of Philosophy. New York / London 1994.
   Deleuze: Serialization and Subject-Formation. in Ders. 1994, 99-116
Braidotti, Rosi: Patterns of dissonance. New York 1991
   Toward a New Nomadism. Feminist Deleuzian Tracks; or Metaphysics and Metabolism. In Boundas 1994, 159-186.
Buci-Glucksmann, Christine: Le plisé baroque de la peinture. Magazine littéraire 257/1988, 54-55.
Bürger, Christa: The Reality of "Machines". Notes on the Rhizome-Thinking of Deleuze and Guattari. Telos 64/1985, 33-44.
Buydens, Mireille: Sahara. L'Esthétique de Gilles Deleuze. Paris 1990

Canning, Peter: The Crack of Time and the Ideal Game. In Boundas 1994, 73-98.
Carroll, Lewis: Alice in Wonderland/ Through the Looking-Glass. Ware/Hertfordshire 1993
Chasseguet-Smirgel, Janine (ed.): Les chemins de l'Anti-Œdipe. Toulouse 1974.
Colombat, André: Deleuze et la littérature. New York et al. 1990
Cressole, Michel: Deleuze. Paris 1973

Derrida, Jacques: L' écriture et la différence. Paris 1967.
   Dt.: Die Schrift und die Differenz. Frankfurt a.M. 1976.
   La verité en peinture. Paris 1978.

Descombes, Vincent: Das Selbe und das Andere. Fünfundvierzig Jahre Philosophie in Frankreich 1933-1978. Frankfurt a.M. 1981
Diedrichsen, Diedrich: Aus dem Zusammenhang reißen/ in den Zusammenhang schmeißen. Zur deutschen Veröffentlichung von "Mille Plateaux" von Gilles Deleuze und Félix Guattari. Texte zur Kunst 8/1992, 104-115
Dubost, Jean Pierre: Nomaden gegen Monaden. Deleuze und die literarische Kriegsmaschine. Lendemains 53/1989, 18-25.
Dyck, Karen van (ed.): Translation and deterritorialization. Journal of Modern Greek Studies VIII.2/1990.

Erdmann, Eva: Monsieur Rhizome. Paul Valéry und seine *Cahiers*. In Balke 1996, 304-318.
Eribon, Didier: Michel Foucault. Eine Biographie. Frankfurt a.M. 1991
Ewald, Francois: La schizo-analyse. Magazine littéraire 257/1988, 52-53.

Fedida, Pierre: Le philosophe et sa peau. L'Arc 49/1972, 61-69.
Ferry, Luc/Renaut, Alain: Antihumanistisches Denken. Gegen die französischen Meisterphilosophen. München/Wien 1987
Flusser, Villem: Fernsehbild und politische Sphäre im Lichte der rumänischen Revolution. In Weibel 1990, 103-114.
Foucault, Michel: Folie et déraison. Histoire de la folie à l'âge classique. Paris 1961.
  Dt.: Wahnsinn und Gesellschaft. Eine Geschichte des Wahns im Zeitalter der Vernunft. Frankfurt a.M. 1973.
  Raymond Roussel. Paris 1963
  Préface à la transgression Critique 1963
  La pensée du dehors. Critique 203/1966, 378-382.
  Dt.: Das Denken des Draußen. In Ders.: Schriften zur Literatur- Frankfurt a.M. 1988, 130-156
  Ceci n'est pas une pipe. Cahiers du chemin 2/1968, 79-105.
  Ariane s'est pendue. Le Nouvel Observateur 229/1969, 36-37.
  Dt.: Der Ariadnefaden ist gerissen. In Deleuze, Gilles/Ders.: Der Faden ist gerissen. West-Berlin 1977, 7-12.
  Theatrum philosophicum. Critique 282/1970, 885-908.
  Dt: Theatrum Philosophicum. In Ders./Deleuze, Gilles: Der Faden ist gerissen. West-Berlin 1977, 21-58.
  Ceci n'est pas une pipe. Montpellier 1973
  Dt.: Dies ist keine Pfeife. Frankfurt a.M./Berlin/Wien 1983
  La force de fuir. In: Rebeyrolle - Derriére le miroir. Paris 1973
  Vom Licht des Krieges zur Geburt der Geschichte (Vorlesungen vom 21. und 28. Januar 1976 am Collège de France). West-Berlin 1986
  La volonté du savoir. Histoire de la sexualité I. Paris 1976
  Dt.: Der Wille zum Wissen. Sexualität und Wahrheit I. Frankfurt a.M: 1977

Der "Anti-Ödipus"- Eine Einführung in eine neue Lebenskunst. In Ders.: Dispositive der Macht. West-Berlin 1978, 225-230.

François, Alain: Beschreibung, Redundanz und indirekte Rede bei Gilles Deleuze. In Balke 1996, 276-286.

Frank, Manfred: The World as Will and Representation: Deleuze's and Guattari's Critique of Capitalism as Schizo-Analysis and Schizo-Discourse. Telos 57/1983, 166-176.

Was ist Neostrukturalismus? Frankfurt a.M. 1983.

Wörter, Wörter, Wörter. Eine Abrechnung mit dem Poststrukturalismus. Die Zeit 38, 11. September 1992

Frémont, Christiane: Komplikation und Singularität. In Balke 1996, 61-79.

Gandillac, Maurice de: Vers une schizo-analyse. L'Arc 49/1972, 56-60.

Gnam, Andrea: Positionen der Wunschökonomie. Das ästhetische Textmodell Alexander Kluges und seine philosophischen Voraussetzungen. Frankfurt a.M./ Bern /New York 1989

Grosz, Elisabeth: A Thousand Tiny Sexes: Feminism and Rhizomatics. In Boundas 1994, 187-210.

Guattari, Félix: Le divan du pauvre. Communications 23/1975, 96-103.

Schizoanalyse und Wunschenergie. Bremen o.J.

Kafka: procès et procédés. In David, Yasha (ed.): Le siècle de Kafka Paris 1984, 262-266.

Habermas, Jürgen: Der philosophische Diskurs der Moderne. Frankfurt a.M. 1988.

Hardt, Michael: Gilles Deleuze. An apprenticeship in philosophy. Minneapolis 1993.

Härle, Clemens-Carl: Karte des Unendlichen. in Ders. (Hg.): Karten zu »Tausend Plateaus« Berlin 1993, 104-132.

Über das Verhältnis von Philosophie und Politik bei Deleuze. In Balke 1996, 132-149.

Heidegger, Martin: Kant und das Problem der Metaphysik. Bonn 1929.

Holzwege. Frankfurt a.M. 1950

Heinz, Rudolf/Tholen, Georg Christoph: Schizo-Schleichwege. Beiträge zum Anti-Ödipus. Bremen o.J.

Hentschel, Rüdiger: Exekution der Moderne. Zu E.Jüngers »Der Arbeiter« und G. Deleuze/F.Guattaris »Anti-Ödipus«. in Kursitzky, Horst (Hg.): Notizbuch. Psychoanalyse und Theorie der Gesellschaft, 1979, 53-77.

Hesper, Stefan: Schreiben ohne Text. Die prozessuale Ästhetik von Gilles Deleuze und Félix Guattari. Opladen 1994

Kristalle des Lebens. Ein Motiv des Vitalismus in Literatur und Philosophie. In Balke 1996, 287-303.

Hölderlin, Friedrich: Entwurf. In Ders.: Werke - Briefe - Dokumente. München 1977, 556-558.
Hörisch, Jochen: Sprach-, Wunsch- und Junggesellenmaschinen bei Jean Paul und Kafka. Euphorion 73/1979 , 151-168.
Holert, Tom: Bewegung der Suspension. Zum Verhältnis von Welt und Film bei Gilles Deleuze. In Balke 1996, 266-275.
Horkheimer, Max: Dämmerung. Notizen in Deutschland.[EA 1934] in Gesammelte Schriften Bd.2. Frankfurt a.M. 1987, 309-452.
Horn, Peter : "Ein eigentümlicher Apparat" im Blick eines Forschungsreisenden. Zur anthropologischen Methode Kafkas "In der Strafkolonie". Acta Germania 1988, 49-78.
Hume, David: Dialogues concerning natural religion. London 1779

Ingold, Felix Philipp: Welt und Bild. Zur Begründung der suprematistischen Ästhetik bei Kazimir Malevic. In Boehm 1994, 367-410.

Jäger, Christian: Michel Foucault. Das Ungedachte denken. München 1994.
    Wörterflucht oder Die kategoriale Not der Literaturwissenschaft angesichts der Literatur der achtziger Jahre. Internationales Jahrbuch für Germanistik 1/1995, 85-100.
    "Der absolute Film" im Kontext. Kommentar zu einem wiedergefundenen Artikel Günther Anders. Juni - Magazin für Literatur und Politik 22/1995, 159-162.
Joyce, James: Ulysses. [1922] Harmondsworth/Middlesex 1971.
    Finnegans Wake. [1939] London/ Boston 1975.
Jusdanis, Gregory (ed.): The Importance of Being Minor. Journal Of Modern Greek Studies VIII.1/1990.

Kaleka, Gérard: Un Hegel philosophiquement barbu. L'Arc 49/1972, 39-46.
Kittler, Friedrich: Grammophon Film Typewriter. Berlin 1986.
Kittler, Wolf: Langage de machine. In David, Yasha (ed.): Le siècle de Kafka. Paris 1984, 272.
Kleist, Heinrich von: Über das Marionettentheater. In *Werke und Briefe in vier Bänden*. Bd. III, 473-480; Frankfurt a.M. 1986.
Klingmann, Ulrich: Problem und Problemlösung: die Problematik der Schizoanalyse am Beispiel Kafkas. Neophilologus 74/1990, 87-101.
Klossowski, Pierre: Digression á partir d'un portrait apocryphe - Roberte et Gulliver. L'Arc 49/1972, 11-22.
Kluge, Alexander/Negt, Oskar: Geschichte und Eigensinn. Frankfurt a.M. 1981

Labica, Georges: Der Marximus-Leninismus. Elemente einer Kritik. West-Berlin 1986
Lacan, Jacques: Kant avec Sade. Critique 191/1963, 291-313.
    Télévision. Paris 1974

Lange, Thomas: Die Ordnung des Begehrens. Nietzscheanische Aspekte im philosophischen Werk von Deleuze. Bielefeld 1989
Lehmann, Hans-Thies: Rhizom und Maschine. Zu den Schriften von Gilles Deleuze und Félix Guattari. Merkur 429/1984, 542-550.
Leutrat, Jean-Louis: Deux temps, trois mouvements. Lendemains 53/1989, 48-54.
Levoyet, Pascal/Encrenaz, Philippe: Politique de Deleuze. Lendemains 53/1989, 35-47.
Lingis, Alphonso: Deleuze on a deserted Island. In Silverman, Hugh J. (ed.): Philosophy an non-philosophy since Merleau-Ponty. New York/ London 1988, 152-73.
Lüdeking, Karlheinz: Zwischen den Linien. Vermutungen zum aktuellen Frontverlauf im Bilderstreit. In Boehm 1994, 344-366.
Luxemburg, Rosa: Gesammelte Briefe Bd.5. Berlin 1984.

Macherey, Pierre: Hegel ou Spinoza. Paris 1979.
   In Spinoza denken. In Balke/Vogl 1996, 55-60.
Martin, Jean-Clet: Variations. La philosophie de Gilles Deleuze. Paris 1993.
Martinez Martinez, Francisco: Ontologia y diferencia. La filosofia di Gilles Deleuze. Madrid 1987
Marx, Karl: Thesen über Feuerbach [Nach dem von Engels 1888 veröffentlichten Text]. Marx Engels Werke. Bd. 3 Berlin 1983, 533-535.
   Das Kapital. Kritik der politischen Ökonomie. Bd. I [1867]. Marx Engels Werke. Bd. 23, Berlin 1984.
Massumi, Brian: A user's guide to capitalism and schizophrenia. Deviations from Deleuze and Guattari. Massachusetts 1992
   Everywhere you want to be. Einführung in die Angst. In Härle, Clemens-Carl 1993, 66-103.
May, Todd: Difference and Unity in Deleuze. In Boundas 1994, 33-50.
Meerbote, Ralf: Deleuze on the systematic unity of the critical philosophy. Kant-Studien 77/1986, 347-354.
Melville, Herman: The Encantadas, or Enchanted Isles [1854]. In Ders.: Shorter Novels. New York 1978, 157-225.
   Benito Cereno [1855]. In Ders.: Shorter Novels. New York 1978, 1-106.
Mengue, Philippe: Gilles Deleuze ou le système du multiple. Paris 1994.
Merleau-Ponty, Maurice: Phénoménologie de la perception. Paris 1945.
Meyrink, Gustav: Das grüne Gesicht. [1917] Leipzig, Weimar 1986
Miller, Henry: Wendekreis des Krebses. Reinbek 1962
Moreau, Pierre-François: Spinoza. Paris 1965
Mouralis, Bernard: Les littératures dites marginales ou les "contre-littératures". In Béhar, Henri/ Fayolle, Roger (eds.): L' histoire littéraire aujourd' hui. Paris 1990, 31-40.

Nancy, Jean-Luc: L'oubli de la philosophie. Paris 1986.
Negri, Antonio: L'anomalie sauvage. Paris 1982.
　　　Tausend Plateaus des neuen historischen Materialismus. In Härle 1993, 41-65.
Noyes, John: Der Blick des Begehrens. Sacher-Masochs "Venus im Pelz". Acta Germania 75/1988, 9-27.

Oittinen, Vesa: Deleuze und Spinozas Ethik. Deutsche Zeitschrift für Philosophie 5/1990, 470-473.

Paradis, Bruno: Leibniz: un monde unique et relatif. Magazine littéraire 257/1988, 26-29.
　　　Le Futur et l'épreuve de la pensée. Lendemains 53/1989, 26-29.
Passerone, Giorgio: le Dernier cours? Magazine littéraire 257/1988, 35-37.
Patton, Paul: Anti-Platonism and Art. In Boundas 1994, 141-156.
Pierssens, Michel: Gilles Deleuze: Diabolus in Semiotica. Modern Language Notes 90/1975, 497-503.
Polan, Dana: Francis Bacon. The Logic of Sensation. In Boundas 1994, 229-254.
Pornschlegel, Clemens. Der Ort der Kritik. Zur Diskussion der Menschenrechte bei Gilles Deleuze und Félix Guattari. In Balke 1996, 179-197.
Pott, Hans-Georg: Allegorie und Sprachverlust. Zu Kafkas *Hungerkünstler*-Zyklus und der Idee einer "Kleinen Literatur". Euphorion 73/1979, 435-450.

Rajchmann, John: Logique du sens, éthique du l'événement. Magazine littéraire 257/1988, 37-39.
Rancière, Jacques: Les noms de l' histoire. Essai des poétique du savoir. Paris 1992
Renza, Louis A.: "A white heron" and the question of minor literature. Madison 1984.
Rigal, Elisabeth: Du strass sur un tombeau. Le »Foucault« de Gilles Deleuze. Mauvesin 1987.
Rogozinski, Jacob: La fêlure de la pensée. Logique du sens et Différence et répétition: la pensée même, soudaine et neuve, dans son éclat d'orage. Magazine littéraire 257/1988, 46-48.
　　　Défaillance (entre Nietzsche et Kant). Lendemains 53/1989, 55-62.
Ropars-Wuilleumier, Marie-Claire : The Cinema, Reader of Deleuze. In Boundas 1994, 255-261.
Rosset, Clément: Sécheresse de Deleuze. L'Arc 49/1972, 89-93.
Ruby, Christian: Les archipels de la différance. Paris 1990.
Runtic, Ivo 1988: Mensch und Maschine bei Kafka. Ein text-synthetischer Versuch in Stein, Gerd (Hg.): Kafka-Nachlese. Stuttgart 1988, 71-99.

Sartre, Jean Paul: L'imagination. Paris 1936
 L'imaginaire. Psychologie phénoménologique de l' imagination. Paris 1940
 L' être et le néant. Paris 1943.
Schäffner, Wolfgang: Technologie des Unbewußten. In Balke 1996, 211-229.
Scheepers, Monique : Subjektivität und Politik. Lendemains 53/1989, 30-34.
Schmidgen, Henning (Hg.): Ästhetik und Maschinismus. Texte zu und von Félix Guattari. Berlin 1995
Schneider, Ulrich Johannes: Theater in den Innenräumen des Denkens. Gilles Deleuze als Philosophiehistoriker. In Balke 1996, 103-124.
Seitter, Walter: Foucault und die Malerei. 1983 in Foucault 1973 (dt), 61-68.
Sempé, Jean-Claude: Le leurre et le simulacre. L'Arc 49/1972, 70-77.
Serres, Michel: Le système de Leibniz et ses modèles mathématiques. Paris 1968.
Sève, Lucien: Marxisme et théorie de la personnalité. Paris 1972
Silverman, Hugh: Textualität und Visibilität. ... ein nahezu vollkommener Chiasmus ... In Wetzel 1994, 37-46.
Stern, Günther [d.i. G. Anders]: Pathologie da la liberté. Essai sur la non-identification. In Recherches philosophiques 6/1936-37, 22-54.

Taat, A.Mieke: Les signes du feu. L'Arc 49/1972, 78-88.
Theweleit, Klaus: Männerphantasien. Frankfurt a.M. 1977
Tort, Michel: Die Psychoanalyse im historischen Materialismus [EA 1970]. West-Berlin 1976

Villani, Arnauld: Physische Geographie von *Tausend Plateaus*. In Härle 1993, 15-40.
Virilio, Paul: Vitesse et politique. Paris 1977.
 Esthetique de disparition. Paris 1980.
 Guerre et cinéma 1. Logistique de la perception. Paris 1984
Vogl, Joseph: Schöne gelbe Farbe. Godard mit Deleuze. In Balke 1996, 252-265.
Vuarnet, Jean-Noel: Métamorphoses de Sophie. L'Arc 49/1972, 31-38.

Waldenfels, Bernhard: Phänomenologie in Frankreich. Frankfurt a.M. 1987
Weber, Elisabeth: Fragment über die Wissenschaft reiner Ereignisse. In Balke 1996, 198-210.
Weibel, Peter (Hg.): Von der Bürokratie zur Telekratie. Berlin 1990.
Weiss, Peter: Die Ästhetik des Widerstands. (3 Bde.) Frankfurt a.M 1975-1981.
Wetzel, Michael / Wolf, Herta (Hgg.): Der Entzug der Bilder. Visuelle Realitäten. München 1994.

Zavadil, Alexandre: Deleuze ou la mort en détail. Lendemains 53/1989, 10-17.

Zizek, Slavoj (Hg.): Tout ce que vous avez toujours voulu savoir sur Lacan, sans jamais ôser le demander à Hitchcock. Paris 1988
— Liebe Dein Symptom wie Dich selbst! Jacques Lacans Psychoanalyse und die Medien. Berlin 1991
Zourabichvili, François: Deleuze. Une philosophie de l'événement. Paris 1994

# PERSONEN-REGISTER

Adorno, Theodor W.: 60 Anm.2, 265 Anm. 5, 266.
Alain (d.i. Emile Chartier): 23, 39 Anm.1.
Alquié, Ferdinand: 10, 40.
Althusser, Louis: 68 Anm.1, 78 Anm.6, 115f., 240.
Anders, Günther: 212 Anm.1.
Apel, Karl Otto: 163 Anm.3.
Aristoteles: 70.
Artaud, Antonin: 8, 93-95, 118f., 272.

Bachofen, Johann Jakob: 22.
Bacon, Francis: 8, 208-219.
Badiou, Alain: 272.
Bäumler, Alfred: 241.
Balibar, Etienne: 68 Anm.1.
Balzac, Honoré de: 23, 155.
Bamberger, Jean-Pierre: 33 Anm.1.
Barthes, Roland: 20 Anm.1, 39, 41, 60 Anm.2, 115.
Bataille, George: 20 Anm. 1, 33, 60 Anm.2.
Baudrillard, Jean: 77, 219, 242 Anm.1.
Beckett, Samuel: 7, 118, 138, 273-278.
Bene, Carmelo: 165, 167-172.

Benjamin, Walter: 174, 238, 266.
Bergson, Henri: 7, 23f., 49-60, 62 Anm.6, 67f., 70, 87, 91, 220-243, 251, 259.
Berkeley, George: 13.
Blanchot, Maurice: 20 Anm.1.
Bloch, Ernst: 241, 265 Anm.4, 266.
Bolz, Norbert: 116 Anm.3, 242,
Brecht, Bertolt: 171.
Brunschvig, Léon: 39 Anm.1.
Büchner, Georg: 117f.
Butor, Michel: 10.

Camaüer, Odette: 9.
Canguilhem, Georges: 10, 22.
Carroll, Lewis (d.i. Charles Lutwidge Dodgson): 7, 83f., 85 Anm.2, 89, 91, 94f., 208, 272, 278.
Châtelet, François: 10, 83, 244, 260.
Comte, Auguste: 22.
Cressole, Michel. 34 Anm.4, 132 Anm.2.
Cresson, André: 11f., 15.

Deleuze, Emilie: 24 Anm.1.
Deleuze, Fanny (geb. Grandjouan): 24, 32 Anm.2.

Deleuze, Julien: 24.
Derrida, Jacques: 20 Anm.1, 77, 218.
Descartes, René: 13, 62, 70, 254.
Diderot, Denis: 156.
Dieckmann, Bernhard: 96.
Diedrichsen, Diedrich: 286 Anm.2.
Diogenes (von Sinope): 96.
Doyle, Arthur Conan: 175.
Durkheim, Emile: 22.

Einstein, Albert: 54.
Eisenstein, Sergej: 234.
Eliade, Mircea: 22.
Ewald, François: 244.

Fellini, Federico: 232.
Feuerbach, Ludwig: 11, 32.
Flaubert, Gustave: 155.
Flusser, Villem: 241 Anm.3.
Foucault, Michel: 8, 18, 20 Anm. 1, 32 Anm.2, 33, 39, 60 Anm. 2, 79 Anm.2, 80, 81 Anm. 3, 83, 116, 195, 206, 217f., 244-249, 260, 266, 282.
Frank, Manfred: 163 Anm.3, 265f.
Freud, Sigmund: 73f., 84, 105 Anm.1, 117 Anm.1.
Fulton, Robert: 158.

Gandillac, Maurice de: 10.

Gobard, Henri: 83.
Godard, Jean-Luc: 239.
Grandjouan, Fanny (s. Deleuze, Fanny)
Guattari, Félix: 67 Anm. 2 und 3, 90 Anm.2, 92, 114 Anm.5, 115-154, 165, 173-207, 212 Anm.1, 242 Anm,1, 244, 261-272.

Habermas, Jürgen: 163 Anm.3, 265f.
Hegel, Georg Wilhelm Friedrich: 26 Anm. 3, 32, 47f., 55, 70, 78, 202.
Heidegger, Martin: 33, 34 Anm.2, 70, 78, 218, 247, 250, 278.
Hitchcock, Alfred: 230.
Hitler, Adolf: 231, 235, 237.
Hjelmslev, Louis: 177, 193.
Hölderlin, Friedrich: 239f.
Horkheimer, Max: 60 Anm. 2, 212 Anm.1, 266.
Hume, David: 10, 11-24, 35, 39, 55, 70, 154f., 156 Anm.2 .
Husserl, Edmund: 227, 241.
Hyppolite, Jean: 10, 22.

Ingold, Felix Philipp: 219 Anm.1.

James, Henry: 200f., 252, 272.
James, William: 252.
Jarry, Alfred: 278.

Jaspers, Karl: 33.
Joyce, James: 137, 138 Anm.1.

Kafka, Franz: 8, 67 Anm.3, 133-146, 151, 157, 159, 161, 165, 169, 187, 192f., 199, 213, 239, 272, 278.
Kaleka, Gérard: 47 Anm.4.
Kandinsky, Wassily: 214.
Kant, Immanuel: 13, 23, 30 Anm.2, 31f., 33-40, 59, 70, 278.
Kierkegaard, Søren: 70.
Kittler, Friedrich: 242.
Klee, Paul: 239, 251.
Kleist, Heinrich von: 149.
Klossowski, Pierre: 20 Anm.1, 33, 60 Anm.2.
Kojéve, Alexandre: 22, 26 Anm.3.
Kubrick, Stanley: 239.

Labica, Georges: 197 Anm.2.
Labov, William. 190.
Lacan, Jacques: 22, 60 Anm.2, 84f., 105 Anm.1, 115, 221 Anm.4, 242 Anm.1, 264.
Lange, Konrad: 241.
Lawrence, David Herbert: 118, 272, 278.
Lawrence, Thomas Edward: 278.
Leibniz, Gottfried Wilhelm: 7, 23, 57, 67f., 70, 249-260, 282.

Lenin (Wladimir Illjitsch Ulanov): 186.
Levi-Strauss, Claude: 22.
Löwith, Karl: 33.
Lüdeking, Karlheinz: 218 Anm.3.
Lukacs, Georg: 241.
Luxemburg, Rosa: 212 Anm.1.
Lyotard, Jean-François: 83.

Mach, Ernst: 208 Anm.2.
Macherey, Pierre: 62 Anm. 6, 68 Anm. 1.
Maggiori, Robert: 244.
Malevic, Kazimir: 219.
Malinowski, Bronislaw Kaspar: 22.
Marthaler, Christoph: 169 Anm.3.
Marx, Karl: 11, 23, 32, 48, 78 Anm.6, 124, 128, 218, 232, 259, 264, 287.
Massumi, Brian: 173 Anm.1.
Melville, Herman: 272, 278-283.
Merleau-Ponty, Maurice: 23, 39, 218, 241, 247.
Meyrink, Gustav: 137.
Miller, Henry: 118.
Moliére (Jean-Baptiste Poquelin): 155.
Moreau, Pierre-François: 68 Anm.1.

Nancy, Jean-Luc: 272.

Napoleon (Napoleone
 Buonaparte): 158.
Negri, Antonio: 68 Anm.1, 124
 Anm.1, 173 Anm.1.
Newton, Isaac: 13, 55.
Nietzsche, Friedrich: 7, 25-33,
 34, 36, 39 Anm. 1, 40, 47,
 53, 55, 68-70, 72, 180, 252,
 259, 264, 278, 281.

Paradis, Bruno: 81 Anm.4.
Parnet, Claire: 154-165, 248,
 286.
Peirce, Charles Sanders: 220f.,
 232.
Platon: 70, 75, 78, 96, 107, 109,
 264.
Plechanow, Georgi
 Walentinowitsch: 23, 68.
Proust, Marcel: 7, 40-49, 55, 59,
 61, 67f., 106-115, 117, 151,
 160, 192, 209, 219f., 252,
 272, 275.

Rabelais, François: 155.
Racine, Jean: 155.
Rancière, Jacques: 272.
Reich, Wilhelm: 163 Anm.2.
Resnais, Alain: 239.
Riemann, Bernhard: 53 Anm.2 .
Robbe-Grillet, Alain: 155.
Roussel, Raymond: 39 Anm.2.

Sacher-Masoch, Leopold von:
 60f., 67, 73, 84, 93, 164,
 199, 272, 278.
Sade, Donatien Alphonse
 François de: 60f.
Saint-Hilaire, Geoffory: 78
 Anm. 6.
Saint-Just, Louis Antoine de: 23.
Sartre, Jean Paul: 21-23, 39,
 241.
Saussure, Ferdinand de: 41
 Anm.2.
Schmidt, Siegfried J.: 113
 Anm.3.
Schopenhauer, Arthur: 23, 32.
Sève, Lucien: 116 Anm.1.
Seitter, Walter: 217 Anm.4.
Serres, Michel: 260 Anm.1.
Shakespeare, William: 167, 169.
Silverman, Hugh: 218 Anm.2.
Sollers, Philippe: 60 Anm.2.
Spinoza, Benedictus (Baruch)
 de: 7, 28, 61-70, 85, 228
 Anm.3, 245, 249, 254, 278,
 283f.
Stern, Günther: s. Anders,
 Günther
Syberberg, Hans-Jürgen: 237.

Tort, Michel: 60 Anm.2, 116
 Anm.1.
Tournier, Michel: 8.

Valéry, Paul: 155.
Virilio, Paul: 219, 242 Anm.1.

Waldenfels, Bernhard: 33, 39
    Anm. 1.
Weiss, Peter: 201.
Welles, Orson: 231.
Wenders, Wim: 231.
Whitehead, Alfred North: 252,
    254 Anm.4.

Whitman, Walt: 278.
Wolfson, Louis: 278.

Zizek, Slavoj: 221 Anm.4.
Zola, Emile: 155.

# UTB
## FÜR WISSEN SCHAFT

Auswahl Fachbereich
Philosophie

1962 Pascher, Einführung in den
Neukantianismus
(W. Fink). 1997.
DM 19,80, öS 145,—, sfr 19,00

1972 Grondin (Hrsg.)
Gadamer Lesebuch
(Mohr Siebeck). 1997.
DM 19,80, öS 145,—, sfr 19,00

1975 Luckner, Martin Heidegger:
„Sein und Zeit"
(F. Schöningh). 1997.
DM 19,80, öS 145,—, sfr 19,00

2000 Karl R. Popper
Lesebuch
(Mohr Siebeck). 1995.
DM 21,80, öS 159,—, sfr 20,00

1920 Döring, Karl R. Popper
Die offene Gesellschaft und
ihre Feinde - Kommentar
(F. Schöningh). 1996.
DM 19,80, öS 145,—, sfr 19,00

1921 Grundmann/Stüber,
Philosophie der Skepsis
(F. Schöningh). 1996.
DM 29,80, öS 218,—, sfr 27,50

1922 Lange, L. Wittgenstein:
„Logisch- philosophische
Abhandlung"
(F. Schöningh). 1996.
DM 18,80, öS 137,—, sfr 18,00

1951 Bartels,
Grundprobleme der modernen
Natuphilosophie
(F. Schöningh). 1996.
DM 22,80, öS 166,—, sfr 21,00

1952 Charpa,
Grundprobleme der Wissenschafts-
philosophie
(F. Schöningh). 1996.
DM 22,80, öS 166,—, sfr 21,00

1959 Oelmüller/Dölle-Oelmüller,
Grundkurs Religionsphilosophie
(W. Fink). 1997.
DM 24,80, öS 181,—, sfr 23,00

Preisänderungen vorbehalten.

Das UTB-Gesamtverzeichnis erhalten Sie bei Ihrem Buchhändler oder direkt von UTB, Postfach 80 11 24, 70511 Stuttgart.